Peter Zolling

Deutsche Geschichte von 1848 bis zur Gegenwart

Peter Zolling

Deutsche Geschichte von 1848 bis zur Gegenwart

Macht in der Mitte Europas

Bearbeitete und erweiterte Neuausgabe

Carl Hanser Verlag

Für Hülya und Oktay

2 3 4 5 19 18 17 16

ISBN 978-3-446-24938-7
1. Auflage der bearbeiteten und erweiterten Ausgabe 2015

Umschlaggestaltung: Manja Hellpap, Berlin
Umschlagillustration: Jörg Hülsmann, Berlin
Satz und Lithos: Fotosatz Amann, Memmingen
Druck und Bindung: CPI books GmbH, Ulm
Printed in Germany

Einleitung zur erweiterten Neuausgabe

Mit dieser erweiterten und überarbeiteten Neuausgabe legt der Autor nun zum dritten Mal seine »Deutsche Geschichte« vor. Das ist erfreulich, bestätigt es doch ein anhaltendes Interesse des jüngeren und älteren Publikums an der wechselvollen Vergangenheit seines Landes, an der Entstehung der Gegenwart. Im Verlauf des ersten Vierteljahrhunderts nach der erreichten Einheit hat sich der Blick auf das neue Deutschland mehrfach verschoben. Das hängt mit der Selbstfindung der Nation seither zusammen und liegt an der veränderten Rolle, die der bevölkerungsreichste Staat der Europäischen Union mittlerweile spielt. Ursprünglich lautete die Unterzeile dieser erzählenden Darstellung »Wie Deutschland wurde, was es ist«.

Die rasante politische und wirtschaftliche Entwicklung der Berliner Republik nach 1990 bis in unsere Tage legt es nahe, das sichtbare Ergebnis dieses Wandels, die Ausformung und Gestalt des Landes, in angemessene Worte zu fassen: »Macht in der Mitte Europas« verweist auf den Aufstieg des vereinten Deutschland, der weder notwendigerweise noch geradlinig so verlief, wie er sich nun, im 25. Jahr der Einheit, darstellt. In den Wendemonaten der Jahre 1989/90 gab es ja Stimmen wie die des kürzlich verstorbenen Schriftstellers und Literaturnobelpreisträgers Günter Grass, die mit Blick auf die deutsche Schuld am europäischen Judenmord im Zweiten Weltkrieg die Spaltung der Nation für eine gerechte Strafe hielten und mit der Einheit ein neues »Viertes Reich« heraufziehen sahen.

Auch in der Gegenwart sind solche Töne wieder zu vernehmen, vornehmlich in einigen südeuropäischen Ländern, wo man mit der ökonomischen Überlegenheit Deutschlands hadert. Solche völlig überzogenen Befürchtungen und Vorwürfe sollten nicht überbewertet, aber auch nicht vorschnell vom Tisch gewischt werden, ebenso wenig wie Forderungen im Ausland nach mehr deutscher Führungs- oder besser Gestaltungsentschlossenheit in Europa. Beide Auffassungen haben Deutschlands im europäischen Vergleich sehr starke wirtschaftliche Stellung und seine Mittellage auf dem Kontinent im Blick, Umstände, die das wiedervereinigte Land unweigerlich in die Position eines tunlichst um- und weitsichtigen Vermittlers zwischen unterschiedlichsten Interessen bringen. Einer jener, die Deutschlands neue Bedeutung und gewachsene Verantwortung früh erkannt haben, ist der Politologe Herfried Münkler, der sowohl der Politik als auch der Öffentlichkeit die Tugenden der »Geduld« und »Gelassenheit« sowie das Streben nach »Ausgleich« empfiehlt. Schon der Gründer des ersten deutschen Nationalstaats, des Kaiserreichs von 1871, Otto von Bismarck versuchte, die neue Macht in der Mitte Europas außenpolitisch auf einer ähnlichen Linie zu halten. Das misslang, es kam zum Ersten Weltkrieg, auf den der Zweite folgte, der vor 70 Jahren endete und ein Deutschland in Schutt und Asche hinterließ.

Aber was ist Deutschland denn nun eigentlich, wie wurde es zu dem, was es heute ist? Nach 25 Jahren deutscher Einheit betrachten die meisten das Land und den Staat, in dem sie leben, als eine Selbstverständlichkeit. Als hätte es nie etwas anderes gegeben! Dabei ist dieses neue vereinte Deutschland gerade mal erwachsen geworden und hat die Nöte der Pubertät noch gar nicht so lange hinter sich. Wer die aufregenden Revolutions- und Wendejahre 1989/90 noch nicht bewusst erlebt hat oder erst danach geboren wurde, für den ist Deutschland gleichbedeutend mit dem, was erst 1990 entstand: eine Republik, die zum ersten Mal in der deutschen Geschichte allen Deutschen auf friedlichem Weg Freiheit und Einheit brachte.

Wie schnell so etwas in Vergessenheit gerät! Schon im Jahr 2005 konnte laut einer Umfrage ein Drittel der Deutschen mit dem Datum des 9. November 1989 »nichts mehr anfangen«. Würde das Ergebnis heute besser ausfallen? Zweifel sind erlaubt. Das zum Teil schwindelerregende Tempo des bis heute anhaltenden Wandels, der die Welt seit 1989/90 erfasst hat – Folge der Revolutionen in Ost- und Mitteleuropa, der in den Neunzigerjahren sich beschleunigenden Globalisierung und zahlreicher neuer Krisen und Kriege seitdem –, trübt das Bewusstsein für die »unerhörte Begebenheit«, wie der Kultursoziologe Wolf Lepenies das Jahrhundertereignis deutsche Einheit genannt hat. Die wirtschaftlichen und sozialen Probleme, mit denen das neue Deutschland zu kämpfen hatte, verstellen bisweilen den Blick auf diesen Glücksfall der Geschichte, der manchen sogar zunächst wie ein Betriebsunfall vorkam.

Und davor? Wie sah Deutschland denn da aus? Es existierten ja zwei Staaten auf deutschem Boden, die westliche Bundesrepublik Deutschland und die östliche Deutsche Demokratische Republik, deren führende Repräsentanten in beidseitiger Geringschätzung auch gerne von BRD oder DDR sprachen. Wie war es eigentlich zu dieser Spaltung gekommen? Und seit wann ist von Deutschland überhaupt die Rede? Was hat es mit dem Kaiserreich auf sich und dem Zusammenhang von Einheit und Freiheit?

Wer so fragt, muss sich auf eine Reise in die Vergangenheit begeben. Sie führt den Zeitzeugen des noch immer jungen 21. Jahrhunderts, der im Bann von Computer und Internet an Zukunftsmusik gewöhnt ist, weit zurück ins 19. Jahrhundert. Dorthin, wo die Anfänge und Wurzeln dessen liegen, wozu Deutschland, wie wir es alle kennen, geworden ist. Gleicht diese Vergangenheit einem tiefen, unergründlichen Brunnen, um einen Satz Thomas Manns aufzugreifen, jenes wohl bedeutendsten Schriftstellers der Deutschen im 20. Jahrhundert, der sich so intensiv wie kaum ein anderer mit dem Land und dem Volk der Dichter und Denker beschäftigt hat?

Das wäre gewiss eine Übertreibung, die dem Erzähler eines Romans zusteht, der den Leser in immer weiter entfernte Gefilde locken möchte. In unserem Fall verhält es sich anders, weil wir Übersicht gewinnen und von wahren Geschehnissen berichten wollen, die sich in einer Zeitspanne von nicht ganz 170 Jahren zugetragen haben. Gemeint ist die Geschichte Deutschlands von 1848, der revolutionären Ouvertüre des langen Ringens der Deutschen um Einheit *und* Freiheit, über die Gründung des Kaiserreichs im Jahr 1871, die beiden Weltkriege und das Zwischenspiel der Weimarer Republik, die nationalsozialistische Schreckensherrschaft, die deutsche Teilung und Wiedervereinigung und das nachfolgende Vierteljahrhundert bis in unsere Tage.

Wer wissen möchte, in welchem Land er heute lebt, der *muss* so weit ins 19. Jahrhundert zurückreisen. Um die Begeisterung zu verstehen, welche die Deutschen in Ost und West 1989 beim

Fall der Berliner Mauer erfasste, ist es erforderlich, den verschlungenen und oft unterbrochenen Pfaden zu Freiheit und Einheit in Deutschland zu folgen. Ihre Ursprünge reichen zurück in jene Zeit vor 1871, als nationale und liberale Erhebungen ganz Europa erschütterten. Insofern sind wir wieder eins mit Thomas Mann und wollen aus dem tiefen Brunnen der Vergangenheit zutage fördern, was dem Begreifen dienlich ist.

Weil Freiheit und Einheit in Deutschland – anders als in anderen Ländern – kein unzertrennliches Zwillingspaar bildeten, weil die Nation erst spät – 1871 – zur ersten Einheit fand und weil Freiheit und Demokratie den Deutschen darüber hinaus viel zu lange fremd blieben, war das Volk in der Mitte Europas anfällig für Irrwege. Ihnen wird nachzuspüren sein, bis hin zur Katastrophe des Nationalsozialismus, der eines der führenden Länder der Welt in die Barbarei stürzen ließ.

Der Zwiespalt zwischen Einheit und Freiheit begleitete die Deutschen auch nach 1945 – in Gestalt ihres geteilten Landes, dessen Bewohner im Osten nach der nationalsozialistischen nun von einer kommunistischen Diktatur beherrscht wurden. Dass die Geschichte den Deutschen – wenn auch spät – 1989/90 die Chance eröffnete, Freiheit und Einheit zu versöhnen, beleuchtet nach Überzeugung des Autors das historische Drama eines Volkes, das weit über ein Jahrhundert benötigte, um als geeinte Nation seinen Platz in der internationalen Gemeinschaft zu finden.

Wer zurückblickt, ist neugierig darauf, wie es eigentlich gewesen ist und weshalb es so und nicht anders kam. Diese doppelte Frage richtet sich an jeden Abschnitt der deutschen Geschichte seit 1848, damit man versteht, wie eins aus dem anderen erwuchs – bis heute. Sie betrifft selbstverständlich auch das dunkelste Kapitel, die Jahre zwischen 1933 und 1945. Ihr Vermächtnis enthält die ewige Warnung vor Verführung, mörderischem Rassenwahn und Gewaltherrschaft. Aber nicht nur das: Davor liegt eine Vergangenheit, die weit mehr ist als eine bloße Vorgeschichte. Vielmehr erhellt diese Vergangenheit, wie möglich wurde, was schließlich geschah, aber nicht zwangsläufig so kommen musste.

Die Fassungslosigkeit über die Menschheitsverbrechen der Nazis rührt vielleicht auch daher, dass sich Deutschland seit seiner Gründung als Nationalstaat 1871 bis zum Jahr 1933 ja keineswegs auf einer Einbahnstraße in Richtung einer totalitären Diktatur bewegte. Und jenseits dieses Bruchs mit allen Normen der Zivilisation gab und gibt es eine Nachgeschichte, in der sich – zur Überraschung vieler – die Freiheit schließlich in ganz Deutschland durchgesetzt hat. Wer sie schätzen und lieben will, muss auch die Gefahr der Unfreiheit kennen – in welcher Gestalt und Vermummung auch immer. Denn Freiheit ist zerbrechlich und auf Erinnerung angewiesen.

Jemand, der seine Vergangenheit nicht kenne, sei wie ein flatterndes Blatt im Wind, das weder wisse, ob es zu einem Baum gehöre, noch zu welchem. So lautet eine portugiesische Weisheit. Möge sie den hoffentlich neugierig gewordenen Reisenden begleiten, wenn er jetzt in eine Erzählung eintaucht, der es an stürmischen Begebenheiten gewiss nicht mangelt. Dabei wird vielleicht dem einen dies fehlen, dem anderen jenes zu kurz kommen. Das kann nicht ausbleiben bei einer Darstellung, die in den Mittelpunkt rückt, was sich für die wechselvolle Entwicklung von Einheit und Freiheit in Deutschland als folgenreich erwiesen hat.

Da seit dem ersten Erscheinen dieses Buches zehn Jahre vergangen sind, schiebt sich in der aktualisierten Neuausgabe das erste Vierteljahrhundert des vereinten Deutschland, die neue Berliner Republik, mehr in den Vordergrund. Nach 25 Jahren deutscher Einheit lässt sich eine erste Bilanz ziehen. In zwei großen Kapiteln wird nachgezeichnet, wie das Einheitsglück zunächst in lähmende Verzagtheit umschlug, wie Ost und West miteinander fremdelten und die lange Vereinigungskrise Zweifel nährte, ob Deutschland seine Zukunft mit der gewohnten Zielstrebigkeit würde gestalten können. Zeitweilig war sogar schon vom »kranken Mann am Rhein« die Rede, eine Anspielung auf das wankende Osmanische Reich im 19. Jahrhundert, das man den »kranken Mann am Bosporus« nannte.

Neben den unterschätzten Lasten und Anstrengungen, welche die *innere* Einheit mit sich brachte und den Menschen abverlangte, war es auch der enorme Druck der ökonomischen Globalisierung mit all ihren sozialen und kulturellen Folgen, der Deutschland zu schaffen machte. Hinzu kamen unerwartete außenpolitische Herausforderungen, die der Politik keine

Atempause ließen. Und über allem schwebte, spätestens seit den Anschlägen vom 11. September 2001, die Gefahr des internationalen Terrorismus in islamistischem Gewand.

Nach 2005 fasste Deutschland wirtschaftlich wieder Fuß und gewann auch politisch Schritt für Schritt an Bedeutung. Selbstvertrauen und Selbstsicherheit stiegen, trennende Gegensätze und Unterschiede zwischen West und Ost schliffen sich allmählich ab, und auch der tiefe Einschnitt durch die 2007/2008 einsetzende Weltfinanz- und internationale Wirtschaftskrise bremste diese Entwicklung kaum. Ohne dass Berlin es wirklich wollte, beförderte vor allem die Euro-Krise die vom Export gut lebende und von der europäischen Gemeinschaftswährung profitierende Mittelmacht Stück für Stück zur kontinentalen Großmacht, von der wirtschaftlich, politisch, aber auch militärisch viel erwartet wird.

Was Deutschland mit dieser neuen Führungsrolle, die ihm gewissermaßen in den Schoß gefallen ist, auf Dauer anfängt, werden wir abwarten müssen. Keineswegs darf es die Fehler der Vergangenheit wiederholen und sein Heil in unberechenbaren Alleingängen suchen. Danach sieht es zumindest bislang nicht aus, und der Garant dafür, dass dies so bleibt, ist die europäische Einbindung dieses mittlerweile so großen und einflussreichen Landes.

Alle, denen an Vertiefung und gezielter Suche gelegen ist, finden in dieser Neuausgabe der »Deutschen Geschichte« neben einer erweiterten Zeittafel ein Sach- und Personenregister zum Nachschlagen sowie zusätzliche Literaturhinweise. Dem Hanser Verlag, der diese Neuausgabe angeregt und ermöglicht hat, sei herzlich gedankt, ganz besonders auch Dr. Friedbert Stohner, dessen Lektorat wie schon vor zehn Jahren Präzision und Eleganz verbindet. Ich widme diese »Deutsche Geschichte« den Freunden Hülya und Oktay Yagdiran, Deutschen mit ausländischen Wurzeln, die es weit gebracht haben in einem Land, das ruhig noch mehr Weltoffenheit zeigen könnte und sollte.

Hamburg, im Juli 2015 Peter Zolling

I. Der Traum von Einheit und Freiheit

Ein König will nicht Kaiser werden

Strahlender Sonnenschein lag über Paris, aber die grimmige Kälte ließ die Bewohner frösteln. Der blaue Himmel über der Stadt an der Seine stimmte keinen fröhlich. Man schrieb den 18. Januar 1871 und Frankreich trauerte. Im südwestlich von Paris gelegenen Versailles, der prachtvollen Residenzstadt der französischen Könige, erfüllte preußische Marschmusik die Gassen. Am Prunkschloss Ludwigs XIV., der wie kein anderer im 17. Jahrhundert und noch danach die absolute Monarchie verkörpert hatte, fuhr eine vierspännige Kutsche vor. Ihr entstieg Wilhelm I., König von Preußen.

Er war schlecht gelaunt. Daran konnten auch die vielen Uniformen, Fahnen und Säbel, die der König sah und die sonst sein Offiziersherz immer erfreuten, nichts ändern. Denn Wilhelm I. stand der »unglücklichste Tag« seines Lebens bevor, wie er seinem treuesten Diener, dem preußischen Ministerpräsidenten Otto von Bismarck, anvertraut hatte.

Der König von Preußen sollte zum Kaiser ausgerufen werden – zum Kaiser eines neuen Reichs, das Preußen soeben gemeinsam mit den deutschen Bundesstaaten im Krieg gegen Frankreich zusammengeschmiedet hatte. Wilhelm I. hatte nichts gegen neue Erwerbungen, aber seine stolze Preußenkrone im Glanz der ungeliebten deutschen Kaiserwürde verblassen zu sehen, das brach ihm fast das Herz. Am Vorabend hatte er sich heftig mit Bismarck gestritten, dem politischen Baumeister der neuen Macht in der Mitte Europas, die ihre Geburtsstunde im Herzen Frankreichs, des besiegten Feindes, feiern wollte.

»Wir Wilhelm, von Gottes Gnaden König von Preußen, erwählter Kaiser von Deutschland« – so sah sich der Monarch und so wollte er auch am liebsten angesprochen werden. Bismarck konnte seinem Herrscher diesen Titel ausreden, weil er Preußens deutsche Verbündete vor den Kopf gestoßen hätte.

Eine Staatsgründung auf fremdem Boden: Kaiserproklamation Wilhelms I. im Spiegelsaal von Versailles am 18. Januar 1871. Das deutsche Volk spielte bei dieser Feier von Fürsten und Militärs keine Rolle.

Dann wenigstens »Kaiser von Deutschland«, beharrte Wilhelm eigensinnig. Auch nicht besser, fand Bismarck, und so standen die beiden Herren jetzt mit bleichen Gesichtern im festlichen Spiegelsaal des Schlosses von Versailles, ohne sich eines Blicks zu würdigen.

Bismarck, wie die versammelten Fürsten, Prinzen und hohen Offiziere in Uniform, die preußische Pickelhaube in der Hand, sah besorgt, dass die Knie des Königs gelegentlich zitterten. Eine gedrückte Stimmung stand auf den Gesichtern der Anwesenden. Außer dem Rasseln der Säbel war kein Laut zu hören. Militärische Symbole bestimmten die Zeremonie; Fahnen- und Standartenträger hatten Aufstellung genommen. Einige wenige Zivilisten, Parlamentarier aus Deutschland, drückten sich an den Rand der Szene. In die gespenstische Stille erklärte Wilhelm I., er wolle der Bitte der Verbündeten entsprechen und »die deutsche Kaiserwürde« annehmen. Anschließend verlas Bismarck, »ohne jegliche Spur von Wärme oder feierlicher Stimmung«, wie ein Augenzeuge festhielt, die Proklamation »An das deutsche Volk«:

»Wir übernehmen«, hieß es da, »die kaiserliche Würde in

dem Bewusstsein der Pflicht, in deutscher Treue die Rechte des Reiches und seiner Glieder zu schützen, den Frieden zu wahren, die Unabhängigkeit Deutschlands, gestützt auf die geeinte Kraft seines Volkes, zu verteidigen.« Der Großherzog von Baden war es, der dann den Bann brach und die peinliche Titelfrage mit dem Ausruf umging: »Seine Kaiserliche und Königliche Majestät, Kaiser Wilhelm, lebe hoch!«

So ganz im Zeichen des militärischen Sieges über Frankreich verlief die Geburtsstunde des Deutschen Reichs, dass schon bald von »Mummenschanz« die Rede war. Prinz Otto, Bruder des bayerischen Königs Ludwig II., klagte: »Alles so kalt, so stolz, so glänzend, so prunkend und großtuerisch.« Die Gründung eines Staates auf fremdem Boden, wann hatte es das je gegeben? Die Demütigung einer großen Nachbarnation als Geburtshelfer der deutschen Einheit – an dieser Erblast sollte das neue Reich schwer zu tragen haben.

»An das deutsche Volk« war Bismarcks Proklamation gerichtet. Doch dieses Volk trat in Versailles nicht in Erscheinung. Kein Wort von Verfassung oder Parlament, jenen historischen Errungenschaften, die nach jahrhundertelangen und oft gewaltsamen Konflikten zwischen der Krone und ihren Untertanen in Ländern wie Frankreich, Großbritannien und den Vereinigten Staaten von Amerika nicht mehr wegzudenken waren. Befremdlich, ja beunruhigend musste das auf viele Staatsmänner außerhalb Deutschlands wirken. Benjamin Disraeli, Oppositionsführer im englischen Unterhaus, dem Parlament des Inselstaates, sah die Weltordnung aus den Fugen geraten.

»Dieser Krieg«, urteilte er kurz nach der Kaiserproklamation und dem Waffenstillstand zwischen Frankreich und Deutschland, »bedeutet die deutsche Revolution, ein größeres politisches Ereignis als die Französische Revolution des letzten Jahrhunderts.« Und mit Blick auf Europa fügte er hinzu: »Das Gleichgewicht der Macht ist völlig zerstört.«

So dramatisch sah Disraeli die Umstände und Folgen der deutschen Reichsgründung von 1871. Aber übertrieb der britische Politiker, ein Konservativer, dem alles Neue ein Gräuel war, nicht ein bisschen? Hatten die Deutschen nicht einfach nur etwas später erreicht, worauf Franzosen, Engländer, Russen, Spanier und seit Kurzem auch die Italiener selbstverständlich stolz waren: ihre nationale Einheit? War es nicht ein alter Traum gewesen, an dem Jahrzehnte zuvor nur wenige Anstoß genommen hatten?

Wer konnte es den Deutschen verübeln, dass sie nun erst einmal ihre Einheit feiern wollten, auch wenn beim waffenklirrenden Gründungsakt in Versailles vom Volk nur die Rede war und die Herrschenden lieber unter sich blieben. »Kaiser und Reich fanden enthusiastische Zustimmung«, bemerkte ein Reisender in Süddeutschland, dessen Bewohner keinesfalls als Freunde Preußens galten. In allen Gasthäusern hingen Bilder des Kaisers und Bismarcks und für den Historiker Heinrich von Sybel kannte die Begeisterung keine Grenzen: »Wodurch hat man die Gnade Gottes verdient«, schrieb er einem Freund, »so große und mächtige Dinge erleben zu dürfen? Und wie wird man nachher leben? Was zwanzig Jahre der Inhalt alles Wünschens und Strebens gewesen, das ist nun in so unendlich herrlicher Weise erfüllt!«

Aber es gab auch andere Stimmen. Der Sozialist Wilhelm Liebknecht hatte einen Monat vor dem Schauspiel in Versailles gespottet, die Kaiserproklamation solle auf dem Gendarmenmarkt in Berlin abgehalten werden. »Denn dieses Kaisertum kann in der Tat nur durch Gendarmen aufrechterhalten werden.« Sein Freund und Mitbegründer der späteren Sozialdemokratischen Partei Deutschlands (SPD), August Bebel, sprach von der »Einheit der Kaserne und des Zuchthauses«, was ihm eine Gefängnisstrafe einbrachte. Und im »Kladderadatsch«, einem Satireblatt, wurde im Berliner Dialekt gewitzelt: »Was nutzt die neue Krone mich, und wenn sie auch von Gold ist? Und was der Kaisermantel, wenn er nicht – vons Volk gerollt ist [...] Das ist das Reich doch nicht, wofür gekämpft ich und gewacht hab!«

Wofür aber hatten die Deutschen so lange gekämpft, dass jetzt die überschäumende Freude bei nicht wenigen durch Enttäuschung gedämpft wurde? Was war das für ein Land, das seine Staatsgründung so einschüchternd auf fremdem Boden feierte? Und wer war der Mann, der dem Volk in der Mitte Europas die Einheit gebracht hatte und den bald viele nur noch ehrfürchtig den »eisernen Kanzler« nannten?

Die verspätete Nation

Jedes Ereignis hat seine Vorgeschichte. Manchmal reicht sie so weit zurück, dass es etwas schwierig ist, die Fäden zu entwirren. Wo beginnen, um die besondere Entwicklung Deutschlands bis zu jener ebenso denk- wie merkwürdigen Szene im Spiegelsaal von Versailles zu verstehen? Deutschland – gab es das zuvor überhaupt schon? Jedenfalls nicht als eine Nation mit einem Staat und einem Volk, das in einheitlichen Grenzen und einer gemeinsamen politischen Ordnung lebte, wie etwa England und Frankreich. Seit dem Mittelalter war vom »Heiligen Römischen Reich Deutscher Nation« die Rede, wenn Deutschland gemeint war. Hinter dieser Bezeichnung, die das Erbe des einst im Altertum mächtigen Römischen Reichs für sich beanspruchte, verbarg sich in Wirklichkeit ein Flickenteppich von mehr als 300 kleineren und größeren über ganz Mitteleuropa verstreuten Staaten. In ihnen herrschten Könige und Fürsten nach Landesrecht und Gutdünken, denen das »Römische Reich Deutscher Nation« alles andere als heilig war. Was der Kaiser, an sich die oberste Autorität dieses seltsamen Gebildes, wollte, scherte sie nicht viel. Die Macht lag bei ihnen und nicht beim Kaiser. Ihre Untertanen hatten sich dem Willen des Landesherrn zu beugen, auch bei der Religionszugehörigkeit. Für das Volk galt: »Wess' Brot ich ess', dess Lied ich sing'.«

Der Dreißigjährige Krieg (1618–1648), Folge der Glaubensspaltung zwischen Katholiken und Protestanten nach der Reformation im 16. Jahrhundert, hatte eine Spur der Verwüstung in deutschen Landen hinterlassen. Leid und Elend, Hunger und Seuchen rafften große Teile der Bevölkerung dahin – das Mittelalter kehrte zurück. Und der Westfälische Friedensschluss besiegelte die territoriale Zersplitterung Deutschlands. Die Menschen mussten sich in ihr Schicksal fügen und nach der Pfeife desjenigen tanzen, der sie gerade regierte – je nachdem, wohin es sie verschlug. Doch aus den Wirren des verheerenden Krieges um Religion, Macht und Einfluss in Mitteleuropa tauchten zwei Herrscherhäuser auf, deren Ringen um Überlegenheit in Deutschland Geschichte machen sollte: die Hohenzollern in Preußen und die Habsburger in Österreich.

Österreichs Aufstieg zur Großmacht lag schon zwei Jahrhunderte zurück, als Preußen die europäische Bühne betrat. Im Schatten alter Mächte, wie Frankreich, England und Russland, von niemandem so recht bemerkt, wuchs es heran; erst unterschätzt, dann gefürchtet. Ohne sie je in die Schlacht zu schicken, unterhielt Friedrich Wilhelm I. (1688–1740), der Soldatenkönig, eine stattliche Armee – mit 83 000 Mann war es die viertgrößte des Kontinents. Erst sein Sohn Friedrich II. (auch »der Große« genannt) setzte sie in der Mitte des 18. Jahrhunderts vor allem auf Kosten Österreichs gezielt für kriegerische Eroberungen ein und begründete damit nicht nur Preußens starke Stellung im Konzert der europäischen Mächte, sondern zugleich auch dessen Ruf: im Guten und noch mehr im Schlechten.

Zwar öffnete sich König Friedrich II. dem Geist und den Gedanken seiner Zeit – der Aufklärung. Aber eben mehr im Geiste. Er umgab sich mit klugen Philosophen, wie etwa dem Franzosen Voltaire, schätzte gelehrte Herrenrunden am Hofe zu Sanssouci (»Ohne Sorge«) in der geliebten Garnisons- und Residenzstadt Potsdam und pflegte seine Leidenschaft zur Musik. Preußen beeindruckte durch einen modernen Militär- und Beamtenstaat, der in Europa seinesgleichen suchte. Und es lockte viele religiös Verfolgte ins Land, weil jeder sein Bekenntnis frei wählen, nach »seiner Fasson Selich« werden konnte, wie der König versprach.

Doch die Kehrseite Preußens verdüsterte dieses Bild und prägte ihm seinen eigentlichen Stempel auf. Potsdam, das war eben nicht in erster Linie der architektonisch liebliche Ort erbaulicher Flötenkonzerte des komponierenden Monarchen, sondern vor allem die Verkörperung soldatischer Tugenden: Gehorsam und Pflichterfüllung im Dienst des Staates waren oberste Gebote, und sie sollten es bleiben. Freiheit und Aufklärung, Ideen also, die sich mit der Französischen Revolution seit 1789 über ganz Europa ausbreiteten, durften zwar gedacht werden. Mehr Teilhabe des Volkes an der Regierung war damit aber nicht verbunden. Der König behielt in Preußen das letzte Wort. »Andere Staaten besitzen eine Armee«, lästerte der französische Staatsmann Honoré Graf von Mirabeau. Preußen dagegen sei »eine Armee, die einen Staat besitzt«.

Und dieser Staat brach, 1806/07, unter dem Ansturm französischer Truppen zusammen, als sich Kaiser Napoleon Bonaparte daranmachte, ganz Europa zu unterwerfen. Aber nicht Preußen ging unter, sondern das »Heilige Römische Reich Deutscher Nation« – ohnehin nur noch eine leere Hülle – verschwand, um einer neuen Ordnung Platz zu machen. Aber welcher? Freiheit, Gleichheit, Brüderlichkeit – der Dreiklang der großen Französischen Revolution von 1789 hatte sich wie ein Lauffeuer über die ganze Welt verbreitet. Auch viele Deutsche hatten sich zunächst von der revolutionären Begeisterung anstecken lassen.

Preußens König Friedrich II. (»der Große«) verkörperte das, was man »aufgeklärten Absolutismus« nennt. Als »erster Diener seines Staates« führte der Monarch Preußen durch militärische Eroberungen in den Kreis der europäischen Großmächte.

Doch die Freude über den Aufstieg des Bürgertums, des dritten Standes, und die Beseitigung der Vorrechte von Adel und Kirche war mit den Jahren stark abgeklungen. Ernüchterung machte sich breit. Dazu hatte der blutige Terror der Revolution beigetragen, mehr aber noch die Tatsache, dass mit Napoleon ein Kind dieser Revolution zum Eroberer und Unterdrücker anderer Völker geworden war. Während Preußen und die anderen an Frankreich angelehnten deutschen Teilstaaten mit Reformen von oben Anschluss an die neue Zeit suchten, gärte es im Volk. Der Wunsch, die französische Fremdherrschaft abzuschütteln und seine Freiheit zu erringen, begann es zu einen.

Schrittweise wurde die Bauernbefreiung in Angriff genommen, und Städte erhielten das Recht, ihre Angelegenheiten selbst zu regeln. Die Gewerbefreiheit löste mittelalterliche Zunftordnungen ab, Heeres- und Bildungsreformen nahmen das Volk in die Pflicht und entfesselten dessen Kräfte. Bürgerliches Selbstbewusstsein regte sich – wenn auch nur zaghaft. Viel stärker als der Wille zur inneren Erneuerung, der gar zu schnell wieder erlahmte, war indes etwas anderes: die Geburt eines Nationalgefühls, das alle Deutschen zu erfassen begann und zum Sieg in den Befreiungskriegen gegen Napoleons Armeen führte.

Nach Frankreichs Niederlage schlossen die drei großen konservativen Mächte Russland, Österreich und Preußen auf dem Wiener Kongress 1815 eine »Heilige Allianz«, ein Bündnis gegen alle nationalen und freiheitlichen Bestrebungen. Ein Klima von Unterdrückung und Verfolgung legte sich über Europa. Doch was an den Machtverhältnissen gescheitert war, ließ sich aus den Köpfen der Menschen nicht wieder vertreiben: der Traum von Freiheit und Einheit aller Deutschen. Immer wieder brach sich dieser Wunsch liberaler Patrioten Bahn: auf dem Wartburgfest 1817 und, nach der Pariser Julirevolution 1830, beim Hambacher Fest zwei Jahre später.

1817, auf der Wartburg, war es vor allem die Jugend, das junge Deutschland, welches der nationalen und liberalen Sehnsucht eine Stimme verlieh. Zum Hambacher Fest 1832 versammelten sich Menschen aus allen Bevölkerungsschichten, Bürger, Handwerker und auch Arbeiter, um unter schwarz-rot-goldenen Fahnen ein einiges und freies Deutschland zu fordern. 16 Jahre später, 1848, sprang der Funke der Revolution erneut von Frankreich über den Rhein.

Die Ordnungsmächte Österreich und Preußen versuchten jede Erhebung im Keim zu ersticken. Im Deutschen Bund, dem Dach, das Deutschland seit 1815 überwölbte, hatten sie das Sagen und die übrigen 33 Fürstenstaaten nicht viel zu melden. Preußen und Österreich zogen an einem Strang, wenn es darum ging, mit Hilfe von Polizei, Verhaftungen, Verboten von Zeitungen (Zensur), Vereinen und politischen Versammlungen die vorrevolutionäre Ordnung wiederherzustellen (Restauration). Aber es zeichnete sich ab, dass es auf lange Sicht um noch mehr ging, nämlich darum, wer die Geschicke Deutschlands letztendlich bestimmen sollte: Österreich oder Preußen. Der Kampf um die Vorherrschaft in Deutschland hatte begonnen.

Mittlerweile hatte sich das Gesicht Europas grundlegend verändert. Ausgehend von Großbritannien breitete sich die industrielle Revolution aus und wälzte, Land für Land, sämtliche Lebensverhältnisse um. Ein neues Zeitalter, der Kapitalismus, zog herauf, verkörpert von den besitzenden Klassen, allen voran das Bürgertum. In seinem Schatten wuchs eine neue Unterschicht von mittellosen Arbeitern heran, die nichts zu verkaufen hatten als ihre Arbeitskraft und deren Schicksal Armut war: das Proletariat.

Während im Winter und Frühjahr 1848 überall in Europa Unruhen ausbrachen und der Ruf nach bürgerlichen Freiheiten und nationaler Selbstbestimmung die Herrschenden aufschreckte, erschien in London das »Manifest der Kommunistischen Partei«. »Ein Gespenst geht um in Europa – das Gespenst des Kommunismus«, schrieben seine Verfasser, die Deutschen Karl Marx und Friedrich Engels, und forderten: »Proletarier aller Länder, vereinigt euch!«

Die Autoren würdigten die bahnbrechende Rolle des Bürgertums bei der revolutionären Durchsetzung von Freiheit und Kapitalismus. Aber da die Geschichte immer eine Geschichte von Klassenkämpfen gewesen sei, warte nun das Proletariat auf seine Stunde, um in einer kommunistischen Revolution die kapitalistische Herrschaft zu stürzen und eine klassenlose Gesellschaft zu errichten. Denn der Arbeiter habe nichts zu verlieren als seine Ketten, die ihn an die Maschinen des Fabrikbesitzers fesselten.

Für die Besitzenden war es ein bedrohliches Gespenst, das im Revolutionsjahr 1848 am Horizont auftauchte – für die Arbeiter bedeutete es die Hoffnung auf eine Gesellschaft, »worin die freie Entwicklung eines jeden die freie Entwicklung aller ist« (Karl Marx). In jedem Fall aber hatte die soziale Frage, das Elend der Lohnarbeiter im Frühkapitalismus des 19. Jahrhunderts, zum ersten Mal eine politisch aufrüttelnde Antwort erhalten. Und in der Hand des vierten Standes sollten die Schriften von Marx und Engels zu einer mächtigen Waffe werden, die den Kampf um Einheit und Freiheit in Deutschland folgenreich begleiteten.

Manifest

der

Kommunistischen Partei.

Veröffentlicht im Februar 1848.

London.

Gedruckt in der Office der „Bildungs-Gesellschaft für Arbeiter" von J. E. Burghard.

46, Liverpool Street, Bishopsgate.

Das »Manifest der Kommunistischen Partei« von Karl Marx und Friedrich Engels, erschienen im Revolutionsjahr 1848, war trotz falscher Voraussagen eine der wirkungsmächtigsten politischen Schriften zum Verständnis des entfesselten Kapitalismus.

1848 – gescheiterte Hoffnungen

Zwischen Restauration und Revolution – es war dieser Zeitgeist der Zerrissenheit, der auch beim jungen Otto von Bismarck seine Spuren hinterließ. In seiner Jugend nahm er, wie viele andere auch, »deutsch-nationale Eindrücke« auf, und er verließ die Schule mit der Überzeugung, »dass die Republik die vernünftigste Staatsform« sei. Das waren für einen Preußen adeliger Herkunft eher ungewöhnliche Ansichten. Denn der Staat Friedrichs II. war trotz der Reformen zu Beginn des 19. Jahrhunderts eine Militärmonarchie geblieben, die sich hauptsächlich auf eine Klasse von Großgrundbesitzern (Junker) östlich der Elbe stützte und in der das Volk aus braven Untertanen bestand. Recht und Gesetz waren in Preußen zwar mittlerweile für jedermann – auch den König – bindend; doch alles war auf die Interessen des grundbesitzenden Standes zugeschnitten und von den Ideen der deutschen Freiheits- und Einheitsbewegung Welten entfernt.

Auch die Bismarcks gehörten zu jener Schicht von Junkern, die das Gesicht Preußens über Jahrhunderte prägten und die in erster Linie darauf bedacht waren, ihre Vorrechte in Staat und Gesellschaft zu wahren. Otto von Bismarck entstammte einer altmärkischen Adelsfamilie. Er wurde am 1. April 1815 auf dem väterlichen Gut Schönhausen bei Magdeburg geboren. Dass Bismarck, anders als die meisten seiner Standesgenossen, in Jugendjahren für die Gedanken der liberalen und nationalen Patrioten empfänglich war, zeugte von einem eigenwilligen Charakter. Obwohl Junker durch und durch, war ihm die Engstirnigkeit seiner gutsherrschaftlichen Umgebung schon früh zuwider. Auch sonst entsprach der »tolle Bismarck«, wie ihn Bewunderer nannten, so ganz und gar nicht dem Bild des disziplinierten, strebsamen und tugendhaften Preußen. Ziellos verbummelte er seine Studienzeit, in der er durch Trinkfestigkeit, närrische Auftritte und Liebesabenteuer glänzte.

Doch mit den republikanischen Neigungen war es nicht weit her. Viel stärker schlugen in der Brust des Riesen mit dem merkwürdig kleinen runden Kopf und der Fistelstimme »preußisch-monarchische Gefühle« und seine »Sympathien blieben auf Seiten der Autorität«, wie Bismarck später in seinen Lebenserinnerungen schrieb. Die Herkunft setzte seinem geistigen Ausflug in die Freiheit erkennbar Grenzen. 1848, als die Revolution die Throne Europas ins Wanken brachte, sollte es sich zeigen.

Im Februar dieses Jahres hatte in Paris König Louis Philippe abgedankt. Frankreich wurde zur Republik. Kurz darauf

In der Revolution von 1848 nahmen die Deutschen zum ersten Mal Anlauf, um in Einheit und Freiheit zu leben. Als sich das Volk erhob, wie etwa in Berlin, gaben die Herrschenden zunächst klein bei. Später wendete sich das Blatt.

kommt es diesseits des Rheins zu Aufständen. In der Pfalz, in Hessen und in Baden gehen Liberale und Demokraten auf die Straße und demonstrieren für Einheit und Freiheit. Das Bürgertum erhebt sich gegen die alte Ordnung. Aber auch Handwerker, Bauern und Arbeiter, denen es wirtschaftlich schlecht geht, beteiligen sich. Gefordert werden Presse-, Versammlungs- und Vereinsfreiheit sowie die Aufhebung der Zensur. Verfassungen sollen das Verhältnis von Fürsten und Volk neu ordnen, Adelsprivilegien abschaffen und mehr Mitsprache ermöglichen. Und überall ertönt der Ruf nach der Einberufung eines Nationalparlaments, einer Volksvertretung für alle Deutschen.

In Berlin erklärt sich König Friedrich Wilhelm IV. zu Zugeständnissen bereit. Er verspricht nicht nur eine Verfassung für Preußen, sondern auch einen deutschen Bundesstaat, ebenfalls mit einer Verfassung. Trotzdem kommt es zu Zusammenstößen zwischen Militär und Bevölkerung. Tausende demonstrieren und errichten Barrikaden, bei Straßenkämpfen gibt es über 250 Tote. Das Volk ist empört, der König weicht zurück und lässt die Truppen abziehen. Er sieht sich genötigt, den Opfern vom 18./19. März 1848 die letzte Ehre zu erweisen und verneigt sich vor ihnen in aller Öffentlichkeit. Der Monarch zeigt sich kurz darauf dem Volk mit einer schwarz-rot-goldenen Schärpe, den Symbolfarben der deutschen Nationalbewegung für Einheit und Freiheit. Er verkündet: »Preußen geht fortan in Deutschland auf.«

Otto von Bismarck, der die dramatischen Vorgänge als Augenzeuge verfolgt, ist erschüttert. Er sieht sein geliebtes altes Preußen und die Monarchie am Rand des Abgrunds. Der Rittergutsbesitzer ist inzwischen Mitglied im Vereinigten Landtag, der preußischen Ständevertretung. Dort streitet der Adel für Preußen, den König, aber vor allem für die eigenen Interessen. Bismarck will den König mit Gewalt aus seiner Klemme befreien. Doch die Krone habe ja »selbst die Erde auf ihren Sarg geworfen«, klagt er Friedrich Wilhelm IV. vor dem Landtag an. Ein Weinkrampf schüttelt den 32-Jährigen, als er die Rednertribüne verlässt.

Und die weitere Entwicklung schien seine schlimmsten Befürchtungen zunächst zu bestätigen. Überall in Deutschland entstanden politische Vereine, die Keimzellen späterer Parteien. In ihnen organisierten sich Bürger, Handwerker und Arbeiter, diskutierten über ihre Ziele und stellten Forderungen auf. Am weitesten wagten sich die Klubs der Republikaner und Demokraten vor, die von zahlreichen Arbeitern unterstützt wurden. Sie verlangten das allgemeine, gleiche und direkte Wahlrecht und einen demokratischen Verfassungsstaat in Deutschland. Das Volk sollte den Monarchen als obersten Herrscher – Souverän – ablösen. In einem Flugblatt der Demokraten aus Trier hieß es:

»Der freie Staat braucht freie Männer, weil er die Form des gesellschaftlichen Lebens derselben ist; eine Dynastie kann man beliebig auswechseln, da wird nur der Herr geändert, aber aus dem Untertanentum kann uns kein Machtgebot erlösen, da müssen wir uns erst selbst zu Staatsbürgern durch politische Bildung gemacht haben. Hierzu das Volk anzuleiten, diese Erziehung zur Freiheit anzubahnen und zu vollenden, das ist der eigentliche Beruf der politischen Vereine.«

Und in den Vereinen der Demokraten wurden auch erste Stimmen laut, die nach einem »Ausgleich des Missverhältnisses zwischen Arbeit und Kapital« riefen. Das ging den gemäßigten Liberalen allerdings viel zu weit, bei denen diejenigen überwogen, die zwar auch für die Einheit Deutschlands und eine Verfassung (Konstitution) eintraten, an der Monarchie aber festhalten wollten.

Ungeachtet dieser Gegensätze beflügelte jedoch zunächst alle der Wunsch nach einer gesamtdeutschen Volksvertretung, die eine Verfassung für das ganze Land ausarbeiten sollte. Am 18. Mai 1848 war es endlich so weit. In der Frankfurter Paulskirche kam die Nationalversammlung zusammen, das erste frei gewählte Parlament aller Deutschen. Aller Deutschen? Die Abgeordneten repräsentierten ihrer eigenen Herkunft nach überwiegend die gebildeten Schichten, was der Versammlung schon bald den Ruf eines »Professoren«-Parlaments eintrug. Unter den »Volks«-Vertretern gab es nur vier Handwerker und überhaupt keinen Arbeiter.

Vom Parlamentspräsidenten aus gesehen, den die Versammlung wählte, saßen die Demokraten links, die Liberalen in der Mitte und die Konservativen rechts. Daran knüpfte später die

Im ersten Parlament der Deutschen, der Nationalversammlung in der Frankfurter Paulskirche, berieten die Abgeordneten im Frühjahr 1848 über eine Verfassung. Doch das Streben der Nationalbewegung nach Einheit in Freiheit zerbrach an den Machtverhältnissen.

Bezeichnung politischer Parteien als links oder rechts an. Die Abgeordneten, darunter viele Rechtsanwälte, höhere Verwaltungsbeamte und Universitätsprofessoren, berieten lange über eine Verfassung, die Gestalt des künftigen Deutschland und einen Katalog von »Grundrechten des deutschen Volkes«.

Schließlich einigte man sich gegen den Widerstand der Anhänger einer demokratischen Republik auf ein Erbkaisertum an der Spitze des Reiches. Nach der Lehre der Gewaltenteilung sollte der Monarch mit seinen Ministern regieren (Exekutive) und ein Reichstag mit zwei Kammern, einer von Männern gewählten Volksvertretung und einem Staatenhaus für die deutschen Länder, die Gesetze beraten und beschließen (Legislative).

Wo aber fing nach Ansicht der Verfassungsväter in der Frankfurter Paulskirche Deutschland an, wo hörte es auf? Viele wünschten sich eine großdeutsche Lösung unter Einschluss der deutschsprachigen Gebiete Österreichs – nicht zuletzt als Gegengewicht zum mächtigen Preußen. Doch Österreich war ein Vielvölkerstaat und wollte nur als Ganzes dem neu zu schaffenden Reich beitreten. Konnte dies das Ziel der deutschen Nationalbewegung sein? Nein, und so entschied sich die Mehrheit der Paulskirchen-Parlamentarier für die kleindeutsche Lösung, also für ein Deutschland, das Preußen und jene zahlreichen kleinen Staaten umschloss, die seit 1815 lose im Deutschen Bund zusammengefasst waren – aber nun ohne Österreich.

Ende 1848 verabschiedete die Nationalversammlung die »Grundrechte des deutschen Volkes«. Zum ersten Mal in der Geschichte fanden in einer Verfassung für alle Deutschen Freiheitsrechte ihren Niederschlag, wie sie bereits in der amerikanischen Unabhängigkeitserklärung von 1776 und in der Menschenrechtserklärung der Französischen Revolution von 1789 formuliert worden waren. Sie betrafen die Freiheit und Unverletzlichkeit der Person, die Meinungsfreiheit, die Glaubens- und Gewissensfreiheit sowie die Vereins- und Versammlungsfreiheit. Garantiert werden sollten ferner die Gleichheit aller vor dem Gesetz, die Bewegungsfreiheit innerhalb des Reichsgebietes, Berufsfreiheit und der Schutz des Eigentums.

Was die Verfassungsväter in Frankfurt ersonnen hatten, war

eine lange Wunschliste. Wäre sie Wirklichkeit geworden, hätte die Demokratie in Deutschland eine frühe Chance erhalten, so wie in England, Frankreich und den Vereinigten Staaten von Amerika. Diese Länder waren allerdings längst geeint, Freiheitsrechte wurden nach und nach durchgesetzt. Und wie sah es in Deutschland aus?

Zersplittert in eine Vielzahl von Einzelstaaten, kamen nur zwei Großmächte in Frage, die Forderungen der Nationalversammlung zu erfüllen: Preußen und Österreich, die unter dem Dach des Deutschen Bundes miteinander um Macht und Einfluss in Deutschland rivalisierten. Mittlerweile dachte indes keiner von beiden mehr daran, das Programm der Frankfurter Verfassungsväter in die Tat umzusetzen. Denn der Wind hatte sich längst gedreht. Radikalere Strömungen außerhalb der Paulskirche schreckten mit neuen Aufstandsversuchen und Parolen für soziale Gleichheit und für eine deutsche Republik die Herrschenden auf und entzweiten Liberale und Demokraten immer mehr.

Zwar pilgerten die ehrenwerten Frankfurter Herren – ohne Heer und Autorität zur Machtlosigkeit verdammt – noch brav zum König von Preußen, um ihm die Kaiserkrone für Deutschland anzudienen. Doch die »Schweinekrone«, das »Hundehalsband« aus den Händen des Volkes anzunehmen, war unter der Würde Seiner Majestät. Längst hatten sich die deutschen Fürsten und Könige vom ersten Schock der Revolution erholt. Mit dem Schlachtruf »Gegen Demokraten helfen nur Soldaten« beendeten sie die Aufstände gewaltsam und ließen die Reste der Nationalversammlung auseinanderjagen.

Jäh erwachten die deutschen Patrioten aus ihrem Traum von der Einheit des Vaterlandes in Freiheit. Viele Menschen wurden verhaftet, Hunderttausende wanderten in den folgenden Jahren aus, die meisten von ihnen nach Amerika. Aber wer sich über die Landkarte Europas beugte, musste erkennen, dass die deutsche Frage nicht mehr aus den Köpfen zu verbannen war. Ahnungsvoll wettete einer 25 Flaschen Champagner darauf, dass die deutsche Einheit in nicht allzu ferner Zukunft kommen werde: der königstreue Gutsherr Otto von Bismarck.

Mit »Eisen und Blut«

Über ein Jahrzehnt später steckte der König von Preußen wieder in einer Zwickmühle. Er hieß jetzt Wilhelm I. und war Bruder und Thronfolger des 1861 gestorbenen Königs Friedrich Wilhelm IV. Der Monarch brauchte mehr Geld, um sein Heer zu vergrößern und zu modernisieren. Dazu benötigte er die Zustimmung des preußischen Abgeordnetenhauses, in der die besitzenden Stände den Ton angaben. Trotz der Niederlage der Revolutionäre von 1848 konnte auch der König von Preußen längst nicht mehr so frei schalten und walten wie noch in früheren Zeiten. Er musste die Interessen des Adels und des aufstrebenden Bürgertums berücksichtigen, das mit seinen Unternehmen und Fabriken wirtschaftlich an Einfluss gewann. Die industrielle Revolution hatte – mit beträchtlicher Verspätung – Preußen und das übrige Deutschland erfasst und gewann schnell an Fahrt.

Auf die Revolution von 1848 hatte König Friedrich Wilhelm IV. in Preußen mit einer Verfassung »von oben« reagiert. Weit entfernt von den liberalen und demokratischen Ideen der Zeit, sah sie aber immerhin eine Mitwirkung des Abgeordnetenhauses bei den Einnahmen und Ausgaben der Regierung vor (Budgetrecht). Von einer Volksvertretung im eigentlichen Sinn konnte allerdings nicht die Rede sein. Denn gewählt wurde das Abgeordnetenhaus nach dem Dreiklassen-Wahlrecht, das denjenigen die meisten Stimmen einräumte, welche die höchsten Steuern zahlten. Zwangsläufig musste das die begüterten Schichten unverhältnismäßig begünstigen, die sich mit Hilfe des »Geldsack-Wahlrechts« jederzeit ihrer Mehrheit gewiss sein konnten. Dafür, dass nichts gegen und ohne die Junker, die landbesitzende Stütze der Monarchie, entschieden werden konnte, sorgte das preußische Herrenhaus, das ausschließlich dem Adel und den Prinzen der königlichen Familie vorbehalten war.

Doch die Parlamentarier ließen mit sich nicht mehr so umspringen, wie das preußische Könige von ihren Untertanen zumeist gewohnt waren. Die liberale Mehrheit im Abgeordnetenhaus wollte Wilhelm I. nur dann mehr Geld für seine Heeresreform bewilligen, wenn der König die Dienstzeit im Militär verkürzte und die Rolle der in bürgerlichen Kreisen geschätzten Landwehr nicht beschnitt. Das empfand Wilhelm als unverschämt, denn über das Heer hatte nach seiner Ansicht in Preußen allein die Krone zu bestimmen. Keine Seite war bereit nachzugeben und der König dachte bereits an Rücktritt. Da wurde ihm ein Diplomat empfohlen, der seit der Revolution von 1848 dafür bekannt war, dass er die preußische Monarchie auf Biegen und Brechen verteidigen würde: Otto von Bismarck.

Ganz wohl war Wilhelm nicht, als er sich im Herbst 1862 entschloss, den Gesandten Preußens in Paris zum Ministerpräsidenten und Außenminister zu berufen. Denn der Junker Bismarck galt vielen als Mann von gestern, dem jedes Mittel recht war, um seine Ziele durchzusetzen. »Ein Abenteurer« sei er, meinte der Publizist August Ludwig von Rochau, »der schärfste und letzte Bolzen der Reaktion von Gottes Gnaden«.

Bismarck hatte lange auf diesen Moment gewartet. Seit Jahren wirkte er daran, Preußens Stellung in Deutschland auf Kosten Österreichs zu stärken. Nun bot sich dem wegen seines scharfen Verstandes geschätzten, aber auch gefürchteten Haudegen endlich die Gelegenheit, seinem Ehrgeiz freien Lauf zu lassen. Und der neue Ministerpräsident war sofort bereit, auch ohne die Zustimmung der Abgeordneten zum Haushalt zu regieren. Diese Missachtung der Rechte des Parlaments war ein glatter Verfassungsbruch. Doch Bismarck scherte das wenig, und er machte den Abgeordneten unmissverständlich klar, woran sie bei ihm waren: »Nicht auf Preußens Liberalismus sieht Deutschland«, verkündete er ihnen. Denn »nicht durch Reden und Majoritätsbeschlüsse werden die großen Fragen der Zeit entschieden […], sondern durch Eisen und Blut.«

Bismarck hatte Wilhelm I. dargelegt, dass sich das königliche Regiment gegen die Gefahr der Parlamentsherrschaft behaupten müsse: »Wenn es anders nicht geht, auch durch eine Diktatur.« Was für die Innenpolitik gut war, sollte auch die Außenpolitik bestimmen: Macht vor Recht. Die Öffentlichkeit war empört, und dem Ministerpräsidenten war klar, dass er rasch Erfolge brauchte, wenn er sein Amt nicht schon bald wieder verlieren wollte. Der Zufall kam ihm zu Hilfe, als Dänemark versuchte, sich sein mehrheitlich von Deutschen bewohntes Herzogtum Schleswig einzuverleiben. Ein Sturm der Entrüstung ging durch Deutschland, der Deutsche Bund, mit Österreich und Preußen als den beiden stärksten Mächten, schaltete sich ein. Die beiden Rivalen um die Vorherrschaft in Deutschland taten sich zusammen und stellten Dänemark ein Ultimatum: Die Dänen sollten die Hände von Schleswig lassen, sonst würden Preußen und Österreich militärisch eingreifen.

Kopenhagen wies das Ultimatum zurück und in einem gemeinsamen Feldzug besiegten preußische und österreichische Truppen im Frühjahr und Sommer 1864 das Land zwischen Nord- und Ostsee. Anschließend kam Schleswig unter preußische, das bis dahin ebenfalls dänische Herzogtum Holstein unter österreichische Verwaltung. Bismarck war es gelungen, die anderen europäischen Großmächte aus dem Konflikt herauszuhalten. Und er hatte Österreich auf seine Seite gezogen und nach Norden gelockt. Doch auf Dauer konnte das nicht gut gehen, denn Holstein, Wiens ferne Kriegsbeute, wirkte wie ein Fremdkörper in Preußens Einflussgebiet.

Bismarck wusste das, und er schürte die sich anbahnende gewaltsame Auseinandersetzung mit dem deutschen Bruderstaat nach Kräften. Dabei machte er sich die Sehnsucht vieler nach einem Deutschen Reich zunutze. Wäre Österreich erst einmal zurückgedrängt, stünde einer Lösung der deutschen Frage unter preußischer Führung nichts mehr im Wege. Es ging ihm um Preußens Stellung als Großmacht, der Wunsch liberaler Kräfte nach nationaler Einheit diente dem Ministerpräsidenten von Königs Gnaden nur als Mittel zum Zweck. Und so spielte Bismarck auch mit der Hoffnung auf demokratische Reformen, um Österreich zu isolieren. Er forderte die Einberufung eines nach dem allgemeinen Stimmrecht direkt gewählten gesamtdeutschen Parlaments, das die Beziehungen zwischen den Staaten im Deutschen Bund neu regeln sollte. Der König rief entsetzt aus: »Aber das ist ja die Revolution!« Bismarck entgegnete: »Soll Revolution sein, so wollen wir sie lieber machen, als erleiden.«

Bismarcks frühere Freunde schüttelten den Kopf. War aus dem einstigen bedingungslosen Verfechter königlicher und junkerlicher Macht über Nacht ein Demokrat im Geist von

Die Schlacht von Königgrätz am 3. Juli 1866 besiegelte Preußens Vorherrschaft in Deutschland. Dieser Sieg war nicht zuletzt der Militärtechnik zu verdanken. Die preußischen Zündnadelgewehre waren den österreichischen Vorderladern an Feuerkraft deutlich überlegen.

1848 geworden? Der erste Diener Wilhelms I. erkannte, dass sein Schicksal auf Messers Schneide stand: »Ich spiele um meinen Kopf, aber ich werde bis ans Ende gehen, und müsste ich ihn bis aufs Schafott tragen.« Im Juni 1866 begann der Krieg zwischen Preußen und Österreich, den Bismarck vom Zaun gebrochen hatte und der die politische Landkarte Mitteleuropas vollkommen neu ordnete – mit Folgen bis in unsere Tage.

In der Schlacht bei Königgrätz entschied Preußen den Waffengang für sich, obwohl nicht viele auf einen Sieg der Armee Wilhelms I. gesetzt hatten. Und er war teuer erkauft: 44 000 Männer fielen auf österreichischer, 9200 auf preußischer Seite. Insgesamt waren an dieser größten Einzelschlacht vor dem Ersten Weltkrieg fast eine halbe Million Soldaten beteiligt. Und erneut nutzte Bismarck die Gunst der Stunde, indem er die übrigen europäischen Großmächte Frankreich, England und Russland mit viel Geschick davon abhielt, in die innerdeutschen Angelegenheiten einzugreifen. Jene sahen sich nach dem unerwartet kurzen und für Preußen erfolgreichen Krieg vor vollendete Tatsachen gestellt. Die Hohenzollern-Monarchie hatte den Entscheidungskampf um die Vorherrschaft in Deutschland gewonnen.

Preußen nahm Hannover, Kurhessen, Nassau, Frankfurt am Main und Schleswig-Holstein in Besitz. Es dehnte sich nach Westen bis zum Main aus und beherrschte praktisch ganz

Norddeutschland. Mit einem Schlag zeichneten sich die Umrisse eines kleindeutschen Reichs unter preußischer Führung ab. Bismarck schonte Österreich und schloss mit den süddeutschen Staaten, die Wien unterstützt hatten, Beistandsverträge ab. Das war weitsichtig, denn westlich des Rheins, in Frankreich, war man über die Machtverschiebungen in Europa zunehmend beunruhigt.

Der Deutsche Bund wurde aufgelöst, Österreich verlor seinen Einfluss in Deutschland. Der Vielvölkerstaat suchte einen Ausgleich mit seiner ungarischen Reichshälfte und verband sich, 1867, zur Doppelmonarchie Österreich-Ungarn. Bismarck gründete den Norddeutschen Bund, dem 21 Staaten angehörten. Die große Mitgliederzahl konnte nicht darüber hinwegtäuschen, dass nur einer Herr im Haus war: Preußen, das vier Fünftel des Bundesgebietes umfasste. Dies sei wie das Bündnis eines Hundes mit seinen Flöhen, machte sich ein hessischer Minister darüber lustig. Das war aber nicht alles. Eine neue Verfassung sah eine gemeinsame Volksvertretung vor. Dieser Reichstag sollte allgemein, gleich, direkt und geheim gewählt werden. Eine Einschränkung gab es allerdings: Frauen waren zur Wahl nicht zugelassen. Dennoch kamen die von Bismarck durch den Krieg auf den Weg gebrachten Veränderungen einer Revolution gleich: Bedenkenlos hatte er sich über die Ansprüche der Fürstenhäuser in den Preußen einverleibten Gebieten hinweggesetzt und damit die Voraussetzungen für einen deutschen Einheitsstaat geschaffen. Und mit dem neuen Wahlrecht für den Reichstag hatte er eine Idee der Demokraten von 1848 Wirklichkeit werden lassen; dabei hoffte er freilich auf konservative Mehrheiten.

Einheit und Freiheit Deutschlands wurden 1848 in der Revolution von unten nicht verwirklicht. Nicht ganz zwanzig Jahre später kam Otto von Bismarck mit einer »Revolution von oben«, die Preußens Militärmacht zu verdanken war, der Einheit ein gutes Stück näher. Endlich »stehen wir vor der Möglichkeit, einen deutschen *Nationalstaat* zu errichten«, jubelte die liberale Presse. »Wir *können* deutscher sein, als es unseren Vorfahren vergönnt war.«

Die Vollendung der deutschen Einheit, das war das nächste Ziel. Die Freiheit wurde vertagt. Wäre die Nation erst einmal geeint, würde man weitersehen. Die Liberalen gingen vor Bismarck in die Knie. »Wir dürfen niemanden tadeln«, so eine von vielen Stimmen, »wenn er jetzt die Frage der Macht in den Vordergrund stellt und meint, dass die Fragen der Freiheit warten können.« Bismarck spürte, wie die öffentliche Stimmung in den tonangebenden bürgerlichen Kreisen zu seinen Gunsten umgeschlagen war, und er suchte das Bündnis mit der nationalen Bewegung.

Jahrelang hatte der vom König ernannte Ministerpräsident fast wie ein Diktator regiert. Nun bat er im preußischen Abgeordnetenhaus um nachträgliche Zustimmung zu seiner Politik und erhielt eine Mehrheit. Das war ein geschickter Schachzug, weil er Freunde und Gegner verwirrte: War der Gutsherr aus Schönhausen noch ein treuer Gefolgsmann seines Königs oder schon ein Revolutionär, der in Deutschland keinen Stein mehr auf dem anderen ließ? Bismarck freute das. Er wollte sich gar nicht in die Karten blicken lassen und wartete auf die nächste Gelegenheit, Preußens Ruhm zu mehren.

Erst einmal jedoch wuchs der Norddeutsche Bund enger zusammen. Überall galten nun Gewerbe-, Handels und Niederlassungsfreiheit. Was mit dem Deutschen Zollverein 1834 begonnen hatte – der Abbau von Zollschranken und die Entwicklung zu einem einheitlichen Wirtschaftsraum – fand nun seinen Abschluss. Die öffentlichen Verwaltungen, Recht und Justiz, das Schul- und Bildungswesen wurden nach preußischem Vorbild angepasst. Diese Veränderungen lösten einen anhaltenden wirtschaftlichen Aufschwung aus. Das konnte nicht ohne Folgen für das Verhältnis zu den Nachbarstaaten bleiben.

Als Bundeskanzler des Norddeutschen Bundes ging Bismarck davon aus, dass die Verwirklichung der deutschen Einheit unter Einschluss der süddeutschen Staaten nur eine Frage der Zeit war. So sah man das auch in Frankreich, der alten Vormacht auf dem europäischen Festland, und war alarmiert. Ein mächtiges Deutsches Reich unter Führung der kriegserprobten Preußen an Frankreichs Ostgrenze: dieser Albtraum suchte Kaiser Napoleon III. immer häufiger heim. Ein Krieg, so schien es, rückte unaufhaltsam näher.

Napoleons unsichere Lage werde ihn in etwa zwei Jahren zum Kriege treiben, hatte Bismarck 1868 vorausgesagt. 1870 war es tatsächlich so weit. Allerdings schürte er auch diesmal wieder den Konflikt nach Kräften. Anlass war der Streit um die spanische Thronfolge. Spanien wünschte sich einen Hohenzollern als neuen König. Frankreich, dem die preußische Krone schon in Deutschland zu mächtig war, protestierte. Wilhelm I. lenkt zunächst ein. Als aber der französische Gesandte in einer persönlichen Unterredung von ihm verlangt, dass die Hohenzollern für alle Zeiten auf den spanischen Thron verzichten sollten, lehnt der preußische König das ab.

Bismarck erhält ein Telegramm mit der Schilderung des Gesprächs – es ging als »Emser Depesche« in die Geschichte ein. Durch einige Kürzungen im Text verschärft Bismarck die Gegensätze und leitet die korrigierte Fassung an die Presse weiter. Nach der Veröffentlichung herrscht helle Empörung in Frankreich und Deutschland. Für Kaiser Napoleon III. steht die Ehre seiner Nation auf dem Spiel. Am 19. Juli 1870 erklärt Frankreich Preußen den Krieg – Bismarcks Spiel war aufgegangen.

Ein riskantes Spiel allerdings. Denn wie 1866 stand Preußen als Gewinner keineswegs fest. Zwar eilten die süddeutschen Staaten dem Norddeutschen Bund sofort zu Hilfe, und ein Sturm nationaler Begeisterung erfasste alle, die in diesem Krieg die Gelegenheit sahen, die deutsche Einheit zu vollenden. Aber die französische Armee verfügte über die besseren Waffen. Dem raschen Aufmarsch der verbündeten preußisch-deutschen Truppen war es zu verdanken, dass Frankreich dem Angriff aus dem Osten nicht standhalten konnte.

In der Schlacht bei Sedan Anfang September 1870, gerade einmal sechs Wochen nach Kriegsausbruch, wurde die Niederlage des Kaiserreichs besiegelt. Napoleon III. ging in Gefangenschaft und Frankreich brach zusammen, während der Sieger Bismarck in den folgenden Monaten alle Hebel in Bewegung setzte, um aus seinem König den Kaiser des neuen Deutschen Reichs zu machen. Am 18. Januar 1871, im Spiegelsaal von Versailles, war es so weit – auf den Tag genau 170 Jahre, nachdem sich Preußens erster König, Friedrich I., selbst gekrönt hatte. Den Preis für den feierlichen Akt der hohen Herren hatten allerdings 189 000 Franzosen und Deutsche auf den Schlachtfeldern mit ihrem Leben bezahlen müssen.

II. Die Deutschen und ihr Kaiserreich

Eine Verfassung für das Volk?

Nun waren die Deutschen unter einem Dach geeint. 41,6 Millionen Menschen lebten Anfang der Siebzigerjahre in den Grenzen des neuen Reichs, das nach dem Krieg gegen Frankreich auch die süddeutschen Staaten einschloss. Es reichte von der Nordsee bis zu den Alpen und umfasste in ost-westlicher Richtung Städte wie Königsberg und Köln. Dabei gehörten zwei Drittel des gesamten Staatsgebiets und der Bevölkerung zu Preußen. Innerhalb weniger Jahre war in der Mitte Europas eine Großmacht entstanden – der Traum der nationalen Bewegung schien in Erfüllung gegangen zu sein.

Wirklich? Gewiss, die Einheit war das lang ersehnte Ziel gewesen. Aber bedrohte das auf drei Kriegen gegründete Reich nicht die alte Staatenordnung auf dem Kontinent? Und wie stand es um die Freiheit, die zweite große Hoffnung, für die 1848 so viele gekämpft hatten?

Auch die Verfassung, die der preußische Staatsmann Otto von Bismarck dem Reich verpasste, kam von oben und war in

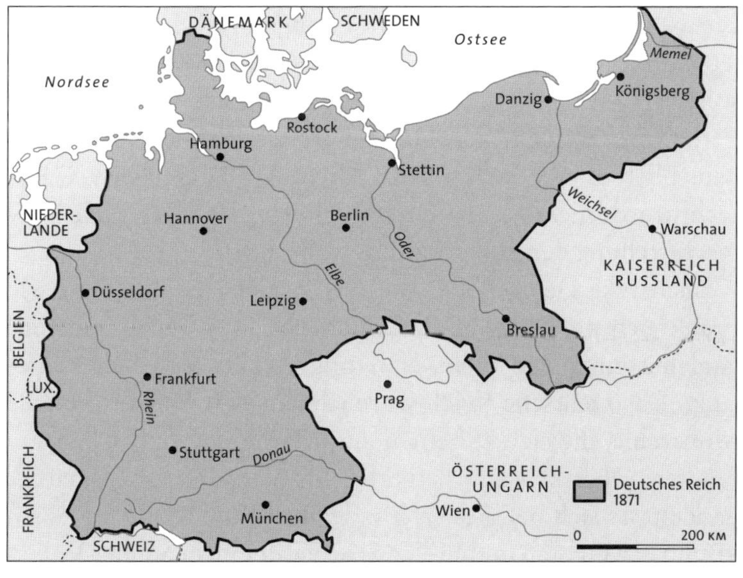

Der Sieg der preußisch-deutschen Truppen über Frankreich und die Entstehung des Deutschen Reichs 1871 veränderten auf einen Schlag die europäische Landkarte. Der britische Politiker Disraeli erblickte darin eine Revolution, die das Gleichgewicht der Macht auf dem Kontinent zerstört habe.

Der Reichsgründer Otto von Bismarck (1815–1898), Revolutionär und Reaktionär in einem. Mit »Eisen und Blut« löste er die deutsche Frage. Ein Einheitskanzler, der sich gegen Demokratie und Freiheit stemmte.

vielem auf ihn selbst zugeschnitten. Sie übernahm das meiste, was bereits im Norddeutschen Bund galt. An erster Stelle das allgemeine, gleiche, geheime und direkte Wahlrecht zum Reichstag, dem gesamtdeutschen Parlament. Doch Macht und Einfluss der Abgeordneten im neuen Staat waren stark beschränkt. Immerhin übten sie das Budgetrecht aus und wirkten an der Gesetzgebung mit. Was freilich entscheidend war: Sie konnten die Regierung nicht zur Verantwortung ziehen oder gar zum Rücktritt zwingen. Grundrechte, wie sie der Verfassungsentwurf von 1848 vorgesehen hatte, fehlten ganz. Den Verfassungen der Einzelstaaten blieb es überlassen, sie aufzuführen.

Hinzu kam, dass im Gesamtgefüge Preußen eine überragende Stellung einnahm – nicht zuletzt durch Bismarck selbst. Der preußische Ministerpräsident und Außenminister stand nun als Reichskanzler an der Spitze Deutschlands, nur der Kaiser, zu dem er immer Zugang hatte, war ihm übergeordnet. Und so manches Mal gerieten die beiden Männer aneinander. »Es ist nicht leicht, unter einem solchen Kanzler Kaiser zu sein«, soll sich Wilhelm I. beschwert haben.

Als militärischer Oberbefehlshaber entschied der Monarch über Krieg und Frieden, ohne den Reichstag dazu befragen zu müssen. Im Bundesrat, eine an den Deutschen Bund erinnernde Interessenvertretung der 25 Einzelstaaten, bestimmte Preußen als Führungsmacht, wo es langging – wie ehedem, nur jetzt ohne Österreich. Der Zweck war klar: Der Bundesrat sollte als Gegengewicht zum Reichstag dem frei gewählten Parlament Zügel anlegen. Und im preußischen Abgeordnetenhaus blieb ohnedies alles beim Alten. Am Dreiklassen-Wahlrecht wurde nicht gerüttelt, mit der Folge, dass die soziale Vormachtstellung der Junkerkaste gewahrt blieb.

Bismarcks Deutschland war also weder eine Republik wie Frankreich noch eine parlamentarische Monarchie wie England mit einer der Volksvertretung verantwortlichen Regierung. Das Deutsche Reich war vielmehr eine konstitutionelle Monarchie, die sich auf einen autoritären und militärisch geprägten Obrigkeitsstaat stützte. Im Verständnis Bismarcks handelte es sich bei diesem Bundesstaat im Grunde um einen »Bund der Fürsten und Freien Städte«, der nicht auf der Volkssouveränität, der Herrschaft des Volkes, beruhte, sondern auf jederzeit kündbaren Vereinbarungen zwischen Landesherren. Deshalb war es auch ein König, Ludwig II. von Bayern, den Bismarck mit Geld bestach, damit er Wilhelm I. in Versailles die Kaiserwürde antragen ließ, denn »von Bäckers und Metzgers Gnaden« (Wilhelm I.) wollte Seine Majestät sie nicht haben.

So ausgeklügelt das alles war, Bismarck hatte die Rechnung ohne das Volk gemacht. Vom allgemeinen Wahlrecht erwartete er, dass »die Massen zum Königtum« stehen würden. Doch mit den Jahren kam es zu seinem Verdruss ganz anders. Und auch über die Auswirkungen des Friedensvertrags mit Frankreich, der am 10. Mai 1871 geschlossen wurde, täuschte er sich. War Österreich 1866 großmütig behandelt worden, fügte man Frankreich fünf Jahre später eine tiefe Wunde zu. Im Gleichklang mit der militärischen Führung und der öffentlichen Meinung unterstützte Bismarck die Forderung, dass Frankreich die Ostprovinzen Elsass und Lothringen an Deutschland abtreten müsse. Neben der Kaiserproklamation auf ihrem Boden eine noch weiter reichende Verletzung der »Grande Nation«, die auf Revanche für Sedan sann. Eroberung statt Mäßigung und Versöhnung bei der Taufe des Deutschen Reichs: diese außenpolitische Entscheidung sollte das Verhältnis zum westlichen Nachbarn in den folgenden Jahrzehnten schwer belasten. Zu spät erst ging Bismarck auf, dass er damit einen seiner »größten politischen Fehler« begangen hatte.

Gründerjahre

Erst einmal aber sonnten sich die meisten Deutschen im Glanz ihres durch militärische Triumphe gewonnenen Reichs. Der Sieg über Frankreich und die erreichte Einheit verliehen der Wirtschaft mächtig Auftrieb. Der Verlierer musste fünf Milliarden Goldfranc Kriegsentschädigungen (Reparationen) zahlen, obgleich in Deutschland überhaupt nichts zerstört worden war. Dieses Geld kurbelte Investitionen an, neue Unternehmen entstanden, alte weiteten ihre Produktion aus. Aktiengesellschaften schossen über Nacht wie Pilze aus dem Boden,

Spekulationsfieber erfasste die Menschen. Ein Wirtschaftsführer hatte den Eindruck, dass sich die ganze Nation »in eine riesenhafte Aktiengesellschaft verwandeln« würde.

Weit verbreitet war der Glaube, an der Börse ganz schnell – und ohne Arbeit – reich werden zu können. Ein Zeitzeuge erinnerte sich später: »Und alle, alle flogen sie ans Licht, und alle tanzten mit in dieser Hetzgaloppade um das angebetete goldene Kalb: der gewitzte Kapitalist und der unerfahrene Kleinbürger, der General und der Kellner, die Dame von Welt, die arme Klavierlehrerin und die Marktfrau.« Neureiche ließen die Champagnerkorken knallen, und es entwickelte sich ein Klima von Protzsucht und Überheblichkeit, das bereits bei den Siegesfeiern für die deutsche Einheit zu spüren gewesen war. Nur wenige hatten einen Blick dafür, dass in den Arbeitervierteln der großen Industriestädte, wie etwa in der Reichshauptstadt Berlin, Armut und Elend zunahmen. Durch Mietwucher vertrieben, hausten viele Menschen in grauen Wohnblocks auf engstem Raum, geplagt von Krankheit und Geldnot.

Doch der »Tanz ums goldene Kalb« hielt nicht ewig an. Ein Börsensturz im Oktober 1873 löste eine Kette von Pleiten und Konkursen bei Banken und Unternehmen aus. So schnell der scheinbare Reichtum gewonnen war, so schnell zerrann er auch. »Krach! Krach!«, schilderte ein Beobachter die Erschütterung, »und durch ganz Deutschland hallte es, dieses kleine zermalmende Wort.« Während viele ihr Vermögen einbüßten, verloren andere ihren Arbeitsplatz. Der Börsenkrach von 1873 wirkte lange nach. Weniger in der Wirtschaft, die sich nach einigen Jahren allmählich erholte, dafür aber in Politik und Gesellschaft.

Schuldige für den plötzlichen Zusammenbruch wurden gesucht. Ins Kreuzfeuer öffentlicher Anklagen geriet vor allem eine Gruppe von Menschen, die schon seit dem Mittelalter immer wieder als Sündenbock hatte herhalten müssen: die Juden. Antisemitismus breitete sich aus. Die »Judenherrschaft«, gifteten dessen Wortführer, sei für den »Börsen- und Gründungsschwindel« verantwortlich. Diejenigen, die mit der rasanten Entwicklung der Wirtschaft nicht mehr mitkamen, beeindruckten solche einfachen Hetzparolen, weil sie ein Feindbild für die Missstände boten.

An der Verschlechterung des sozialen Klimas war Reichskanzler Otto von Bismarck keineswegs unschuldig. Seit 1866 regierte er mit Unterstützung der nationalliberalen Partei, die sich nach dem Sieg Preußens über Österreich gebildet hatte. In ihr hatten sich jene Vertreter aus Industrie und Bürgertum zusammengeschlossen, denen die Einheit Deutschlands wichtiger war als die Durchsetzung freiheitlicher Ziele. Eine Minderheit, die an den liberalen Vorstellungen der Revolution von 1848 festhielt, gründete deshalb die Fortschrittspartei. Sie und zunächst auch die preußischen Konservativen, die in Bismarck einen Zerstörer des Alten sahen, standen in der Opposition.

Und dann war da noch das Zentrum, die politische Partei der Katholiken, welche seit der Reichseinigung gegenüber den Protestanten in die Minderheit geraten waren. In Deutschland, dem Land des Reformators Martin Luther und der Glaubensspaltung, hatten sich die Gegensätze zwischen den Konfessionen über Jahrhunderte ausgeprägt. Die vorwiegend katholischen Regionen blickten mit Misstrauen auf das protestantische Preußen und dessen Machtentfaltung. In dem nach der Mitte der parlamentarischen Sitzordnung benannten Zentrum suchte die katholische Bevölkerung im neuen Reich eine politische Heimat.

Sie verband der gemeinsame Glaube, und, mindestens ebenso wichtig, die Mitglieder des Zentrums kamen – anders als bei den übrigen Parteien – aus allen Schichten der Gesellschaft. Nicht der Kaiser, sondern der Papst in Rom galt den Katholiken als höchste Autorität. Deshalb war das Zentrum nicht bereit, sich Bismarcks Herrschaftsanspruch widerspruchslos zu beugen. In dieser Partei verkörperte sich für den kaisertreuen Kanzler das, was er am meisten fürchtete: eine von allen Schichten des Volkes getragene Bewegung, die mit politischen und sozialen Forderungen die monarchische Staatsordnung bedrohte.

Nachdem das Zentrum in den ersten Reichstagswahlen 1871 auf Anhieb zur zweitstärksten Kraft geworden war, begann Bismarck deshalb einen langjährigen »Kulturkampf« gegen die sogenannten Reichsfeinde. Bischöfe und Priester wurden verfolgt und ins Gefängnis geworfen, kirchliche Zeitungen beschlagnahmt und katholische Versammlungen von der Polizei gewaltsam aufgelöst. Kurz: Die Glaubensfreiheit wurde mit Füßen getreten.

Doch Bismarck hatte sich verrechnet und die Widerstandskraft der Katholiken unterschätzt. Sie solidarisierten sich und von Wahl zu Wahl gewann das Zentrum mehr Stimmen hinzu. Bismarck erkannte schließlich, dass die Unterdrückung das Gegenteil von dem bewirkte, was er bezweckt hatte. Nach und nach lenkte er ein. Der Versuch aber, eine ganze Bevölkerungsgruppe auszugrenzen, schlug tiefe Wunden, die Jahrzehnte nachwirken sollten. Man muss allerdings auch erwähnen, dass zwei Folgen des »Kulturkampfes« Deutschland im Hinblick auf die Trennung von Staat und Kirche moderner machten: Die zivile Trauung wurde eingeführt und der Staat hatte seitdem allein die Aufsicht über die Schulen.

Aus einem noch ganz anderen Grund erschien es Bismarck ratsam, den Streit mit dem Zentrum beizulegen. Er war am Ende der siebziger Jahre auf der Suche nach einer neuen Regierungsmehrheit im Reichstag, die allen Bestrebungen einer weiteren Parlamentarisierung und Liberalisierung Deutschlands trotzen sollte. Und er hatte längst neue »Reichsfeinde« ausgemacht, die ihm bis ans Ende seiner Tage schlaflose Nächte bereiteten: die Arbeiterbewegung und ihre politische Vertretung.

Bismarck und die Sozialdemokratie

Die seit den Fünfzigerjahren auch in Preußen und anderen Teilen Deutschlands spürbar einsetzende industrielle Revolution verschärfte die soziale Lage der ohnehin armen Unterschichten. Der aufkommende Kapitalismus mit seiner maschinellen, arbeitsteiligen Produktionsweise beraubte immer mehr kleine Handwerker, Landarbeiter und Kleinbauern ihrer Existenzgrundlagen. Massenhaft strömten sie in die Fabriken der Industriestädte, um sich dort für Hungerlöhne zu verdingen. Zum Leben reichte es vorne und hinten nicht, sodass selbst Kinder – bei Arbeitstagen bis zu 14 Stunden – zum Unterhalt beitragen mussten. Ausbeutung, Elend und Krankheiten nahmen dramatisch zu. Die Prophezeiung von Karl Marx und Friedrich Engels, den Verfassern des »Kommunistischen Manifests«, schien

Mit einiger Verspätung erfasste die Industrialisierung Preußen und das übrige Deutschland. Eine stürmische Aufholjagd begann. Die Eisengewinnung – wie in dieser Gießerei – wurde zu einem der tragenden Pfeiler für die Entwicklung der Schwerindustrie und des Maschinenbaus.

einzutreffen: Die Gesellschaft spaltete sich in unversöhnliche Klassen. Auf der einen Seite der grundbesitzende Adel und die über Produktionsmittel verfügenden Fabrikherren des Bürgertums (Bourgeosie), auf der anderen Seite das wachsende Heer des lohnabhängigen Proletariats.

Durch Selbsthilfe in Genossenschaften und Konsumvereinen versuchten die Arbeiter auszugleichen, was der Staat und die bürgerliche Gesellschaft versäumten, um die ärgste Not zu lindern. Aus diesen Erfahrungen von Solidarität erwuchs nach und nach das Bewusstsein einer gemeinsamen Klassenlage, die nur zu verändern war, wenn man sich zusammenschloss, um wirksam für die eigenen Interessen zu kämpfen. Erste Arbeitervereine waren schon in der Revolution von 1848 aufgetreten – noch ohne großes Echo. Und den Anfängen gewerkschaftlicher Organisation, die in der »Allgemeinen deutschen Arbeiterverbrüderung« mündeten, machten die deutschen Bundesstaaten nach 1848 rasch ein Ende.

Erst Mitte der Sechzigerjahre gab es mit der Gründung des »Allgemeinen Deutschen Zigarrenarbeitervereins« und des »Deutschen Buchdruckerverbandes« einen neuen Anlauf, den Forderungen der Arbeiter nach besseren Löhnen und Arbeitsbedingungen gegenüber den Unternehmern Nachdruck zu verleihen – notfalls mit der Waffe des Streiks. Die Gewerbefreiheit – erst im Norddeutschen Bund, dann im Deutschen

Die wirtschaftliche Ausbeutung von Kindern und Jugendlichen war während der Industrialisierung und noch danach weit verbreitet. Bei Arbeitstagen bis zu 14 Stunden verkümmerte ihr Leben zum nackten Daseinskampf.

Kaiserreich – sicherte auch die Koalitionsfreiheit, also das Recht der Arbeiter, sich gewerkschaftlich zu verbinden und Verträge mit den Arbeitgebern auszuhandeln.

In dieser Zeit wurde nun auch der Ruf nach einem eigenständigen politischen Sprachrohr für die Arbeiterschaft unüberhörbar. 1863 entwarf der Privatgelehrte und Schriftsteller Ferdinand Lassalle, ein leidenschaftlicher Vorkämpfer für die deutsche Einheit, das Programm für den »Allgemeinen Deutschen Arbeiterverein«. Eine seiner Forderungen: das allgemeine, gleiche und direkte Wahlrecht.

Darüber sprach Lassalle – heimlich – sogar mit Bismarck. Die Begegnung zwischen dem als rückschrittlich – »reaktionär« – verschrienen Feind der Revolution und einem Führer der aufkommenden Arbeiterbewegung war an sich schon sensationell, das Thema umso mehr. Allerdings verbanden beide ganz unterschiedliche Erwartungen mit der möglichen Einführung des allgemeinen Wahlrechts. Bismarck glaubte, dass die braven Untertanen im ländlichen Preußen königstreu wählen würden, Lassalle versprach sich davon die Gleichberechtigung der Arbeiter im Staat.

Klangen solche Überlegungen zur Lösung der sozialen Frage noch versöhnlich, hatte sich der Wind sechs Jahre später gedreht. 1869 hoben August Bebel und Wilhelm Liebknecht – Drechsler der eine, Journalist der andere – in Eisenach die »Sozialdemokratische Arbeiterpartei« aus der Taufe. Mit

1875 ist das eigentliche Geburtsjahr der deutschen Sozialdemokratie, an das dieses Dokument erinnert. Auf einem Vereinigungsparteitag in Gotha wurde die »Sozialistische Arbeiterpartei Deutschlands« aus der Taufe gehoben. Mit aller Macht versuchte Bismarck den Aufstieg der Arbeiterbewegung zu bremsen – vergebens.

ihrem Ziel der »Abschaffung aller Klassenherrschaft« und einer sofortigen Überführung von Grund und Boden in Gemeineigentum (Vergesellschaftung) stellte sie im Anschluss an Marx und Engels das Privateigentum in Frage – eine Kampfansage an die bürgerliche Gesellschaft.

Aus der »Sozialdemokratischen Arbeiterpartei« und dem »Allgemeinen Deutschen Arbeiterverein« ging 1875 in Gotha die »Sozialistische Arbeiterpartei Deutschlands« hervor, die sich 1890 in »Sozialdemokratische Partei Deutschlands« (SPD) umbenannte. War dies nun der Weckruf zur Revolution im Deutschen Kaiserreich? Gewiss, die Genossen, wie sich die Sozialisten Bebels und Liebknechts untereinander anredeten, beriefen sich gern auf Marx und Engels, die Ahnherren des

»Kommunistischen Manifests«. Sie fühlten sich der länderübergreifenden Solidarität der Arbeiterklasse verpflichtet, die Marx und Engels predigten, und Ideen der beiden Gründer des sogenannten wissenschaftlichen Sozialismus waren auch ins Gothaer Programm von 1875 eingeflossen.

So war die Rede von der »Verwandlung der Arbeitsmittel in Gemeingut der Gesellschaft«, der »Aufhebung der Ausbeutung in jeder Gestalt« sowie der »Beseitigung aller sozialen und politischen Ungleichheit«. Das klang zwar nach der Verheißung einer besseren Welt in ferner Zukunft (Utopie). Aber ein Aufruf zum gewaltsamen Sturz der bestehenden Staats- und Gesellschaftsordnung, der für Marx und Engels und viele ihrer Schüler immer eine Möglichkeit blieb, war dies nicht. Vielmehr sollte der Klassenkampf in geordneten Bahnen verlaufen; es galt, den »freien Staat und die sozialistische Gesellschaft« mit »allen gesetzlichen Mitteln« Schritt für Schritt zu erreichen. An erster Stelle stand dabei die Durchsetzung des allgemeinen, gleichen und direkten Wahlrechts für »alle Abstimmungen in Staat und Gemeinde«.

Das lief letzten Endes auf die Schaffung demokratischer Verhältnisse in ganz Deutschland hinaus – also auch in Preußen. Grund genug, dass bei Bismarck die Alarmglocken schrillten, der doch mit dem allgemeinen Wahlrecht ganz andere Erwartungen verbunden hatte und jetzt den großen Umsturz witterte. Nach und nach veränderte Deutschland sein Gesicht. Zwar war Preußen im Osten zu großen Teilen noch immer ein Agrarland, in dem die Junker nach Gutsherrenart das Regiment führten. Aber vor allem im Westen, in Westfalen, im Rheinland und an der Saar schritt die Industrialisierung zügig voran. Immer mehr Arbeiter schlossen sich den Sozialdemokraten an oder wählten sie zumindest.

Zwar gebärdeten sich die Sozialdemokraten in ihren Worten oft radikal, tatsächlich aber dachten sie gar nicht daran, eine Revolution vom Zaun zu brechen, sondern versuchten durch Wahlen an Einfluss zu gewinnen. Wie den ihnen nahe stehenden sozialistischen Gewerkschaften ging es ihnen darum, das Los der Arbeiter zu verbessern. Als sie bei der Reichstagswahl im Januar 1877 von 5,4 Millionen Stimmen fast 500 000 erhielten und damit viertstärkste Partei im Reich wurden, holte Bismarck zum großen Schlag gegen die vermeintlichen Umstürzler aus. Ein Attentat auf Wilhelm I., bei dem der Kaiser am 2. Juni 1878 verletzt wurde, bot dem Reichskanzler die Gelegenheit dazu. Zwar bestanden keine Verbindungen des Täters zur Sozialistischen Arbeiterpartei, aber darauf kam es dem Machtmenschen Bismarck auch gar nicht an. Ebenso wenig wollte er zur Kenntnis nehmen, dass die Sozialdemokraten Gewalt als Mittel der Politik ablehnten. »Gegen die Sozialdemokraten«, forderte Wilhelms ergebener Gefolgsmann seinen Kaiser auf, sei »ein Vernichtungskrieg zu führen«.

Bismarck ließ – wie so oft, wenn er seine »Kanzlerdiktatur« bedroht wähnte – den Reichstag auflösen und setzte Neuwahlen an. Anschließend legte er den Abgeordneten ein Ausnahmegesetz »wider die gemeingefährlichen Bestrebungen der Sozialdemokratie« vor, das mit großer Mehrheit am 19. Oktober 1878 angenommen wurde. Und nun zeigte sich, wie weit das Deutsche Reich noch von demokratischen Verhältnissen und einem wirklichen Rechtsstaat entfernt war. Die Polizei verbot sozialdemokratische und gewerkschaftliche Vereine, untersagte Versammlungen ihrer Mitglieder und Anhänger und beschlagnahmte Zeitungen und Broschüren. Verdächtige Personen konnten verhaftet werden oder wurden gleich aus ihren Wohnorten ausgewiesen. Überall lauerten Spitzel und verrieten sozialdemokratische Arbeiter, die daraufhin entlassen wurden. Zwölf Jahre lang verfolgte Bismarck die »vaterlandslosen Gesellen«, wie sie von ihm und seinesgleichen genannt wurden, weil ihre Führer sich einst gegen die Aneignung (Annexion) von Elsass-Lothringen ausgesprochen hatten.

Aber wie schon im »Kulturkampf« kehrte sich die Entwicklung gegen den Reichsgründer. Da die Sozialdemokraten trotz des Sozialistengesetzes weiter an Parlamentswahlen teilnehmen konnten, scharten sich ihre Anhänger um sie, und so stieg ihr Stimmenanteil von Mal zu Mal. Bereits im Dezember 1880 bemerkte der Berliner Polizeipräsident, »dass der Mut der deutschen Sozialdemokratie noch immer ungebrochen ist, dass die Bewegung, welche eine Zeit lang etwas erschlafft war, jetzt wieder einen neuen Aufschwung genommen hat«. Bismarcks Versuche, die katholische und sozialdemokratische Opposition zu unterdrücken, waren fehlgeschlagen. Was nun?

Mit Zuckerbrot und Peitsche

Seit 1878/79 regierte Bismarck mit Hilfe der konservativen Parteien und des Zentrums. Er hatte seine alten Bündnispartner, die Nationalliberalen, fallen gelassen, als einflussreiche Kreise der Wirtschaft auf eine Änderung der Wirtschaftspolitik zu drängen begannen. Solange sie ihre Erzeugnisse im In- und Ausland gut verkaufen konnten, waren deutsche Unternehmer und preußische Großgrundbesitzer für den Freihandel eingetreten. Doch die Konkurrenz preiswerter erzeugter Produkte aus anderen Ländern machte ihnen zusehends zu schaffen. Deshalb setzten sich Interessenvertreter aus Industrie und Landwirtschaft nun massiv für nationale Schutzzölle ein.

In diesem Bündnis, der Koalition von »Eisen und Roggen«, sah Bismarck seine große Chance, mit einer neuen Mehrheit im Reichstag liberalen Bestrebungen einen Riegel vorzuschieben und Preußen als konservatives Bollwerk in Deutschland zu erhalten. Doch auf Dauer hielt das Bündnis nicht, was Bismarck sich davon versprach. Die parlamentarischen Kräfte, die der Reichsgründer für sich einspannen wollte, ließen sich nicht mehr so einfach bändigen. Immer häufiger erging er sich jetzt in düsteren Andeutungen. »Es kann wohl dahin kommen, dass ich das, was ich gemacht, wieder zerschlagen muss.« Was damit gemeint war, wusste jeder, dem Bismarcks Bereitschaft, Gewalt in der Politik einzusetzen, vertraut war. Sollte der Reichstag nicht gefügig zu machen sein, dann müsse eben ein »Staatsstreich« für klare Verhältnisse sorgen, hatte er schon 1878 geäußert. Diese Drohung mit der Aufhebung der Verfassung hielt das Parlament in den achtziger Jahren in Schach.

Bismarck schlug aber auch noch andere Wege ein, um den preußisch-deutschen Staat und dessen vordemokratische Gesellschaftsordnung zu stärken. Ihm war bewusst, dass die »soziale Frage«, also das Los der Arbeiter, nicht allein durch die politische Unterdrückung der Sozialdemokratie zu beseitigen sein würde. Wenn der Staat ein wenig an sozialer Sicherheit garantierte, hoffte er, dann müsste es doch gelingen, die Arbeiter von der SPD abzubringen und für die Monarchie zu gewinnen.

Und so brachte der Kanzler gegen manche Widerstände eine

für die damalige Zeit vorbildliche Sozialgesetzgebung durch. Sie setzte Maßstäbe, die bis in die Gegenwart fortwirken. 1883 kam das Gesetz über die Krankenversicherung, ein Jahr später das Gesetz zur Unfallversicherung, und 1889 schließlich wurde die Alters- und Invalidenversicherung eingeführt. Bei der Krankenversicherung trugen die Arbeitnehmer zwei Drittel, die Arbeitgeber ein Drittel der Beiträge; die Unfallversicherung finanzierten die Arbeitgeber und die Kosten für die Alters- und Invalidenversicherung teilten sich Arbeitnehmer, Arbeitgeber und der Staat.

Gemessen daran, dass die Arbeiter bis dahin kapitalistischer Ausbeutung so gut wie schutzlos ausgeliefert waren, konnte von einem beträchtlichen Fortschritt gesprochen werden. Gelindert wurde freilich nur die ärgste Not, mehr nicht. Die tatsächlichen Leistungen blieben weit hinter sozialstaatlichen Vorstellungen von sozialer Gerechtigkeit oder gar Gleichheit zurück. Die meisten Anspruchsberechtigten erlebten die Auszahlung der Altersversicherung zumeist gar nicht mehr, und wer etwa arbeitslos wurde, stand weiter mittellos da. Die Arbeiter ließen sich von dem Zuckerbrot denn auch nicht allzu sehr beeindrucken. Die Peitsche des Sozialistengesetzes machte diese Politik in ihren Augen unglaubwürdig. 1887 entschieden sich bei der Reichstagswahl bereits 10,1 Prozent für die SPD, sodass der Berliner Polizeipräsident feststellen musste, die Partei habe »einen maßgeblichen Einfluss auf die Bestrebungen der Arbeiter erlangt«.

Bismarcks Werk, so zeigte sich immer deutlicher, stand auf wackeligen Füßen. Äußerlich geeint, war das Deutsche Reich innerlich zerrissen. Einiges wirkte modern, vieles aber war überlebt und nicht mehr zeitgemäß. Freiheit und sozialer Ausgleich kamen in dem Land, das immer mehr zu einer kapitalistischen Industriegesellschaft wurde, zu kurz. Viel zu beherrschend war der Einfluss Preußens, seines Adels und des Militärs. Bismarck hatte es so gewollt, zur Stärkung der Monarchie im neuen Reich. Der große Gelehrte Max Weber urteilte im Rückblick treffend, dass Bismarcks Schöpfung eigentlich »doch nicht nur zur äußeren, sondern auch zur inneren Einigung der Nation« hätte führen sollen, »und jeder von uns weiß: das ist nicht erreicht«.

Aber wie stand es überhaupt um die äußere Einheit? Hatte es der Reichsgründer verstanden, Deutschland als spät erwachte Nation in den Kreis der anderen europäischen Großmächte zu führen? Und flößte das Reich Furcht oder Vertrauen ein?

Makler zwischen allen Fronten

Die Gründung des Deutschen Reichs 1871 konnte die übrigen europäischen Staaten nicht gleichgültig lassen. Mitten in Europa ballte sich ein Machtzentrum zusammen, das auf militärischer Stärke, eindrucksvoller Wirtschaftskraft und einem anhaltenden Bevölkerungswachstum beruhte. Unübersehbar hatten sich die Gewichte auf dem Kontinent verschoben. Deutschland war zwar nicht zur beherrschenden Vormacht geworden, aber möglicherweise auf dem Weg dorthin. So sahen es Frankreich, der Verlierer von 1870/71, Großbritannien, das in seiner Insellage immer Wert auf ein Gleichgewicht der Kräfte legte, aber auch Russland und Österreich-Ungarn.

Bismarck war sich dieser Unsicherheiten bewusst. Er musste in seiner Außenpolitik darauf bedacht sein, Ängste zu zerstreuen und die europäischen Nachbarn mit der Existenz Deutschlands zu versöhnen. Ihn selbst plagte die Vorstellung des »cauchemar des coalitions«, des Albtraums feindlicher Bündnisse, die das junge Reich einkreisen und womöglich wieder zerstören könnten. Um diese Gefahr abzuwenden, musste glaubhaft gemacht werden, dass Deutschland zufrieden, »saturiert«, war, also keine weiteren Gebietsansprüche stellte und für eine dauerhafte Friedensordnung eintrat.

Die Annexion von Elsass-Lothringen hatte Misstrauen gesät und Frankreich zum unversöhnlichen Gegner gemacht. Kein guter Start. Paris sollte, so Bismarcks Ziel, an den Rand gedrängt werden. Es ging dem preußischen Außenminister darum, eine Situation zu schaffen, in der »alle Mächte außer Frankreich unser bedürfen und von Koalitionen gegen uns durch ihre Beziehungen zueinander nach Möglichkeit abgehalten werden«. Deutschland als weitgehend unabhängiger Vermittler, der Interessengegensätze und Spannungen zwischen den anderen Staaten ausnutzt und von sich fern zu halten versucht. So formulierte es der Reichskanzler 1877 in seinem berühmten »Kissinger Diktat«.

Vier Jahre zuvor hatten die konservativen Monarchen Deutschlands, Russlands und Österreich-Ungarns ein Dreikaiserabkommen geschlossen, das die französische Republik isolieren und Deutschlands internationale Position bekräftigen sollte. Aber erst 1878 gelang, was Bismarck vorschwebte. Auf dem »Berliner Kongress« schlüpfte er in die Rolle des »ehrlichen Maklers« und versuchte zwischen Russland, Österreich-

Ungarn und England zu vermitteln, die sich über ihren Einfluss auf dem Balkan stritten. Dort räumte das Osmanische Reich (Türkei), der »kranke Mann am Bosporus«, nach und nach das Feld. Die Russen hatten die Türken gerade militärisch besiegt und freuten sich auf ihre Kriegsbeute. Das rief Wien und London auf den Plan. Ein großer Krieg lag in der Luft, und der Reichskanzler setzte alles daran, einen Ausgleich zu finden. Das gelang zwar. Doch der diplomatische Triumph, Bismarcks Meisterstück als europäischer Staatsmann, das Deutschland die ersehnte internationale Anerkennung brachte, hatte einen entscheidenden Schönheitsfehler.

Denn Russland war mit dem erreichten Ergebnis alles andere als zufrieden. Fortan wurde es für den Kanzler immer schwieriger, durch bündnispolitische Vereinbarungen die In-

Nach der Reichsgründung wollte Bismarck Sorgen im europäischen Ausland vor weiteren deutschen Machtgelüsten dämpfen.
Auf dem »Berliner Kongress« 1878 bemühte er sich als »ehrlicher Makler«, einen Krieg zwischen Russland, Österreich-Ungarn und Großbritannien zu verhindern.

teressengegensätze zwischen seinen Partnern zu überbrücken. Zahlreiche Verträge sollten bewirken, dass alles so blieb, wie es war, und militärische Konflikte zwischen den Großmächten in Europa vermieden wurden. Aber am Ende schlossen sich die dabei eingegangenen Verpflichtungen gegenseitig aus und Bismarck entglitten mehr und mehr die Fäden, die er meinte in der Hand zu halten. 1879 wurde der Zweibund zwischen Deutschland und Österreich-Ungarn besiegelt, 1881 folgte der Dreikaiservertrag unter Einbeziehung Russlands.

Als waghalsiger Abenteurer, der auf riskante Weise die Weltkugel ins Rollen brachte, hatte Bismarck schon vor dem Deutsch-Französischen Krieg 1870 dem Ausland nicht gerade Vertrauen eingeflößt. Die Karikatur stammt aus Frankreich.

Alles zielte darauf, Wien an Berlin zu binden und Russland von einem Zusammengehen mit dem inzwischen wieder erstarkten Frankreich abzuhalten. Denn das hätte die Gefahr eines Zweifrontenkriegs heraufbeschworen – Bismarcks Albtraum. Aber auch der »Jongleur mit den fünf Bällen«, wie Bismarck in Anspielung auf seine Bündnispolitik genannt wurde, konnte nicht verhindern, dass die Rivalität zwischen dem Zarenreich und der Donaumonarchie auf dem Balkan zur Zerreißprobe zu werden drohte. Was der Kanzler Russland zusagte – wie zuletzt im Rückversicherungsvertrag 1887 –, enthielt eine Spitze gegen Wien; umgekehrt sah sich Russland durch die Achse Berlin-Wien immer mehr zurückgedrängt. Und England, von dem »Jongleur« wiederholt umworben, ließ sich nicht vor Bismarcks Karren spannen.

Die Politik des Reichsgründers schien in einer Sackgasse angelangt zu sein. Innenpolitisch auf dem Weg zum Staatsstreich, um die alte Ordnung gegen das angebrochene demokratische Zeitalter gewaltsam zu verteidigen, außenpolitisch im Räderwerk zu komplizierter und widersprüchlicher Verträge gefangen, stand Bismarck mit dem Rücken zur Wand. Während er seine Gegner im Parlament mit Säbelrasseln einschüchterte, wollte er nach außen jedes Abenteuer vermeiden. Längst nämlich spielten einflussreiche militärische Kreise mit einem Gedanken, den der Bewahrer Bismarck rundweg ablehnte: durch einen Präventivkrieg, einen Angriffskrieg, der dem Gegner zuvorkommt, die verfahrene Lage zu überwinden. Viele Freunde hatte der »eiserne Kanzler« nicht mehr. Ein Diener der Krone auf Abruf.

III. Kraftprotz ohne Kompass – das wilhelminische Deutschland im Zeitalter des Imperialismus

»Der Lotse verlässt das Schiff«

Wilhelm I. war 1871, als er die Kaiserwürde entgegengenommen hatte, mit 73 Jahren schon ein betagter Herr gewesen. Wer würde ihm auf dem Thron nachfolgen? Diese Frage beschäftigte nicht nur Bismarck seit Mitte der Achtzigerjahre immer häufiger. Der natürliche Erbe war Wilhelms Sohn, Kronprinz Friedrich Wilhelm. Doch der 56-Jährige litt an Kehlkopfkrebs und alles deutete darauf hin, dass seine Regentschaft nicht von langer Dauer sein würde.

Bismarck und den ihm nahestehenden Kreisen am Hofe war das nur recht. Denn Friedrich Wilhelm und noch mehr seine Frau Victoria – eine Tochter der britischen Queen Victoria – galten als Anhänger der parlamentarischen Monarchie Englands. Nichts aber fürchtete der Reichskanzler so sehr wie eine Entwicklung Deutschlands zu mehr Liberalität und Demokratie. Aller Augen richteten sich deshalb auf den ältesten Sohn des Kronprinzenpaares, Wilhelm von Preußen. Der hatte zum Wohlgefallen seines Großvaters und zum Kummer der Eltern schon in jungen Jahren eine Vorliebe für alles Militärische erkennen lassen und sich zum säbelrasselnden Nationalisten entwickelt.

Dies war dem Prinzen zwar keineswegs in die Wiege gelegt worden; aber die extrem harte Kindheit und Jugend Wilhelms dürften dafür entscheidende Weichen gestellt haben. Bei seiner schwierigen Geburt am 27. Januar 1859 war Wilhelms linker Arm so schwer verletzt worden, dass er verkrüppelt blieb. Bis auf den heutigen Tag wurde immer wieder die Frage erörtert, ob die Komplikationen bei der Entbindung einen dauerhaften Hirnschaden zur Folge hatten.

Die verzweifelten Eltern wollten sich mit der Behinderung ihres Sohnes nicht abfinden. In ihrer Not griffen sie zu Mitteln,

Mit dieser Kopfstreckmaschine und anderen, nicht minder schrecklichen Methoden versuchten die Eltern Wilhelms II., die Behinderung ihres Sohnes zu beheben. Für dessen geistige und seelische Entwicklung dürfte das nicht ohne Folgen geblieben sein.

die dem Kind Qualen, aber keine Heilung brachten. Der Arm wurde zur Stärkung zweimal wöchentlich für eine halbe Stunde in den Leib eines frisch geschlachteten Hasen gesteckt. Später band man den rechten Arm am Körper fest, um Wilhelm zur Bewegung des linken Armes zu zwingen. Eine Streckmaschine sollte dafür sorgen, dass der Junge seinen Kopf gerade hielt. Mit einem ähnlichen Foltergerät wurde versucht, den verkürzten Arm zu verlängern. Schließlich kam noch eine schmerzhafte Behandlung mit elektrischem Strom dazu.

So gut gemeint das alles gewesen sein mag: Das Kind muss Torturen durchgemacht haben, ohne dass eine Besserung eintrat. Und sicher haben diese Behandlungen Wilhelms Charakter mitgeformt und bleibende seelische Schäden hervorgerufen.

Zu große Erwartungen der ehrgeizigen Mutter lasteten obendrein auf dem Prinzen. Die englandbegeisterte Victoria wünschte sich ihren Sohn in der Rolle eines liberalen Monarchen, der Deutschland nach dem Vorbild des parlamentarisch regierten Königreichs formen sollte. Um ihn auf diese Aufgabe vorzubereiten, unterwarf man Wilhelm einer strengen Erziehung durch den Privatlehrer Georg Ernst Hinzpeter, der seinen Zögling durch geistigen Drill überforderte und ihm kaum Luft zum Atmen ließ. Diese lieblose Paukerei bewirkte das Gegenteil dessen, was sich das Kronprinzenpaar erhofft hatte. Weder zeigte ihr Sohn Talent, noch übernahm er ihre liberalen Ansichten.

Hinzpeter erkannte, dass der Prinz zwar »einen gewissen Erfolg in der Schule erzielt, aber das eigentliche ernste Streben« vermissen ließ. Und Victoria klagte über Wilhelm: »Er ist *sehr* hochmütig, außerordentlich selbstzufrieden u. von sich eingenommen.« Mit den Jahren nahm die Kronprinzessin tief enttäuscht wahr, dass nicht Neugier und Offenheit, sondern »Einbildung und Eitelkeit, Härte, Kälte und Gleichgültigkeit den Mitmenschen gegenüber« zu den hervorstechendsten Charaktereigenschaften ihres Sohnes zählten. Auch politisch vertiefte sich der Graben zwischen Wilhelm und seinem Elternhaus zusehends. Während er begeistert seinen Militärdienst in Potsdam antrat, der Wiege des preußischen Soldatenkults, sorgte sich seine Mutter, dass der Prinz »*niemals* liest« und »*nichts* anderes hört – als was man auf Jagd oder unter *jungen* unerfahren(en) Offizieren schwätzt!« Für den österreichischen Thronfolger Kronprinz Rudolf führte sich Wilhelm schon als junger Mann wie ein »Junker und Reaktionär« auf, der die Monarchie anhimmelte und Deutschland verherrlichte, über den Reichstag als »Saubude« schimpfte und Parlamentarier nur als »Ochsen« und »Affen« bezeichnete.

Der einzige Mensch, für den der Uniform-Fan tiefere Zuneigung empfand, war sein Großvater, der erste Kaiser des Deutschen Reichs. Weinend stand der Prinz am Bett Wilhelms I., als dieser am 9. März 1888 starb. Doch in die Trauer dürfte sich Freude gemischt haben, denn er wusste, dass er seinem Ziel nahe war. Zwar nahm zunächst sein ihm verhasster Vater Friedrich Wilhelm als Friedrich III. die Kaiserwürde an. Dem todkranken Regenten blieben freilich nur ganze 99 Tage – viel zu wenig, um frischen, freiheitlichen Wind in den deutschen Obrigkeitsstaat hineinzubringen, so wie es sich seine Frau Victoria erhofft hatte.

Kronprinz Wilhelm tat so, als existiere der neue Kaiser gar nicht. Nach dem Tod Wilhelms I. hielt er eine Geburtstagsrede auf Bismarck, in der er Deutschland mit einer Armee verglich, deren »erster Offizier schwer verwundet« sei. Das war ein Seitenhieb auf seinen Vater. Führen müsse deshalb in dieser Situation »unser erlauchter Fürst, unser großer Kanzler«. Für einen überzeugten Monarchisten waren das an sich unerhörte Sätze, die weltweit Verwunderung auslösten. Eine britische Herzogin und gebürtige Preußin empörte sich über Wilhelms Mangel an »Herz, Takt, Gehorsam und Verstand«. Er mache sich »vollkommen lächerlich«. Sie befürchte, Wilhelm werde eines Tages »eine bittere Lektion lernen müssen«, und es bleibe nur zu hoffen, »dass sein Land dann nicht in Mitleidenschaft gezogen« werde.

Am 15. Juni 1888 starb Friedrich III.; der 29-jährige Kronprinz, fortan Kaiser Wilhelm II., war am Ziel seiner Wünsche. Und wie reagierten die Deutschen? Ging mit dem frühen Tod Friedrichs III. nicht ein Stück Hoffnung auf mehr Liberalität und Demokratie im Reich dahin? Aber nein, viele Deutsche begrüßten den Thronwechsel und ließen sich von dem forschen Auftreten des neuen Monarchen blenden. Der Dichter Theodor Fontane schrieb in sein Tagebuch: »Alles atmete auf, als das Kranken- und Weiberregiment ein Ende nahm und der jugendliche Kaiser Wilhelm II. die Zügel in die Hand nahm.« Es gab indes auch andere Stimmen, die des Kaisers Oberflächlichkeit und seinen Hang zur Verantwortungslosigkeit früh erkannten. Wilhelm wolle »bloß amüsiert sein«, so der Diplomat Friedrich von Holstein, selbst »vom Soldatenleben interessiere ihn eigentlich nur der bunte Rock und das Durchziehen der Straßen mit Musik«. Dabei sei er »kalt wie eine Hundeschnauze«.

Zwischen dem jungen, ungestümen Kaiser Wilhelm II. (l.) und dem alten Kanzler taten sich tiefe Gräben auf. Bismarck befürchtete, der Monarch, »ein Brausekopf«, könne »Deutschland in einen Krieg stürzen«. Und der Reichsgründer sah seine Macht schwinden.

Bismarck war dem Kronprinzen zunächst zugetan, schon deshalb, weil der Thronnachfolger liberaler Ansichten unverdächtig war. Aber schon bald ließ dessen ungestüme Art bei Bismarck düstere Ahnungen hochkommen. Insbesondere für die Außenpolitik befürchtete er das Schlimmste. Der Regent sei »ein Brausekopf, könne nicht schweigen, sei Schmeichlern zugänglich und könne Deutschland in einen Krieg stürzen, ohne es zu ahnen und zu wollen«. Es dauerte nicht lange und die beiden unterschiedlichen Männer gerieten aneinander. Anders als sein Großvater, der letztlich den Ratschlägen des Reichskanzlers immer gefolgt war, wollte sich Wilhelm II. das Heft nicht aus der Hand nehmen lassen und war fest entschlossen, selbst zu regieren. Bismarck sah seine Machtposition in Gefahr. Noch immer war der große Konflikt mit der Sozialdemokratie in der Schwebe. Wiederholt hatte Bismarck in der Vergangenheit mit dem Gedanken eines Staatsstreichs gespielt, um den Reichstag und vor allem die Sozialdemokraten in Schach zu halten. War jetzt nicht der geeignete Zeitpunkt gekommen, um Seite an Seite mit dem Demokratie-Verächter Wilhelm Ernst zu machen?

Bismarck legte dem frisch gekürten Kaiser nahe, das Sozialistengesetz verschärfen zu lassen und gegebenenfalls, sollte sich der Reichstag sperren, diesen aufzulösen – notfalls mit Gewalt. »Fragen, wie die der Sozialdemokratie«, schüchterte der Reichskanzler seine Gegner ein, »werden nicht gelöst ohne Bluttaufe, wie die deutsche Einheit auch.« War das nicht auch ganz die Sprache des jungen Monarchen? Doch zu Bismarcks Überraschung zeigte sich der Kaiser entsetzt. Ja, sicher, er war alles andere als ein Sozialistenfreund! Aber »seine ersten Regierungsjahre mit dem Blut seiner Untertanen färben«, das wollte er auf keinen Fall. Ihn dürstete nach Popularität, vielleicht konnte es ja gelingen, die Arbeiterschaft durch ein paar sozialfreundliche Gesetze für sich und das Kaisertum zu gewinnen. Ein gewaltsamer Staatsstreich würde das alles zunichte machen! War der Kanzler noch bei Sinnen?

Bismarck blieb stur und legte nach. Unterdessen hatten die den Kanzler stützenden Nationalliberalen und Konservativen bei der Reichstagswahl 1890 schwere Verluste hinnehmen müssen. Am besten hatten die Sozialdemokraten abgeschnitten. Als jetzt stärkste Partei wuchsen Bismarcks alte »Reichsfeinde« unübersehbar zu einer Massenbewegung heran. Dennoch wollte der Kanzler nicht klein beigeben. Er versuchte ein neues Militärgesetz im Parlament durchzupauken, das bei den veränderten Mehrheitsverhältnissen sicherlich abgelehnt worden wäre. Für diesen Fall schlug der Gründer des Deutschen Reichs die abermalige Auflösung des Reichstags und die Aufhebung der Bundesverfassung durch die deutschen Fürsten vor.

»Der Lotse verlässt das Schiff« – so sah die britische Zeitschrift »Punch« in einer weltberühmt gewordenen Karikatur Bismarcks Rücktritt im Jahr 1890. Darin schwang kaum die Erwartung mit, dass der Kaiser dem »eisernen Kanzler« als Staatsmann würde das Wasser reichen können.

Damit hatte Bismarck den Bogen überspannt. Wilhelm II. weigerte sich, seinem Konfliktkurs zu folgen und warf dem Kanzler in einer Unterredung am 15. März 1890 erregt Eigenmächtigkeiten vor. Der Bruch war nicht mehr zu kitten; drei Tage später reichte Otto von Bismarck sein Rücktrittsgesuch ein. Ein halbes Jahr nach Bismarcks Abgang, danach, im September 1890, fiel auch das Sozialistengesetz, das tiefe Gräben in der Gesellschaft aufgerissen hatte.

Zwanzig Jahre hatte der preußische Junker über Deutschland geherrscht und das Reich in der Mitte Europas mit eiserner Hand regiert. Die Einheit war ihm zu verdanken, aber um welchen Preis? Von innerem Frieden und Freiheit weit entfernt, zogen auch außenpolitisch dunkle Wolken am Horizont auf. »Der Lotse verlässt das Schiff« lautete die Unterzeile einer Karikatur in der englischen Zeitschrift »Punch«. Ein Zeitalter ging zu Ende und ein neues begann – das spürten alle.

Obwohl schon kurze Zeit später ein verklärender Bismarck-Kult mit Denkmälern des »eisernen Kanzlers« in ganz Deutschland auflebte, herrschte im Grunde Erleichterung über den Abgang des zuletzt immer starrsinniger und schroffer gewordenen alten Mannes. Er zog sich auf seinen Landsitz in Friedrichsruh bei Hamburg zurück und arbeitete an seinem ruhmreichen Bild für die Nachwelt. Kluge Köpfe sahen die Auswirkungen von Bismarcks Politik für Deutschland und die Deutschen kritischer, als dem Machtmenschen lieb sein konnte.

»Er hinterließ eine Nation ohne alle und jede politische Erziehung, tief unter dem Niveau, welches sie in dieser Hinsicht zwanzig Jahre vorher bereits erreicht hatte. Und vor allem eine Nation ohne allen und jeden politischen Willen, gewohnt, dass der große Staatsmann an ihrer Spitze für sie die Politik schon besorgen werde.« Mit seinem scharfen Urteil stand der Gesellschaftsforscher Max Weber nicht allein. Der liberale Politiker Georg von Bunsen erfasste den Zwiespalt im Werk des Reichsgründers in einem Satz: »Bismarck macht Deutschland groß und die Deutschen klein.«

»Es ist ein Glück, dass wir ihn los sind«, gab Theodor Fontane die allgemeine Stimmung wieder, »und viele, viele Fragen werden jetzt besser, ehrlicher, klarer behandelt werden als vorher.« Dass diese Hoffnung trog, sollte sich schon bald erweisen. Denn völlig offen war, ob es zu dem unberechenbaren Kaiser ein ausgleichendes Gegengewicht geben würde.

»Volldampf voran« – das persönliche Regiment Wilhelms II.

Der junge Kaiser liebte starke Sprüche. Nachdem er Bismarck losgeworden war und dessen überwiegend schwächere Nachfolger ihn nicht mehr bremsen konnten, gefiel sich Wilhelm II.

in der Rolle eines nahezu unumschränkten Alleinherrschers, wie er so – außer in Russland – in Europa seit der längst vergangenen Zeit des Absolutismus im 17. und 18. Jahrhundert nicht mehr gesehen worden war. Rastlos reiste er im Land umher und genoss seine markigen Auftritte in ständig wechselnden Uniformen. Er sah sich von Gott berufen, die Geschicke seiner Untertanen zu lenken. Niemandem sonst glaubte er Rechenschaft schuldig zu sein. »Einer nur ist Herr im Lande«, erklärte der Kaiser frei heraus, »und das bin ich. Keinen anderen werde ich neben mir dulden.« Wer gegen ihn sei, drohte er bei anderer Gelegenheit, den »zerschmettere ich«. Im Goldenen Buch der Stadt München verewigte er sich mit der Feststellung: »Suprema lex regis voluntas!« (Der Wille des Königs ist oberstes Gebot.) Und seinen Offizieren verkündete er kurz und bündig: »Ihr wisst alle gar nichts. Nur ich weiß etwas, nur ich entscheide.«

In solchen Posen, herrisch und auftrumpfend, gefiel sich Wilhelm II. Hinter der Maske von säbelrasselnder Entschlossenheit verbarg sich viel Unsicherheit, die der Kaiser mit markigen Worten zu überspielen versuchte. »Einer nur ist Herr im Lande«, so sein Leitspruch, »und das bin ich.«

Wilhelm II. war ein innerlich zerrissener Mensch. Einerseits verkörperte der junge Monarch den Glauben seiner Zeit an Fortschritt, Wissenschaft und Technik. Andererseits hielt er Hof wie ein Fürst aus längst vergangenen Tagen. Ein Beobachter wunderte sich: »Es macht mir immer einen ganz merkwürdigen Eindruck, wenn ich den Einzug des Hofes in den Weißen Saal sehe, der Kaiser bringt immer so ein Stück Mittelalter hinter sich her [...] es ist, als ob die Toten auferstehen mit Zopf und Puder.«

Nach Bismarcks Abgang hatte Wilhelm verkündet: »Das Amt des wachhabenden Offiziers auf dem Staatsschiff ist Mir zugefallen, der Kurs bleibt der alte. Volldampf voran.« Richtig daran war, dass der Kaiser viel oberflächliche Hektik zu verbreiten begann und seine Sprunghaftigkeit ihm schon bald den Beinamen »Wilhelm der Plötzliche« eintrug. Dabei beschäftigte er sich nur selten ernsthaft mit den Regierungsgeschäften, traf aber gerne unvorhergesehen weitreichende Entscheidungen. Dieses persönliche Regiment war möglich geworden, weil der Monarch noch im Streit mit Bismarck durchgesetzt hatte, dass er die preußischen Minister am Kanzler vorbei empfangen und ihnen Anweisungen erteilen konnte. Das berührte einen empfindlichen Punkt. Denn Bismarcks Macht hatte vor allem auch darauf beruht, dass er direkten Zugang zu Wilhelm I. hatte und dessen Vertrauen besaß. Man sprach in diesem Zusammenhang von einer Immediatsstellung. Somit schlug das »Staatsschiff«, das schon Bismarck autoritär gelenkt hatte, mit Wilhelm II. am Ruder zweifellos einen neuen Kurs ein, der darauf angelegt war, die ausschlaggebende Stellung des Monarchen in der Verfassung des Deutschen Reichs auf die Spitze zu treiben.

Allerdings konnte Wilhelm II. nicht wirklich allein regieren, wie er hoch zu Ross und mit prahlerischen Auftritten an der Spitze funkelnder Militärparaden seine Untertanen gerne glauben machen wollte. Dazu waren die Staatsangelegenheiten an der Wende zum 20. Jahrhundert zu schwierig geworden. Aber anstatt sich mit seinen Kanzlern und Ministern abzustimmen, umgab er sich lieber mit hohen Offizieren und suchte die Nähe fragwürdiger Freunde, die sich als Ratgeber aufspielten, aber tatsächlich Seiner Majestät nur nach dem Munde redeten. Da er im Grunde schwach und unsicher war, wurde Wilhelm mit der Zeit in gewissem Sinne zu einer Schachfigur einflussreicher Kreise, die ihre eigenen Pläne verfolgten. Wehe aber, wenn die Einflüsterer und Schmeichler es sich mit dem eitlen Aufschneider verdarben! Dann verschwanden sie in der Versenkung, denn über die Besetzung aller wichtigen militärischen und politischen Posten im Reich entschied der selbstherrliche Monarch allein.

Am liebsten spielte der Kaiser Krieg. Aber auch bei Gefechtsübungen, an denen er als Feldherr leidenschaftlich gern teilnahm, fiel er zumeist nur als Störenfried auf, der nicht verlieren konnte. Während eines Manövers, das zu seinen Ungunsten verlief, ließ er kurzerhand die Truppenbewegungen stoppen und ordnete alles neu, um anschließend siegen zu können. Als ein hoher Offizier davon erfuhr, rückte der sein Monokel zurecht und meinte: »Originelle Idee!«

Wilhelm rühmte sich, nie die Verfassung seines Landes gelesen zu haben. Das traf sicher zu. Denn um das Parlament und dessen Rechte scherte sich der Monarch von Gottes Gnaden keinen Deut. Vom Reichstag sprach er nur als dem »Reichsaffenhaus«. Dazu passte, dass die Eröffnungssitzung für das neue Gebäude der deutschen Volksvertretung am 5. Dezember 1894 eher an ein militärisches Schauspiel als an eine parlamentarische Feier erinnerte. Der amtierende Reichstagspräsident hatte den Festakt nämlich in Majorsuniform geleitet. »Wenn morgen mobil gemacht würde«, empörte sich die angesehene liberale »Vossische Zeitung«, »und Herr von Levetzow als Major zu den Fahnen eilte, niemand würde an seiner Uniform Anstoß nehmen.« Aber gestern sei der Major Präsident des deutschen Reichstags gewesen, »und darum hätten wir uns gewünscht, er hätte diese hohe Würde auch durch das Gewand des freien Mannes angedeutet«. Kein Wunder auch, dass Wilhelm II. die vom Architekten Paul Wallot vorgesehene Inschrift »Dem deutschen Volke« für den neuen Reichstag ablehnte. Erst 1916 wurde sie angebracht.

Der Neubau für die Volksvertreter war bereits 1871 parlamentarisch beschlossen worden. Doch erst 1884 fand die feierliche Grundsteinlegung statt, bei der eine bezeichnende Panne passierte. Als Kaiser Wilhelm I. den Grundstein »absegnen« wollte, zersprang ihm der Hammer. Sein Enkel Wilhelm II. mischte sich immer wieder in die Planungen und die Arbeit des Architekten Wallot ein, obgleich es dem Monarchen ja eigentlich ziemlich egal war, »ob in dem Reichstagskäfig rote, schwarze oder gelbe Affen herumsprängen«.

Besonders verhasst waren Wilhelm mittlerweile die Sozialdemokraten, die nach dem Fall des Sozialistengesetzes 1890 immer mehr Zulauf erhielten. Zur Massenbewegung wurden nun auch die sozialistischen »freien« Gewerkschaften, die sich unter einem Dach sammelten und bis 1913 über 2,5 Millionen Mitglieder zählten. Mit ihnen konkurrierten christliche und liberale Gewerkschaftsorganisationen, die aber bei Weitem keine so große Anziehungskraft entfalten konnten.

Anfangs setzte Wilhelm noch darauf, mit einigen sozialpolitischen Zugeständnissen die SPD-Anhänger ihrer Partei abspenstig zu machen, um sie für eine volkstümliche Monarchie zu gewinnen. Dazu gehörten ein Verbot der Sonntagsarbeit sowie die Beschränkung der täglichen Arbeitszeit von Frauen auf elf Stunden und von Jugendlichen unter 16 Jahren auf zehn Stunden. In Fabriken durfte fortan nur noch beschäftigt werden, wer 13 und älter war. Bei besonderen Gerichten, den Gewerbegerichten, wurden Schlichtungsstellen für Konflikte zwischen Arbeitgebern und Arbeitnehmern eingerichtet.

Doch Wilhelms Rechnung ging nicht auf. Die Arbeiter zeigten sich unbeeindruckt und hielten der SPD, wie die Sozialdemokraten jetzt hießen, die Treue. Der Kaiser war erbost über so viel Undankbarkeit und nahm – wie einst Bismarck – die SPD als vermeintliche Umsturzpartei aufs Korn. Für neue »Umsturz- und Zuchthausvorlagen«, die auf den Weg gebracht wurden, war es freilich zu spät. Sie scheiterten am Parlament, in dem die Sozialdemokraten von Wahl zu Wahl zulegten. Und so blieb nur die mehr oder weniger versteckte Drohung mit dem Staatsstreich – Bismarcks altes Rezept –, um der Einspruchsmacht der Volksvertretung Einhalt zu gebieten.

Jungen Soldaten schärfte der Kaiser 1891 ein, dass die deutsche Armee »sowohl gegen den inneren Feind sowohl als gegen den äußeren« Gewehr bei Fuß stehen müsse. Und er fuhr fort: »Bei den jetzigen sozialistischen Umtrieben kann es vorkommen, dass ich euch befehle, eure eigenen Verwandten, Brüder, ja Eltern niederzuschießen – was Gott verhüten möge.« So weit kam es zwar nicht, aber es gab genug einflussreiche Kräfte im Lager der preußischen Junker, die ihren Monarchen immer wieder zu solch einem gewaltsamen Vorgehen ermunterten. Obgleich selbst Reichstagsabgeordneter, sprach der Konservative Elard von Oldenburg-Januschau seinen Gesinnungsfreunden aus dem Herzen: »Der König von Preußen und der Deutsche Kaiser muss jeden Moment imstande sein, zu einem Leutnant zu sagen: Nehmen Sie zehn Mann und schließen Sie den Reichstag!«

Zweifellos schüchterten solche Drohungen die Parlamentarier ein. Bismarcks Saat war aufgegangen. Sein Regierungsstil, die Parteien gegeneinander auszuspielen und den Reichstag von oben herab zu behandeln, hatte verhängnisvolle Folgen. Den Parlamentariern fehlte es an Selbstbewusstsein, der Krone geschlossen gegenüberzutreten. Dieser Mangel an Wertschätzung übertrug sich auf die Öffentlichkeit. Die Arbeit der Volksvertreter in den Fraktionen, den Gruppen von Abgeordneten einer Partei im Parlament, der demokratische Streit untereinander und die Suche nach Kompromissen, standen nicht in hohem Ansehen.

Dabei war nicht zu übersehen, dass der Reichstag im Laufe der Jahre an Bedeutung gewann. Das lag daran, dass die moderne Gesellschaft komplizierter wurde und immer mehr gesetzlich zu regeln war. Da der Reichstag an der Gesetzgebung beteiligt war, wurde er zu einer Größe, an der keine Regierung mehr vorbeikam. Somit waren Wilhelms Kanzler und Staatssekretäre auf vielen Gebieten zur Zusammenarbeit mit dem Parlament gezwungen, um Gesetze und die Staatsausgaben bewilligen zu lassen. Unterdessen führte sich der Kaiser wie ein von allen guten Geistern verlassener Amokläufer auf, der mit seinen Alleingängen vor allem in der Außenpolitik alle Welt verprellte.

Höhepunkt dieser kaiserlichen Entgleisungen war die sogenannte »Daily Telegraph«-Affäre im Herbst 1908. Die englische Zeitung »Daily Telegraph« veröffentlichte ein Interview mit Wilhelm, das auf Gesprächen mit einem britischen Offizier im Jahr zuvor beruhte. Darin reihte sich eine Taktlosigkeit an die andere, die das deutsch-britische Verhältnis, um das es ohnehin nicht zum Besten stand, weiter belastete. Großspurig nahm der Kaiser für sich in Anspruch, 1896 einen Zusammenschluss europäischer Mächte gegen England verhindert zu haben, als es seinerzeit in Südafrika gegen die Buren, die Nachkommen niederländischer und deutscher Siedler, gekämpft hatte. Noch dreister war die Behauptung, er, Wilhelm, habe den Briten einen Feldzugsplan zur Niederwerfung der Buren zukommen lassen, der mit dem deutschen Generalstab abgestimmt gewesen sei. Mochte der Kaiser auch in der guten Absicht gehandelt haben, das deutsch-britische Verhältnis zu verbessern, ging der Schuss doch nach hinten los, denn schmeichelhaft war es für die Engländer nicht, was sie da lesen mussten.

Auch in Deutschland herrschte helles Entsetzen. Zwar hatte der damalige Reichskanzler Bernhard von Bülow den Text des Interviews vor der Veröffentlichung gegengezeichnet. Gelesen hatte er ihn allerdings nicht. Ein politischer Skandal ersten Ranges, der auf einen Schlag enthüllte, wie chaotisch und verantwortungslos der mächtigste Staat Kontinentaleuropas regiert wurde. »Etwas derartiges an sträflicher Lumperei, gewissenlosem Leichtsinn ist wohl je nicht dagewesen und wohl geeignet, das schon so erschütterte Vertrauen in unsere politische Leitung ganz zu zerstören«, urteilte Hildegard Baronin von Spitzemberg, eine Berliner Hofdame, mit kenntnisreichem Blick.

Doch notwendige Konsequenzen blieben aus. Zwar versprach Wilhelm II., sich künftig mit Äußerungen mehr zurückzuhalten. Aber wieder einmal versäumte es der Reichstag, den Monarchen und dessen Regierung in die Verantwortung gegenüber dem Parlament zu zwingen. Was die Pflicht der Parlamentarier gewesen wäre, scheiterte an ihrer mangelnden Geschlossenheit und Entschlossenheit. Innen- und Außenpolitik waren zwei Seiten ein und derselben Medaille. »Wilhelm der Plötzliche« und sein persönliches Regiment, das hatte das »Daily Telegraph«-Interview aller Welt vor Augen geführt, beschworen Unheil für Deutschland herauf.

Ein Platz an der Sonne? Flottenpolitik und Weltmachtträume

In der zweiten Hälfte des 19. Jahrhunderts, verstärkt seit den achtziger Jahren, begann ein Wettlauf der europäischen Großmächte um die Aufteilung der Welt – das Zeitalter des Imperialismus zog herauf. So wie schon rund 300 Jahre zuvor alte See- und Handelsnationen wie Spanien, Portugal und die Niederlande Gebiete in Übersee (Kolonien) zumeist gewaltsam in Besitz genommen hatten, kämpften nun vor allem Großbritannien, Frankreich, Russland, später auch Japan und die Vereinigten Staaten von Amerika, um die Vorherrschaft des eigenen

Landes durch koloniale Erwerbungen. Die bevorzugten Regionen lagen in Afrika und Asien, die als Rohstofflieferanten und Absatzmärkte für Industrieprodukte verlockend erschienen.

Es ging um Macht, Prestige und die Erhebung der eigenen Nation über andere Völker (Nationalismus). Wer bei diesem Wettrennen um die Verteilung des kolonialen Kuchens zu kurz oder zu spät käme, so die vorherrschende Auffassung, würde unweigerlich zur Bedeutungslosigkeit absinken. Im Existenzkampf zwischen Nationen galt, meinte man, dass nur die stärksten überleben könnten (»survival of the fittest«). Diesen sozialdarwinistischen Ansichten lag die Lehre des britischen Naturforschers Charles Darwin (1809–1882) von der »natürlichen Auslese« (Selektion) im Tierreich zugrunde, die man leichtfertig und in eindeutiger Absicht auf das Zusammenleben von Menschen und Völkern übertrug. Mit der Vorstellung vom »Kampf ums Dasein« (»struggle for life«) verband sich ein Überlegenheitsgefühl und kulturelles Sendungsbewusstsein der weißen Herrenvölker, die sich ausersehen glaubten, über den Rest der Welt herrschen zu dürfen (Rassismus). Selbstverständlich fragte niemand die Betroffenen in Asien, Afrika oder anderswo, was sie von diesem Gedankengebäude hielten. Es war eine Rechtfertigung zur Bemäntelung der Macht der Stärkeren, welcher sich die Schwächeren beugen mussten.

Der Nationalismus und das imperialistische Fieber erfassten ganz Europa. Ganz besonders schrill waren die Töne jedoch in Deutschland, was daran gelegen haben mag, dass die treibenden Kräfte insgeheim spürten, dass das junge Reich in der Mitte Europas womöglich tatsächlich zu spät auf die weltpolitische Bühne getreten war, um beim Machtmonopoly um koloniale Einflusszonen noch erfolgreich mitspielen zu können. Der Reichsgründer Otto von Bismarck hatte von solchen Bestrebungen nie viel gehalten. »Meine Karte von Afrika liegt in Europa«, pflegte er zu sagen, weil er Deutschland als Kontinentalmacht sah, deren vordringlichstes Interesse die Wahrung des Erreichten sein müsse.

Umso schriller erklang der Chor jener, die angeblich Versäumtes einforderten, nachdem Bismarck die Richtlinien der Politik nicht mehr bestimmte. Max Weber sprach für breite bürgerliche Kreise, als er 1895 verlangte: »Wir müssen begreifen, dass die Einigung Deutschlands ein Jugendstreich war, den die Nation auf ihre alten Tage beging und seiner Kostspieligkeit halber besser unterlassen hätte, wenn sie der Abschluss und nicht der Ausgangspunkt einer deutschen Weltmachtpolitik sein sollte.«

Äußerungen wie diese markierten einen einschneidenden und folgenreichen Wendepunkt in der Außenpolitik des Deutschen Reichs: weg von den auf die Sicherung des Friedens bedachten Bündnissen Bismarcks, hin zu einer auftrumpfenden und angriffslustigen Politik, die kaum mehr Rücksicht auf die Interessen der Nachbarländer nahm. Sicher ist, dass Bismarcks außenpolitisches Erbe Korrekturen verlangte, weil es zu verzwickt und verworren geworden war. Der nun eingeschlagene Richtungswechsel ging aber weit darüber hinaus und offenbarte den Willen, große Risiken in Kauf zu nehmen.

Bernhard von Bülow war es, damals noch Staatssekretär im Auswärtigen Amt, der 1897 vom »Platz an der Sonne« für das Deutsche Reich sprach. Und er drückte damit den sehnlichsten Wunsch Seiner Majestät aus. Wilhelm gab den Startschuss, als er am 6. November desselben Jahres einem Flottenverband den Befehl erteilte, in die Bucht der chinesischen Stadt Kiautschou einzulaufen. Laut prahlend verkündete Wilhelm den Deutschen und dem Rest der Welt, wohin die Reise gehen sollte: »Hunderte von deutschen Kaufleuten werden aufjauchzen in dem Bewusstsein, dass endlich das Deutsche Reich festen Fuß in Asien gewonnen hat, Hunderttausende von Chinesen werden erzittern, wenn sie die eiserne Faust des Deutschen Reichs schwer in ihrem Nacken fühlen werden, und das ganze Deutsche Volk wird sich freuen, dass seine Regierung eine mannhafte Tat getan.«

Viel gewonnen wurde durch solche und ähnliche Aktionen nicht. Die Welt war schon so gut wie aufgeteilt. In Afrika hatten sich vor allem Frankreich, England und Belgien festgesetzt. Indochina war in französischer Hand, Indien Teil des britischen Weltreichs. Russland trat in Asien als kolonialer Konkurrent Großbritanniens auf und Südamerika betrachteten die USA als ihren Hinterhof. Überall, wo die Deutschen auftauchten, flatterten schon die Fahnen anderer Mächte, sodass das

Reich über die Rolle eines Störenfrieds der internationalen Staatenordnung nicht hinauskam. Doch Wilhelm II. und mit ihm der überwiegende Teil des deutschen Volkes träumten weiter von großer Weltpolitik. Das Instrument dazu sollte der Aufbau einer gewaltigen Schlachtflotte sein, mit der man den Willen zur Weltgeltung untermauern wollte. Energischer Be-

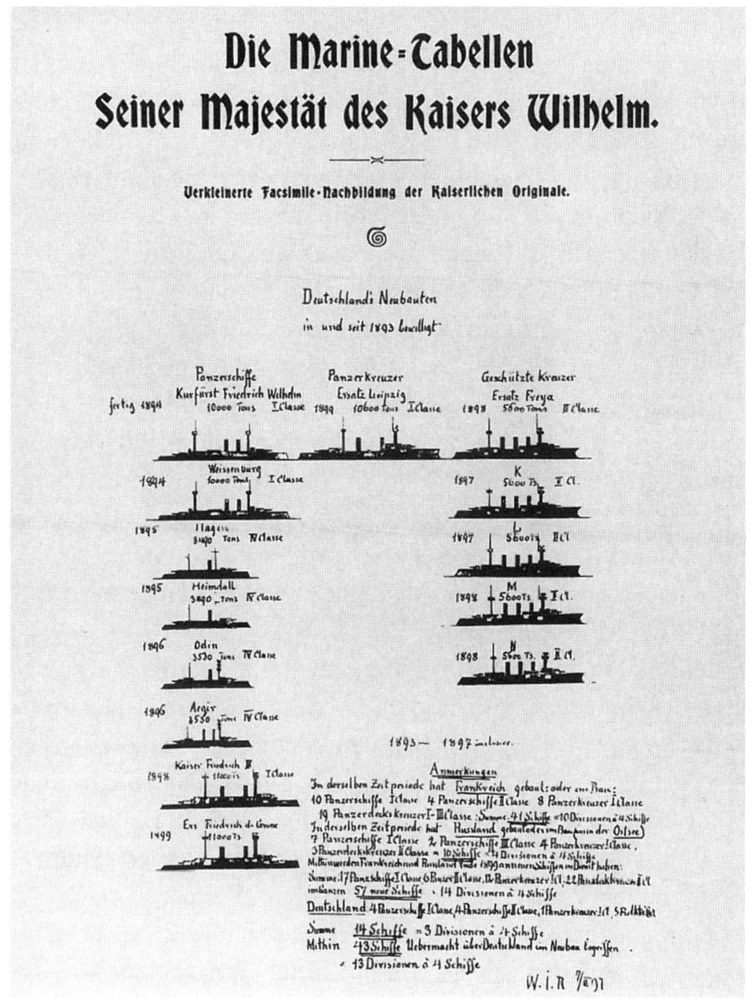

Fast kindlich mutet die Begeisterung Wilhelms II. für das deutsche Flottenprogramm an, zu dem er eigene Berechnungen und Entwürfe beisteuerte. Die Aufrüstung zur See hatte zur Folge, dass sich das Verhältnis zu England mehr und mehr eintrübte.

fürworter dieses Plans war Konteradmiral Alfred von Tirpitz, der Leiter des Reichsmarineamtes.

Wer über die Macht zur See verfüge, beherrsche die Welt – getreu diesem Leitspruch des Amerikaners Alfred T. Mahan setzte Tirpitz, unterstützt vom Kaiser, alle Hebel in Bewegung, um die kleine deutsche Flotte kräftig aufzurüsten. Schon im ersten Anlauf brachte er den Reichstag 1898 dazu, 400 Millionen Reichsmark für den Schiffsbau zu bewilligen. Vorgesehen waren zunächst 19 Schlachtschiffe, acht Küstenboote, 30 kleine und zwölf große Kreuzer und eine Reihe von Torpedobooten. Zwei Jahre darauf wollte Tirpitz die Zahl der Schlachtschiffe bereits verdoppeln. Und so ging es in den folgenden Jahren munter weiter.

Nach innen verfolgten Tirpitz und die Reichsspitze das Ziel einer Sammlungspolitik aller national gesinnten Kräfte. Industrie und Landwirtschaft, Bürgertum und Adel, Akademiker und Staatsbeamte, aber auch kleine Gewerbetreibende und Arbeiter sollten sich um die Flagge der Flotte scharen und für Deutschlands Griff nach Weltmacht begeistert werden. Dadurch hoffte man, innenpolitisch alles beim Alten lassen zu können und soziale Interessenkonflikte zu übertünchen, denn der Blick nach Übersee versprach Wohlstand für viele und Ansehen für das Reich. Das werde sogar «gebildete und ungebildete Sozialdemokraten« beeindrucken, warb Tirpitz, und womöglich die aufsässige SPD mit dem ihr ungeliebten wilhelminischen Staat versöhnen. Keinem konnte freilich entgehen, dass zugleich die Stellung des Reichstags geschwächt werden sollte, denn Tirpitz drängte auf immer längere Abstände zwischen den parlamentarischen Bewilligungen seiner Flottenvorlagen.

Unermüdlich rührte der Leiter der Reichsmarine die Trommel für seine Ideen, und das Echo in der Bevölkerung war groß. Kein Zweifel, Weltpolitik für einen »Platz an der Sonne« – dieser verführerischen Vorstellung von Deutschlands künftiger Rolle erlagen mit der Zeit immer mehr. Doch so populär Tirpitz' Programm im eigenen Land war, so verhängnisvoll wirkte es sich außenpolitisch aus, insbesondere im Verhältnis zu Großbritannien. Dessen jahrhundertelange Machtposition beruhte von jeher auf der Überlegenheit seiner Seestreitkräfte. Eine Herausforderung auf diesem Gebiet durch einen europäischen Rivalen bedrohte nicht nur Englands Weltstellung, sondern auf längere Sicht auch das Gleichgewicht der Großmächte auf dem Kontinent, an dem sich das Königreich stets orientiert hatte.

Solange dieses Gleichgewicht zwischen Deutschland, Österreich-Ungarn, Frankreich und Russland vorhanden war, vermied es Großbritannien, sich auf Bündnisse mit einer dieser Mächte festzulegen, um nicht in kontinentale Zwistigkeiten hineingezogen zu werden. Schon die Reichsgründung hatte die Kräfte zugunsten Deutschlands gründlich verschoben. Sein Aufstieg zur Weltmacht indes musste zwangsläufig zur Vorherrschaft in Europa führen und das Staatengefüge aus den Angeln heben – eine für Großbritanniens Unabhängigkeit existenzbedrohende Aussicht. Und so blieb die Antwort aus London nicht aus. Auf Tirpitz' Flottenprogramm reagierte England mit dem Ausbau seiner eigenen Schlachtflotte – ein Wettrüsten begann, bei dem das Deutsche Reich aufgrund begrenzter Mittel nur den Kürzeren ziehen konnte.

Doch nicht nur im Verhältnis zum britischen Königreich wurden die Weichen falsch gestellt. Schon in den letzten Regierungsjahren Bismarcks hatten Handelsstreitigkeiten die Beziehungen zu Russland getrübt. Statt sich aber um einen Ausgleich zu bemühen, zeigte Bismarcks Nachfolger, Leo von Caprivi, Russland die kalte Schulter und trieb das Zarenreich damit endgültig an die Seite Frankreichs. Dort hatte man lange auf eine Annäherung mit Russland hingearbeitet. Nun konnten die Weichen neu gestellt werden. 1892 schlossen Russland und Frankreich ein Militärabkommen – die Geburt des »Zweibunds«. Damit zeichnete sich ab, was Bismarck stets als Albtraum vor Augen stand: die Gefahr eines Zweifrontenkrieges.

Das war aber nicht alles. Was die Regierenden in Deutschland nie für möglich gehalten hatten, trat ein. England und Frankreich, in der Vergangenheit oft in koloniale Händel verstrickt, verständigten sich und schlossen ein Bündnis ab, dessen Spitze sich gegen das Deutsche Reich richtete – die »Entente cordiale«. Und es kam noch ärger. Auch Großbritannien und Russland, Rivalen vor allem im Nahen Osten und in Asien, fanden nach einem Interessenausgleich 1907 zueinander. Aus der Entente cordiale wurde die »Triple-Entente« und Deutschland war nun auf Gedeih und Verderb an seinen einzigen zählenden Verbündeten Österreich-Ungarn geschmiedet.

Was bedeuteten da sogenannte deutsche Schutzgebiete in Togo, Kamerun, Südwest- und Ostafrika oder der Erwerb einiger Inselgruppen in Asien! Letzlich blieb all das weltpolitisch belanglos. Dennoch grub sich das Auftreten der

Deutschen in manchen ihrer Kleinkolonien tief ins kollektive Gedächtnis der betroffenen Völker ein. So in Deutsch-Südwestafrika, dem heutigen Namibia, wo ab 1904 20 000 deutsche Soldaten unter dem Kommando von Generalleutnant Lothar von Trotha einen Aufstand der einheimischen Hereros und Namas mit gnadenloser Brutalität niederschlugen. Die deutschen Kolonialherren führten einen regelrechten Vernichtungskrieg gegen die beiden Völker. Zigtausende wurden in die wasserlose Wüste getrieben, wo sie verdursteten, oder landeten in damals schon so genannten Konzentrationslagern. Insgesamt kamen bei diesem ersten Völkermord im 20. Jahrhundert annähernd 100 000 Menschen ums Leben. Und wofür das alles? Dass der Kilimandscharo im heutigen Tansania Kolonialschwärmern als höchster deutscher Berg galt, änderte nichts an der zusehends verfahrenen außenpolitischen Situation des Reichs. Gewagte Vorstöße verstärkten eine Entwicklung, die in Berlin als Einkreisung wahrgenommen wurde, in Wahrheit aber eine selbst herbeigeführte Isolation war. 1905 landete der Kaiser mit großem Gefolge in der marokkanischen Hafenstadt Tanger. Damit sollte gegenüber Frankreich ein Zeichen gesetzt werden, das auf diese Region bereits einen Fuß gesetzt hatte. Eine anschließende internationale Konferenz, bei der die deutsche Position nur von Österreich-Ungarn unterstützt wurde, schrieb aber die Vorherrschaft Frankreichs über Marokko fest. Der Versuch, Frankreich und England über die Marokkofrage auseinander zu bringen, war gescheitert. Sechs Jahre später wiederholte sich das gefährliche Spiel, diesmal brachte Deutschland Europa sogar an den Rand eines großen Krieges. Am 1. Juli 1911 machte das deutsche Kanonenboot »Panther« vor Agadir fest (»Panthersprung nach Agadir«). Mit dieser spektakulären Aktion, die im In- und Ausland hohe Wellen schlug, wollte die Reichsregierung die Entente cordiale erneut unter Druck setzen und man erhoffte sich von Frankreich koloniale Zugeständnisse als Gegenleistung für den Abzug.

»Hurrah! Eine Tat«, feierte die »Rheinisch-Westfälische Zeitung« im Einklang mit der breiten Öffentlichkeit diese Kanonenbootdiplomatie, die das Kriegsrisiko offenbar nicht scheute. »Der deutsche Träumer«, so das Blatt weiter, »erwacht aus zwanzigjährigem Dornröschenschlaf.« Aus ihren Machtträumen erwachten die politisch Verantwortlichen in Berlin in der Tat, allerdings ganz anders, als sie das wohl erwartet hatten. Denn Großbritannien machte unmissverständlich klar, dass es nicht gewillt war, die deutsche Drohpolitik hinzunehmen und im Konfliktfall an der Seite Frankreichs stehen würde, weil man in London durch die Marokkofrage auch eigene lebenswichtige Interessen berührt sah. Die wilhelminische »Weltpolitik« stand vor einem Scherbenhaufen, doch vor dem großen Krieg schreckten die Verantwortlichen wenigstens zum damaligen Zeitpunkt noch zurück.

Nach schwierigen Verhandlungen musste die deutsche Seite auf politische Einflussnahme in Marokko zugunsten Frankreichs endgültig verzichten; zugestanden wurde lediglich die freie wirtschaftliche Betätigung von Unternehmen. Dafür erhielt das Reich unbedeutende Teile des französischen Kongogebietes, musste im Gegenzug aber auch noch einen Landstreifen in Togo an Paris abtreten. Die Reaktionen in Deutschland fielen verheerend aus. Große Erwartungen waren geschürt worden. Nationalistische Organisationen, wie etwa der »Alldeutsche Verband«, trieben schon seit Jahren aggressive Propaganda für Deutschlands Aufstieg zur Weltmacht. In der aufgepeitschten Bevölkerung herrschte mittlerweile ein Klima imperialistischer Erregung, das auch die meisten Parteien erfasst hatte. Umso enttäuschter war man über den Ausgang der Marokkokrise. Obwohl das Deutsche Reich noch immer keine parlamentarische Monarchie war, zeigte sich, dass sich seit Bismarcks Tagen die Gewichte verschoben hatten: Der Druck der Öffentlichkeit durch einflussreiche Zeitungen, Interessenverbände und Parteien war nicht mehr nach Belieben zu steuern, sondern engte die Entscheidungsfreiheit des selbstherrlichen Kaisers und seiner Regierungen zunehmend ein.

Der Sturm der Empörung richtete sich gegen diejenigen, die mit ihren anmaßenden Weltmachtträumen Deutschland ins Abseits geführt hatten und nun mit dem Rücken zur Wand standen: außenpolitisch vereinsamt, innenpolitisch fest entschlossen, sich das Ruder nicht aus der Hand nehmen zu lassen, obgleich immer mehr Kräfte daran zerrten. Der Reichskanzler Theobald von Bethmann Hollweg, seit 1909 im Amt, versuchte vergebens die Gemüter zu beruhigen: »Niemand kann wissen, ob Deutschland dereinst ein Krieg mit seinen Nachbarn beschieden sein wird«, rief er den Abgeordneten bei der Reichstagsdebatte nach der Beilegung der Marokkokrise zu. »Für mich aber, der ich heute die Verantwortung zu tragen habe, ist es Pflicht, die Geschäfte so zu führen, dass ein Krieg, der vermieden werden kann, der nicht von der Ehre Deutschlands gefordert wird, auch vermieden wird.«

Das sahen viele ganz anders. Der Fraktionsvorsitzende der Zentrumspartei, Graf Hertling, forderte vom Kanzler die Feststellung, »dass allerdings die Aufrechterhaltung des Friedens ein hohes Gut sei, dass es aber zu teuer erkauft sei, wenn es nur auf Kosten unserer Weltstellung geschehen kann«. Und der konservative Parteiführer Ernst von Heydebrand und der Lasa wünschte sich eine Regierung, die entschlossen sei, »unser gutes deutsches Schwert [...] zu gegebener Zeit nicht rosten zu lassen«. In weiten Kreisen bis hinauf zur politischen und militärischen Führungsspitze verbreitete sich die Ansicht, »dass wir den Krieg um unsere Weltmachtstellung unter keinen Umständen vermeiden können und dass es keineswegs darauf ankommt, ihn möglichst lange hinauszuschieben, sondern vielmehr darauf, ihn unter möglichst günstigen Bedingungen herbeizuführen«. Das schrieb der ehemalige General Friedrich von Bernhardi, dessen Buch »Deutschland und der nächste Krieg« 1912 erschien und viele Leser fand.

August Bebel (1840–1913), Mitbegründer und eine der stärksten Persönlichkeiten der Sozialdemokratie, stand bis kurz vor dem Ersten Weltkrieg an der Spitze der SPD. Als Reichstagsabgeordneter übte er scharfe Kritik an den politischen Verhältnissen im Kaiserreich.

Nur vereinzelt erhoben sich andere Stimmen, die aber im imperialistischen Überschwang ungehört verhallten. An die Adresse der Kriegsbefürworter gerichtet, prophezeite der Vorsitzende der SPD, August Bebel, im Reichstag den Untergang der alten Welt, falls es in Europa Krieg geben sollte:

»Dann kommt die Katastrophe. Alsdann wird in Europa der große Generalmarsch geschlagen, auf den hin 16 bis 18 Millionen Männer, die Männerblüte der verschiedenen Nationen, ausgerüstet mit den besten Mordwerkzeugen, gegeneinander als Feinde ins Feld rücken. Aber nach meiner Überzeugung steht hinter dem großen Generalmarsch der große Kladderadatsch [...] Er kommt nicht durch uns, er kommt durch Sie selber. Sie treiben die Dinge auf die Spitze, Sie führen es zu einer Katastrophe […] Die Götterdämmerung der bürgerlichen Welt ist im Anzuge […] Sie stehen heute auf dem Punkte, Ihre eigene Staats- und Gesellschaftsordnung zu untergraben, Ihrer eigenen Staats- und Gesellschaftsordnung das Totenglöcklein zu läuten.«

Das war 1911. Die Uhr tickte. Drei Jahre später gingen in Europa die Lichter aus.

»Ich führe euch herrlichen Zeiten entgegen« – Wirtschaftsstolz und Untertanengeist

Auf ausländische Besucher muss Deutschland im Zeitalter des Wilhelminismus einen merkwürdig zerrissenen Eindruck gemacht haben. Bewunderung erregte, in welch atemberaubendem Tempo sich das Reich von einem Agrarstaat zu einer der weltweit führenden Industrienationen wandelte und in Forschung und Wissenschaft andere Länder hinter sich ließ. Ein anhaltender wirtschaftlicher Aufschwung zog seit Mitte der Neunzigerjahre die Gesellschaft des Kaiserreichs in den Sog unaufhörlicher und unaufhaltsamer Veränderungen, die viele Menschen aus ihren gewohnten Bahnen warfen. Jeder zweite Deutsche verließ nach der Jahrhundertwende auf der Suche nach Beschäftigung seinen Geburtsort. Zugleich irritierte, wie rückschrittlich das Land regiert wurde und wie beharrlich sich die tonangebenden Kräfte gegen noch so behutsame Schritte zur Demokratisierung und Liberalisierung des politischen Lebens stemmten.

Schauen wir uns dieses Deutschland und seine rasante Entwicklung einmal genauer an. Zwischen 1890 und 1913 nahm die Bevölkerung von 49,4 Millionen auf 66,9 Millionen zu; dieser steile Anstieg löste bei den Nachbarn – vor allem in Frankreich – Sorge vor einer erdrückenden Übermacht des Reichs aus. War es zu Bismarcks Zeiten noch Auswanderungsland gewesen, strömten nun immer mehr Menschen, insbesondere aus dem Osten, in die Industriegebiete etwa an Rhein und Ruhr, wo sie als Arbeitskräfte gebraucht wurden. Polen mit preußi-

scher Staatsbürgerschaft prägten mit ihrer Kultur und Sprache ganze Stadtteile im westfälischen Kohlerevier.

Bis 1913 verdoppelten Industrie und Handwerk ihre Produktion, Deutschland wurde zur Exportnation, die in jenem Jahr bei den Ausfuhren mit der Handelsmacht England fast gleichzog. Vor allem die chemische und die Elektroindustrie, aber auch der Maschinenbau hatten daran maßgeblichen Anteil. Deutscher Erfinder- und Forschergeist in Technik, Wissenschaft und Medizin gelangte zu internationalem Ruhm. Die weltweit erste elektrische Straßenbahn hatte bereits 1881 in Berlin ihren Betrieb aufgenommen, wie überhaupt die ruhelose Reichshauptstadt den beschleunigten Wandel am eindrucksvollsten verkörperte. »Chicago an der Spree« wurde die Stadt deshalb genannt. 1896 wurde mit dem Bau eines U-Bahn-Netzes begonnen, um die Mobilität der bald über zwei Millionen Einwohner zu verbessern.

Das Leben wurde für alle hektischer und anstrengender. Ein neuer Begriff, Nervosität, kam auf. Es wurde schneller und intensiver gearbeitet. Die Gewinne der Unternehmer stiegen, aber auch die Löhne. Insgesamt nahm der Wohlstand zu, wenngleich Arbeiter, kleine Angestellte und die breite Landbevölkerung sich nach wie vor kaum mehr als das Nötigste leisten konnten und in oft ärmlichen Unterkünften hausten. »Ich führe euch herrlichen Zeiten entgegen«, hatte Wilhelm II.

Seit Mitte der Neunzigerjahre beflügelte ein anhaltender Wirtschaftsboom Deutschlands Aufstieg zu einer der führenden Industrienationen der Welt. Wie etwa in den Werken der »Allgemeinen Elektricitäts-Gesellschaft« (AEG) revolutionierten Strom und Chemie die Produktion und das Leben der Menschen.

seinem Volk großspurig versprochen. Unverkennbar erlebte das Land einen Modernisierungsschub. Aber wer genau hinschaute, erkannte, dass hinter der glänzenden Fassade des Kaiserreichs die sozialen Gegensätze und Spannungen eher zu- als abnahmen, Konflikte zwischen unterschiedlichen Gruppen an Schärfe gewannen. So wie die Parteien im Reichstag nicht zueinanderfanden, weil sie von der Regierungsverantwortung ausgeschlossen waren und deshalb noch nicht gelernt hatten, Kompromisse zu schließen, so betrieben auch schlagkräftige Organisationen wie etwa der »Bund der Landwirte« oder der »Centralverband deutscher Industrieller« eine ausschließlich am eigenen Wohl ausgerichtete Interessenpolitik.

Um ihren Anliegen Gehör zu verschaffen, versuchten diese und andere Verbände im Kaiserreich mit allen Mitteln die öffentliche Meinung zu beeinflussen. Man benötigte die Unterstützung der Massen, ohne die auch im vordemokratischen Deutschland keine Politik mehr gemacht werden konnte – für die SPD und die Zentrumspartei, die in Gegnerschaft zum Bismarckstaat groß geworden waren, keine neue Einsicht. Liberale und Konservative hingegen, die am liebsten wie in einem vornehmen Klub unter sich blieben, mussten erst lernen, dass die Zeiten sich änderten und auch sie auf eine breite Anhängerschaft angewiesen waren.

Populär wollte man sein, Begeisterung wecken für ein macht-

In der Hauptstadt Berlin, dem »Chicago an der Spree«, prallten die sozialen Gegensätze besonders hart aufeinander. Obwohl im Wirtschaftsaufschwung bis 1914 allmählich auch die Löhne stiegen, konnten sich nur die Wohlhabenden am Glanz der Belle Époque, der schönen Epoche, erfreuen. Für die meisten blieb der Alltag ermüdende Plackerei.

volles Deutschland mit großer Flotte und Kolonien. Das sollte für ausbleibende Reformen im Innern entschädigen und die Nation zusammenschweißen. Hurra-Patriotismus ließ die meisten Deutschen vergessen, wie reformbedürftig die Monarchie war. Doch anstatt die wahren Verantwortlichen, den Kaiser und sein Regiment, zur Rechenschaft zu ziehen, suchten vor allem rechtskonservative Kreise die Schuld für Missstände bei anderen: vordergründig zielten die Angriffe auf die angeblich umstürzlerischen Sozialdemokraten, daneben tauchten – wie schon in früheren Zeiten – immer wieder die Juden als Feindbild auf.

»Die Juden sind unser Unglück« – dieser bösartige Ausspruch des bekannten Historikers Heinrich von Treitschke machte die Runde. 1892 legte die Deutsch-Konservative Partei in ihrem neuen Parteiprogramm ein antisemitisches Bekenntnis ab. »Wir bekämpfen«, hieß es da, »den vielfach sich vordrängenden und zersetzenden jüdischen Einfluss auf unser Volksleben.« Noch radikalere Stimmen im konservativen Lager empfahlen schon 1902 die »völlige Absonderung« der Juden und schlossen auch – »wenn die Notwehr es gebietet« – die »Vernichtung des Judenvolkes« nicht aus. Das waren ohne Zweifel extreme Äußerungen Einzelner, die nicht für die Mehrheit sprachen. Aber sie zeigen, dass der gefährliche Antisemitismus keine Erfindung Adolf Hitlers und der Nazis war. Im völkischen Gewand wurde er vielmehr schon im Kaiserreich mit den Jahren salonfähig.

1912 erschien ein Buch, das offenbar zahlreiche Leser fand, denn schon zwei Jahre darauf wurde die fünfte Auflage gedruckt. Der Titel lautete: »Wenn ich der Kaiser wär'«. Sein Autor war Heinrich Claß, Vorsitzender des Alldeutschen Verbandes – der bereits zitierten Organisation, die wie keine zweite im Kaiserreich für extremen Nationalismus, Imperialismus, Demokratiefeindschaft, aber auch Judenhass stand und sich zunehmend radikalisierte. Claß ließ in seiner Hetzschrift keinen Zweifel daran, was er zu tun gedächte: Das allgemeine und gleiche Wahlrecht sollte wieder abgeschafft, Preußens Demokratisierung um jeden Preis verhindert und die Sozialdemokratie mit dem Staatsstreich bedroht werden.

Die größte Gefahr aber, so Claß, drohe von den Juden. Sie würden das öffentliche Leben, die Presse und die Kultur beherrschen. Um ihren angeblich verderblichen Einfluss einzudämmen, sollte Juden die Einwanderung nach Deutschland untersagt werden. Im Reich lebenden Juden wollte Claß das Wahlrecht entziehen und sie unter Fremdenrecht stellen lassen. Außerdem sollten sie doppelt so viele Steuern zahlen und von bestimmten Berufen ausgeschlossen werden. Danach hätten Juden keine Anwälte, Lehrer oder Bankiers mehr sein dürfen. »Niemals in der Geschichte«, versuchte Claß seinen Lesern weiszumachen, »ist ein großes, begabtes, tüchtiges Volk so schnell und widerstandslos unter den Einfluss und die geistige Führung eines fremden Volkes von völlig anderer Veranlagung gekommen wie jetzt das deutsche unter die jüdische.« Claß sehnte sich nach einem »Führer«, der »Deutschland den Deutschen« zurückgeben sollte. »Wenn heute der Führer ersteht, wird er sich wundern, wie viele Getreue er hat – und wie wertvolle, selbstlose Männer sich um ihn scharen.«

Die Hirngespinste dieses verbohrten Nationalisten und Antisemiten stellten die Wirklichkeit auf den Kopf. In Wahrheit waren die von Claß angegriffenen Juden allesamt Deutsche. Viele von ihnen waren angesehene Ärzte, Juristen, Geschäftsleute und Journalisten. Neid auf ihren gesellschaftlichen

Judenhass, keinesfalls eine Erfindung Hitlers oder des 19. Jahrhunderts, fraß sich in tonangebende Kreise der wilhelminischen Gesellschaft. Mit der Lüge vom angeblich beherrschenden Einfluss und zerstörerischen Wirken der Juden in Politik und Wirtschaft bereiteten völkische Antisemiten Hitler den Boden.

Erfolg blieb nicht aus. Keine Rede jedoch konnte von einem beherrschenden Einfluss der Juden sein. Im Laufe des 19. Jahrhunderts hatten sie trotz fortbestehender Anfeindungen um ihre Gleichberechtigung gekämpft und sich große Verdienste beim Aufstieg Deutschlands zu einer der führenden Wirtschafts- und Kulturnationen erworben. Doch das Gift des Antisemitismus ist zu allen Zeiten gegen Tatsachen immun gewesen. Und es vertrug sich im späteren Kaiserreich gut mit dem Virus des Rassismus und Imperialismus.

»Und es mag am deutschen Wesen / Einmal noch die Welt genesen«, hatte der deutsch-national gesinnte Lübecker Schriftsteller Emanuel Geibel 1861 in seinem Gedicht »Deutschlands Beruf« gereimt. Für Wilhelm II. und die Seinen wurde daraus der Schlachtruf »Am deutschen Wesen soll die Welt genesen«. »Nach Osten und Südosten«, predigten die Alldeutschen, »müssen wir Ellenbogenraum gewinnen, um der germanischen Rasse diejenigen Lebensbedingungen zu sichern, deren sie zur vollen Entfaltung ihrer Kräfte bedarf, selbst wenn darüber solch minderwertiges Völklein wie Tschechen, Slowenen und

Slowaken […] ihr für die Zivilisation nutzloses Dasein einbüßen sollten.«

Was war das für ein seltsames Land, das sich über andere Völker so erhob und dessen Bewohner zugleich eine schon komisch anmutende unterwürfige Ehrfurcht vor der Staatsautorität, akademischen Titeln, preußischen Leutnants und einer verknöcherten Adelskaste an den Tag legten. Wo aber auch die Begeisterung für den technischen und ökonomischen Fortschritt kaum Grenzen kannte. Die Deutschen waren in der Regierungszeit Wilhelms II. zu Recht stolz auf ihr wirtschaftlich aufblühendes Land. Es war ihr Verdienst, dass das spät geeinte Reich gegenüber anderen Nationen industriell so aufgeholt hatte und in vielem sehr modern wirkte.

Umso befremdlicher war, dass sich die meisten – anders als etwa in England und Frankreich – nicht als Staatsbürger empfanden, sondern das blieben, was sie im alten Preußen schon immer gewesen waren: Untertanen. Verehrung alles Militärischen, Anbetung der Macht und Duckmäusertum gegenüber jeder Amtsperson entsprangen innerer Unsicherheit und Angst. Spötter wie der Schriftsteller Thomas Mann machten sich über dieses gesellschaftliche Ideal vom »General Dr. von Staat« lustig. Nach außen trat diese Figur aggressiv-hochmütig auf und gefiel sich in nationalistischer Überheblichkeit und polternder Anmaßung.

Kein Autor hat diese Charakterzüge so eindringlich beschrieben wie Thomas Manns Bruder Heinrich in seinem Roman »Der Untertan«, einem Sittenbild des Wilhelminismus. Darin fiebert die Hauptperson, Diederich Hessling, einem öffentlichen Auftritt des Kaisers entgegen. Als er dessen Kutsche sieht, rennt er seinen Hut ziehend und unter vielen Verbeugungen begeistert neben ihr her, stürzt dann aber und landet in einer Pfütze. Woraufhin der Autor den Kaiser belustigt sagen lässt: »Der Mensch war ein Monarchist, ein treuer Untertan!« An einer anderen Stelle sieht Hessling seinen geliebten Wilhelm hoch zu Pferd durchs Brandenburger Tor in Berlin reiten. Außer sich vor Hingabe schildert er seine Eindrücke:

»Auf dem Pferd dort, unter dem Tor der siegreichen Einmärsche, und mit Zügen steinern und blitzend, ritt die Macht! Die

Macht, die über uns hingeht und deren Hufe wir küssen! Die über Hunger, Trotz und Hohn hingeht! Gegen die wir nichts können, weil wir alle sie lieben! Die wir im Blut haben, weil wir die Unterwerfung darin haben!«

Die Zerrissenheit der deutschen Geschichte zeigte sich auch im konfliktreichen Verhältnis der Schriftsteller Heinrich (l.) und Thomas Mann. Zu Demokratie und Republik, den Werten seines älteren Bruders Heinrich, fand der Monarchist Thomas erst allmählich. Dafür zeichnete er später in seinem Werk umso erhellender Deutschlands Weg in den Abgrund nach.

Das ist vor allem gemeint, wenn von der Epoche des Wilhelminismus die Rede ist: Der Untertan verschmolz mit dem Monarchen und der Kaiser verkörperte den Geist seiner Zeit.

»Sprung ins Dunkle« – auf dem Weg zum Krieg

Kaum war 1911 die zweite Marokkokrise beigelegt und ein großer Krieg gerade noch einmal vermieden worden, da sorgte schon ein anderer Unruheherd für neue Aufregung. Besonders brenzlig daran: Er lag in Europa. Seit Jahrzehnten hatte der schleichende Niedergang des Osmanischen Reichs Begehrlichkeiten kleiner und großer Anwärter geweckt, die das Erbe der Türkei auf dem Balkan antreten wollten. Zur Erinnerung: Auf dem Berliner Kongress 1878 hatte Bismarck in dieser Frage zwischen England, Russland und Österreich-Ungarn vermittelt. Die Übereinkunft galt als diplomatisches Glanzstück des Reichsgründers, wobei gerne verdrängt wurde, dass Russland mit dem erreichten Ergebnis keineswegs zufrieden gewesen war. Der Keim für künftige Konflikte war gelegt. Russlands Misstrauen nahm zu, als Österreich-Ungarn 1908 Bosnien und Herzegowina annektierte – Balkan-Provinzen, die es bis dahin nur verwaltet hatte.

Vier Jahre später setzte das von Russland unterstützte Königreich Serbien dazu an, der schwächelnden Türkei weitere Beutestücke zu entreißen. In einem gemeinsamen Feldzug mit Bulgarien, Griechenland und Montenegro drängten die Serben die Türken zurück, doch bereits im Jahr darauf, 1913, führten die Waffenbrüder um die Verteilung ihrer Eroberungen untereinander Krieg. Am Ende konnte sich Serbien als Sieger sehen, denn es vergrößerte sein Staatsgebiet um fast die Hälfte. Der Aufstieg Serbiens zu einer regionalen Macht rief Österreich-Ungarn auf den Plan, das eine weitere Ausdehnung seines südlichen Nachbarn um jeden Preis verhindern wollte. Um seinen eigenen Einfluss ins Spiel zu bringen, stachelte dagegen Russland das Königreich auf, den slawischen Brüdern in Bosnien und der Herzegowina beim Befreiungskampf gegen die österreichisch-ungarische Fremdherrschaft beizustehen.

»Der kochende Kessel« – so sah der »Punch« die Situation in Europa bereits 1908, als sich Österreich-Ungarn die ehemals türkischen Provinzen Bosnien und Herzegowina, die es bisher nur verwaltet hatte, ganz aneignete.

Eine hochexplosive Situation war entstanden, bei der ein Funke genügte, um das Pulverfass in die Luft fliegen zu lassen. Mit einem Schlag war klar, dass sich ein Zusammenstoß anbahnte, der sich kaum regional begrenzen lassen würde, sondern sämtliche europäischen Großmächte in einen Krieg verwickeln konnte. Österreich-Ungarn sah seine Existenz bedroht, da immer mehr Völker in der Doppelmonarchie aufbegehrten und nach nationaler Selbstbestimmung streben – vorderhand auf dem Balkan. Das Ende des Donaureiches aber hätte Deutschland seines einzigen Verbündeten von Gewicht beraubt. Nun rächte es sich, dass das Deutsche Reich seit Bismarcks Abgang versäumt hatte, seine gefährdete Stellung in der Mitte Europas durch eine zurückhaltende und weitsichtige Außenpolitik abzusichern. Ohne Not hatten die Verantwortlichen eine Lage heraufbeschworen, in der es zur vollen Rückendeckung für Wien keine Alternative mehr zu geben schien. Sollte aber Krieg zwischen Österreich-Ungarn und dem Zarenreich ausbrechen, war ein Eingreifen Frankreichs und Großbritanniens an der Seite ihres Partners Russland so gut wie gewiss. Die Weichen waren gestellt.

Angesichts des scheinbar unausweichlichen Konflikts begann der deutsche Generalstab darauf zu drängen, den Krieg selbst zu beginnen, um den Gegnern zuvorzukommen, also einen Präventivkrieg zu führen. Bei einer Konferenz am 8. Dezember 1912, auf dem Höhepunkt der Balkankrise, gab der Generalstabschef Helmuth von Moltke, Neffe des siegreichen Feldherrn Wilhelms I., im Beisein des Kaisers zu Protokoll: »Ich halte einen Krieg für unvermeidlich und: je eher, desto besser.« Auffällig war, dass Kanzler Bethmann Hollweg bei dieser Besprechung nicht zugegen war und Wilhelm II. ausschließlich hohe Militärs eingeladen hatte. Wer hatte die Zügel in der Hand, die politische oder die militärische Führung? Der Kaiser selbst erging sich in düsteren Andeutungen eines »früher oder später unausbleiblichen Kampfes zwischen Slawentum und Germanentum«. Unmittelbare Folge der drohenden Kriegsgefahr war, dass alle europäischen Mächte ihre ohnehin schon gewaltigen Rüstungsanstrengungen noch einmal steigerten, was die Spannungen erhöhte.

Nun schwenkte auch der eher besonnene Reichskanzler auf die Linie derer ein, die einen Krieg für unvermeidlich hielten. Gegenüber dem französischen Botschafter Jules Cambon untermauerte Bethmann Hollweg im Januar 1914 Deutschlands Anspruch auf Weltgeltung: »Deutschland sieht [...] seine Bevölkerung jeden Tag wachsen ohne Maßen; seine Marine, seine Industrie, sein Handel nehmen eine Entwicklung ohne Parallele [...] es ist verdammt dazu, sich in irgendeiner Weise nach außen auszudehnen.« Anders als Frankreich mit seinen zahlreichen Kolonien stehe Deutschland immer noch im Schatten, habe keinen »Platz an der Sonne«, der ihm doch gebühre. Einige Monate später zeigte sich Generalstabschef Moltke alarmiert über die Entwicklung der internationalen Kräfteverhältnisse und versuchte abermals, einen Präventivkrieg zu rechtfertigen. »In 2–3 Jahren würde Russland seine Rüstungen beendet haben«, setzte Moltke den Chef des Auswärtigen Amtes, Gottlieb von Jagow, unter Druck, der die Unterredung niederschrieb. »Die militärische Übermacht unserer Feinde wäre dann so groß, dass er nicht wüsste, wie wir ihrer Herr werden könnten. Jetzt wären wir ihnen noch einigermaßen gewachsen.«

Das war die Ausgangslage, als am 28. Juni 1914 der österreichische Thronfolger Erzherzog Franz Ferdinand und seine Frau in Sarajevo von bosnischen Nationalisten ermordet wurden. Die Welt hielt den Atem an, denn in den folgenden

Wochen sollte sich entscheiden, ob der lang erwartete Krieg nun ausbrechen würde. Für die Doppelmonarchie stand von vornherein fest, dass serbische Kreise hinter dem Attentat steckten. Wien sah die »Stunde zur Lösung der serbischen Frage« gekommen, erkannte sogleich der deutsche Gesandte in Wien, Heinrich von Tschirschky. Für eine militärische Aktion benötigte man aber die Unterstützung des deutschen Verbündeten. In Berlin waren die Verantwortlichen entschlossen, Österreich-Ungarn freie Hand zu lassen. Die Gelegenheit schien günstig, Russlands Kriegsbereitschaft auf die Probe zu stellen. Würde das Zarenreich im Fall eines Angriffs auf Serbien seinem Bündnispartner zu Hilfe eilen?

Die Schüsse, die den Ersten Weltkrieg auslösten: das Attentat auf den österreichischen Thronfolger Erzherzog Franz Ferdinand und seine Frau am 28. Juni 1914 in Sarajevo.

Die deutsche Regierung drängte in Wien auf rasches Handeln, wohl noch in der schwachen und unbegründeten Hoffnung, so den Konflikt regional begrenzen zu können. »Mit den Serben muss aufgeräumt werden, und zwar bald«, polterte der Kaiser. »Jetzt oder nie!« Zwar wollten weder Wilhelm II. noch seine nächste Umgebung einen großen Krieg um jeden Preis, aber die Reichsspitze nahm ihn in Kauf und entschied sich für einen äußerst riskanten Kurs, bei dem sich alle Beteiligten gründlich verrechneten. Kanzler Bethmann Hollweg ahnte das Unheil schon, als er seinem engen Vertrauten Kurt Riezler am 6. Juli offenbarte: »Eine Aktion gegen Serbien kann zum Weltkrieg führen.«

Ein Ultimatum Wiens mit weitreichenden Forderungen beantwortete Serbien am 25. Juli so entgegenkommend, dass es einen Moment schien, als könne der Konflikt friedlich beigelegt werden. Doch Österreich-Ungarn gab sich damit nicht zufrieden. Es sah sich für ein militärisches Vorgehen von Deutschland bestärkt und erklärte am 28. Juli Serbien den Krieg. Alles Weitere war nur noch eine Frage von Tagen. Wie in einer Kettenreaktion erfolgten nun Mobilmachungen und Kriegserklärungen der europäischen Mächte. Russland rief seine Truppen zuerst zu den Fahnen, daraufhin erklärte Deutschland dem Zarenreich am 1. August 1914 den Krieg, zwei Tage später kam die deutsche Kriegserklärung an Frankreich. Und wie reagierte England?

Auf britische Vermittlungsbemühungen war Berlin nicht ernsthaft eingegangen. Alle Versuche, das deutsch-englische Verhältnis zu entspannen und London von Paris zu trennen, waren zuvor gescheitert. Erschwerend kam hinzu, dass die deutsche militärische Planung die rasche Niederwerfung Frankreichs vorsah, um anschließend alle Kräfte nach Osten gegen Russland werfen zu können. Für das Gelingen der schnellen Offensive im Westen war man bereit, die Neutralität Belgiens zu missachten – eine Einladung an Großbritannien zum Kriegseintritt, der am 4. August erfolgte, nachdem deutsche Truppen die belgische Grenze überschritten hatten.

Die Rechnung der politischen und militärischen Führung in Berlin, einen Prestige- und Machtgewinn durch eine aggressive Politik hart am Rand des Krieges zu erzielen, war diesmal nicht aufgegangen. Allerdings konnte die Regierung in der Öffentlichkeit den trügerischen Eindruck erwecken, dass Deutschland angegriffen worden sei. Dass es sich dabei um ein Täuschungsmanöver handelte, verschwieg Bethmann Hollweg jedenfalls dem Kaiser keineswegs. »Russland aber muss rücksichtslos unter allen Umständen ins Unrecht gesetzt werden«, telegrafierte er seinem obersten Kriegsherrn am 26. Juli. »Stimmung glänzend«, frohlockte ein Admiral der kaiserlichen Marine sechs Tage später. »Die Regierung hat eine glückliche Hand gehabt, uns als die Angegriffenen hinzustellen.« Der Preis für dieses verantwortungslose Spiel war hoch und kostete Millionen Menschen das Leben. Es war ein »Sprung ins Dunkle« (Bethmann Hollweg), der den Ersten Weltkrieg auslöste.

IV. Der Erste Weltkrieg – die »Urkatastrophe« des 20. Jahrhunderts

Augusterlebnis und Ernüchterung

Der österreichische Schriftsteller Stefan Zweig, eigentlich ein Pazifist, erinnerte sich viele Jahre nach dem Ersten Weltkrieg an seine Wiener Tage im August 1914:

»In jeder Station klebten die Anschläge, welche die allgemeine Mobilisation angekündigt hatten. Die Züge füllten sich mit frisch eingerückten Rekruten, Fahnen wehten, Musik dröhnte, in Wien fand ich die ganze Stadt in einem Taumel [...] Aufzüge formten sich in den Straßen, plötzlich loderten überall Fahnen, Bänder und Musik, die jungen Rekruten marschierten im Triumph dahin, und ihre Gesichter waren hell, weil man ihnen zujubelte, ihnen, den kleinen Menschen des Alltags, die sonst niemand beachtet und gefeiert. Um der Wahrheit die Ehre zu geben, muss ich bekennen, dass in diesem ersten Aufbruch der Massen etwas Großartiges, Hinreißendes und sogar Verführerisches lag, dem man sich schwer entziehen konnte. Und trotz allem Hass und Abscheu gegen den Krieg möchte ich die Erinnerung an diese ersten Tage in meinem Leben nicht missen. Wie nie fühlten [...] Tausende und Hunderttausende Menschen, was sie besser im Frieden hätten fühlen sollen: dass sie zusammengehörten.«

Szenen wie die in Wien spielten sich im August 1914 in allen europäischen Hauptstädten ab. Riesige Menschenmengen versammelten sich und begrüßten begeistert den Kriegsausbruch. Tausende meldeten sich freiwillig zu den Fahnen und zogen in die Schlacht, als wäre alles nur ein großes Abenteuer. Friedensmüde waren die Nationen geworden, der Krieg, so glaubten viele, werde sie aus der Langeweile des bürgerlichen Alltagslebens herausreißen. Überdruss an der alten Ordnung mischte sich auf allen Seiten mit dem Empfinden, einen Verteidigungskrieg zu führen. Man wollte die lästigen Zwänge der modernen Gesellschaft abstreifen und suchte nach einem neuen Sinn für die eigene Existenz. In der Gemeinschaft aufzugehen und sich für sie zu opfern, erschien als Befreiung.

Thomas Mann, der sich mit den Jahren vom romantischen Monarchisten zum Republikaner und Demokraten wandeln sollte, jubelte damals: »Wie hätte der Künstler nicht Gott loben sollen für den Zusammenbruch einer Friedenswelt, die er so satt, so überaus satt hatte! – Krieg! Es war Reinigung, Befreiung, was wir empfanden, und eine ungeheure Hoffnung.« In einem Roman über die Kriegsjahre ließ der Verfasser Ernst Gläser seinen Helden ausrufen, »endlich habe das Leben wieder einen idealen Sinn« gehabt. »Die großen Tugenden der Menschheit […] Treue, Vaterlandsliebe, Todesbereitschaft für eine Idee triumphierten jetzt über den Händler- und Krämergeist.«

Aber ganz so einhellig war die Begeisterung gar nicht. Während sich große Teile des gebildeten Bürgertums ungebremst dem nationalen Kriegstaumel hingaben, sah das Bild in der Arbeiterschaft und auf dem Land oft ganz anders aus. Angst und Sorge erfüllten die Menschen. »Ein jähes Entsetzen lähmte minutenlang die Menschen«, beobachtete ein Augenzeuge, als in einem Dorf die Mobilmachung bekannt gegeben wurde. Hamburger Polizeispitzel belauschten Gespräche in Arbeiterkneipen und notierten: »Was geht uns das an, wenn der österreichische Thronfolger ermordet worden ist? Dafür sollen wir unser Leben lassen?« Wenn die Soldaten an die Front verabschiedet wurden, spielte sich das oft so ab: »Mütter, Frauen und Bräute und die übrigen Angehörigen bringen die jungen Männer zum Zug und weinen. Alle haben das Gefühl: es geht direkt zur Schlachtbank.«

Noch Ende Juli 1914 hatten die deutschen Sozialdemokraten zu Friedensdemonstrationen aufgerufen und das »verbrecherische Treiben der Kriegshetzer« angeprangert. Jahrelang waren sie Seite an Seite mit ihren europäischen Bruderparteien in der »Sozialistischen Internationale« gegen den Imperialismus und für die »internationale Völkerverbrüderung« eingetreten. Nun jedoch, »in der Stunde der Gefahr«, wollte die SPD das »eigene Vaterland nicht im Stich« lassen. Man sah im zaristischen Russland, dem Hort von Unfreiheit und Unterdrückung, den Angreifer und befürchtete zudem neue Verfolgungen, falls die Partei im Krieg abseits stehen würde. »Ich kenne keine Parteien mehr; ich kenne nur noch Deutsche«, rief Kaiser Wilhelm II. die »vaterlandslosen Gesellen« zu einem »Burgfrieden« auf. Und was kurze Zeit zuvor noch kaum jemand für möglich gehalten hätte, geschah: Die Sozialdemokraten folgten dem Lockruf und stimmten am 4. August 1914 im Reichstag den von der Regierung verlangten Kriegskrediten zu.

»Nicht für oder gegen den Krieg haben wir heute zu entscheiden«, erklärte der Fraktionsvorsitzende Hugo Haase während dieser historischen Sitzung der deutschen Volksvertretung, »sondern über die Frage der für die Verteidigung des Landes erforderlichen Mittel.« Es gelte die Gefahr des »russischen Despotismus« (Gewaltherrschaft) abzuwenden. Wenn die Gegner bereit seien, müsse ein Frieden geschlossen werden, »der die Freundschaft mit den Nachbarvölkern ermöglicht«. Beim anschließenden Hoch auf »Kaiser, Volk und Vaterland« erhoben sich auch die SPD-Abgeordneten von ihren Sitzen.

Während die Sozialdemokraten im Glauben eines Abwehrkampfes wenigstens noch an Frieden dachten, nahmen bereits ganz andere Pläne Gestalt an. Deren Urheber deuteten den Krieg als die große Auseinandersetzung zwischen dem monarchischen Deutschland und den westlichen Demokratien, die

Ungeteilt war die in Europas Hauptstädten im August 1914 aufflammende Kriegsbegeisterung keineswegs. Doch wie diese deutschen Soldaten auf dem Weg zur Westfront, glaubten alle an den Sieg und die meisten an einen kurzen Waffengang – ein folgenschwerer Irrtum.

für Liberalismus, Parlamentarismus und die allgemeinen Menschenrechte der Französischen Revolution von 1789 standen. Diesen Werten stellte man die »Ideen von 1914« entgegen, für die Deutschland streiten sollte: ein starker Staat über den Parteien, die Gemeinschaft des Volkes, Pflicht und Ordnung. »Ich will die Monarchie«, schrieb Thomas Mann und schwärmte von deutscher Kultur, deren Tiefe in der Musik, Dichtung und Philosophie zum Ausdruck komme und deshalb der flachen und verkommenen westlichen Zivilisation überlegen sei.

Zum weltanschaulichen Sendungsbewusstsein kamen weitreichende Kriegsziele. Einflussreiche Wirtschaftsorganisationen, nationale Verbände und hoch stehende Persönlichkeiten des öffentlichen Lebens, die alle auf einen Sieg Deutschlands setzten, forderten umfangreiche Gebietsabtretungen der Feindmächte zugunsten des Reichs, die in der Summe dessen Vorherrschaft über den europäischen Kontinent besiegelt hätten. So sollte im Westen Frankreich etwa das Erzbecken von Longwy-Briey abtreten, ein wichtiges Industriegebiet in der Grenzregion Lothringen, Luxemburg sollte Deutschland zugeschlagen und aus Belgien ein vom Reich abhängiger Staat (»Vasallenstaat«) werden. Und auch im Osten, gegenüber Russland, wurden Kriegsziele ins Auge gefasst, die auf nicht weniger als die Errichtung einer deutschen Vormachtstellung hinausliefen. Dabei war auch an großräumige Umsiedlungen fremder Bevölkerungsteile im Baltikum, in Russisch-Polen sowie Weißrussland gedacht, um gewaltsam Platz für Deutsche zu schaffen. Ein gebührendes Kolonialreich sollte die imperialistische Ausdehnung abrunden. Im Ergebnis kam diese Fortführung wilhelminischer Weltpolitik mit kriegerischen Mitteln einem »Griff nach der Weltmacht« gleich – so der Titel eines Buches, des Historikers Fritz Fischer, das 1961 erschien und heftige Diskussionen auslöste. Als man 2014 des Kriegsanfangs 1914 gedachte, kam es zu einer erneuten Debatte um die Kriegsschuldfrage, die insbesonder das »Die Schlafwandler« betitelte Buch des britischen Historikers Christopher Clark auslöste. Gründe, die Darstellung des Ersten Weltkriegs im vorliegenden Buch zu ändern, lieferte diese Debatte keine; in einem kurzen Text zu Clarks Buch im Literaturverzeichnis findet sich die Erklärung, weshalb nicht.

Während offiziell behauptet wurde, Deutschland sei angegriffen worden und führe einen Verteidigungskrieg, beschrieb Kanzler Bethmann Hollweg die Kriegsziele des Reichs bereits im September 1914 so: »Sicherung des Deutschen Reiches nach West und Ost auf erdenkliche Zeit. Zu diesem Zweck muss Frankreich so geschwächt werden, dass es als Großmacht nicht neu erstehen kann, Russland von der deutschen Grenze nach Möglichkeit abgedrängt und seine Herrschaft über die nichtrussischen Vasallenvölker gebrochen werden.«

Doch von einer Überlegenheit, die solche Pläne hätte Wirklichkeit werden lassen, war Deutschland weit entfernt. Frohgemut gab man sich zunächst der Erwartung hin, der Krieg werde nur von kurzer Dauer, der Sieg rasch errungen sein. »Krieg ist wie Weihnachten«, freute sich ein junger Leutnant noch zu Beginn des Völkerschlachtens. Dass dies eine folgenschwere Fehleinschätzung war, zeigte sich schon bald. Denn die Ausgangslage war für Deutschland alles andere als günstig. Den 3,8 Millionen Soldaten Deutschlands und Österreich-Ungarns standen auf Seiten der alliierten (verbündeten) Entente-Mächte 5,8 Millionen gegenüber. Außerdem drohten durch die alsbald verhängte britische Seeblockade in der Nordsee Nachschubprobleme bei wichtigen Rohstoffen und Versorgungsgütern, während England seine kolonialen Reserven nutzen konnte.

Als ausschlaggebend indes erwies sich, dass Deutschland an zwei Fronten zu kämpfen hatte. Nur wenn es gelang, Frankreich rasch niederzuwerfen, konnten die im Osten gegen Russland erforderlichen Kräfte von der Westfront abgezogen werden. So sah es der Plan des Grafen von Schlieffen vor, der bis 1906 Chef des Generalstabs gewesen war. Das überaus riskante Spiel ging nicht auf. Zwar drangen die deutschen Verbände über Belgien zunächst weit nach Frankreich vor, aber durch hartnäckigen englischen und französischen Widerstand in der Schlacht an der Marne kam der Vormarsch schon im September zum Erliegen.

Schlacht folgte auf Schlacht, ohne dass eine der beiden Seiten nennenswerte Vorteile daraus ziehen konnte. Die Kriegsgegner hatten sich festgerannt und lagen sich nun in Schützengräben auf einer Frontlänge von 800 Kilometern zwischen der belgischen Kanalküste und der Schweizer Grenze gegenüber. Ein jahrelanger Stellungskrieg entbrannte, der, mit Maschinengewehren und Giftgas geführt, nie gekannte Grausamkeit erreichte. Der Massentod in den Materialschlachten an der Westfront hatte mit den romantischen Vorstellungen eines heldenhaften Kampfes Mann gegen Mann nichts gemein. Allein in den monatelangen Schlachten bei Verdun und an der Somme ließen Hunderttausende französische und deutsche Soldaten ihr Leben.

Ernüchterung machte sich breit. Bereits im November 1914 schrieb ein deutscher Soldat nach Hause:

»Ihr in der Heimat könnt Euch nicht die geringste Vorstellung davon machen, was es für uns bedeutet, wenn in der Zeitung schlicht und einfach zu lesen ist: ›In Flandern fanden heute wieder nur Artilleriekämpfe statt!‹ Tausendmal lieber vorgehen in verwegenem Angriff, koste es, was es wolle, als das tagelange Ausharren im Granatfeuer, wo man immer nur wartet, ob denn die nicht kommt, die einen verstümmelt oder zer-

Schlachtfeld an der Westfront bei Armentières. Der jahrelange blutige Stellungskrieg zermürbte die Soldaten auf deutscher und alliierter Seite.

schmettert. Rechts von mir stöhnt seit drei Stunden im Unterstand ein Unteroffizier, dem eine Granate beide Beine und einen Arm zerschmetterte.«

Zwar verlief die Entwicklung für die Deutschen im Osten anfangs durchaus günstiger. Dort war es den Feldherren Paul von Hindenburg und Erich Ludendorff gelungen, die Russen bei Tannenberg und an den Masurischen Seen zu schlagen und so aus Ostpreußen hinauszudrängen. Das machte die beiden militärischen Führer in den Augen der Heimat zu unbesiegbaren Helden, konnte aber nicht darüber hinwegtäuschen, dass die Lage insgesamt äußerst kritisch war und blieb. Denn Österreich-Ungarn war durch russische Offensiven bereits so geschwächt worden, dass es als Verbündeter stark an Wert eingebüßt hatte.

Vier Monate nach Kriegsbeginn glaubte Generalstabschef Erich von Falkenhayn, der seinen Vorgänger Moltke nach dem glücklosen Ausgang der Marneschlacht abgelöst hatte, nicht mehr an einen deutschen Sieg. Gegenüber Bethmann Hollweg bezeichnete er das deutsche Heer als »ein zerbrochenes Instrument« und drängte den Kanzler, Friedensverhandlungen mit Russland aufzunehmen. So stand es, doch es sollte noch weitere vier Jahre dauern, bis das sinnlose Sterben durch den Zusammenbruch der Hohenzollern-Monarchie beendet wurde.

Das Ende des Kaiserreichs – Kriegsniederlage und Novemberrevolution

Zwischen Siegfrieden und Zusammenbruch

Der innere »Burgfriede«, den Wilhelm II. zu Beginn des Krieges beschworen hatte, war nicht von Dauer. Je aussichtsloser sich das mörderische Ringen hinzog, desto mehr nahm der Unmut in der Bevölkerung zu. Arbeiter, Angestellte und Beamte, aber auch der Mittelstand spürten am eigenen Leib, wie sich der Alltag von Jahr zu Jahr verschlechterte. Lebensmittelknappheit, steigende Preise, sinkende Kaufkraft und ein schwunghafter Schwarzmarkthandel brachten Not und sozialen Abstieg. »Wir haben eine seltsame Woche durchgestanden – die schlimmste Woche, die das deutsche Volk bis jetzt erleben musste«, notierte eine Australierin, die den Krieg in Leipzig erlebte, im Dezember 1917. »Keine Kohle, das elektrische Licht abgestellt, Gas heruntergedreht [...] und praktisch nichts zu essen.« Sie wunderte sich: »Jedes andere Volk dieser Erde würde sich gegen eine Regierung erheben, die es in solches Elend geführt hat, aber diese Leute haben keinen Funken Unternehmensgeist mehr.«

War es wirklich so? Nicht ganz. Der verordnete »Burgfriede« zeigte längst Risse und zerbröselte, je länger sich der Krieg hinzog. Zumal als klar wurde, dass maßgebliche Kräfte aus Politik, Wirtschaft und Militär ungeachtet des tatsächlichen Kriegsverlaufs immer weitergehende Annexionsforderungen stellten und auch keineswegs gewillt waren, Macht ans Parlament abzugeben. Die SPD hatte sich ja von ihrer Zustimmung zu den Kriegskrediten innenpolitische Zugeständnisse erhofft, wie etwa eine Demokratisierung des preußischen Dreiklassen-Wahlrechts. Doch solche Hoffnungen zerstoben bald. Ende 1915 bekräftigte der preußische Innenminister Friedrich Wilhelm von Loebell, wo im monarchischen Obrigkeitsstaat die Grenze für Veränderungen lag. »Der Weg der Regierung«, so von Loebell, »endet da, wo die Demokratie den ihren eigentlich anzufangen wünscht: vor den Verfassungsfragen, vor der Verteilung der innenpolitischen Macht zwischen Regierung und Volksvertretung.«

Die Enttäuschung über ausbleibende Reformen und der Fortgang des Krieges führten zur Spaltung der SPD. Radikale Kriegsgegner um Karl Liebknecht, Sohn des Parteigründers Wilhelm Liebknecht, und der in Polen geborenen Sozialistin Rosa Luxemburg gründeten 1916 die »Spartakusgruppe« – der Name erinnerte an den Anführer eines Sklavenaufstands im alten Rom. Ein Jahr später schlossen sie sich der »Unabhängigen Sozialdemokratischen Partei Deutschlands« (USPD) an, die sich von den Mehrheitssozialdemokraten (SPD) abspaltete und dem wachsenden Protest der Arbeiter gegen das Kriegselend und den »Burgfrieden« eine Oppositionsstimme gab.

Im selben Jahr gelang es dem Zentrumspolitiker Matthias Erzberger, im Reichstag eine parteienübergreifende Mehrheit für einen Friedensaufruf zu organisieren. Zwar blieben die innenpolitischen Fragen zwischen den Abgeordneten des Zentrums, der SPD und der linksliberalen Fortschrittlichen Volkspartei strittig. Aber immerhin zeichnete sich mit dieser gemeinsamen Entschließung zum ersten Mal die Möglichkeit einer künftigen parlamentarischen Regierungsmehrheit ab. »Der Reichstag erstrebt einen Frieden der Verständigung und der dauernden Versöhnung der Völker«, hieß es in der Friedensresolution vom 19. Juni 1917, und zwar ohne »erzwungene Gebietserwerbungen«.

Die Anhänger der Monarchie und die militärische Führung zeigten sich über diese Entwicklung höchst alarmiert. In der Obersten Heeresleitung (OHL) gab inzwischen das Feldherrenpaar Paul von Hindenburg und Erich Ludendorff den Ton an. Beide waren kaisertreu bis auf die Knochen. Seit ihren militärischen Erfolgen an der Ostfront wurden sie im Volk wie Helden aus der germanischen Sagenwelt verherrlicht. Reichskanzler Bethmann Hollweg war Hindenburg und Ludendorff ein Dorn im Auge, weil er ihnen innen- und außenpolitisch zu kompromissbereit und damit schwach erschien. Erfolgreich betrieben sie 1917 seinen Sturz. Danach hielten die beiden Feldherren bis zum Kriegsende alle Fäden in ihren Händen und regierten Deutschland praktisch wie einen Militärstaat, in dem der Kaiser immer weniger zu sagen hatte.

Bethmann Hollweg hatte dem Druck der OHL widerstrebt, den uneingeschränkten U-Boot-Krieg gegen feindliche Kriegs-, aber auch Handelsschiffe wieder aufzunehmen. Denn das verstieß gegen geltendes Völkerrecht und hatte bereits internationale Proteste ausgelöst. Sollte Deutschland erneut zu diesem Mittel greifen, befürchtete der Kanzler das Schlimmste: den Kriegseintritt der Vereinigten Staaten von Amerika, die ihre eigene Flotte bedroht sahen. Und so kam es. Die OHL setzte sich durch, und am 6. April 1917 erklärten die USA dem Deutschen Reich den Krieg.

Damit war – aufgrund der erdrückenden Überlegenheit der Alliierten an Soldaten und Material – die Niederlage der Mittelmächte unabwendbar. Noch einmal keimte Hoffnung auf, als einige Monate später, im November 1917, eine Gruppe entschlossener sozialistischer Revolutionäre um ihren Führer Wladimir Iljitsch Uljanow, genannt Lenin, die Macht in Russland an sich riss und sogleich Friedensfühler nach Deutschland ausstreckte. Lenin war mit Hilfe deutscher militärischer Stellen aus seiner Zuflucht in der Schweiz nach St. Petersburg gekommen. Vom revolutionären Wirken des wortgewaltigen Anwalts der Arbeiter und Bauern seines Landes erhoffte man sich eine weitere Schwächung des schon angeschlagenen Zarenreichs.

Mit Hilfe der deutschen Militärführung gelangte Lenin (M.) 1917 aus seinem Schweizer Exil nach St. Petersburg. In der sogenannten Oktoberrevolution (nach deutschem Kalender im November) eroberte er mit seinen Anhängern kurz darauf die politische Macht in Russland – ein geschichtliches Ereignis, das die Welt erschüttern sollte.

Im kriegsmüden und hungernden Russland fiel Lenins Partei, den Bolschewiki, der Sieg während der Oktoberrevolution praktisch in den Schoß. Während die neuen Machthaber einerseits Frieden zwischen den Völkern predigten, riefen sie andererseits die Arbeiter aller Länder zur sozialistischen Weltrevolution gegen Imperialismus und Kapitalismus auf. Letzteres schmeckte den Verteidigern der alten Ordnung in Deutschland zwar ganz und gar nicht, aber Lenins Verhandlungsbereitschaft erschien überaus verlockend. Tatsächlich trotzte das Deutsche Reich Russland im Vertrag von Brest-Litowsk (März 1918) so umfangreiche Gebiete ab, dass zumindest im Osten vorübergehend Gestalt annahm, was der Wunsch so vieler war: die deutsche Vorherrschaft in Europa.

Doch der Schein trog. Der Diktatfriede von Brest-Litowsk brachte die Kriegswende nicht. Eine letzte verzweifelte Offensive des deutschen Heeres an der Westfront, die im Frühjahr 1918 begann, zerbrach an der vereinten Übermacht der amerikanischen und englischen Truppen, die nun mit Panzerverbänden das Feld aufrollten. Dass das Ende nahte, dämmerte mittlerweile auch Hindenburg und Ludendorff. Was sie bislang strikt abgelehnt hatten, sollte jetzt so schnell wie möglich in die Wege geleitet werden: Friedensverhandlungen mit den Westmächten. Um nicht selbst die Verantwortung für den verlorenen Krieg übernehmen zu müssen, drängte Ludendorff auf die Bildung einer parlamentarisch getragenen Regierung. Sie sollte die Verhandlungen führen und ihr wollte der gescheiterte Feldherr zugleich die Schuld an Deutschlands Niederlage zuschieben. Er habe den Kaiser ersucht, unterrichtete er am 1. Oktober 1918 hohe Offiziere, »jetzt auch diejenigen Kreise an die Regierung zu bringen, denen wir es in der Hauptsache zu danken haben, dass wir so weit gekommen sind. Wir werden also diese Herren jetzt in die Ministerien einziehen sehen. Die sollen nun den Frieden schließen, der jetzt geschlossen werden muss. Sie sollen die Suppe jetzt essen, die sie uns eingebrockt haben.«

Diese Verdrehung der Wahrheit legte den Keim für die sogenannte Dolchstoßlegende, jene Gewohnheitslüge, die von konservativen und rechtsradikalen Kreisen fortan hasserfüllt verbreitet wurde. Danach war die Heimat, vor allem Sozialdemokraten, Juden und Pazifisten, dem angeblich im Felde unbesiegten deutschen Heer in den Rücken gefallen. Dass die Niederlage und der sich abzeichnende Zusammenbruch des kaiserlichen Deutschland in Wirklichkeit das Werk der politischen und militärischen Reichsführung war, blieb im Volk freilich nicht verborgen. Bereits im April 1917 hatten aufgebrachte Arbeiter erste Massenstreiks in Berlin und Leipzig organisiert. Anfang 1918 flammte die Bewegung wieder auf. Hunderttausende gingen in deutschen Großstädten gegen den Krieg und die wachsende soziale Not auf die Straße. Das Beispiel der Bolschewiki machte Schule, die Sehnsucht nach Brot und Frieden wurde zur zündenden Parole.

November 1918 – eine deutsche Revolution

Es roch nach Aufruhr und Umsturz in Deutschland. Am 28. Oktober 1918 wurde das Kaiserreich durch eine Verfassungsänderung zu einer parlamentarischen Monarchie. Fortan war der Kanzler, seit Anfang des Monats war das Prinz Max von Baden, vom Vertrauen des Reichstags abhängig. Er zog zugleich alle kaiserlichen Vollmachten an sich, einschließlich der militärischen Kommandogewalt. Über Krieg und Frieden konnte ohne Zustimmung der Volksvertretung nicht mehr befunden werden. Es war seltsam. Dieser späte Sieg des Parlamentarismus, 47 Jahre nachdem Bismarck den Deutschen die Einheit ohne wirkliche Freiheit gebracht hatte, beflügelte kaum einen. Er war die Frucht der militärischen Niederlage und auf Geheiß Ludendorffs praktisch von oben angeordnet worden.

Der Krieg war verloren, doch einige Unbelehrbare planten

ein letztes Gefecht für Kaiser und Vaterland. Einen Tag vor den Verfassungsreformen, am 27. Oktober, meuterten die Matrosen auf dem Kreuzer »Straßburg« in Wilhelmshaven. Sie hatten Wind davon bekommen, dass die deutsche Marineleitung die Hochseeflotte gegen die englischen Seestreitkräfte in die Schlacht schicken wollte, obwohl das den sicheren Untergang bedeutet hätte. Lieber wollten die verantwortlichen Admirale Matrosenleben opfern als auf die Waffenstillstandsbedingungen des amerikanischen Präsidenten Woodrow Wilson eingehen: Abdankung der Monarchie und Friedensverhandlungen oder bedingungslose Kapitulation.

Für Volk und Vaterland wollte zuletzt niemand mehr sterben. Mit der Meuterei der Matrosen in Wilhelmshaven begann 1918 die Novemberrevolution in Deutschland.

Doch für die Matrosen stand fest: »Totschießen lassen wir uns nicht mehr die letzten Tage.« Der Funke des Aufruhrs sprang auf andere Schiffe und Städte über. Innerhalb weniger Tage erfasste die Erhebung ganz Norddeutschland und breitete sich weiter aus. Jetzt beteiligten sich nicht mehr nur Seeleute, sondern auch immer mehr Arbeiter und Soldaten an dem Aufstand. Sie gründeten Räte und riefen zu Protestdemonstrationen auf. Der ganze Zorn auf die kaiserlichen Obrigkeiten entlud sich. »Jahrelang aufgehäuftes Unrecht hat sich zu gefährlichem Sprengstoff verwandelt und detoniert schon hier und dort mit heftiger Gewalt«, notierte der Matrose Richard Stumpf in seinem Tagebuch. »O Jammer, weshalb mussten wir so schuftige gewissenlose Offiziere haben, die uns alle Liebe zum Vaterland, die Freude am deutschen

Wesen, den Stolz auf unsere vorbildlichen Einrichtungen genommen haben!«

Obwohl nur vereinzelt radikale politische Forderungen laut wurden, saß den Regierenden die Angst vor der bolschewistischen Revolution im Nacken. Seit ein paar Wochen waren auch einige Vertreter der SPD an der Macht im Reich beteiligt, so wie es Ludendorff gewollt hatte. Aller Augen richteten sich nun auf die Mehrheitssozialdemokraten. Eben noch als »vaterlandslose Gesellen« beschimpft, trauten die alten Führungsschichten des Kaiserreichs am ehesten der SPD zu, die revolutionäre Welle in ruhige Bahnen zu lenken.

Und die Sozialdemokraten unternahmen alles, um dieser Erwartung gerecht zu werden. Trotz ihrer scharfen Kritik an den vordemokratischen Verhältnissen in Deutschland waren sie über die Jahre in die alte politische Ordnung hineingewachsen. Nichts lag ihnen ferner als der soziale Umsturz, zumal sie das russische Beispiel der blutigen Oktoberrevolution abschreckte. »Diktatur des Proletariats« nach sowjetischem Vorbild? Das kam für Friedrich Ebert, den Parteivorsitzenden der Mehrheitssozialdemokraten, überhaupt nicht in Frage. Am liebsten hätten er und die meisten seiner Genossen sogar die Monarchie erhalten. Doch deren Untergang war nicht mehr aufzuhalten.

Am 9. November 1918 erreichten die revolutionären Unruhen die Reichshauptstadt Berlin. Massen bewaffneter Arbeiter und Soldaten zogen mit roten Fahnen zum Regierungsviertel. Noch immer wollte Wilhelm II. nicht wahrhaben, dass seine Zeit abgelaufen war. Er denke gar nicht daran abzudanken, versuchte er sich dem Drängen des Kanzlers Prinz Max von Baden zu widersetzen. »Werdet ihr nicht anderen Sinnes«, nahm der Hohenzollern-Herrscher noch einmal den Mund voll, »so komme ich mit meinen Truppen nach Berlin und schieße die Stadt zusammen.« Das war eine leere Drohung. Längst hatte Wilhelm mit Gefolge die Reichshauptstadt verlassen, in der Hunderttausende aufbegehrten. Jetzt handelte der Kanzler auf eigene Faust und ließ am Vormittag des 9. November eine Erklärung verbreiten: »Der Kaiser und König hat sich entschlossen, dem Throne zu entsagen.«

Damit waren die Würfel gefallen. Über Nacht floh Wilhelm II. ins holländische Exil, nicht ohne seinen undankbaren

Untertanen einen letzten Abschiedsgruß zu hinterlassen: »Das deutsche Volk ist eine Schweinebande.« Prinz Max von Baden übertrug die Regierungsgeschäfte dem SPD-Politiker Friedrich Ebert, der mit Vertretern seiner Partei und der USPD den »Rat der Volksbeauftragten« bildete. Der ehemalige Sattler Ebert war ein ruhiger Mann, der Chaos hasste und Ordnung liebte. Auf keinen Fall wollte er, dass über Deutschlands politische Zukunft auf der Straße entschieden würde. Doch die Ereignisse in Berlin begannen sich zu überschlagen, und die Sozialdemokraten mussten aufpassen, dass ihnen die Fäden nicht aus der Hand glitten.

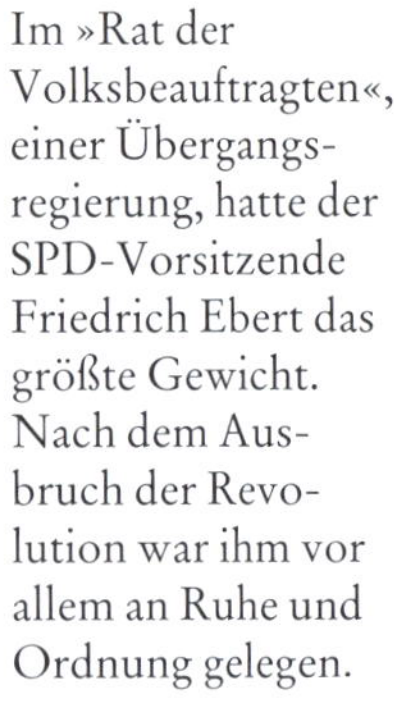
Im »Rat der Volksbeauftragten«, einer Übergangsregierung, hatte der SPD-Vorsitzende Friedrich Ebert das größte Gewicht. Nach dem Ausbruch der Revolution war ihm vor allem an Ruhe und Ordnung gelegen.

Am Mittag des 9. November wurde bekannt, dass der Spartakisten-Führer Karl Liebknecht entschlossen war, noch an diesem Tag die Räterepublik auszurufen. Ging es nach dem Willen dieser radikalen linken Minderheit, sollten in Deutschland nach dem Beispiel der russischen Oktoberrevolution Arbeiter- und Soldatenräte die direkte Macht übernehmen. Daraufhin ergriff Eberts Parteifreund Philipp Scheidemann die Initiative. Von SPD-treuen Arbeitern bestärkt, verkündete er der jubelnden Menge von einem Fenster des Reichstags aus: »Das Alte und Morsche, die Monarchie ist zusammengebrochen. Es lebe das Neue! Es lebe die Deutsche Republik!« Als Ebert vom Alleingang Scheidemanns erfuhr, brüllte er ihn wütend an: »Du hast kein Recht, die Republik auszurufen. Was aus Deutschland wird, ob Republik oder was sonst, das entscheidet eine Konstituante.« Damit meinte er eine verfassunggebende Nationalversammlung. Zwei Stunden später stand Liebknecht auf dem Balkon des Kaiser-Schlosses und forderte seine Anhänger auf, für die »freie sozialistische Republik Deutschland und die Weltrevolution« zu kämpfen.

Parlamentarische Demokratie oder Räterepublik?

Die entscheidende Frage war, wie Eberts Sozialdemokraten, hinter denen rund zwölf Millionen Anhänger und ein Großteil der Bevölkerung standen, die Gunst der revolutionären Stunde nutzen würden, um mit der Vergangenheit gründlich zu brechen. Unter dem Druck der Ereignisse waren binnen weniger Tage in sämtlichen deutschen Einzelstaaten seit Jahrhunderten herrschende Fürstengeschlechter von der Bühne abgetreten. Den Anfang machte, noch vor der Flucht des Kaisers, der bayerische König Ludwig III. Aufgebrachte Untertanen hatten ihm eine Warnung zukommen lassen, eine tote Katze mit einem Zettel um den Hals, auf dem stand: »Ludwig, schaffe Wandel hier, sonst geht's dir wie dem Katzentier!« Bei Nacht und Nebel verließ Seine Majestät am 7. November im Auto heimlich die Landeshauptstadt München und versteckte sich in den Bergen.

Während in München der Journalist und USPD-Politiker Kurt Eisner an der Spitze des Arbeiter- und Soldatenrates Bayern kurzerhand zum »Freistaat« erklärte, setzten Ebert und seine Verbündeten im »Rat der Volksbeauftragten« alle Hebel in Bewegung, um den Einfluss der Rätebewegung einzudämmen. Sie sahen die Gefahr eines Bürgerkriegs, falls extreme Kräfte auf der Linken die Oberhand gewinnen sollten. Eine Revolution wie in Russland oder gar eine im Namen des Proletariats errichtete kommunistische Diktatur wollten in der Rätebewegung allerdings ohnehin nur die wenigsten. Ihren Vertretern ging es um Kontrolle und Mitwirkung beim Aufbau eines neuen Staates. Sie forderten mehr direkte Demokratie, wobei freilich unklar blieb, wie

Die Menschen vor dem Reichstag in Berlin waren begeistert, als der SPD-Politiker Philipp Scheidemann am 9. November 1918 die »Deutsche Republik« ausrief.

dies genau aussehen sollte. Ebert aber zog – aus übertriebener Furcht vor der bolschewistischen Bedrohung – die Zusammenarbeit mit den alten Mächten vor. General Wilhelm Groener, der Nachfolger Ludendorffs in der OHL, sicherte Ebert noch am Abend des 9. November die Unterstützung des Heeres bei der Aufrechterhaltung von Ruhe und Ordnung und im Kampf gegen bolschewistische Aufrührer zu.

Ebert ging auf das Angebot ein, war damit doch seine Regierung von der bewaffneten Macht anerkannt worden. Mit ihr im Rücken und mit Hilfe der gemäßigten und mehrheitlich sozialdemokratischen Arbeiter- und Soldatenräte hätte die Regierung aus SPD und USPD wenigstens einigen Veränderungen zum Durchbruch verhelfen können, die für eine künftige Demokratie unerlässlich waren. Doch nichts geschah in dieser Richtung. Die Stützen der untergegangenen Monarchie waren überwiegend noch in Amt und Würden, und sie blieben es. Dies war kein Signal für einen Neubeginn, zum Teil freilich auch verständlich, weil das öffentliche Leben in Deutschland sonst womöglich zusammengebrochen wäre.

So konnte der Theologe Ernst Troeltsch einen Tag nach den dramatischen Ereignissen vom 9. November beobachten, dass für das bürgerliche Publikum vieles wie gewohnt weiterlief. Die Sonntagsspaziergänger im Berliner Grunewald seien zwar »etwas gedämpft« gewesen, »wie Leute, deren Schicksal irgendwo weit in der Ferne entschieden wird, aber doch beruhigt und behaglich, dass es so gut abgegangen« sei. »Trambahnen und Untergrundbahnen gingen wie sonst, das Unterpfand dafür, dass für den unmittelbaren Lebensbedarf alles in Ordnung war. Auf allen Gesichtern stand geschrieben: Die Gehälter werden weitergezahlt.«

Ebert wollte alle weiterreichenden politischen Entscheidungen einer verfassunggebenden Nationalversammlung überlassen. Das war demokratisch gedacht und entsprach damals zweifellos dem Willen der meisten Deutschen. Diese Zurückhaltung musste jedoch bei den entschiedenen Gegnern des demokratischen Umbruchs die Überzeugung wachsen lassen, dass die alten Zeiten keineswegs unwiderruflich vorbei waren. Die Bemühungen des staatstreuen Sozialdemokraten, so wenig Revolution wie möglich zuzulassen, hatten indes noch einen anderen Grund. Ebert befürchtete bei einer fortschreitenden

Radikalisierung den Zerfall des Reichs und einen Einmarsch der alliierten Westmächte.

Mit der Unterzeichnung des Waffenstillstandsvertrags am 11. November in dem französischen Städtchen Compiègne war diese Gefahr vorerst gebannt. Damit ging der Erste Weltkrieg zu Ende, der beispielloses Elend über die Völker gebracht hatte. Ihm waren rund zehn Millionen Soldaten zum Opfer gefallen, darunter zwei Millionen Deutsche. Und die »Urkatastrophe des 20. Jahrhunderts«, wie der amerikanische Diplomat George F. Kennan den Ersten Weltkrieg bezeichnet hat, fraß sich wie ein Krebsgeschwür ins Land der Verlierer und zeugte dort weiter Gewalt.

Im Dezember 1918 folgte der Erste Allgemeine Kongreß der Arbeiter- und Soldatenräte Deutschlands dem Antrag der Mehrheitssozialdemokraten und sprach sich für Wahlen zur Nationalversammlung am 19. Januar 1919 aus. Kurz darauf brachen in Berlin blutige Unruhen aus. Am 30. Dezember 1918 gründeten die Anhänger des »Spartakusbundes« mit gleichgesinnten Linksradikalen die Kommunistische Partei Deutschlands (KPD), die sich auf die Väter des »Kommunistischen Manifests«, Karl Marx und Friedrich Engels, berief. Ihr erklärtes Ziel: der gewaltsame »Sturz der Regierung Ebert-Scheidemann« und die Errichtung der »Diktatur des Proletariats« nach dem Vorbild der russischen Oktoberrevolution. Ein Aufstandsversuch in Berlin wenige Tage später wurde von dem sozialdemokratischen Volksbeauftragten Gustav Noske (»Einer muss der Bluthund werden«) mit Unterstützung rechter Kampfverbände, den sogenannten Freikorps, niedergeschlagen.

An der schlecht vorbereiteten Aktion waren nur ein paar Tausend radikale Spartakisten beteiligt. Die KPD-Führer Karl Liebknecht und Rosa Luxemburg hatten sich erst nach anfänglichem Zögern den Aufständischen angeschlossen. Rosa Luxemburg, die an die Macht der Massen glaubte, war es zuvor nicht gelungen, die wenigen Gewaltbereiten zurückzuhalten. Die sozialistische Revolution konnte ihrer Ansicht nach nur das Werk der Mehrheit der Arbeiter, nicht aber das einer bewaffneten Minderheit sein. Solche Unterschiede spielten für die Sieger über die Januar-Aufständischen freilich keine Rolle. Schon rächte sich, dass der Sozialdemokrat Noske die weit rechts stehenden Freikorps mobilisiert hatte, um die Spartakisten zu bekämpfen. Diesen vom Krieg geprägten Männern war der demokratische Umbruch an sich verhasst, dem sie die Niederlage Deutschlands anlasteten. Und sie wollten Vergeltung.

Am 15. Januar wurden Rosa Luxemburg und Karl Liebknecht verhaftet. Hauptmann Waldemar Pabst, der die Aktion befehligte, gab Anweisung, die beiden »politischen Verführer« auf dem Weg ins Untersuchungsgefängnis umzubringen. Es sollte so aussehen, als wäre Liebknecht »auf der Flucht« und Rosa Luxemburg »aus einer erregten Menschenmenge heraus« erschossen worden. Kurz darauf führten Soldaten aus der Truppe von Pabst den blutigen Auftrag aus, der nichts anderes als politischer Mord war. Die Verantwortlichen wurden später

Was 1848/49 misslang und 1870/71 von oben kam, sollten die gewählten Vertreter der Nationalversammlung nun, 1919, endlich und zum ersten Mal in eigener Regie verwirklichen: die Ausarbeitung und Durchsetzung einer demokratischen Verfassung für das ganze deutsche Volk.

vor Gericht teils freigesprochen; denjenigen, die milde Haftstrafen erhielten, verhalfen Gesinnungsfreunde zur Flucht.

Das Häuflein Kommunisten in Berlin hatte mit seinem fehlgeschlagenen Aufstand die Wahlen zur verfassunggebenden Nationalversammlung vergeblich zu verhindern versucht. Am 19. Januar 1919 gaben zum ersten Mal in der deutschen Geschichte Frauen und Männer gleichberechtigt ihre Stimmen ab, um nach dem Untergang der Monarchie die neue Volksvertretung aus der Taufe zu heben. Stärkste Fraktion wurde die SPD mit 37,9 Prozent. Unter Einschluss des katholischen Zen-

Nach der Niederschlagung des Spartakus-Aufstands im Januar 1919 machten Freikorps-Söldner Jagd auf die KPD-Führer Rosa Luxemburg und Karl Liebknecht. Ihre Ermordung stand am Anfang einer langen Reihe politischer Attentate Rechtsradikaler in der Weimarer Republik.

trums und der linksliberalen Deutschen Demokratischen Partei (DDP) kamen die Kräfte, die für den Sieg der parlamentarischen Demokratie standen, auf eine Mehrheit von 76 Prozent.

Das war nach den vorangegangenen Wirren ein hoffnungsvolles Zeichen für die junge Republik. Fast auf den Tag genau 48 Jahre nach der Gründung des Deutschen Reichs bestimmte nun das Volk seine Geschicke selbst, hatten die Deutschen ihren Kaiser als Souverän abgelöst. Die Einheit in Freiheit schien erreicht. Doch von innerem Frieden konnte keine Rede sein. Der Sozialdemokrat Gustav Noske hatte im Einverständnis mit Regierungschef Ebert auf ehemalige Sozialdemokraten schießen lassen. Das sollte sich in den kommenden Jahre als schwere Belastung für den neuen Staat erweisen. Republik- und demokratiefeindliche Kräfte von rechts außen waren dem Demokraten Ebert und dessen Regierung zur Seite gesprungen und fühlten sich dadurch schon wieder ermutigt.

Der Weltkrieg hatte eine Spur der Verwüstung hinterlassen, Hunger, Not und Verzweiflung nach sich gezogen. Noch war an die Stelle der ganz plötzlich entschwundenen alten Ordnung nichts Neues getreten, das den entwurzelten Menschen Halt geben konnte. Noch fehlte eine neue Verfassung und das Schwerste stand Deutschland erst bevor: Friedensverhandlungen mit den westlichen Siegermächten.

V. Ungeliebte Freiheit: die Republik von Weimar

Stürmische Zeiten (1919–1923)

Nur rund 14 Jahre sind der ersten deutschen Republik beschieden gewesen. Dann konnten ihre Totengräber, die sie unermüdlich und hasserfüllt bekämpft hatten, triumphieren und der Freiheit den Garaus machen. Was folgte, war die Diktatur Adolf Hitlers, der Deutschland in den Untergang führte und mit dessen Namen sich unauslöschlich die beispiellose Vernichtung der europäischen Juden verbindet. Im Rückblick mag es so scheinen, als hätte der Staat von Weimar gegen seine Feinde von links und rechts nie auch nur den Hauch einer Chance gehabt.

Aber war das Scheitern der Demokratie wirklich unausweichlich? Und wie konnte es geschehen, dass in so kurzer Zeit ein Herumtreiber, der sich zum Künstler berufen fühlte, zur Hoffnung für Millionen Deutsche, ja zum vermeintlichen Heilsbringer wurde, indem er die Erlösung von allen Übeln versprach? Fragen, die bis heute beunruhigen, weil sie daran erinnern, dass Freiheit und Demokratie nicht selbstverständlich sind, sondern von Menschen gewollt und verteidigt werden müssen. Das Ende war der Weimarer Republik nicht in die Wiege gelegt. Aus dem Chaos der Nachkriegsjahre, in denen ihr Schicksal mehr als einmal auf der Kippe stand, ging sie zunächst sogar gestärkt hervor.

Erst nach 1929, mit Beginn der Weltwirtschaftskrise, bekamen die zerstörerischen Kräfte so viel Auftrieb, dass sich der Weg in den Abgrund abzuzeichnen begann. Kam dann, was folgte, zwangsläufig? Nicht unbedingt, denn es waren Entscheidungen und Fehleinschätzungen verantwortlicher Staatsmänner und Politiker, die schließlich das Verhängnis heraufbeschworen. Unter einem Geburtsfehler allerdings litt die Weimarer Republik von Anfang bis Ende: Es mangelte ihr an Freunden, die entschlossen für Demokratie und Freiheit eintraten. Und ihre zu wenigen Anhänger standen in einem Abwehrkampf, in dessen Verlauf sie sich das Gesetz des Handelns allzu oft von anderen vorschreiben ließen, statt das Heft selbst in die Hand zu nehmen.

Friedensvertrag und Verfassung

Schon die Wahl des Ortes, an dem die Nationalversammlung zusammentrat, um einen Verfassungsentwurf auszuarbeiten, und dem die erste deutsche Republik ihren Namen verdankte, verriet etwas von dieser Schwäche. Zwar verkörperte Weimar, die Stadt der Dichterfürsten Goethe und Schiller, geistige Überlieferungen, mit denen sich eine junge Demokratie durchaus schmücken konnte. Statt an Kadavergehorsam und Militärdrill zu erinnern, sollte Deutschland in den Augen der Welt fortan mit dem »Geist von Weimar« verbunden sein, hoffte das neue Staatsoberhaupt, Reichspräsident Friedrich Ebert. Aber den Ausschlag für die thüringische Kulturperle hatte wohl gegeben, dass sich die Parlamentarier in der Reichshauptstadt Berlin bedroht fühlten. Tatsächlich wurden die Verfassungsberatungen, die im Februar 1919 begannen und bis zum Sommer des Jahres dauerten, von Streiks und revolutionären Unruhen in verschiedenen Teilen Deutschlands begleitet.

Sie entsprangen der Unzufriedenheit über den bisherigen Verlauf der Revolution. Blieb denn, marxistisch betrachtet, im Grunde nicht alles beim Alten? An den Eigentumsverhältnissen und der Verfügungsgewalt über die Produktionsmittel, für Marx und dessen Schüler Kern der kapitalistischen Ordnung, wurde doch nicht gerüttelt. Und der Staat befand sich ja auch keineswegs in den Händen des Proletariats. Hatten wenigstens die Räte, Machtorgane im revolutionären Prozess, überhaupt noch etwas zu sagen? Nicht viel. Der Unmut über das Ausbleiben weiterreichender gesellschaftlicher Veränderungen war in Teilen der Arbeiterschaft verbreitet.

Die Macht der Herren über Maschinen und Kapital in Schlüsselindustrien wie dem Bergbau sollte, wenn schon nicht gebrochen, so doch wenigstens beschnitten werden. Man verlangte die Sozialisierung des Bergbaus, also die Überführung großer Privatunternehmen in Staats- bzw. Gemeineigentum,

Im Februar 1919 eröffnete Friedrich Ebert in Weimar die verfassunggebende Nationalversammlung, die ihn zum ersten Reichspräsidenten der neuen Republik wählte.

und wollte den Einfluss der Rätebewegung stärken. Vielfach waren das Forderungen, die auch in den Reihen der Sozialdemokratie vertreten wurden. Die neue Regierung aus SPD, Zentrum und DDP unter dem Reichsministerpräsidenten Scheidemann, die sogenannte Weimarer Koalition, nahm sich ihrer aber nur halbherzig an, obwohl die demokratiefeindliche Einstellung der Zechenbesitzer bekannt war. An den Eigentumsverhältnissen in den Unternehmen änderte sich freilich nichts. Die private Verfügungsgewalt über die Produktionsmittel blieb unangetastet. Immerhin jedoch wurde ein Gesetz auf den Weg gebracht, das Betriebsräten Mitbestimmungsrechte garantierte und damit Chancen für eine künftige Wirtschaftsdemokratie bot.

Bereits in den Tagen der Novemberrevolution hatten Arbeitgeber und Arbeitnehmer einen Pakt geschlossen, der in die Gründung einer »Zentralarbeitsgemeinschaft« mündete. Um der Gefahr eines sozialistischen Umsturzes vorzubeugen, einigten sich der Schwerindustrielle Hugo Stinnes und der Vorsitzende der freien Gewerkschaften Carl Legien auf ein Abkommen, das deutlich die Handschrift der Arbeiterbewegung trug. Danach wurden die Gewerkschaften als ausschließlich berechtigte Interessenvertretung der Arbeitnehmerseite anerkannt; Tarifverträge über Löhne und Arbeitsbedingungen waren Verhandlungssache zwischen Arbeitgebern und Gewerkschaften. Damit war die Koalitionsfreiheit, also das Recht von Arbeitern und Angestellten, sich zuammenzuschließen, um für ihre Belange zu kämpfen, nachdrücklich bestätigt worden. Hinzu kam die Einführung des Achtstundentages bei vollem Lohnausgleich – alles in allem Errungenschaften, für die die Gewerkschaften seit ihrem Aufstieg zur Massenbewegung nach 1890 lange gestritten hatten. Noch mehr aber zahlte sich das »Stinnes-Legien-Abkommen« für das Arbeitgeberlager aus, weil es mit Billigung der Gewerkschaften Sozialisierungsbestrebungen oder andere einschneidende Änderungen der Gesellschafts- und Wirtschaftsordnung praktisch ausschloss.

Nicht wenige empfanden das als Verrat an der Sache des Sozialismus und begehrten auf. Den in den ersten Monaten des Jahres 1919 ausbrechenden Streiks begegnete die Regierung teilweise mit dem Einsatz von Militär – und stützte sich dabei wiederum auf Freikorps-Truppen, jene Verbände, die aus rechtsradikalen und republikfeindlichen Kreisen immer mehr Zulauf erhielten. Allein in Berlin kamen bei diesen gewaltsamen Auseinandersetzungen im März rund 1000 Menschen ums Leben. Ihren Höhe- und Wendepunkt aber erreichten die revolutionären Unruhen in der bayerischen Landeshauptstadt München. Dort wurde nach der Ermordung des Ministerpräsidenten Kurt Eisner durch einen adligen Offizier Anfang April eine Räterepublik ausgerufen. Eisner, ein volksnaher USPD-Politiker, war bei seinen Gegnern als Jude und Pazifist verhasst gewesen. Das Attentat heizte die politische Stimmung auf und ermunterte allerlei Abenteurer zum Aufstand. An der Spitze der Bewegung stand der Lehrer Ernst Niekisch, der den gewählten Landtag für aufgelöst und die rechtmäßige Regierung für abgesetzt erklärte.

Große Folgen hatte das nicht. Eine kurze Zeit lang spielten Niekisch und seine Mitstreiter, eine Ansammlung bunter Gestalten aus der Münchener Künstler- und Literatenszene, ein Stück aus dem Tollhaus, das Räterepublik hieß. Man versandte brüderliche Grußbotschaften an Lenin und den »Genossen Papst, Petersdom, Rom« und versprach die Ausgabe von »Freigeld« für jedermann. Das ganze Theater dauerte gerade mal eine Woche, dann übernahmen entschlossene Kommunisten auf eigene Faust das Kommando und verkündeten die »Diktatur des Proletariats«. »Die Sonne der Weltrevolution ist aufgegangen!«, hieß es in einem Aufruf. »Es lebe die Weltrevolution! Es lebe die bayerische Räterepublik! Es lebe das Proletariat! [...] Es lebe der Kommunismus!«

Nun eilte der Mehrheitssozialdemokrat Gustav Noske, mittlerweile Reichswehrminister, der nach Bamberg ausgewichenen Landesregierung zu Hilfe und schickte Truppen gegen die von den Kommunisten aufgebaute »Rote Armee«. Unterstützt von Freikorps-Kämpfern rückten insgesamt rund 35 000 Mann gegen München vor. Nachdem Berichte über die Hinrichtung von zehn Geiseln durch die Aufständischen die Runde gemacht hatten, drangen am 1. Mai Freikorps-Einheiten in die Stadt ein und richteten ein Blutbad an. Dass bei der Niederschlagung der Münchener Räterepublik 606 Menschen zu Tode kamen, hatte mit Vergeltung nichts mehr zu tun. Wer immer ihnen verdächtig erschien, den erschossen die rechtsnationalistischen Söldner – oft ohne Verhör. Unter den Opfern waren 335 zumeist unbeteiligte Zivilisten, darunter auch 21 Mitglieder eines Katholischen Gesellenvereins, die mit Spartakisten verwechselt worden waren. Gewiss musste dem Spuk der unrechtmäßigen kommunistischen Räteherrschaft ein Ende bereitet werden. Aber wieder hatte sich als verhängnisvoll erwiesen, dass die Reichsregierung dabei Kräften freie Hand ließ, die mit dem Staat von Weimar und dessen neuer, demokratischer Verfassung nichts im Sinn hatten.

Diese Verfassung wurde nach langen Auseinandersetzungen am 31. Juli 1919 in der Nationalversammlung mit der Mehrheit von SPD, Zentrum und DDP verabschiedet. Dagegen stimmten die USPD, die Deutschnationale Volkspartei (DNVP), in der Konservative, Monarchisten und der preußische Landadel eine neue politische Heimat gefunden hatten, sowie die Nationalliberalen, die nun als Deutsche Volkspartei (DVP) auftraten. Die Weimarer Reichsverfassung enthielt Zeitgemäßes und atmete doch in vielem den Geist des 19. Jahrhunderts. Unverkennbar trug sie die liberale Handschrift des Juristen Hugo Preuß, der den ersten Entwurf ausgearbeitet hatte. Der sozialdemokratische Reichsinnenminister Eduard David feierte das Werk als Anleitung für die »demokratischste Demokratie der Welt«. Das war richtig und falsch zugleich.

Es traf zu, dass in Deutschland jetzt das vom ganzen Volk gewählte Parlament, der Reichstag, das Sagen hatte. Er übte die Gesetzgebung aus und konnte der Regierung mehrheitlich das Misstrauen aussprechen und sie damit stürzen. Preußen übernahm das allgemeine und gleiche Wahlrecht und büßte überdies seine beherrschende Stellung in der Ländervertretung ein, dem neuen Reichsrat. Dessen Einfluss auf die Reichspolitik war längst nicht mehr so groß wie die des Bundesrats zu Kaisers Zeiten. Mit Zweidrittelmehrheit konnte er vom Reichstag überstimmt werden. Volksentscheide sollten die repräsentative Demokratie – also die Herrschaft des Volkes durch gewählte Vertreter – für die Mitwirkung aller an politischen Entscheidungen öffnen. In einem Kapitel über »Grundrechte und Grundpflichten der Deutschen« knüpften die Weimarer Verfassungsväter bewusst an bürgerliche Freiheitsforderungen aus der Revolution von 1848 an.

Das Staatsoberhaupt, der Reichspräsident, sollte direkt vom Volk gewählt werden. Das sah sehr demokratisch aus, war es im Grunde aber nicht. Vielmehr schwebte den Befürwortern dieser Idee ein Ersatzkaiser vor, der über den Parteien stehen und den Einfluss des Parlaments beschränken sollte. Nicht der Reichstag wählte den Reichskanzler, sondern der Reichspräsident ernannte ihn. Mit seinem Recht zur Auflösung des Parlaments konnte das Staatsoberhaupt zudem verhindern, dass die Abgeordneten dem Kanzler oder einem seiner Minister ihr Vertrauen entzogen.

Doch damit nicht genug. Im Artikel 48 räumte die Verfassung dem Reichspräsidenten außerordentliche Vollmachten ein. Danach durfte er in Krisenzeiten ohne Zustimmung des Reichstags mit sogenannten Notverordnungen regieren. Die Machtfülle dieses Amtes musste sich nicht zum Nachteil der parlamentarischen Demokratie auswirken, solange ein republiktreuer Politiker wie Friedrich Ebert an der Spitze des Staates stand. Was aber, wenn dafür keine Gewähr mehr bestand und das Gemeinwesen obendrein in Gefahr geriet? Kritiker sahen das Unheil voraus. Bei den Beratungen des Verfassungsentwurfs am 28. Februar hatte der SPD-Sprecher Richard Fischer bereits gewarnt: »Wir müssen mit der Tatsache rechnen, dass eines Tages ein anderer Mann aus einer anderen Partei, vielleicht aus einer reaktionären, staatsstreich-lüsternen Partei an dieser Stelle stehen wird. Gegen solche Fälle müssen wir uns doch vorsehen.«

Sosehr die Weimarer Verfassung ein Dokument der Freiheit war, das vieles von dem verankerte oder wenigstens anschob, wofür immer mehr Deutsche seit 1848 – erst gegen den Widerstand Bismarcks, dann im Obrigkeitsstaat Wilhelms II. – gekämpft hatten: Sie war nicht dagegen gefeit, aus den Angeln gehoben zu werden – sei es von einer autoritären Führerfigur im Amt des Reichspräsidenten, sei es von radikalen Mehrheiten im Reichstag. Denn auf unantastbare Schutzbestimmungen zur Wahrung ihrer Geltung hatten die Väter der bislang besten deutschen Verfassung verzichtet – eine folgenreiche Unterlassung.

Es war von hoher symbolischer Bedeutung, dass die Nationalversammlung verbissen um eine neue Reichsflagge stritt. Die Abgeordneten von DNVP, DVP, aber auch zahlreiche Vertreter der DDP und des Zentrums wollten an Schwarz-Weiß-Rot, den Farben des Kaiserreichs, festhalten. Nach langem Hin und Her kam ein mühsam ausgehandelter Kompromiss heraus. Die SPD konnte zwar Schwarz-Rot-Gold – seit der Revolution von 1848 die Symbolfarben der deutschen National- und Freiheitsbewegung – auf der Reichsfahne durchsetzen. Wirklich bindend war dies aber nicht. Es gab zahlreiche Ausnahmen. So wehte etwa die Handelsflagge wie in Bismarcks Tagen weiter schwarz-weiß-rot im Wind. Das verschämte schwarz-rot-goldene Zeichen im Fahneneck oben links war praktisch nicht zu sehen.

Ein ähnlich zwiespältiges Schicksal sollte auch der Nationalhymne beschieden sein. Als sie 1922 von Friedrich Ebert als Reichspräsident eingeführt wurde – bis dahin gab es, anders als etwa in Frankreich (»Marseillaise«) oder England (»God Save the Queen«), in Deutschland keine offizielle Nationalhymne –, knüpfte der Sozialdemokrat damit bewusst an die Traditionen der Einheits- und Freiheitsbewegung von 1848 an. Das »Lied der Deutschen« aus dem Jahr 1841, nach dem Text von August Heinrich Hoffmann von Fallersleben und der Musik von Joseph Haydn, beschwor in der dritten Strophe »Einigkeit und Recht und Freiheit für das deutsche Vaterland« – republikanisch-demokratische Werte.

In nationalistischen Kreisen und ganz besonders bei den Nazis im »Dritten Reich« aber zählten nur die Zeilen der ersten Strophe: »Von der Maas bis an die Memel / von der Etsch bis an den Belt / Deutschland, Deutschland über alles / über alles in der Welt!« Als das »Lied der Deutschen« 1841 entstand, waren Maas, Memel, Etsch und Belt Grenzflüsse des Deutschen Bundes, den es seit 1866 nicht mehr gab. Ihre Erwähnung hatte ursprünglich nichts mit Gebietsansprüchen zu tun, sondern es war ein Aufruf an das Volk der Deutschen, die Klein- und Vielstaaterei hinter sich zu lassen und nach Einheit in Freiheit zu streben. Nur deshalb hieß es: »Deutschland, Deutschland über alles / über alles in der Welt!« Das unterschied die nationale Bewegung im frühen 19. Jahrhundert vom aggressiven Nationalismus späterer Zeiten, dem es ausschließlich um deutsche Machtausdehnung ging.

Und dieser Nationalismus, aufgeblüht im Kaiserreich und Weltkrieg, erhob, kaum war die Monarchie zusammengebrochen, sein Haupt aufs Neue. Kein Jahr war seit der Niederlage Deutschlands vergangen, und schon verspürten diejenigen Kräfte wieder Auftrieb, die dafür verantwortlich gewesen waren. Und sie lasteten dem neuen Staat von Weimar an, was sie selbst durch ihre maßlose und selbstzerstörerische Kriegspolitik heraufbeschworen hatten: den Friedensvertrag von Versailles. Gewiss, die Bedingungen der Entente-Mächte waren hart. Aber die Deutschen konnten von Glück reden, dass ihr Reich nicht zerschlagen wurde. »Um Europa einen dauerhaften Frieden zu sichern, muss das Werk Bismarcks zerstört werden, der methodisch und skrupellos ein militarisiertes und bürokratisiertes Deutschland geschaffen hat, eine ausgezeichnete Kriegsmaschine in der Fortsetzung jenes Preußen, das man als eine Armee, die eine Nation besitzt, definiert hat.«

So hätte es Frankreich, dessen Außenmisterium diesen Vorschlag machte, am liebsten gehabt. Doch Großbritannien und die USA bremsten den Verbündeten. Der Vertrag von Versailles war gleichwohl ein Friedensschluss, wie ihn nur Sieger durchsetzen können. Ob er weitsichtig war, darf bezweifelt werden. Aber wäre die deutsche Seite im umgekehrten Falle wohl zurückhaltender gewesen? Der Diktatfrieden von Brest-Litowsk, den die Reichsführung den Bolschewiki 1918 abgezwungen hatte, lässt das Gegenteil vermuten. Denn er sah nichts anderes vor als die Errichtung eines deutschen Ost-Imperiums bis weit nach Russland hinein. Doch wer mochte im Frühjahr und Sommer 1919 schon solche Vergleiche ziehen?!

Nach dem Versailler Vertrag verlor Deutschland seine – wenigen – Kolonien und musste Elsass-Lothringen – den alten Zankapfel – an Frankreich abtreten. Das Saargebiet sollte für 15 Jahre dem Völkerbund unterstellt werden, jener internationalen Staatenorganisation, die nach dem Ersten Weltkrieg mit Sitz in Genf gegründet wurde, um den Weltfrieden zu sichern. Danach war, wie für andere Gebiete auch, eine Volksabstimmung über die Zugehörigkeit der Saarbewohner vorgesehen. Links des Rheins blieben die Franzosen zunächst Besatzungsmacht, später sollte dort ein militärfreies Gebiet entstehen. Besonders schmerzhaft waren die Gebietsabtretungen im Osten. Oberschlesien und der größte Teil Westpreußens fielen an den wieder entstandenen polnischen Staat. Dadurch wurde Ostpreußen durch einen polnischen Korridor bis zur Ostsee vom übrigen Reich getrennt.

Militärisch wurde Deutschland nur ein Heer von 100 000 Mann zugestanden und die Wehrpflicht außer Kraft gesetzt. Und es zeichneten sich darüber hinaus erdrückende Reparationslasten ab, die das Reich als Verlierer für die Kriegsschäden

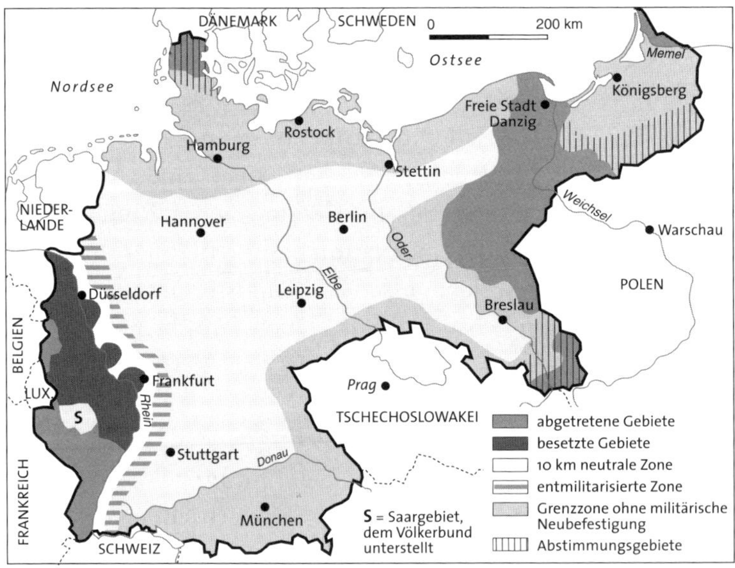

Durch den Versailler Vertrag von 1919 büßte Deutschland nach dem verlorenen Ersten Weltkrieg ein Siebtel seines Gebietes ein.

bezahlen sollte. Die genaue Summe lag noch nicht fest, aber die wirtschaftlichen Verluste waren schon jetzt enorm. Deutschland verlor ein Drittel seiner Kohle- und drei Viertel seiner Erzvorräte; ferner rund ein Fünftel seiner Stahl- und Eisenproduktion und fast die Hälfte der Hochöfen. Obendrein sah der Vertrag Lieferverpflichtungen von 400 Millionen Tonnen Kohle an das Ausland vor. Hinzu kamen über zehn Prozent des Viehbestandes.

Begründet wurde diese Bürde von den Siegermächten mit dem Artikel 231 des Versailler Vertrags. Danach traf Deutschland die Alleinschuld am Krieg. Deshalb sollte es für alle Schäden und Folgen aufkommen. Das mochte eine übertrieben einseitige Sicht der Dinge sein, aber es entsprach doch insofern der Wahrheit, als das Kaiserreich durch seine aggressive und verfehlte Außenpolitik den Ersten Weltkrieg ganz maßgeblich und sehenden Auges mit heraufbeschworen hatte. Nur einige wenige indes erkannten dies in Deutschland; bis weit in die Reihen der Sozialdemokraten herrschte helle Empörung über den »Schmachfrieden«. Reichsministerpräsident Scheidemann rief: »Welche Hand müsste nicht verdorren, die sich und uns in diese Fesseln legt?« Aber es war Parteien, Verbänden und einflussreichen Personen auf der extremen Rechten vorbehalten, aus dem »Schanddiktat von Versailles« und der »Kriegsschuldlüge«, wie sie es nannten, eine innenpolitische Waffe gegen den Staat von Weimar zu schmieden, den sie hassten und den sie zerstören wollten.

Und sie wussten genau, auf wen sie zielten: die »Novemberverbrecher«, jene Politiker also, die dem deutschen Heer angeblich in den Rücken gefallen waren und Niederlage und Revolution verschuldet haben sollten, tatsächlich aber in der Stunde der Not Verantwortungsbereitschaft gezeigt hatten. Nicht anders auch bei der Unterzeichnung des Friedensvertrags, zu der Reichsaußenminister Hermann Müller (SPD) und der Reichspostminister Johannes Bell vom Zentrum am 28. Juni 1919 nach Versailles anreisten. Das war als Demütigung gedacht, denn der feierliche Akt fand im Spiegelsaal des Schlosses Ludwigs XIV. statt, dort wo im Januar 1871 Wilhelm I. zum deutschen Kaiser ausgerufen worden war. Hätten die Deutschen ihre Unterschrift verweigern können? Nein, denn dann wären die alliierten Truppen weiter vorgerückt, und militärischen Widerstand hielt die OHL, wie General Groener wissen ließ, für aussichtslos.

Im Übrigen muss entgegen der propagandistischen Hetze von rechts festgehalten werden, dass das Deutsche Reich trotz der ihm auferlegten Lasten ein hoch industrialisiertes und zugleich das bevölkerungsreichste Land Europas blieb. Und dass ein Wiederaufstieg in den Kreis der Großmächte überdies keineswegs ausgeschlossen war. Der Schock über den Vertrag von Versailles saß auch deshalb so tief, weil viele bis zuletzt auf einen gerechten Frieden gehofft hatten, der allen Völkern Selbstbestimmung garantierte. Solche Erwartungen hatte der amerikanische Präsident Woodrow Wilson noch Anfang 1918 geschürt. Doch durfte das Land in der Mitte Europas, das alles andere als unschuldig am Ausbruch des Ersten Weltkriegs gewesen war und zudem einen Kurs rücksichtsloser Machtausdehnung auf Kosten anderer verfolgt hatte, so ohne Weiteres darauf pochen?

Der »Feind steht rechts«

1919 war die Republik durch linksrevolutionäre Aufstandsversuche herausgefordert worden. Ein Jahr später kam die Machtprobe mit der wieder erstarkten Rechten. Es sollte nicht die letzte sein, und dabei zeigte sich, dass die Gefahr von jenen Kräften drohte, die zwar die Linke bekämpft, aber für den Staat von Weimar nur Verachtung übrig hatten: den Freikorps-Verbänden. Einige führende Militärs und Politiker, an der Spitze Wolfgang Kapp und der General Freiherr von Lüttwitz, sahen die Stunde gekommen, die Republik zu stürzen und eine Diktatur zu errichten. Kapp war schon in der Deutschen Vaterlandspartei aktiv gewesen, einer im Krieg ins Leben gerufenen Sammlungsbewegung radikaler Antisemiten, die Stimmung für den Siegfrieden machen sollten und sich mit aller Macht gegen demokratische Veränderungen stemmten.

Doch die Verschwörer verrechneten sich. Zwar rückten Freikorps-Truppen, die Brigade Ehrhardt, am 13. März 1920 in Berlin ein. Doch der selbst ernannte Kanzler Kapp blieb ein König ohne Land. Die rechtmäßige Regierung einschließlich des Reichspräsidenten Ebert wich zunächst nach Dresden, dann nach Stuttgart aus und rief – gemeinsam mit den Gewerkschaften – im Reich zum Generalstreik auf. Und der wurde massenhaft befolgt. Arbeiter, Angestellte und Beamte leisteten passiven Widerstand gegen die Putschisten und legten weite Teile des öffentlichen Lebens lahm. Nach wenigen Tagen waren Kapp und seine Helfer mit ihrem Latein am Ende und gaben auf.

Kapp-Putsch im März 1920 in Berlin. Die Aufständischen trugen das Hakenkreuz am Helm. Ursprünglich ein Glücks- und Sonnenzeichen, diente es den Freikorps-Söldnern als Symbol ihrer völkisch-antisemitischen Gesinnung. Hitler entwarf selbst die Hakenkreuzfahne für seine Partei, die NSDAP. Er hatte gute Vorlagen.

Viel Grund zur Freude hatten die Verteidiger der Republik indes nicht. Erstens ging der Streik im Ruhrgebiet in einen von der KPD unterstützten bewaffneten Arbeiteraufstand über, den mit äußerster Gewalt auch Verbände niederschlugen, die eben noch an der Seite des Verschwörers Kapp marschiert waren. Noch mehr beunruhigen aber musste, dass die Reichswehr nicht bereit gewesen war, die Regierung zu schützen. Als Reichswehrminister Noske den späteren Chef der Heeresleitung, General Hans von Seeckt, in den kritischen Tagen um militärischen Beistand ersuchte, wies der das Ansinnen kühl zurück: »Wollen Sie eine Schlacht am Brandenburger Tor zwischen Truppen, die noch vor einem Jahr Schulter an Schulter gegen den Feind gekämpft haben?!«, ließ er Noske abblitzen. Das war im Grunde nichts anderes als Befehlsverweigerung und grenzte an Hochverrat. Indem sich die Reichswehr auf Seeckts Anordnung scheinbar aus dem Konflikt heraushielt, kündigte sie tatsächlich der Regierung den Gehorsam auf. Bezeichnend war Seeckts Weigerung, gegen die Aufrührer vorzugehen, auch deshalb, weil es sich bei den Freikorps ja keinesfalls um reguläre Armeeeinheiten handelte, sondern um lose

Verbände aus Freiwilligen, die keinem zentralen Befehl unterstanden.

Dass die Republik auf schwachen Füßen stand, zeigte sich bei der Reichstagswahl im Frühsommer 1920 – drei Monate später. Die den neuen Staat bejahende »Weimarer Koalition« aus SPD, Zentrum und DDP verlor ihre Mehrheit; dagegen legten seine Gegner von rechts und links, DVP, DNVP und USPD, erheblich zu. Das Ergebnis war eine Niederlage für die gemäßigten Kräfte, die versucht hatten, Deutschland aus Krieg und Revolution herauszuführen und in ein ruhigeres parlamentarisch-demokratisches Fahrwasser zu lenken. Gesiegt hatten die Enttäuschten, die nicht zur politischen Mitte fanden und ins linke oder rechte Lager abwanderten. Den einen war die Republik nicht sozialistisch genug; die anderen wollten überhaupt keine Republik, haderten mit dem Umsturz und wollten sich nicht mit der Tatsache abfinden, dass das Kaiserreich den Krieg verloren hatte.

Die Abkehr so vieler von dem jungen Staat hätte den Siegermächten zu denken geben müssen. Denn sie barg die Gefahr eines ständigen Unruheherdes in der Mitte Europas – eine Aussicht, die nicht im Interesse Großbritanniens, Amerikas und Frankreichs liegen konnte. Dennoch waren sie nicht bereit, die Reparationslasten für Deutschland zu mindern, und setzten die wechselnden Kabinette unter Führung bürgerlicher Politiker immer stärker unter Druck. 132 Milliarden Goldmark sollte das Reich nach und nach aufbringen – eine astronomische Summe, die eine wirtschaftliche Erholung auf Jahrzehnte ausschloss. Weigerte sich die deutsche Seite zu zahlen, drohte die Besetzung des Ruhrgebiets. In dieser verzweifelten Lage griffen die verantwortlichen Politiker zu einer Taktik mit gefährlichen Folgen. Sie taten alles, um den Forderungen der Sieger nachzukommen, und ließen dazu neues Geld ohne Deckung drucken.

Ohnehin war durch den auf Pump finanzierten Krieg das Geld in Deutschland im Laufe der Jahre immer weniger wert geworden. Nun aber ging diese Entwicklung in eine galoppierende Inflation über, die eine gewaltige Umverteilung des Volksvermögens und wachsende Not mit sich brachte. Wer nichts außer Geld und vielleicht seinen Ersparnissen besaß, stand plötzlich mit leeren Händen da; gut dran waren dagegen die Eigentümer von Sachwerten, wie Häuser oder Fabriken. Millionen von Deutschen, die eben noch ihre wirtschaftliche Existenz gesichert glaubten, gerieten in einen bis dahin für unvorstellbar gehaltenen Abwärtssog, während clevere und die Situation ausnutzende Geschäftsleute, wie etwa der Industrielle Hugo Stinnes, in kurzer Zeit zu märchenhaftem Reichtum kamen.

Mit der sogenannten Erfüllungspolitik sollte den Siegermächten vor Augen geführt werden, dass deren Forderungen Deutschland ins Elend stürzten. Es war die Hoffnung auf bessere Einsicht, von der sich die Staatsmänner der Weimarer Republik dabei leiten ließen. Doch noch blieben die Alliierten unbeeindruckt. Dass schon bald darauf auch andere Wege erprobt wurden, die jedoch zunächst ebenfalls ins Leere liefen, zeigt, wie gering der Spielraum der Berliner Regierungen war, Deutschland vom Druck der Reparationen zu befreien. Allein die Alliierten hatten es in der Hand, eine Katastrophe abzuwenden.

Das wusste natürlich auch die immer radikaler auftretende Rechtsopposition. Doch statt aus staatspolitischer Verantwortung diejenigen zu stützen, die nach Auswegen aus dieser dramatischen Lage suchten, bezichtigten die Republikfeinde die »Erfüllungspolitiker« des »Verrats« am Vaterland und verfolgten sie mit ihrem ganzen Hass. Dabei schreckten die extremen Nationalisten auch vor politischem Mord nicht zurück. Das erste prominente Opfer war der Zentrumspolitiker und Reichsfinanzminister Matthias Erzberger, der am 11. November 1918 den Waffenstillstand mit unterzeichnet hatte. Am 26. August 1921 erschossen ihn zwei Mitglieder militärischer Geheimbünde. Insgesamt brachten rechtsradikale Attentäter bis 1924 mehr als 400 politische Gegner um. Nur in 70 Fällen gab es Verurteilungen. Oft konnten die Täter entkommen, gingen straffrei aus oder wurden bald schon wieder auf freien Fuß gesetzt. Ganz anders urteilte die Justiz, wenn es um Verbrechen der Linken ging. Für 22 Morde ergingen zehn Todesurteile, dreimal wurde lebenslänglich verhängt, alle anderen Angeklagten kamen für 15 Jahre hinter Gitter. Auch in der Rechtsprechung, einer entscheidenden Säule im demokrati-

Wer sich um die Republik verdient machte, war in den Augen rechtsradikaler Fanatiker ein Todfeind. Die von Attentätern erschossenen Politiker Matthias Erzberger (l.) und Walther Rathenau.

schen Staat, gaben alte Kräfte und neue Feinde der Republik den Ton an, die auf dem rechten Auge blind waren oder nicht sehen wollten.

Am 24. Juni 1922 fuhr Walther Rathenau, ehemaliger Präsident der Allgemeinen Elektricitäts-Gesellschaft (AEG) und mittlerweile Reichsaußenminister, im offenen Auto zu seinem Berliner Amtssitz. Ein Wagen folgte dem Politiker und überholte plötzlich. Zwei Männer mit Maschinenpistolen eröffneten das Feuer auf den Minister und warfen anschließend noch eine Handgranate in dessen Auto. Rathenaus Ermordung wirkte wie ein Schock in Deutschland und ließ die Demokraten über Parteigrenzen hinweg zusammenrücken. Die meisten Deutschen waren wohl entsetzt über den feigen Anschlag, aber nicht wenige empfanden auch Genugtuung. In der Person des liberalen Außenministers verkörperte sich all das, was die äußerste Rechte mit brutaler Gewalt bekämpfte.

Rathenau setzte einerseits auf Verhandlungen mit den Westmächten, um die drückenden Reparationslasten zu mindern und so Deutschlands wirtschaftliche und politische Genesung einzuleiten. Im Vertrag von Rapallo, einem kleinen Seebad in der Nähe von Genua, normalisierte das Reich im April 1922 andererseits seine Beziehungen zu den kommunistischen Machthabern in Moskau. Das war gewiss eine riskante Schaukelpolitik, die den westlichen Siegerstaaten nicht gefallen konnte. Doch wie immer es im Einzelnen zu bewerten ist: Rathenau wollte Handlungsspielraum gewinnen und die Versailler Nachkriegsordnung behutsam zugunsten Deutschlands verändern. Für die verblendeten Fanatiker von rechts zählte das alles nicht, für sie war der liberale Außenminister der meistgehasste Vertreter der »Erfüllungspolitik« und – vor allem – Jude.

Schon während des Krieges, zu dessen eifrigen Befürwortern er anfangs gehörte, hatte Rathenau spüren können, wie der anschwellende Antisemitismus die deutsche Gesellschaft zu vergiften begann. Endgültig aber ging die böse Saat auf, als ein Sündenbock für die Niederlage und die Revolution, das »Schanddiktat von Versailles« und die »Erfüllungspolitik« gefunden war. Denn in den »Novemberverbrechern« – Sozialdemokraten und Kommunisten, Liberale und Demokraten – sahen verblendete Vereinfacher die Verkörperung des internationalen Juden, des vermeintlichen Drahtziehers und Urhebers allen Unheils. Die ungreifbare und zugleich allgegenwärtige Macht der Juden, ob in bolschewistischem oder kapitalistischem Gewand, so predigten die rechten Volksverhetzer, sei schuld an Deutschlands Unglück. Und ihr verderblicher Einfluss überall auf der Welt halte das Land weiter in Knechtschaft.

Wie nun? Die Juden sollten sowohl den ausbeuterischen Kapitalismus als auch den grausamen Kommunismus, zwei vollkommen unverträgliche Gesellschaftsordnungen, in die Welt gesetzt haben und auch noch für Deutschlands Elend verantwortlich sein? Das war zwar blanker Unsinn und widersprach aller Logik, aber auch Lügen und vor allem Verschwörungstheorien können zu einer furchtbaren Waffe werden, wenn an ihrer Verbreitung niemand mehr Anstoß nimmt. Drei Wochen vor der Ermordung Walther Rathenaus kündigte ein deutschnationaler Reichstagsabgeordneter in einem Artikel die Tat ziemlich unverhüllt an: »Kaum hat der internationale Jude Rathenau die deutsche Ehre in seinen Fingern, so ist davon nicht mehr die Rede [...] Die deutsche Ehre ist keine Schacherware für internationale Judenhände! [...] Die deutsche Ehre wird

Hetz-Karikatur aus dem antijüdischen Kampfblatt »Auf gut deutsch« (1920): Deutschland erscheint als durch den Versailler Vertrag gefesselte weibliche »Germania« – der Habgier fremder Ostjuden (mit Bart) und westlich-kapitalistischer Juden hilflos ausgeliefert. In Wort und Bild ließen die Antisemiten ihrem Hass freien Lauf.

gesühnt werden. Sie aber, Herr Rathenau, und Ihre Hinterleute werden vom deutschen Volke zur Rechenschaft gezogen werden.« Die Killer im Untergrund und ihre Helfershelfer warteten nur noch auf eine günstige Gelegenheit und ließen ihrer Menschenverachtung freien Lauf: »Auch der Rathenau, der Walther«, reimten sie, »erreicht kein hohes Alter. Knallt ab den Walther Rathenau, die gottverfluchte Judensau.«

Mit Rathenau verlor die Republik einen wichtigen Freund, der die Weichen für Deutschlands Zukunft neu stellen wollte. Die Mörder zielten auf den Staat von Weimar, als sie ihn erschossen. Der »Feind steht rechts«, rief der katholische Reichskanzler Joseph Wirth nach dem Attentat zur Verteidigung der Republik auf. War die junge Demokratie schon jetzt dem Untergang geweiht oder würde sich doch noch jemand finden, der im Interesse des Landes eine auf Ausgleich und Verständigung bedachte Politik fortsetzen konnte? Der Ausgang war ungewiss.

Auf Messers Schneide

1923 überschlugen sich die Ereignisse. Für das von bürgerkriegsähnlichen Auseinandersetzungen, Inflation und Reparationslasten gebeutelte Deutsche Reich wurde dieses Jahr Höhe- und Wendepunkt in einem. Als alles vorbei war, konnten die Deutschen fürs Erste aufatmen. Doch zugleich hatte ein Mann die Bühne betreten, den viele lange Zeit, manche gar bis zuletzt unterschätzten: Adolf Hitler. In ihm erwuchs der Republik ihr gefährlichster Feind, der auf die Zerstörung der Demokratie und des Staates von Weimar aus war – egal mit welchen Mitteln.

An die schleichende Geldentwertung hatten sich die Deutschen praktisch schon seit den Kriegstagen gewöhnt. Doch was sie seit Herbst 1922 und im Jahr darauf erlebten, sprengte alle Vorstellungskraft. Die Inflation kletterte in schwindelerregende Höhen, vernichtete Millionen Existenzen und hinterließ tiefe Spuren im Fühlen und Denken der Menschen. Nach der Ermordung Rathenaus, und als Gerüchte über eine bevorste-

In der Inflationszeit stand die öffentliche Ordnung in Deutschland kurz vor dem Zusammenbruch. Jeder kämpfte ums Überleben. Die Preise (hier 68 Mark für ein Pfund Butter) explodierten förmlich.

hende Besetzung des Ruhrgebiets durch Frankreich aufkamen, mussten im Dezember 1922 bereits 7368 Reichsmark für einen US-Dollar gezahlt werden. Im Februar 1923 erhielt man für einen Dollar 42 000 Mark, im Juli waren es schon 160 000 und vier Wochen danach schließlich drei Millionen Reichsmark.

Die Papiergeldpressen ratterten rund um die Uhr und spuckten immer mehr und immer höhere Scheine aus, bis hin zu einer 100-Billionen-Note. Kaufen konnte man sich davon freilich nicht viel, denn die Warenpreise schossen ja ebenfalls von einem Tag zum anderen ins Unermessliche, weil das Geld praktisch wertlos war. Kostete etwa ein Pfund Roggenbrot am 3. September 1923 274 000 Mark, waren es drei Wochen darauf bereits rund drei Millionen Mark. Der Preis für die gleiche Menge Kartoffeln stieg im selben Zeitraum von 92 000 auf über eine Million Mark und für ein Kilo Butter mussten statt 14 Millionen 168 Millionen Mark gezahlt werden. In seinem Roman »Drei Kameraden« ließ der Autor Erich Maria Remarque seinen Helden diese Zeit beschreiben: »1923 war ich Reklamechef einer Gummifabrik. Das war in der Inflation. Zweihundert Billionen Mark hatte ich monatlich verdient. Zweimal am Tage gab es Geld und jedesmal eine halbe Stunde Urlaub, damit man in die Läden rasen und etwas kaufen konnte, bevor der nächste Dollarkurs rauskam – dann war das Geld nur noch die Hälfte wert.«

Die Folgen des Ersten Weltkriegs lasteten schwer auf den Deutschen. Im Januar 1923 besetzten französische Truppen das Ruhrgebiet, eine politisch nicht sehr weise Machtdemonstration der Sieger.

Massenelend war die Folge. Ganze Bevölkerungsschichten verarmten, Hunger und Krankheiten breiteten sich aus, Selbstmorde waren an der Tagesordnung und der Alltag wurde zum Kampf ums nackte Überleben. Die Gesellschaft steuerte auf den Zusammenbruch zu; obendrein bedrohte die Besetzung des Ruhrgebiets durch französische Truppen die Einheit des Reichs. Paris begründete sein militärisches Vorgehen im Januar 1923 mit Versäumnissen Deutschlands bei den Reparationslieferungen. Tatsächlich aber ging es Frankreich um die Sicherung seiner Machtposition gegenüber dem östlichen Nachbarn. Die bürgerliche Regierung unter dem Reichskanzler Wilhelm Cuno rief daraufhin Unternehmer, Arbeiter und Beamte im Ruhrgebiet zum »passiven Widerstand« gegen die französischen Besatzer auf. Cuno sprach damit der empörten Nation aus dem Herzen. Klug war diese Trotzhaltung allerdings nicht, denn sie forderte einen hohen Preis.

Das Reich musste alle, die den Streik befolgten, unterstützen. Das fachte die Inflation weiter an, denn die Regierung in Berlin, finanziell ohnehin so gut wie am Ende, ließ noch mehr Geld drucken, um ihren Verpflichtungen nachzukommen. Bis zum Spätsommer dauerte dieser aussichtslose Versuch, Frankreich zum Rückzug zu veranlassen. Dann gab Cuno entnervt auf. Sein Nachfolger wurde Gustav Stresemann von der DVP, und mit ihm wendete sich das Blatt.

Gustav Stresemann, Reichskanzler und Außenminister, Vernunftrepublikaner und ein Mann des Ausgleichs. Hätte Deutschland mehr solche Politiker gehabt, wäre ihm Hitler dann wohl erspart geblieben? Eine Frage, die zum Nachdenken einlädt.

Gustav Stresemann kann als so etwas wie ein Glücksfall der Geschichte bezeichnet werden, wobei es ihm nicht vergönnt war, lange genug zu wirken. Immerhin verdankte die krisengeschüttelte Republik dem nationalliberalen Politiker gut ein halbes Jahrzehnt relativer Ruhe, in dem er die Geschicke des Landes maßgeblich beeinflusste – nur kurz als Reichskanzler, dann aber umso mehr als Außenminister. Dabei war Stresemann keineswegs ein Republikaner der ersten Stunde. Im Krieg hatte er lauthals für deutsche Eroberungen gestritten, war ein Anhänger Ludendorffs gewesen und im Grunde seines Herzens Monarchist geblieben, auch nachdem das Kaiserreich dahingegangen war. Der Mitgründer und Vorsitzende der Deutschen Volkspartei schloss aber seinen Frieden mit der Republik, weil er erkannte, dass man sich auf den Boden der Realitäten stellen musste, um Politik im Interesse Deutschlands machen zu können. Er wurde mit der Zeit zu einem Vernunftrepublikaner, von denen es viel zu wenige gab.

Dabei verfolgte Stresemann zwei Ziele: Außenpolitisch wollte er das Reich durch Verhandlungen aus der Verliererrolle führen und ihm wieder zu Weltgeltung verhelfen; innenpolitisch stand er für einen Kurs, der die Interessengegensätze zwischen Industriellen und Arbeiterschaft durch eine Große Koalition unter Einschluss der SPD überbrücken sollte. Immer lag ihm sehr daran, die Sozialdemokraten, denen sich mittlerweile auch die USPD wieder angeschlossen hatte, in die Regierung einzubinden. Denn der soziale Ausgleich war für Stresemann zur Lebensfrage der Weimarer Demokratie geworden. Scharf kritisierte er das Verhalten der Wirtschaft, die nicht bereit war, durch höhere Steuern auf Vermögen zur Überwindung der Inflation beizutragen, sondern tatenlos zusah, wie das Land verfiel und dabei noch kräftige Gewinne einstrich.

Bereits kurz nach seiner Ernennung zum Reichskanzler verkündete der Chef der neuen Großen Koalition – gegen Widerstand in den eigenen Reihen – im September 1923 das Ende des »Ruhrkampfs«. Die nationale Opposition schäumte und schmähte ihn als »Verräter«. Doch Stresemann bot seinen Gegnern im Reichstag unbeirrt die Stirn:

»Der Mut, die Aufgabe des passiven Widerstandes verantwortlich auf sich zu nehmen, ist vielleicht mehr national als die Phrasen, mit denen dagegen angekämpft wurde. Ich war mir bewusst, dass ich in dem Augenblick, wo ich das tat, als Führer meiner Partei, die nach einer ganz anderen Richtung eingestellt war, damit nicht nur vielleicht die eigene politische Stellung in der Partei, ja das Leben auf das Spiel setzte. Aber was fehlt uns im deutschen Volke? Uns fehlt der Mut zur Verantwortlichkeit.«

Damit war der Weg wieder frei für Verhandlungen mit den Westmächten. Und unter Stresemann gelang es, die Voraussetzungen für eine Gesundung der deutschen Währung zu schaffen. Eine neue Notenbank vollbrachte das »Wunder der Rentenmark« und entzog der Inflation durch eine eng begrenzte Geldmenge den Boden.

Trotz dieser raschen Erfolge musste Stresemann erkennen, dass seine Tage als Kanzler gezählt waren. Eine kommunistische Aufstandsdrohung in Sachsen setzte die Regierung in Berlin unter Druck. Und die Einheit Deutschlands schien erneut in Gefahr, nachdem Bayern – seit der Niederschlagung der Räterepublik rechte »Ordnungszelle« und Tummelplatz von extremen Nationalisten und Rechtsradikalen – als Antwort auf die Beendigung des Ruhrkampfs den Abfall vom Reich vorbereitete. In Sachsen wurde Stresemann rasch Herr der Lage, doch in München gärte es weiter.

Ein »Trommler« putscht

Am Mittag des 9. November 1923 marschiert eine Kolonne von rund 2000 Männern vom Münchener Bürgerbräukeller in Richtung Feldherrnhalle. Viele sind bewaffnet und schüchtern mit ihren gezückten Pistolen neugierige Zuschauer ein. An der Spitze des Zuges: der Weltkriegsgefreite Adolf Hitler, neben ihm der Weltkriegsgeneral Erich Ludendorff. Mit »Heil Hitler«-Rufen feuert die Menge am Straßenrand die finsteren Gestalten an. Nahe der Feldherrnhalle stoppt sie ein Trupp bayerischer Landespolizei. Plötzlich fallen Schüsse, Getroffene sinken zu Boden. Nach ein paar Minuten haben die Ordnungskräfte die Situation im Griff. Zurück bleiben 18 Tote, darunter vier Polizisten.

Der blutige Zusammenstoß, der als »Hitler-Putsch« in die Geschichte einging, schlug hohe Wellen im Reich. Schon am Abend zuvor hatte Reichspräsident Ebert dem Chef der Heeresleitung Hans von Seeckt diktatorische Gewaltbefugnisse übertragen, weil man mit einer Aktion in München rechnete. Die Demokratie im Ausnahmezustand. So kläglich das Un-

Bewaffnete Hitler-Anhänger in München am Tag des Putschversuchs, dem 9. November 1923. In der Mitte mit Fahne: Heinrich Himmler, Hitlers rechte Hand bei der Verwirklichung des Holocaust rund zwanzig Jahre später.

ternehmen in der bayerischen Hauptstadt auch endete: der Mann, der dafür verantwortlich war, Adolf Hitler, von den Anhängern seiner Nationalsozialistischen Deutschen Arbeiterpartei (NSDAP) ehrfürchtig »Führer« genannt, konnte reichsweit Schlagzeilen verbuchen – zum ersten Mal. Bis dahin hatte er über Bayerns Grenzen hinaus kaum von sich reden gemacht. Aber in München war er binnen weniger Jahre zur Kultfigur der rechtsradikalen Szene geworden. Wer war dieser Mann?

Hitler war Österreicher, geboren am 20. April 1889 in Braunau am Inn. Er kam aus einer Beamtenfamilie, die in gesicherten Verhältnissen lebte. Der Vater war sehr streng, neigte zu Wutausbrüchen und prügelte den Sohn oft; die Mutter dagegen überschüttete den Jungen mit Liebe. In der Schule tat sich der Heranwachsende schwer. Er verließ sie im Alter von 16 Jahren ohne weitere Zukunftspläne. Ein ehemaliger Klassenlehrer beschrieb ihn als »widerborstig, eigenmächtig, rechthaberisch und jähzornig«. Ziellosigkeit war ein hervorstechender Zug im Charakter des jungen Hitler. Immer wieder kam es zu heftigen Auseinandersetzungen mit dem Vater, der ihm eine Beamtenlaufbahn aufzuzwingen versuchte. Sohn Adolf sah sich zu Höherem berufen. Er wollte Künstler werden.

Deshalb zog es ihn 1907 nach Wien, wo er sich an der Akademie für Bildende Künste bewarb. Doch seine Leistungen reichten nicht aus. Wohl weil er sehr eingenommen von sich war, traf Hitler die Ablehnung »wie ein jäher Schlag aus heiterem Himmel«. Dennoch blieb er in Wien und schlug sich recht und schlecht als Kunstmaler durch. In diesen Jahren entwickelte sich Hitler zu einem Bummelanten und Außenseiter der Gesellschaft, der unter Obdachlosen und Pennern den sozialen Abstieg erlebte. Eine gescheiterte Existenz auf der Suche nach Sündenböcken für das eigene Versagen und das Elend der Welt.

Ob Hitler bereits in Wien zum besessenen Rassisten wurde, ist umstritten. Zweifellos aber liegen dort die Wurzeln für seinen späteren angsterfüllten und fanatischen Hass auf Juden, Marxisten und Sozialdemokraten. Wien mit seinem bunten Völkergemisch und einer selbstbewusst auftretenden Sozialdemokratie flößte Hitler Furcht und Abscheu ein. Bereits damals war er begeisterter Anhänger eines extremen Nationalismus wie ihn die Alldeutschen im Kaiserreich vertraten. Die internationale Verbundenheit der Arbeiterbewegung erschien Hitler als Verrat am deutschen Volk und die Hintermänner dieser angeblichen Verschwörung sollten die Juden sein. Marxismus und Judentum waren für den gestrandeten Gelegenheitsmaler ein und dasselbe; nach dem Krieg kam noch das Feindbild des in seinen Augen raffgierigen jüdischen Kapitalisten und Ausbeuters hinzu. Egal um welche Missstände es sich auch immer handelte: stets waren die Juden an allem schuld.

Der Erste Weltkrieg, die Niederlage Deutschlands und der Ausbruch der Novemberrevolution radikalisierten Hitlers Anschauungen. Unerträglich erschien ihm, der sich sogleich freiwillig zu den Waffen gemeldet hatte, es aber nur bis zum Gefreiten brachte, dass der Krieg für Deutschland verloren sein sollte. Den Umsturz sah er als das Werk von Sozialisten, bald auch Kommunisten, Juden und Demokraten, die dem Heer in den Rücken gefallen seien. Diese »Dolchstoßlegende« war keine Erfindung Hitlers, wie wir schon sahen, sondern weitverbreitete Überzeugung. Das traf auf Hitlers Weltanschauung insgesamt zu, die nun feste Formen anzunehmen begann. Er sog auf, was in rechtsnationalistischen und antisemitischen Kreisen schon längst ausgebrütet worden war. Es sollte sich allerdings zeigen, dass es niemand an Radikalität mit Hitler aufnehmen konnte und er sich vor allem in seinem Judenhass von keinem übertreffen ließ.

Im Auftrag der Reichswehr betreute Hitler nach der Niederschlagung der Räterepublik in München 1919 Schulungskurse für Soldaten, um ihnen nationalistische und antibolschewistische Propaganda einzutrichtern. Einigen Offizieren war nämlich an dem bis dahin unscheinbaren Gefreiten eine Gabe aufgefallen, die sie sich zunutze machen wollten: Hitler verstand es als Redner, sein Publikum auf ungewöhnliche Art zu fesseln. Das bemerkte auch der Werkzeugschlosser Anton Drexler, Gründer der Deutschen Arbeiterpartei (DAP), eine von vielen völkischen Splittergruppen, die im rechtslastigen Klima der Münchener Nachkriegsjahre fruchtbaren Boden vorfanden. Ermuntert von Drexler, trat Hitler im September 1919 der

DAP bei. Mit ihren gerade mal einigen hundert Mitgliedern schwamm die DAP auf der anschwellenden Welle von deutsch-völkischem Nationalismus und Antisemitismus, klagte über den Zusammenbruch der alten Ordnung, über jüdische Kriegsgewinnler und Deutschlands Demütigung durch eine Welt von Feinden.

Ein Gedanke freilich, der in dieser Zeit in der Luft lag und auch in der DAP ein lebhaftes Echo fand, dürfte Hitler elektrisiert haben, weil er wie eine Zauberformel scheinbar den Weg aus dem Elend wies: Die DAP verstand sich als klassenlose Organisation, die Menschen aller Stände unter dem Dach von Nationalismus und Sozialismus vereinen wollte. Das war etwas grundlegend Neues und musste in einem zerrissenen Land wie dem Deutschen Reich überaus verlockend wirken. Hitler erkannte schon bald die Zugkraft einer die ganze Bevölkerung ansprechenden Idee zur Lösung sämtlicher Probleme – die Verheißung einer glücklichen Zukunft. Er griff auf, was vorhanden war, und formte daraus wirkungsmächtige Parolen, so unbestimmt und widersprüchlich sie auch waren. Der Nationalsozialismus mit seiner Sehnsucht nach einer geeinten »Volksgemeinschaft« über den Klassen entsprang nicht Hitlers Eingebung. Aber keiner konnte die Massen damit so in den Bann ziehen wie er. Dabei sprach er Handwerker und kleine Kaufleute ebenso an wie Angestellte, Beamte und auch Arbeiter.

Rasch machte Hitler in der DAP Karriere. Immer mehr Menschen strömten in seine Versammlungen, die eher an religiöse Erweckungserlebnisse als an politische Veranstaltungen erinnerten. Bis Ende 1920 hatte er – zunächst in Bierkellern, dann in großen Sälen, die bis zu 2500 Besucher fassten – über 30 Auftritte. Seine einfachen Botschaften waren immer die gleichen, aber er schleuderte sie mit eindringlichen, kurzen Sätzen und einer kaum zu überbietenden Aggressivität ins Publikum. Deutschland befinde sich in der Hand von Verrätern und Verbrechern. Für Krieg und Niederlage seien äußere und innere Feinde verantwortlich, allen voran Marxisten und Juden. Die Revolution und der Versailler »Schand- u. Schmachfriede«, der Deutschland versklave, seien das Werk dieser finsteren Mächte. Die Deutschen würden durch »jüdische Halsabschneider« ausgebeutet, die mit den demokratischen Parteien und einer betrügerischen Regierung unter einer Decke steckten.

Wer den sozialen Außenseiter Adolf Hitler so sah, wie er wirklich war, konnte schwerlich von ihm beeindruckt sein. In Gesellschaft oft gehemmt und linkisch, suchte der Aufsteiger Anfang der Zwanzigerjahre noch nach seiner Rolle und buhlte um bürgerliche Anerkennung.

Hitler stachelte seine Zuhörer, die stürmisch Beifall klatschten, zur »rücksichtslosen Abrechnung« mit allen Feinden im Staat von Weimar auf. Und er ließ keinen Zweifel daran, was er darunter verstand – besonders im Hinblick auf die Juden. Seit Herbst 1919 sprach er von den Juden als einer »Rasse« und forderte ihre Entrechtung. Am Ende aber müsse »unverrückbar die Entfernung der Juden überhaupt« stehen. Um das »Übel des Judentums auszulöschen«, verlangte er die Einrichtung von »Konzentrationslagern«. Das war aber offenbar nur als ein erster Schritt gedacht. Denn die »Rassentuberkulose«, hetzte Hitler die jubelnde Menge auf, könne nur dadurch geheilt werden, »dass das Volk frei wird von dem Erreger der Rassentuberkulose«. Die Schlussfolgerung lautete: »Das Wirken des Judentums wird niemals vergehen, und die Vergiftung des Volkes nicht enden, solange nicht der Erreger, der Jude, aus unserer Mitte entfernt ist.«

Hitler hatte den Antisemitismus nicht erfunden. Dessen Wurzeln reichten weit in die Geschichte zurück. Aber er radikalisierte ihn in ungeahnter Weise zu einem biologischen Rassismus und fand damit in der politisch aufgeheizten Atmosphäre der Weimarer Republik Gehör. Über zwei Jahrzehnte bevor die Nationalsozialisten mit dem organisierten Massenmord an den europäischen Juden begannen, stempelte Hitler sie bereits mit bösartigen Vergleichen aus der Welt der Medizin und Biologie als Schädlinge ab, die es brutal zu bekämpfen gelte. So absurd das war, es kam beim Publikum gut an und trug den fanatischen Volksredner weiter nach oben. Im langen schwarzen Mantel, mit Schlapphut und Hundepeitsche, was ihm das Aussehen eines amerikanischen Gangsters verlieh, sah er sich als »Trommler« für die nationale Sache. Im Sommer 1921 übernahm er den Vorsitz der Nationalsozialistischen Deutschen Arbeiterpartei (NSDAP) – so hieß die DAP inzwischen – und beherrschte sie fortan wie ein Diktator. Das 25-Punkte-Programm der NSDAP, das für »unabänderlich« erklärt wurde, trug wesentlich Hitlers Handschrift, war aber im Grunde unerheblich, weil nur zählte, was der »Führer« der NS-Bewegung sagte und wollte.

Die Unterstützung von Gönnern aus Militärkreisen und der Münchener Gesellschaft verhalfen dem neuen Star der rechten Szene zu weiterer Aufmerksamkeit. Bis 1923 gelang es Hitler, die NSDAP zur tonangebenden politischen Kraft im Lager der extremen Nationalisten und Antisemiten Bayerns zu machen. Das verdankte er seinen Verführungskünsten als Redner und der Bereitschaft zu äußerster Gewalt gegenüber Andersdenkenden. Ein Parteifreund, Hauptmann Ernst Röhm, baute für Hitler die »Sturmabteilung« (SA) auf, eine militärisch organisierte Schlägertruppe aus ehemaligen Freikorps-Söldnern, die nach außen Parteiveranstaltungen schützen sollte, tatsächlich aber schon bald dazu überging, politische Gegner einzuschüchtern und anzugreifen.

In der Menge fiel der oft unsicher wirkende Hitler zunächst nicht weiter auf – als Redner schlug er die Massen durch seinen aggressiven Fanatismus nach und nach in den Bann.

Es muss diese Mischung aus Heilsbringer und Gewaltprediger gewesen sein, die schon früh so viele an Hitler faszinierte. Wie verwandelt fühlten sich manche, nachdem sie ihn gehört hatten. Ein Teilnehmer berichtete von einer Kundgebung, die seine »Kritikfähigkeit« ausgeschaltet habe: »Durch seine bloße Überzeugungskraft hielt er die Massen und mich mit ihnen gleich einem Hypnotiker in Bann [...] Sein Appell an die deutschen Männer war wie ein Ruf zu den Waffen, das Evangelium, das er predigte, wie eine heilige Wahrheit. Er schien ein zweiter Luther [...] Mich durchfuhr eine Begeisterung, die nur mit einem religiösen Bekehrungserlebnis verglichen werden kann [...] Ich hatte mich selbst, meinen Führer und mein Anliegen gefunden.«

Im Herbst 1923 sah Hitler seine Stunde gekommen. Angesichts von Inflation, Wirtschaftsnot und der französischen Besetzung des Ruhrgebiets stand die Republik mit dem Rücken zur Wand, war gar die Einheit des Reichs bedroht. Unter der Losung »Nieder mit den Novemberverbrechern« plante er einen »Marsch auf Berlin«, um die rechtmäßige Regierung Stresemann zu stürzen und eine nationale Diktatur auszurufen. Vorbild für diese Aktion war vermutlich der »Marsch auf Rom«, der den italienischen Faschistenführer Benito Mussolini im Jahr zuvor an die Macht gebracht hatte. Hitler hoffte auf Unterstützung der Reichswehr und der Landesregierung in Bayern. Die war Diktaturplänen zwar durchaus zugeneigt und bereits aktiv dabei, sich vom Reich abzukoppeln, aber nicht willens, gegen Berlin vorzugehen – schon gar nicht unter Führung Hitlers.

Der »Trommler« hatte überzogen. In einer dramatischen Aktion versuchte Hitler das Blatt noch zu wenden. Am Abend des 7. November 1923 wollte er bei einer Versammlung im Münchener Bürgerbräukeller den diktatorisch regierenden Staatskommissar Gustav Ritter von Kahr mit vorgehaltener Pistole zum Mitmachen zwingen. Doch der gab der Drohung nur scheinbar nach und ordnete kurz darauf Gegenmaßnahmen an. Hitler und die Seinen mussten erkennen, dass sie isoliert waren. Trotzdem zog das Häuflein Entschlossener tags darauf Richtung Feldherrnhalle, wo der Putschversuch im Kugelhagel der bayerischen Landespolizei endete. Hitler wurde kurz darauf festgenommen und wegen Hochverrats zu nur fünf Jahren Haft auf der Festung Landsberg verurteilt, die er bereits rund ein Jahr später als freier Mann wieder verlassen konnte.

Statt mit ihm hart ins Gericht zu gehen, machte es die Republik ihrem Todfeind leicht. Viel zu viele, gerade auch in Kreisen der Justiz, dachten ähnlich wie der Volksverhetzer aus München. Das Urteil bescheinigte Hitler und dessen Mitangeklagten, »von rein vaterländischem Geiste und dem edelsten, selbstlosen Willen« geleitet gewesen zu sein, als sie geglaubt hätten, »zur Rettung des Vaterlandes handeln« zu müssen. Hitlers Stern schien nach seinem Fehlschlag zunächst im Sinken, aber er lernte daraus und erkannte, dass die Weimarer Demokratie mittlerweile und wohl auch künftig nicht mehr durch einen Putsch von unten zerstört werden konnte, sondern dass der Weg zur Macht über die Eroberung des Staates selbst führte. Wie erfolgreich und schnell dieser Durchmarsch sein würde, vermochte sich Mitte der Zwanzigerjahre gewiss niemand vorzustellen.

Goldene Jahre? (1924–1929)

Nachdem die Republik das Jahr 1923 überlebt hatte, Inflation, Ruhrkampf und Hitler-Putsch hinter ihr lagen, bekamen die verantwortlichen Politiker endlich eine neue Chance, Deutschland innen- wie außenpolitisch in ruhigere Bahnen zu lenken. Das besondere Verdienst für diese Bemühungen, dem Reich wirtschaftlich wieder auf die Beine zu helfen und es auf die weltpolitische Bühne zurückzuführen, gebührte vor allem einem Mann: Gustav Stresemann, der als Außenminister mehrerer Kabinette in den nächsten Jahren die erforderlichen Weichen zu stellen versuchte. Innen- und Außenpolitik waren dabei eng miteinander verzahnt. Um das Bürgertum für die Republik zu gewinnen, brauchte Stresemann internationale Erfolge, die den Versailler Vertrag für Deutschland erträglicher machten. Viel hing in diesem Zusammenhang davon ab, ob er die SPD als stärkste demokratische Kraft im Reichstag auf seine Seite ziehen konnte. Stresemann schwebte so etwas wie ein Brückenschlag zwischen dem bürgerlichen Lager und der

Arbeiterschaft vor, der Deutschland stabile Verhältnisse bescheren sollte. Doch allein die Tatsache, dass die Republik in ihren nur 14 Jahren 20 Regierungen verschliss, zeigt im Rückblick, welche Widerstände einer solchen Verständigungspolitik entgegenstanden – nicht zuletzt in Stresemanns eigener Partei selbst.

Gegenüber den Westmächten und der auf den Trümmern Russlands neu errichteten kommunistischen Sowjetunion knüpfte Stresemann an Bismarcks Gleichgewichtspolitik an. Die Versailler Nachkriegsordnung sollte schrittweise und mit friedlichen Mitteln so zugunsten des Reichs verändert werden, dass es seinen beherrschenden Einfluss auf dem europäischen Kontinent zurückgewinnen konnte. Ausgleich mit dem Westen hieß für Stresemann deshalb immer auch, die Frage der deutschen Ostgrenzen offen zu halten, um Spielraum für eine künftige Machtausdehnung zu gewinnen. Aber erst einmal musste das Problem der Reparationen in Angriff genommen werden, die Deutschland die Hände banden.

Erleichterungen brachte 1924 der Dawes-Plan. Das nach dem amerikanischen Bankier Charles G. Dawes benannte Abkommen senkte die jährlichen Zahlungsverpflichtungen für das Reich und machte sie fortan von dessen finanziellen Möglichkeiten abhängig. Zudem verpflichtete sich Frankreich, innerhalb eines Jahres das Ruhrgebiet zu räumen. Aber vor allem wurde Deutschland ein internationaler Kredit in Höhe von 800 Millionen Goldmark gewährt, der die Wirtschaft ankurbeln und die Währung sichern sollte. Positive Folgen waren rasch zu spüren und schlugen sich auch bei der Reichstagswahl im Dezember 1924 nieder, als die extremen Flügelparteien deutliche Verluste hinnehmen mussten. So erreichte die KPD ganze neun Prozent der Wähler, während die Nationalsozialisten auf einer gemeinsamen Liste mit anderen völkischen Rechtsradikalen gerade mal auf drei Prozent kamen.

Ein Jahr später erzielte Stresemann einen weiteren Durchbruch. In den Verträgen von Locarno fanden sich Deutschland, Frankreich und Belgien zu gegenseitigem Gewaltverzicht sowie zur Anerkennung ihrer bestehenden gemeinsamen Grenzen bereit. Das Reich erklärte sich außerdem mit der Entmilitarisierung des Rheinlands einverstanden. Was kurz zuvor noch unvorstellbar schien, Stresemann hatte es mit kluger Diplomatie vollbracht: Deutschland war nicht mehr isoliert und im Begriff, als gleichberechtigter Partner ins Konzert der Großmächte zurückzukehren. »Alles atmet nach Jahren der Er- und Verbitterung in Europa einen neuen Geist«, kommentierte das »Berliner Tageblatt« die Sensation. »Politisch gesehen ist die Entente [...] gestorben. Sie hat aufgehört zu existieren und damit die politischen und psychologischen Einkreisungen des deutschen Volkes. Deutschland ist nunmehr ein Glied der Alliierten geworden.«

Und das Reich konnte, wie man hinzufügen muss, die Grenzen im Osten mit friedlichen Mitteln ändern – Stresemanns langfristiges Ziel. Um seine Ausgleichspolitik nach allen Seiten hin abzusichern und russisches Misstrauen zu zerstreuen, schloss der Außenminister mit Moskau einen Freundschaftsvertrag – eine Rückversicherung, auf die einst auch Bismarck Wert gelegt hatte. Ihr Vorteil lag nicht zuletzt auch darin, dass sie den Druck auf Polen erhöhte, das wegen der 1919 verloren gegangenen Ostgebiete am ehesten mit deutschen Forderungen nach Grenzverschiebungen, »Revision«, rechnen musste.

Die Locarno-Verträge ebneten dem Reich den Weg zurück auf die internationale Bühne. 1926 trat Berlin dem Völkerbund bei, jener nach dem Ersten Weltkrieg gegründeten Organisation, in der die Staaten Konflikte untereinander gemeinsam und gewaltlos beilegen sollten. Feierlich beschwor Stresemanns Kollege, der französische Außenminister Aristide Briand, den Anbruch einer neuen Zeit: »Das Zeichen des heutigen Tages ist der Friede für Deutschland und für Frankreich. Das will heißen: zu Ende ist die Reihe der schmerzlichen und blutigen Zusammenstöße, von denen alle Blätter der Geschichte künden. Zu Ende ist der Krieg zwischen uns. Vorüber sind die schweren Wolken der Trauer [...] Fort mit den Gewehren! Fort mit den Maschinengewehren! Fort mit den Kanonen! Platz für die Versöhnung, für das Schiedsgericht und für den Frieden!« Es sah in der Tat alles nach einem Triumph aus. Frankreich und Deutschland – »Erbfeinde« seit Generationen – reichten sich unter amerikanischer und englischer Vermittlung die Hände! Für ihr Versöhnungswerk wurden Briand und Stresemann am 10. Dezember 1926 mit dem Friedensnobelpreis geehrt.

Preis 20 Pf.

Illustrierte Reichsbanner Zeitung

Magdeburg den 7. März 1925

2. Jahrgang Nr. 10

mit offiziellen Nachrichten des Bundesvorstandes

Reichspräsident Ebert †

Deutschlands Ansehen in der Welt und sein Gewicht in Europa stiegen wieder. Aufmerksamen Beobachtern konnte freilich nicht entgehen, dass längst nicht alle Stresemanns Weg machtpolitischer Vernunft folgten. 1925 starb Friedrich Ebert, der erste Präsident der Republik, Mitbegründer der Demokratie und des Staates von Weimar. Bis zu seinem Tod von links und rechts heftig angefeindet, war der SPD-Politiker ein Garant für die neue Ordnung gewesen. Zum ersten Mal sollte nun das Volk, wie in der Verfassung vorgesehen, ein neues Staatsoberhaupt wählen. Und es entschied sich am Ende mit knapper Mehrheit für Generalfeldmarschall Paul von Hindenburg, den schon greisen, aber überaus populären Kandidaten des rechtsnationalen Lagers. Mit Hindenburg, 1871 Augenzeuge der Kaiserproklamation im Spiegelsaal von Versailles und preußischer Monarchist durch und durch, gelangte ein Mann an die Spitze Deutschlands, der als »Ersatzkaiser« über Parlament und Parteien alte Sehnsüchte republikferner Schichten erfüllte. Für die Demokratie aber, sollte sie erneut in Not geraten, ließ das wenig Gutes erwarten.

Gezeichnet durch Rufmord-Kampagnen rechter republikfeindlicher Kreise starb Reichspräsident Ebert am 28. Februar 1925 im Alter von nur 54 Jahren. Sein vom Volk direkt gewählter Nachfolger wurde Generalfeldmarschall Paul von Hindenburg – als Monarchist kein Freund der Republik.

Einstweilen jedoch erlebten die Deutschen scheinbar »goldene Jahre«, in denen es wirtschaftlich und politisch bergauf ging. Die Beschäftigung nahm zu, obwohl auch in den Jahren bis 1929 die Arbeitslosigkeit nie unter sieben Prozent sank. Das Industriewachstum beschleunigte sich und erreichte wieder den Vorkriegsstand. Die Produktion legte zwischen 1924 und 1928 um fast 50 Prozent zu. Löhne und Gehälter stiegen, und man konnte sich wieder etwas kaufen für sein Geld, weil es stabil blieb. Am wachsenden Wohlstand nahmen, wenn auch in unterschiedlichem Maß, alle teil. Die meisten vergaßen allerdings, dass dieser Aufschwung reichlich fließenden Krediten aus dem Ausland, vor allem den USA, zu verdanken war und deshalb Gefahren barg, sollte dieser Kapitalstrom einmal versiegen. Man lebte gewissermaßen auf Pump. Dafür aber ziemlich fröhlich.

Der Boden unter den Menschen schwankte. Alles war in Bewegung geraten, Gewissheiten, die gestern noch unumstößlich schienen, hatten plötzlich ihre Gültigkeit verloren. Die »Roaring Twenties« veränderten das Lebensgefühl auf revolutionäre Weise: Eine neue Zeit war angebrochen, die keinen Stillstand mehr kannte. Kultur und Wissenschaft, Kunst und Architektur durchbrachen Grenzen und trieben wie in einem Labor immer wieder Neues hervor. Vieles davon hatte seine Wurzeln in der Vorkriegszeit, aber erst jetzt drang es in die Öffentlichkeit: die Relativitätstheorie des Physikers Albert Einstein, die Psychoanalyse Sigmund Freuds, die Kompositionen Arnold Schönbergs, die Malerei und Dichtung des Expressionismus, die Schöpfungen der Bauhaus-Architekten.

In den »Roaring Twenties«, den wilden Zwanzigerjahren, pulsierte das Leben schneller und intensiver als zuvor. Das amerikanische Magazin »Life« brachte 1926 den »Charleston« auf seine Titelseite, Ausdruck für ein neues Freiheitsgefühl.

Amerikanische Einflüsse lockerten den Alltag auf. Die Frauen schnitten alte Zöpfe ab und gaben sich selbstbewusst. Der Bubikopf wurde zum Markenzeichen einer neuen Generation von Frauen, die frech und lässig auftraten und sich alten Zwängen nicht länger beugen wollten. Modisch hieß modern zu sein und umgekehrt. Man tanzte nach heißen Jazz-Rhythmen bis zum Umfallen, sah die Stummfilme Fritz Langs oder besuchte ein neues Stück des jungen Dramatikers Bertolt Brecht, der sein Publikum mit sozialkritischem Theater aufrütteln wollte. »Die neue Zeit bricht an / versäumt den Anschluss nicht / die Überfahrt beginnt / ins unbekannte Land der Freiheit«, sang der Chor in der Jazz-Oper »Jonny spielt auf« von Ernst Krenek.

Doch die Unbekümmertheit dieser Jahre täuschte und war nur von kurzer Dauer. Das Leben als Experiment – kein Ort der Welt verkörperte diesen Gedanken damals so wie die Reichshauptstadt Berlin. Sie rollte ihren Teppich aus für all jene, die, ob Wissenschaftler, Künstler oder Schriftsteller, am Durchbruch der Moderne hautnah teilhaben wollten. Dort kam zusammen, was sich in der Sprache der Zeit zur Avantgarde rechnete und mit allen Regeln und Konventionen brach. Scharfe Gegensätze, Verunsicherung und Orientierungsverlust prägten das andere Gesicht der brodelnden Hauptstadt. Nicht wenige fühlten sich vom Tempo des unablässigen Wandels überrollt, verstanden die Welt nicht mehr und machten – wieder einmal – die Juden und deren vermeintlich zersetzenden Einfluss im Kulturleben dafür verantwortlich. Der britische Dichter Stephen Spender, der Berlin gut kannte und von der glitzernden Metropole fasziniert war, ahnte, dass der Tanz auf dem Vulkan dem Ende zuging:

»In diesem Berlin schien es, als verkörpere die Agitation, die Propaganda, die uns in den Straßen und Cafés begegneten, in zunehmendem Maß das ganze Leben der Stadt, fast als gebe es nichts Privates mehr hinter geschlossenen Türen. Berlin war: die Spannung, die Armut, die Wut, die Prostitution, die Hoffnung und Verzweiflung auf die Straße hinausposaunt. Berlin war: die unverschämt Reichen in den Edelrestaurants, die Prostituierten in militärischen Schnürstiefeln an den Ecken, die todernsten, geduckt aussehenden Kommunisten in Marschordnung und die gewalttätigen Jugendlichen, die plötzlich, wie aus dem Nichts heraus, auf dem Wittenbergplatz auftauchten und ›Deutschland erwache!‹ brüllten.«

Und Klaus Mann, Dichtersohn des Nobelpreisträgers Thomas Mann, meinte auch sich selbst, als er über die deutsche Jugend schrieb: »Wir sind eine Generation, sei es, dass nur Ratlosigkeit uns vereine. Ist uns sogar das Ziel noch nicht gemeinsam, das uns erst zur Gemeinschaft weihen könnte, so ist es doch das Suchen nach einem Ziel.« Durch den Ersten Weltkrieg und den anschließenden Zusammenbruch der alten Ordnung aus den gewohnten Bahnen geworfen, hielt sich bei vielen Menschen auch in den Weimarer Jahren ein Grundgefühl von Entwurzelung. Das war nicht zuletzt der Preis für die Fahrt »ins unbekannte Land der Freiheit«. Ob die Deutschen bereit waren, diese spannende, aber auch anstrengende Reise fortzusetzen, sollte sich zeigen, als Staat, Politik und Wirtschaft erneut in den Strudel einer schweren Krise gerieten.

Am 3. Oktober 1929 erlag Außenminister Gustav Stresemann den Folgen eines Schlaganfalls. Hunderttausende nahmen Abschied von dem Staatsmann, der wie kein anderer als Brückenbauer beharrlich versucht hatte, Deutschland an den Westen heranzuführen und eine Mehrheit für die demokratische Republik zu gewinnen. Der liberale Diplomat und Schriftsteller Harry Graf Kessler notierte in seinem Tagebuch: »Es ist ein unersetzlicher Verlust, dessen Folgen nicht abzusehen sind [...] Ich befürchte von Stresemanns Tod in erster Linie sehr ernste innenpolitische Folgen.« Ein anderes Ereignis, genau drei Wochen später, brachte dann eine Lawine ins Rollen, die für die Weimarer Republik zur Existenzfrage werden sollte.

Demokratie am Abgrund (1929–1933)

Von der Weltwirtschaftskrise zum autoritären Staat

Am 24. Oktober 1929 brachen die Aktienkurse an der New Yorker Börse erdrutschartig ein. Die dadurch ausgelöste Krise in der Finanz- und Wirtschaftswelt sandte ihre Schockwellen rund um den Globus. Überall verlangten Gläubiger ihr Geld zurück, weil sie weitere Verluste befürchteten. Deutschland war seit dem Dawes-Abkommen in besonderer Weise von ausländischen Krediten abhängig. Als nun amerikanische Banken begannen, ihr Kapital aus Deutschland abzuziehen, war abzusehen, dass dies schwerwiegende Folgen für die Wirtschaft haben musste. Die Auswirkungen der bald darauf einsetzenden Weltwirtschaftskrise verschonten kein Land, nirgends aber fielen die politischen

Wie hier in Berlin bildeten sich überall in Deutschland nach Ausbruch der Weltwirtschaftskrise 1929 lange Schlangen vor den Arbeitsämtern. Bis 1932 stieg die Zahl der Beschäftigungslosen auf rund 6,7 Millionen – das entsprach mehr als 30 Prozent der erwerbsfähigen Bevölkerung.

Reaktionen auf den Einbruch der Produktion und den Anstieg der Arbeitslosigkeit so heftig aus wie im Deutschen Reich.

Seit 1928 regierte eine unter Vermittlung von Stresemann gebildete Große Koalition unter dem SPD-Kanzler Hermann Müller. Gegen den erbitterten Widerstand der rechtsnationalen Opposition, die mit einem Volksbegehren scheiterte, setzte die Regierung unter Stresemanns Federführung ein Jahr später den Young-Plan durch – einen Vertrag, der die Reparationslasten für Deutschland neu regelte und die endgültige Räumung des Rheinlandes durch Frankreich vorsah. Doch dieser Erfolg hielt das Kabinett nicht lange zusammen. Während die Zahl der Erwerbslosen in die Höhe schoss – Ende 1929 waren es bereits 2,9 Millionen, also rund zehn Prozent der Beschäftigten –, nahm die Finanznot im Reich, in den Ländern und Gemeinden immer bedrohlichere Ausmaße an. Die Mittel der erst kurz zuvor eingerichteten Arbeitslosenversicherung, in die Arbeitgeber und Arbeitnehmer Beiträge einzahlten, reichten für die sich abzeichnende Krise bei Weitem nicht aus.

Uneins, wie die Staatsfinanzen in Ordnung zu bringen seien, zerbrach die Regierung Müller schließlich im März 1930 im Streit darüber, ob die Versicherungsbeiträge nach dem Willen der SPD erhöht oder die Unterstützungsleistungen gesenkt werden sollten, worauf die industriefreundliche DVP beharrte. So gering der sozialpolitische Anlass für das Zerwürfnis auch schien: Bei diesem Konflikt ging es letztlich um die Frage, inwieweit die Weimarer Republik auch in schwieriger Zeit ein Sozialstaat bleiben sollte. Gerade in den Reihen der Sozialdemokratie aber übersahen viele, dass längst mehr auf dem Spiel stand. Mächtige Kreise in Industrie und Landwirtschaft drängten nämlich schon seit geraumer Zeit den konservativen Reichspräsidenten Hindenburg zu einem Richtungswechsel. Sie waren das parlamentarische Kräftespiel leid und machten sich für eine autoritäre Regierung stark, die unabhängig vom Reichstag den angeblich zu arbeitnehmerfreundlichen Sozialstaat überwinden sollte.

Und Hindenburg kam diesen Wünschen nach. Am 30. März 1930 ernannte er den Zentrumspolitiker Heinrich Brüning zum Reichskanzler, der, gestützt auf die Notverordnungen des Art. 48 der Weimarer Verfassung, bis Ende Mai 1932 die Geschicke Deutschlands lenkte. Mit verhängnisvollen Folgen. Brünings Amtsantritt besiegelte das Schicksal der Demokratie; fortan spielte das Parlament als Gesetzgeber und gestaltende Kraft im Reich keine Rolle mehr. Gedeckt durch Hindenburg, konnte Brüning den Reichstag nach Belieben auflösen, so wie es schon Bismarck vorgemacht hatte, wenn er auf der Suche nach neuen Mehrheiten war.

Brünings Deflationspolitik, eine Mischung aus eisernem Sparwillen und staatlicher Untätigkeit, trieb das Land immer tiefer in die Krise. Die Quittung erhielt der Kanzler bereits bei der Reichstagswahl am 14. September 1930. Wenn er auf eine regierungsfreundliche Mehrheit gehofft haben sollte, sah er sich gründlich getäuscht. Seine eigene Partei, das Zentrum, erzielte lediglich 11,8 Prozent der Stimmen; das bürgerliche Lager, von den liberalen bis zu den konservativen Parteien, büßte erheblich in der Wählergunst ein. Stärkste Partei, wenn auch mit großen Verlusten, blieben die Sozialdemokraten (24,5 Prozent), während die Kommunisten einen Anstieg auf 13,1 Prozent verzeichnen konnten. Zu äußerster Besorgnis aber musste das Abschneiden einer Partei Anlass geben, die bei der zurückliegenden Reichstagswahl 1928 ganze 800 000 Stimmen für sich hatte verbuchen können: die NSDAP Adolf Hitlers. Sie versammelte 6,4 Millionen Wähler hinter sich und kam mit einem Schlag auf 18,3 Prozent. Fast ein Drittel der Bevölkerung hatte sich also für Parteien der extremen Rechten und Linken entschieden, die den Weimarer Staat nach wie vor hasserfüllt bekämpften. Was war geschehen?

Der Aufstieg des Nationalsozialismus zur Massenbewegung

In den relativ ruhigen Jahren zuvor hatten die Radikalen von links und rechts zwar keineswegs ihren Frieden mit der Republik gemacht. Ihr Einfluss im politischen Alltag war aber merklich zurückgegangen. Erst in der Wirtschaftskrise bekamen sie erneut Aufwind. Die KPD, mittlerweile ganz unter dem Einfluss des sowjetischen Tyrannen Josef Stalin, rief weiter zum Sturz des Kapitalismus und der Errichtung der Diktatur des Proletariats auf. Dabei war sie im Grunde nichts anderes als ein verlängerter Arm Stalins, der nach Lenins Tod alle politischen Rivalen ausgeschaltet und die Herrschaft in Moskau an sich gerissen hatte. Ihm ging es bei der Errichtung des Sozialismus nicht mehr in erster Linie um die Weltrevolution, sondern um die Sicherung und den Ausbau der eigenen Macht. Und dafür ließ er auch die deutschen Kommunisten nach seiner Pfeife tanzen. Mal radikaler, mal – zum Schein – gemäßigter, je nachdem, welche Innen- und Außenpolitik er gerade verfolgte.

Das Streben nach totaler Herrschaft trieb auch jenen Mann an, der beim Putschversuch 1923 so kläglich gescheitert war: Adolf Hitler. Während seiner Haftzeit in Landsberg 1924 schrieb er sein Buch »Mein Kampf«, ein Zeugnis der Besessenheit, das lange niemand ernst nahm. Doch was sich so wirr las, war in Wirklichkeit die Ankündigung eines auf Krieg und Völkermord zielenden Programms, an dem der Autor im Wesentlichen festhielt. Nichts konnte ihn von der Vorstellung einer »jüdischen Weltverschwörung« abbringen, bei der angeblich die »Drahtzieher« des Marxismus und die »Hintermänner« des internationalen Finanzkapitals die Hände im Spiel hatten, um Deutschlands Untergang herbeizuführen. So widersinnig und unlogisch die Gleichsetzung von Marxismus, Bolschewismus und Kapitalismus auch war – sie schuf ein perfektes Feindbild als Verkörperung alles Bösen. In hellem Licht dagegen erschien

die Antwort darauf: der Nationalsozialismus, das Aufgehen nationaler und sozialer Sehnsüchte in der selig machenden »Volksgemeinschaft«.

Zwei Ziele in Hitlers rassistischer »Weltanschauung« traten an die Oberfläche und begannen sich gegenseitig zu verstärken: die »Judenvernichtung« und die Eroberung von »Lebensraum« für die deutsche Nation im Osten. Beide hingen zusammen, ihr Verbindungsglied war der Krieg. Denn Deutschlands Niederlage im Ersten Weltkrieg hätte Hitler zufolge abgewendet werden können, wenn gleich zu Beginn »zwölf- oder fünfzehntausend dieser hebräischen Volksverderber [...] unter Giftgas gehalten worden wären«. In einem neuen Anlauf sollte das »Volk ohne Raum«, so der Titel eines Romans über die Deutschen, gen Osten ziehen und das »Ende der Judenherrschaft in Russland« besiegeln. Das schrieb Hitler im zweiten Band seiner Kampfschrift und prophezeite: »Deutschland wird entweder Weltmacht oder überhaupt nicht sein.« Sieg oder Untergang, das Recht des Stärkeren über den Schwächeren – in diesen Bahnen bewegte sich Hitlers Denken. So ein Sozialdarwinismus war nicht neu, aber erst Hitler gewann mit diesen primitiven Ansichten das Ohr der Massen.

Mit den einstudierten Gebärden eines Schauspielers zielte Hitler auf die Instinkte und Gefühle der Masse. Was heute nur noch lächerlich erscheint, faszinierte damals immer mehr Menschen, für die Hitler glaubwürdig wirkte.

Seit 1924 sah er sich zunehmend als den von der Vorsehung auserwählten »Führer«, der Deutschland retten und die nationale »Erlösung« bringen werde. Nach seiner Haftentlassung im Dezember dieses Jahres formte er die NSDAP schrittweise zu einer »Führerpartei« um, bis sie ihm ganz und gar unterstand. Dabei halfen ihm glühende Verehrer wie etwa Joseph Goebbels, Hitlers späterer Propagandaminister, der die NS-Bewegung im traditionell roten Berlin organisierte. Der fehlgeschlagene Putsch hatte Hitler gelehrt, dass die Macht im Weimarer Staat nicht mehr auf der Straße lag. Um sie zu erlangen, sollte das verhasste »System«, wie die verächtliche Bezeichnung für die Republik lautete, mit dessen eigenen Mitteln bekämpft und überwunden werden. Die NSDAP beteiligte sich nun an Wahlen und Volksbegehren, aber nur, um in den Parlamenten mit viel Radau und allen erdenklichen Störmanövern die Arbeit lahm zu legen und die Demokratie der Lächerlichkeit preiszugeben. Gleichzeitig sorgten einschüchternde Aufzüge braun uniformierter SA-Scharen auf den Straßen Deutschlands zusehends für ein Klima von Angst und Schrecken. Dabei kam es immer häufiger zu gewaltsamen Zusammenstößen mit kommunistischen Demonstranten, die schon bald bürgerkriegsähnliche Ausmaße annahmen. Nur scheinbar hatte sich Hitler auf den legalen Weg zur Macht begeben, tatsächlich blieb er ein Umstürzler, der die Demokratie beseitigen wollte.

Von den bürgerlichen Parteien und der Sozialdemokratie enttäuscht, wandten sich in der Wirtschaftskrise seit 1930 immer mehr Wähler radikalen Gruppen zu, die einfache Lösungen versprachen. Die Republik, stets ungeliebt, verlor rasch den Rest an Rückhalt, den sie sich in den wenigen Jahren zuvor so mühsam hatte erwerben können. Immer weniger trauten den alten Kräften zu, mit Not und Arbeitslosigkeit fertig zu werden, die viele auch als eine Folge des Versailler Vertrages sahen. »Von einer parlamentarischen Regierung will man nichts mehr wissen, da alle großen Parteien versagt hätten«, fasste ein Bericht aus Bayern die allgemeine Stimmung zusammen.

Die SPD im Reichstag duldete die autoritäre Kanzlerschaft Heinrich Brünings, um eine von den Nationalsozialisten abhängige Regierung zu verhindern. Erschwerend kam zu dieser Politik des kleineren Übels hinzu, dass der »Bruderkampf« zwischen Sozialdemokraten und Kommunisten die Auseinandersetzung mit der NS-Bewegung überlagerte. Statt die Gefahr von rechts gemeinsam zu bekämpfen, brandmarkte die moskauhörige KPD die SPD als Klassenfeind und rückte sie in die Nähe der Nationalsozialisten.

Schon bei der Septemberwahl 1930 war deutlich geworden, dass die NSDAP im Gegensatz zu den übrigen Parteien Zulauf

Die anhaltende Wirtschaftskrise trieb auch den Mittelstand und Selbstständige in den Ruin. Immer mehr Unternehmen, Läden und Geschäfte mussten aufgeben oder Konkurs anmelden.

aus nahezu allen Teilen der Bevölkerung hatte und vor allem bei der jüngeren Generation auf viel Zustimmung stieß. Das konnte insofern kaum verwundern, als jedermann die Auswirkungen der Wirtschaftskrise zu spüren bekam. Nicht nur Arbeiter und Angestellte, sondern auch und gerade der Mittelstand, dem noch immer das Trauma der Inflationsjahre vor Augen stand. Selbst Wohlhabende blieben nicht verschont und lernten Verarmung und Verzweiflung kennen. »Die Königsallee in Berlin-Grunewald«, schilderte ein Zeitungsbericht jene Zeit, »ist etwa das, was in Hamburg der Harvestehuder Weg ist; da stehen also die Palazzi der Leute mit Patrizier-Einkommen. Wenn man da sonst […] abends entlangging, war jedes dritte oder vierte Haus hell erleuchtet. Aha: Große Gesellschaft! Der erste Fliederduft mischte sich mit dem des getrüffelten Fasans. Heute liegt alles im Dunkeln – und jedes dritte oder vierte Haus steht zum Verkauf.«

Wie verlockend musste im Elend die Botschaft Hitlers und seiner Gefolgschaft klingen: »Die nationalsozialistische Bewegung wird mit ihrem Sieg den alten Klassen- und Kastengeist überwinden. Sie wird aus Standeswahn und Klassenirrsinn wieder ein Volk erstehen lassen. Sie wird dieses Volk zu eiserner Entschlossenheit erziehen. Sie wird die Demokratie überwinden und die Autorität der Persönlichkeit in ihre Rechte setzen.« Nach und nach verschaffte sich Hitler auch in den oberen Kreisen von Militär, Politik, Wirtschaft und Bürokratie einen gewissen Respekt. Noch lehnten ihn viele wegen seiner Radikalität und der Brutalität seiner SA-Horden ab. Noch wahrten einflussreiche Unternehmer Abstand, weil sie ihn für einen verkappten Kommunisten hielten, der ihnen ihren Besitz rauben wollte. Noch durchschauten ihn nur die wenigsten. Aber man begann ihn als Politiker ernst zu nehmen und mit ihm zu rechnen. Im Lager der nationalen Opposition, die inzwischen rechts vom Präsidialkabinett des Kanzlers Brüning stand, war Hitler die Führerschaft ohnehin kaum mehr streitig zu machen, nachdem er seinen Anspruch darauf bei einer gemeinsamen Kundgebung mit der DNVP, Vertretern der DVP, Prominenten aus Adel, Landwirtschaft und Industrie sowie den einschlägigen militärischen Verbänden in Bad Harzburg angemeldet hatte.

Das war im Herbst 1931 gewesen. Im Sommer hatte der Zusammenbruch des Bankenwesens in Deutschland die Wirtschaftskrise noch einmal verschärft. Während Kanzler Brüning weiter auf eine Wende durch seine Sparpolitik hoffte und nichts unternahm, um die Wirtschaft zu beleben, gingen immer mehr Firmen Pleite und stieg das Heer der Arbeitslosen über die Vier-Millionen-Grenze. Fast ein Viertel der Erwerbsfähigen war im Jahresdurchschnitt ohne Beschäftigung. 1932 kletterte dieser Anteil noch einmal auf nun mehr als 30 Prozent. Im Februar dieses Jahres hatten insgesamt rund 6,7 Millionen Menschen in Deutschland keine Arbeit – mehr als in irgendeinem anderen Land der Welt. Für die Betroffenen und ihre Familien war bittere Not die Folge.

Im Herbst 1932 lebte über ein Drittel der Deutschen von öffentlichen Zuwendungen. Das waren überwiegend karge Mittel aus der Armenfürsorge von Städten und Gemeinden, denn das Netz der Arbeitslosenversicherung konnte immer weniger Bedürftige auffangen. Hunger, Unterernährung und Krankheiten breiteten sich aus. Wie in der Reichshauptstadt Berlin bot sich überall in Deutschland ein Bild des Elends. Ein englischer Zeitzeuge hielt seine Eindrücke fest: »Morgen für Morgen wachen überall in der riesigen, taufeuchten, trübsinnigen Stadt und den Laubenkolonien in den Vorstädten junge Männer auf und beginnen einen neuen arbeitslosen, leeren Tag, aus dem sie das Beste machen, was ihnen einfällt: Schnürsenkel verkaufen, betteln, im Foyer des Arbeitsamts Dame spielen,

Von Jahr zu Jahr wurde die Lage der Arbeitslosen verzweifelter. Ganze Bevölkerungsschichten verarmten und litten unter wachsender Not. Die Folge: Radikale von rechts und links bekamen Aufwind.

sich in der Umgebung von Pissoirs herumdrücken, die Türen anhaltender Autos aufreißen, auf den Märkten Kisten schleppen, Klatsch austauschen, faulenzen, stehlen, Pferderenntips aufschnappen, aus dem Rinnstein aufgelesene Zigarettenkippen gemeinsam aufrauchen, für ein paar Groschen in Innenhöfen und in der U-Bahn zwischen zwei Stationen Volkslieder singen.«

Viele Menschen wussten keinen Ausweg mehr und brachten sich um. »Wegen Ausbleiben der Weihnachtseinkäufe haben in Berlin innerhalb weniger Tage fünf Berliner Geschäftsleute Selbstmord verübt.« Immer häufiger brachten die Zeitungen solche traurigen Meldungen. Die dramatische Entwicklung spielte Hitler in die Hände. Im Frühjahr 1932 wurde der Reichspräsident neu gewählt. Paul von Hindenburg, ein Greis, der seine Verantwortung kaum noch wahrnehmen konnte und mehr und mehr den Einflüsterungen seiner reaktionären Junkerfreunde erlag, setzte sich mit 53 Prozent der Stimmen erneut durch. Sogar die Sozialdemokraten hatten das Idol der Republikgegner unterstützt, um – wieder einmal – Schlimmeres zu verhüten. Denn auch der »Führer« der nationalsozialistischen Bewegung, Adolf Hitler, hatte kandidiert und immerhin 36,8 Prozent der Wähler auf seine Seite ziehen können.

Hitler am Ziel: die Republik dankt ab

Mehr als ein Drittel der Deutschen bekannte sich bereits zu Hitler, und der Druck auf Brüning nahm zu. Hindenburg ließ ihn Ende Mai 1932 fallen, um den Weg für einen Mann frei zu machen, der den immer aggressiver auftretenden Nationalsozialisten den Wind aus den Segeln nehmen sollte: Franz von Papen. Brünings Nachfolger, ein westfälischer Gutsbesitzer, war ganz nach dem Geschmack des Reichspräsidenten, weil er den Geist jener alten preußisch-deutschen Adelskaste verkörperte, die das Rad der Geschichte zurückdrehen wollte, um ihre Vorzugsstellung in Staat und Gesellschaft zu behalten. Hitler hatte die Duldung des »Kabinetts der Barone«, das wie schon Brüning mit Notverordnungen aus der Hand des Reichspräsidenten regierte, an die Bedingung von Neuwahlen zum Reichstag geknüpft. Statt dem neuen Kanzler wenigstens etwas Ruhe zu verschaffen, erfüllte der Reichspräsident diese Forderung – ein verhängnisvoller Fehler.

Dabei hätten sich die Deutschen zunächst einmal freuen können. Denn auf einer Konferenz in Lausanne wurde im Juni ein Abkommen beschlossen, das Deutschland – bis auf einen kleinen Rest – praktisch von der Last der Reparationen befreite. Das war ein Durchbruch, welcher der rechtsradikalen Propaganda gegen das »Diktat von Versailles« im Grunde den Boden hätte entziehen müssen. Doch er kam wohl zu spät, um noch Wirkung zu zeigen. Deutschland erlebte den blutigsten Wahlkampf aller Zeiten. Bei offenen Straßenschlachten zwischen Nazis und Kommunisten starben allein im Juli 1932 86 Menschen. Das Kabinett Papen machte für den drohenden Zusammenbruch der öffentlichen Ordnung vor allem die sozialdemokratisch geführte Polizei in Preußen verantwortlich. Anders als im Reich war die SPD im ehemals so rückschrittlichen Preußen nach 1918 immer Regierungspartei gewesen und hatte großes Verdienst daran, dass die Demokratie dort wirklich Fuß gefasst hatte. Wer Weimar mit Hilfe eines stramm autoritären Staates hinter sich lassen wollte, musste diese Bastion der Republik zerschlagen.

Und so kam es. In einem Handstreich setzte Papen die preußische Regierung unter Ministerpräsident Otto Braun im Juli 1932 ab und ernannte sich selbst zum Reichskommissar für das Land. Das war ein glatter Verfassungsbruch, der weder zur Beruhigung des politischen Klimas beitrug noch Papens Stellung festigte. Ganz im Gegenteil. Der Ausgang der Reichstagswahl am 31. Juli 1932 musste alle, die geglaubt hatten, Hitlers Bewegung werde versanden, wenn man nur hart genug gegen Sozialdemokraten und Kommunisten durchgreife, eines Besseren belehren.

Überragender Gewinner mit 37,4 Prozent der Stimmen war die NSDAP, die als nun stärkste Fraktion 230 Sitze im Reichstag hatte. Das war im Vergleich zur Wahl 1930, als man 18,3 Prozent erzielt hatte, ein Zuwachs von über 19 Prozent; die NSDAP hatte ihre Stimmenzahl verdoppelt. Die KPD legte nur gut ein Prozent zu und erreichte 14,5 Prozent. Weit abgeschlagen landete das Zentrum bei 12,5 Prozent, die SPD sank auf 21,6 Prozent und die übrigen bürgerlichen Parteien, wie etwa die DNVP und die DVP, wurden mit einstelligen Ergebnissen zu Randerscheinungen. Die NSDAP hatte zahlreiche kleine Splitterparteien, die ehemals liberale Mitte sowie das rechtsnationale Lager nahezu aufgesogen und obendrein großen Zuspruch bei Erst- und vormaligen Nichtwählern gefunden. Aber auch Arbeiter, Angestellte und kleine Selbstständige waren zu Hitlers Partei übergelaufen. Nur das katholische Zentrum, die Sozialdemokratie und die Kommunisten verfügten offenbar noch über einen Kern treuer Wähler. Die NSDAP war zu einer Massenbewegung geworden – über alle Schichten vereint im radikalen Protest gegen das, was von der Weimarer Republik noch übrig geblieben war.

Und sie drängte zur Macht. Papens Tage waren gezählt. Noch lehnte es Hindenburg ab, den »böhmischen Gefreiten« zum Kanzler zu ernennen. Aber hinter den Kulissen begannen Verhandlungen über eine Regierungsbeteiligung Hitlers, um ihn und seine Bewegung einzubinden. Ein Trugschluss. Der »Führer« bestand auf der Kanzlerschaft und drohte mit einer gewaltsamen Erhebung seiner aufgepeitschten Anhängerschaft. Doch dann erhielt er einen Dämpfer, als die NSDAP bei einer erneuten Reichstagswahl im November 1932 deutliche Verluste verzeichnete. Letztlich zu Hitlers Gunsten freilich schlugen die Gewinne der Kommunisten aus, denn sie verstärkten die Furcht vor einem offenen Bürgerkrieg. Nun trat ein Mann auf den Plan, der schon seit geraumer Zeit im Hintergrund die Fäden zog: Reichswehrminister Kurt von Schleicher. Der General war schon in den Anfangsjahren der Republik dabei, als die Reichswehr zu einem »Staat im Staate« wurde und der Weimarer Ordnung mit großer innerer Ablehnung gegenüberstand. Dieser Entwicklung war es zu verdanken, dass Schleicher über Jahre hinweg eigenmächtig Politik im Verborgenen treiben konnte.

Nur einige wenige Wochen blieben dem General, nachdem es ihm gelungen war, Anfang Dezember das Vertrauen des Reichspräsidenten als Nachfolger Papens zu gewinnen, um Hitlers Griff nach der Herrschaft noch zu verhindern. Schleicher schwebte ein breites Bündnis von Militär, Gewerkschaften und Teilen der NSDAP unter Einschluss des Hitler-Rivalen Gregor

Strasser vor, das Deutschland aus der Krise führen sollte. Dieser Plan schlug nicht zuletzt deshalb fehl, weil der entmachtete Papen nunmehr alles daransetzte, Schleicher zu stürzen. Dafür war ihm fast jedes Mittel recht – sogar ein Kanzler Adolf Hitler, den er dem immer noch zögernden Reichspräsidenten jetzt aufzudrängen begann. Einflussreiche Adlige, ostelbische Grundbesitzer, alles Freunde Hindenburgs, die bei ihm Gehör fanden und denen der »soziale General« Schleicher zu links war, unterstützten Papen bei seinem Vorhaben. Auch große Teile der Industrie begannen sich nun allmählich mit dem Gedanken einer Kanzlerschaft Hitlers anzufreunden. Denn nur er verfügte über den nötigen Rückhalt bei den Massen für den von der Wirtschaft schon lange geforderten starken Staat ohne Parlament, der die Arbeiterschaft klein halten sollte. Den ganzen Januar über bearbeiteten Papen und seine Gehilfen Hindenburg. Am Ende langwieriger Verhandlungen hatte Hitler eingewilligt, zahlreiche bürgerliche Minister in sein Kabinett aufzunehmen. Das sollte diejenigen beruhigen, die eine Diktatur der Nationalsozialisten befürchteten und Hitler sozusagen einrahmen und zähmen wollten – was sich als folgenschwere Selbsttäuschung erwies.

Hindenburgs Bedenken aber schienen nun ausgeräumt. Nach Schleichers Rücktritt und verstört durch Hitlers in die Welt gesetzte Behauptung, der General plane einen Militärputsch (was nicht stimmte), ernannte der Reichspräsident den »Führer« der NSDAP am 30. Januar 1933 zum Kanzler des Deutschen Reichs. Keine Mehrheit im Parlament hatte dem gescheiterten Kunstmaler aus Österreich dazu verholfen, aber von den Massen war er nach oben getragen worden. Seine Berufung war weder zwangsläufig noch unabwendbar. Doch sie erfolgte auch nicht zufällig, sondern in einer Zeit politischen Verfalls, als die Demokratie längst abgedankt hatte und Deutschlands Schicksal in den Händen einiger weniger Männer lag, die Weitblick vermissen ließen und nur kurzsichtige Interessen verfolgten.

Immerhin gab es ja bis zuletzt Überlegungen, das lahmgelegte Parlament wieder in die Verantwortung zu nehmen. Spätestens seit Kommunisten und Nationalsozialisten die Mehrheit im Reichstag stellten, war die Volksvertretung vollends arbeitsunfähig geworden, da die Radikalen jede positive Mitarbeit verweigerten und ihre Mandate zum Kampf gegen

Aufmarsch der SA vor dem Brandenburger Tor in Berlin nach der Ernennung Adolf Hitlers zum Reichskanzler. Auf straff organisierte Massenkundgebungen verstanden sich die Nazis sehr gut. Sie sollten Gegner einschüchtern, Schwankende überwältigen und die eigenen Anhänger mitreißen.

die Verfassungsordnung missbrauchten. Doch bereits zuvor hatten sich die Parteien schwer getan, Kompromisse zu finden. Das lag nicht zuletzt daran, dass laut Verfassung beliebige Mehrheiten Regierungen stürzen konnten, ohne sich auf einen neuen Kanzler einigen zu müssen. Deshalb wurde noch im Januar 1933 an die Einführung eines sogenannten konstruktiven Misstrauensvotums gedacht. Danach wäre ein Regierungswechsel durch Kanzlersturz nur möglich gewesen, wenn sich die Parlamentsmehrheit auf einen gemeinsamen neuen Kandidaten verständigt hätte. 1949 fand diese Regelung Eingang ins Grundgesetz der Bundesrepublik Deutschland. Im Januar 1933 gingen die Ereignisse über solche Gedankenspiele hinweg. Die Uhr für die Demokratie war offenbar abgelaufen.

»Und nun, meine Herren, vorwärts mit Gott!« Mit diesen Worten hatte Hindenburg Hitlers Regierung seinen Segen gegeben. Noch gab sich der neue Vizekanzler Papen siegessicher. »In zwei Monaten haben wir Hitler in die Ecke gedrückt, dass er quietscht«, schlug er Warnungen eines Bekannten in den Wind. Der lange Fackelzug marschierender SA-Kolonnen mitten durch Berlin am Abend des 30. Januar weckte dagegen düstere Vorahnungen. Das Schauspiel der an Hitler mit lauten »Heil«-Rufen vorbeiziehenden Massen war von Propagandachef Goebbels perfekt organisiert worden. Kritischen Zeitgenossen war klar, dass die Lichter der Freiheit und Demokratie nach dem von den Nazis gefeierten »Tag der nationalen Erhebung« in Deutschland bald vollends verlöschen würden.

VI. Zwölf Schreckensjahre – die nationalsozialistische Diktatur

Führerstaat und Rassenpolitik in der »Volksgemeinschaft« (1933–1936)

Auf dem Weg zur Alleinherrschaft

Mit der Ernennung Adolf Hitlers zum Reichskanzler am 30. Januar 1933 begann die eigentliche Machteroberung der Nationalsozialisten. Die neue Regierung der »nationalen Konzentration« weckte bei Beobachtern im In- und Ausland zunächst nur mäßiges Interesse, schienen doch bekannte Gesichter aus dem konservativen Lager den Ton anzugeben und den »Führer« der NSDAP einzurahmen. Neben Vizekanzler Papen waren unter anderem mit Außenminister Konstantin Freiherr von Neurath, dem deutschnationalen Wirtschafts- und Landwirtschaftsminister Alfred Hugenberg und Finanzminister Lutz Graf Schwerin von Krosigk angesehene Herren aus der feinen Gesellschaft in Amt und Würden.

Kaum jemand hätte sich vorstellen können, was nun bis zum Sommer 1933 Schlag auf Schlag erfolgte und ein Jahr darauf seinen vorläufigen Höhepunkt erreichte: die Beseitigung der Säulen von Demokratie, Parlamentarismus und Rechtsstaatlichkeit in Deutschland und die Errichtung eines totalitären Staates, der sich wie ein Krebsgeschwür in sämtliche Lebensbereiche hineinfraß. Terror und Propaganda, Gewalt und Einschüchterung, Täuschung und Lüge waren die Mittel dieser Umwälzung, die einer Revolution gleichkam. Am Ende standen die Einparteienherrschaft der NSDAP und die unumschränkte Führerdiktatur.

Dabei spielten Hitler mehrere Umstände in die Hände. Er hatte die Übernahme der Kanzlerschaft von einer anschließenden Auflösung des Reichstags und Neuwahlen abhängig gemacht. Das klang harmlos und sogar demokratisch, war aber nicht so gemeint. Hitler wollte ein »Ermächtigungsgesetz« mit umfassenden diktatorischen Befugnissen, um unabhängig von den Notverordnungen des Reichspräsidenten zu werden und freie Hand zu bekommen. Eine ihm gefügige Mehrheit im Reichstag sollte diesen Staatsstreich absegnen und ihm den Anschein von Legalität verleihen. Trotz böser Ahnungen gaben Hitlers konservative Koalitionspartner und der zunächst wieder einmal zögernde Reichspräsident der Forderung nach. Sie hatten sich wohl von der Zusicherung Hitlers verlocken lassen, dass dies die letzten Wahlen sein würden und damit das Ende der parlamentarischen Demokratie in Deutschland.

Am 1. Februar 1933 wurde der Reichstag aufgelöst, fünf Wochen später, am 5. März, sollte er neu gewählt werden. Für die Nationalsozialisten der Startschuss zu einer beispiellos blutigen Wahlschlacht, die staatlich gelenkte Gewalt und Propaganda mit dem Terror der Straße verband. In seiner ersten Rundfunkrede als Reichskanzler wandte sich Hitler an das deutsche Volk, pries sich selbst als Retter der Nation und blies zum »Angriff gegen den Marxismus«, der »Deutschland ruiniert« habe. Vor allem zwei skrupellose Männer an Hitlers Seite waren es, welche die nun augenblicklich einsetzende Hetzjagd auf Linke aller Schattierungen, in erster Linie aber Sozialdemokraten und Kommunisten, organisierten: der bald darauf zum Reichsminister für »Volksaufklärung und Propaganda« ernannte Hitler-Verehrer Joseph Goebbels sowie Hermann Göring, Nazi der ersten Stunde und seit dem 30. Januar als kommissarischer preußischer Innenminister Herr über einen schlagkräftigen Polizeiapparat.

Als Volksverhetzer, als »Demagoge schlimmster Sorte« (Goebbels über sich selbst), versprühte des Führers Lügenmeister landauf, landab Hass und Gift gegen alle politisch Andersdenkenden. Doch wie sein großes Vorbild verstand es der begabte Redner, der durch einen Klumpfuß behindert war, die Massen mal zu umschmeicheln und einzulullen, mal aufzupeitschen und mitzureißen. Hitler selbst, der den »Parteien des Zerfalls, des Novembers, der Revolution« sowie allen »Erscheinungsformen des parlamentarisch-demokratischen Systems« den bedingungslosen Kampf ansagte, bot sich dem Volk als Vollstrecker eines göttlichen Auftrags an, der die nationale Wiedergeburt herbeiführen werde. Seine erste Wahlkampfrede am 10. Februar im Berliner Sportpalast schloss der neue »Messias« mit Sätzen, die wie das christliche »Vaterunser« Heil und Erlösung versprachen:

»Denn ich kann mich nicht lösen von dem Glauben an mein Volk, kann mich nicht lossagen von der Überzeugung, dass diese Nation wieder einst auferstehen wird, kann mich nicht entfernen von der Liebe zu diesem meinem Volk und hege felsenfest die Überzeugung, dass eben noch einmal die Stunde kommt, in der die Millionen, die uns heute hassen, hinter uns stehen und mit uns dann begrüßen werden das gemeinsam geschaffene, mühsam erkämpfte, bitter erworbene neue deutsche Reich der Größe und der Ehre und der Kraft und der Herrlichkeit und der Gerechtigkeit. Amen.«

Keiner – außer natürlich Hitler – beherrschte in seiner Zeit die Technik der Propaganda so raffiniert wie er: Joseph Goebbels, der über sich selbst sagte, er sei ein »Demagoge schlimmster Sorte«.

Goebbels, auch er ein Prediger und Volksverführer, erfasste nur zu gut, wie geschickt Hitler seine Worte wählte. Er kommentierte den Auftritt des Kanzlers im Sportpalast – »Die Menschen stehen und warten und singen mit erhobenen Händen, man sieht nur Menschen, Menschen, Menschen« – und notierte: »Das wirkt so natürlich, dass die Menschen alle auf das tiefste davon erschüttert und ergriffen sind. Das ist so erfüllt von Kraft und Gläubigkeit, ist so neu und groß und mutig, dass man gar nichts Vorhergegangenes damit vergleichen kann [...] Die Massen im Sportpalast geraten in einen sinnlosen Taumel. Nun erst beginnt die deutsche Revolution aufzubrechen.«

Mochte bei dieser Schilderung auch die für den Wahrheitsverdreher Goebbels typische Maßlosigkeit und Übertreibung mit im Spiel gewesen sein, erfunden waren diese Eindrücke keineswegs. Hitler kam bei den Deutschen an und immer mehr jubelten ihm zu. Diese wie zahlreiche andere Ansprachen wurden reichsweit im Rundfunk übertragen und erreichten so Millionen. Die Nationalsozialisten erkannten sofort, welche ungeahnten Möglichkeiten das neue Medium bot, um ihre Botschaften zu verbreiten und damit die Bevölkerung zu beeinflussen. Goebbels ließ umgehend einen sogenannten Volksempfänger entwickeln, ein einfaches und preiswertes Radiogerät, das schon bald in fast jedem Haushalt stehen sollte. Und während Hitler und Goebbels abwechselnd das Schreckgespenst eines kommunistischen Aufstands und die »nationale Revolution« beschworen, räumte Göring mit den NS-Gegnern brutal auf.

Von den bürgerlichen Parteien war kaum Gegenwehr zu erwarten. Teils standen sie im Bündnis mit Hitler, teils wie gelähmt im Bann seiner Kanzlerschaft. Doch auch jene, von denen noch am ehesten Widerstand gegen die sich abzeichnende Machtergreifung der Nazis zu erwarten gewesen wäre, die Arbeiterparteien SPD und KPD, blieben ruhig. Zu spät sahen sie und wahrscheinlich auch die große Schar ihrer Anhänger, dass am 30. Januar kein üblicher Regierungswechsel stattgefunden hatte, sondern die Machtübernahme durch eine Bewegung begann, die zu Unterdrückung und Umsturz entschlossen war. Als sie die Gefahr erkannten, waren die Kommunisten und Sozialdemokraten, daneben aber auch viele andere, bereits Opfer politischer Verfolgung.

Viel Spielraum gab es ohnehin zu keinem Zeitpunkt. Bereits am 4. Februar trat reichsweit eine »Verordnung zum Schutze des deutschen Volkes« in Kraft, mit der sozialdemokratische und kommunistische Versammlungen und Zeitungen willkürlich verboten werden konnten. Aber auch Wahlkampfschriften des Zentrums waren davon betroffen. Göring ließ keinen Zweifel daran, wie er sich die Umsetzung dieser Verordnung vorstellte: »Hier habe ich keine Gerechtigkeit zu üben, hier habe ich nur zu vernichten und auszurotten, weiter nichts! […] Solch einen Kampf führe ich nicht mit polizeilichen Mitteln. Das mag ein bürgerlicher Staat getan haben. Gewiss, ich werde die staatlichen und polizeilichen Machtmittel bis zum äußersten auch dazu benutzen, meine Herren Kommunisten, damit Sie hier nicht falsche Schlüsse ziehen, aber den Todeskampf, in dem ich euch die Faust in den Nacken setze, führe ich mit denen da unten, das sind die Braunhemden.«

Mit den »Braunhemden« waren die SA-Verbände gemeint, die in ihren braunen Uniformen Angst und Schrecken verbreiteten – wilden, gesetzlosen Terror von unten. In Preußen, Deutschlands größtem und immer noch einflussreichstem Einzelstaat, einst Hochburg der SPD, unterstand Göring die Polizei – Instrument für Gewalt und Unterdrückung von oben. Die Beamten wurden aufgefordert, »rücksichtslos von der Schusswaffe Gebrauch zu machen«, um dem »Treiben staatsfeindlicher Organisationen« Einhalt zu gebieten. So lautete ein Schießerlass. Wer entsprechend vorgehe, werde von ihm, Göring, »gedeckt«. Wer hingegen seine Pflicht in diesem Sinne nicht erfülle, habe »dienststrafrechtliche Folgen zu gegenwärtigen«. Das war nichts anderes als eine Aufforderung zum Mord in staatlichem Auftrag.

Kurz darauf, am 22. Februar, rückten 25 000 SA-Mitglieder zu Hilfspolizisten auf. Dazu kamen noch einmal so viele aus den Reihen der Schutzstaffel (SS), Hitlers persönlicher Schutztruppe, und vom Stahlhelm, dem Kampfverband der Deutschnationalen. Mit ihren weißen Armbinden war diese Bürgerkriegstruppe nun kurzerhand und rechtswidrig zur schlagkräftigen Waffe eines um sich greifenden Staatsterrorismus geworden. Die Folgen sollten nicht lange auf sich warten lassen.

Am Abend des 27. Februar 1933 brannte der Reichstag in Berlin lichterloh. Das Feuer hatte der Holländer und Rätekommunist Marinus van der Lubbe auf eigene Faust gelegt. Noch immer mutmaßen einige, die Nazis selbst hätten dabei ihre Hand im Spiel gehabt, um den ersehnten Vorwand zum entscheidenden Schlag gegen ihre politischen Gegner selbst zu schaffen. Allerdings spricht sehr viel mehr für die Alleintäterschaft des damals 24-jährigen Niederländers. Denn zunächst wollten die führenden Nationalsozialisten gar nicht glauben, was ihnen da so unverhofft in den Schoß gefallen war. Goebbels erschienen die ersten Meldungen über den Brand als »tolle Phantasie«. Dann hielt er in seinem Tagebuch fest: »Aber es stimmt.« Und weiter: »Alles strahlt. Das fehlte uns noch.«

»Ein Geschenk des Himmels« (Goebbels) war der Reichstagsbrand für die braunen Machteroberer in der Tat. Sogleich setzten sie das Märchen in die Welt, die Brandstiftung sei durch

Am 27. Februar 1933 stand der Reichstag in Flammen. Das »Geschenk des Himmels« (Goebbels) löste eine brutale Verfolgungswelle der Nazis gegen ihre politischen Gegner aus und war der Auftakt zur schrittweisen Errichtung der NS-Diktatur.

kommunistische Drahtzieher im Hintergrund von langer Hand geplant und das Signal zum Aufstand gewesen. Hitler schäumte: »Es gibt kein Erbarmen; wer sich uns in den Weg stellt, wird niedergemacht [...] Jeder kommunistische Funktionär wird erschossen, wo er angetroffen wird. Die kommunistischen Abgeordneten müssen noch in dieser Nacht aufgehängt werden [...] Auch gegen Sozialdemokraten und Reichsbanner gibt es jetzt keine Schonung mehr.«

Noch in derselben Nacht rollte eine Verhaftungswelle an. Waren schon zuvor Kommunisten, Sozialdemokraten, aber auch Zentrumspolitiker, Liberale, Pazifisten und Juden von SA-Schergen im Wahlkampf immer mal wieder grundlos festgenommen und vorübergehend verschleppt, teils misshandelt oder gar getötet worden, brachen nun alle Dämme. Am nächsten Tag, dem 28. Februar, erging auf Veranlassung von Reichsinnenminister Wilhelm Frick, zweiter Nationalsozialist im Kabinett Hitler, die »Verordnung zum Schutz von Volk und Staat«. Das durch Reichspräsident Hindenburg abgezeichnete Dokument war gleichsam der Totenschein der Weimarer Republik und ein unbefristeter wie unbegrenzter Freibrief für den Ausbau der Diktatur, mit dem Hitler nach Belieben bis 1945 über Deutschland herrschte.

Diese Verordnung schaffte sämtliche Grundrechte der Weimarer Verfassung ab. Verdächtige und unerwünschte Personen konnten fortan ohne Anklage, Beweise und einen Rechtsbeistand jederzeit in »Schutzhaft« genommen werden – eine Wortverdrehung, die vortäuschte, das Opfer staatlicher Willkür vor dem angeblichen Volkszorn zu schützen. Keiner durfte mehr öffentlich frei seine Meinung äußern, Presse-, Vereins- und Versammlungsfreiheit gehörten der Vergangenheit an. Auch das Brief-, Post- und Fernsprechgeheimnis wurde außer Kraft gesetzt, ebenso der Schutz der Wohnung und des Eigentums. Obendrein konnte die Reichsregierung nach eigenem Ermessen in die Belange der Länder eingreifen – ein erster Schritt zur kurz darauf erfolgenden »Gleichschaltung«. In Deutschland herrschte nun der Ausnahmezustand, also Rechtlosigkeit für den Einzelnen, und das blieb so bis zum Zusammenbruch des sogenannten Dritten Reichs zwölf Jahre später. Mit dieser Bezeichnung feierte sich die NS-Diktatur schon bald als Höhepunkt und Vollendung einer Entwicklung, die vom einst untergegangenen Heiligen Römischen Reich Deutscher Nation über Bismarcks zweites Kaiserreich bis zur Gegenwart reichen sollte.

Goebbels frohlockte: »Nun wird die rote Pest mit Stumpf und Stiel ausgerottet.« Bis April 1933 stieg die Zahl der »Schutzhäftlinge« allein in Preußen auf rund 25 000. Betroffen waren überwiegend Kommunisten, aber auch zahlreiche Sozialdemokraten, Gewerkschafter sowie andere den Nazis verhasste kritische Köpfe befanden sich darunter. So der bekannte Publizist und spätere Nobelpreisträger Carl von Ossietzky, der Reporter Egon Erwin Kisch, ferner die Schriftsteller Erich Mühsam und Ludwig Renn – Persönlichkeiten, die für die Freiheit und Toleranz der Weimarer Kultur gestritten hatten. Die Opfer erwartete Erniedrigung, Folter, oft auch der Tod.

Sie wurden von der SA in »wilde« Lager verschleppt, geheime Orte, wo Hitlers Schläger in Kellern und stillgelegten Hallen die Gefangenen ungestört quälen konnten. Was sie zu erdulden hatten, beschrieb ein Augenzeuge später so:

»Dort waren Fußböden einiger leerer Zimmer, in denen sich die Folterknechte betätigten, mit einer Strohschütte bedeckt.

Szenen wie diese gehörten zum Alltagsbild während der nationalsozialistischen Machtergreifung: SA-Trupps brachten unschuldige Menschen in ihre Gewalt, verschleppten die Opfer und quälten sie tagelang in Folterkellern.

Die Opfer, die wir vorfanden, waren dem Hungertod nahe. Sie waren tagelang stehend in enge Schränke gesperrt worden, um ihnen ›Geständnisse‹ zu erpressen. Die ›Vernehmungen‹ hatten mit Prügeln begonnen und geendet; dabei hatte ein Dutzend Kerle in Abständen von Stunden mit Eisenstäben, Gummiknüppeln und Peitschen auf die Opfer eingedroschen. Eingeschlagene Zähne und gebrochene Knochen legten von den Torturen Zeugnis ab. Als wir eintraten, lagen diese lebenden Skelette reihenweise mit eiternden Wunden auf dem faulenden Stroh.«

51 Tote und mehrere Hundert Verletzte gingen bis zum Wahltag am 5. März auf das Konto der NS-Horden. Einerseits Unterdrückung und Verfolgung, andererseits ein moderner Werbefeldzug mit Massenkundgebungen, Rundfunkübertragungen und dem »Führer« Adolf Hitler, der im Flugzeug über Deutschland pausenlos von einem Schauplatz zum nächsten jagte und »Arbeit und Brot für alle« versprach: so wollten die Nationalsozialisten die Deutschen zu ihrem Weg bekehren. Aber der Wahlausgang am 5. März 1933 fiel im Grunde enttäuschend für sie aus. Zwar wurde die NSDAP mit 43,9 Prozent der Stimmen wieder stärkste Fraktion im Reichstag, aber für die absolute Mehrheit war sie auf die 8 Prozent ihrer deutschnationalen und konservativen Bündnispartner angewiesen. Noch war ein Großteil der Deutschen nicht bereit, Hitler zu folgen. Mit jeweils 18,3 und 12,3 Prozent hatten sich SPD und

KPD angesichts der Gewalt gegen beide Parteien erstaunlich gut behauptet, und auch das Zentrum (11,2 Prozent) verzeichnete kaum Verluste. Alle anderen Parteien versanken dagegen in Bedeutungslosigkeit.

Dennoch war nicht zu übersehen, dass die NSDAP bei einer hohen Wahlbeteiligung von fast 89 Prozent noch einmal kräftig zugelegt hatte und offensichtlich auch viele bis dahin abseits stehende Menschen gewinnen konnte. Der »gloriose Triumph«, von dem Goebbels schwärmte, war dieses Ergebnis nun allerdings keineswegs. Gleichwohl gingen Hitler und seine Gefolgschaft sogleich daran, ihre Macht weiter auszubauen – und ließen dabei nach und nach auch alle Hemmungen gegenüber ihren Koalitionspartnern fallen.

Schlag auf Schlag ging nun in Ländern und Gemeinden die »Gleichschaltung« von Regierungen und Verwaltungen mit dem Reich über die Bühne. Wo nicht bereits Nationalsozialisten das Sagen hatten, ersetzte man die Verantwortlichen kurzerhand durch treue Parteigenossen. In den Ländern herrschten anstelle gewählter Regierungen fortan sogenannte Reichsstatthalter, die von Hitler eingesetzt und ihm direkt unterstellt waren. Überall, in Großstädten wie in Dörfern, wichen die legalen Amtsinhaber dem Druck von SA- und SS-Banden, die mit gewaltsamen Aufmärschen die Bevölkerung einschüchterten. Bald schon wehte über jedem Rathaus die Hakenkreuzfahne. Das Symbol der NS-Bewegung, ursprünglich in alten Kulturen ein Glücks- und Sonnenzeichen, hatte Hitler selbst zur Kultflagge erklärt. Sie sollte vom Siegeszug der Arier – der nordischen, weißen Rasse mit den Germanen an der Spitze – über die Juden künden.

Nun ging allmählich auch anfänglichen Sympathisanten der Nationalsozialisten auf, dass diese keineswegs wie angekündigt für Ruhe und Ordnung sorgten, sondern ganz im Gegenteil ihre Revolution zielstrebig und rücksichtslos vorantrieben. Ein Bauernführer beschwerte sich bei Reichspräsident Hindenburg über die »Zustände, wie ich sie in meiner bayerischen Heimat nicht einmal unter der Schreckensherrschaft der Kommunisten erlebt habe«. In Bayern wurden im März und April etwa 10 000 Kommunisten und Sozialisten inhaftiert.

Die sogenannte Gleichschaltung der Länder war abermals

Der Handschlag zwischen Hitler und Hindenburg am »Tag von Potsdam« war perfektes Theater. Aller Welt sollte weisgemacht werden, dass Preußentum und Nationalsozialismus aus einem Guss seien.

ein klarer Bruch der Weimarer Verfassung, die im Übrigen bis zum Ende des »Dritten Reichs« formal nie aufgehoben wurde. Das war aber auch gar nicht nötig, denn Hitler verschaffte sich schrittweise die nötigen Vollmachten, um losgelöst von jeder Art Kontrolle herrschen zu können. Am 23. März peitschte er sein lang ersehntes Ermächtigungsgesetz durch den Reichstag. Zwei Tage zuvor war es zu einer denkwürdigen Begegnung zwischen Hitler und Reichspräsident Hindenburg gekommen. Zur Eröffnung des neuen Reichstags hatte Propagandaminister Goebbels mit seinem sicheren Gespür für theatralische Auftritte eine perfekte Show vorbereitet. In Potsdam, Inbegriff für Glanz und Gloria des alten Preußen, in der Garnisonskirche der früheren Residenzstadt, dort, wo die verehrten Könige Friedrich Wilhelm I. und dessen berühmter Sohn Friedrich der Große ruhten, sollten das »alte« und das »neue« Deutschland, Preußentum und Nationalsozialismus, zusammenfinden.

Vornehm in Zivil und mit tiefem Diener gab der Kanzler am 21. März, dem »Tag von Potsdam«, ganz den Staatsmann, als er Hindenburg, der seine Generalfeldmarschalls-Uniform trug, die Hand reichte. Hohe Militärs, Würdenträger und Prominenz aus Politik und Wirtschaft lauschten, während Hitler Hindenburg für diese »Vermählung zwischen den Symbolen der alten Größe und der jungen Kraft« ergriffen dankte. Das war äußerst geschickt und verfehlte seine Wirkung keineswegs. Im In- und Ausland entstand so der Eindruck, dass der bei der Feier verlegen wirkende Kanzler nun in die Rolle des über den Parteien stehenden gemäßigten Führers seines Volkes hineinwachse.

Ein Trugschluss, wie jedem auffallen konnte, der Gelegenheit hatte, Hitler zwei Tage danach in der Berliner Krolloper zu erleben, dem neuen Sitz des Reichstags. In brauner Uniform, umgeben von SA- und SS-Männern, betrat er das Gebäude, in dessen Sitzungssaal ein riesiges Hakenkreuz an der Wand über der Rednertribüne die Abgeordneten einschüchtern sollte. An den Eingängen standen SA-Trupps und brüllten: »Wir fordern das Ermächtigungsgesetz – sonst gibt's Zunder!«

Das Ermächtigungsgesetz »zur Behebung der Not von Volk und Reich« sollte Hitler den Weg frei machen, am Reichstag, Reichsrat und an der Verfassung vorbei Gesetze zu erlassen – zunächst angeblich für vier Jahre. Das lief auf nichts anderes als die endgültige Selbstentmachtung des Parlaments und damit letztlich auch der Parteien hinaus. Dafür brauchte Hitler eine Zweidrittelmehrheit. Kein großes Problem, wenn man berücksichtigt, dass die kommunistischen Abgeordneten ohnehin in Haft saßen und ihre Sitze bei der Auszählung einfach abgezogen wurden. Auch bei der SPD fehlten aus diesem Grund bereits 15 Fraktionsmitglieder. Am Ende stimmten 444 Abgeordnete für die Vorlage. Auch das Zentrum knickte unter dem Druck der neuen Machthaber ein, nachdem der Versuch, Hitlers Befugnisse einzuschränken, gescheitert war. Das gesamte bürgerliche Lager Deutschlands hatte vor der Droh- und Schmeicheltaktik Hitlers kapituliert. Nun war die Freiheit in Deutschland zu Grabe getragen worden, und Hitler konnte sich dabei sogar noch auf die Zustimmung derer berufen, die diese Freiheit einst mit erkämpft hatten. Einzig die Sozialdemokraten sorgten an diesem schwarzen Tag in der Geschichte der Demokratie für einen ehrenvollen Lichtblick. Die anwesenden 94 SPD-Parlamentarier ließen sich von der angsteinflößenden Stimmung nicht beirren und lehnten das Ermächtigungsgesetz geschlossen ab. Ihr Vorsitzender Otto Wels bewies demokratische Standfestigkeit, als er mit leiser Stimme einen Gruß an die »Verfolgten und Bedrängten« richtete und den neuen Machthabern vorwarf, »besiegte Gegner zu behandeln, als seien sie vogelfrei«. Er schloss mit den bewegenden Worten: »Freiheit und Leben kann man uns nehmen, die Ehre nicht.«

Einen Tag vor der Verabschiedung des Ermächtigungsgesetzes, am 22. März, war bei Dachau, in der Nähe von München, das erste Konzentrationslager (KZ) in Betrieb genommen worden. Die Nazis verheimlichten dies keineswegs, sondern gaben sogar eine Pressekonferenz. Das Lager war für 5000 Personen gebaut und sollte zunächst 200 Gefangene aufnehmen, zumeist Kommunisten und Sozialdemokraten. Es sprach sich rasch herum, dass dies ein Ort war, an dem Grauenhaftes geschah. Man konnte die Häftlingskolonnen marschieren sehen, aber die meisten schauten wohl weg oder glaubten der NS-Propaganda, dass dort Unruhestifter und Verbrecher durch Arbeit erzogen würden. Über die Rechtlosigkeit dieser Maßnahmen dachten nur die wenigsten nach. Und sicherlich hatten viele einfach auch nur Angst. »Sei still, sonst kommst du nach Dachau!«, wurde bald zu einem geflügelten Satz.

Bis zum Sommer 1933 schritt die Gleichschaltung von Partei, Staat und Gesellschaft rasch voran. Die NSDAP mit ihren Unterorganisationen ergriff nicht nur von allen öffentlichen Einrichtungen Besitz, sondern dehnte ihren Herrschaftsanspruch auf das gesamte soziale und politische Leben aus – eine totalitäre Revolution von rechts. Dabei wurde nun auch wieder verstärkt gegen jene Gruppe mobil gemacht, die den Nazis schon immer als Feindbild gedient hatte: die Juden. Anschläge auf jüdische Geschäfte und Überfälle, bei denen Juden verletzt oder getötet worden waren, hatte es seit Hitlers Machtantritt immer wieder gegeben.

Dass nun aber, auf Anweisung Hitlers, der 1. April 1933 zum Tag des »Judenboykotts« ausgerufen wurde, enthielt eine neue und bedrohliche Botschaft, weil es der Staat selbst war, der den Antisemitismus zur offiziellen Politik erklärte. In ganz Deutschland standen an diesem Tag SA-Posten vor jüdischen Geschäften, Arztpraxen und Anwaltskanzleien. Überall hingen Schilder mit der Aufschrift: »Deutsche, kauft nicht beim Juden!« Doch obwohl antisemitische Vorurteile im Reich weit verbreitet waren – wie übrigens zu dieser Zeit in vielen Ländern Europas –, hatte die Aktion nicht den gewünschten Erfolg. Viele Deutsche schauten einfach zu, warteten ab oder kauften ein wie gewohnt.

Aber es gab geräuschlosere und wirkungsvollere Wege, die Juden aus dem öffentlichen Leben zu drängen. Mit dem »Gesetz zur Wiederherstellung des Berufsbeamtentums« radikali-

Mit dem »Judenboykott« vom 1. April 1933 wurde in Deutschland der Staat zum Vollstrecker antisemitischer Politik – Beginn der gezielten Verfolgung und Entrechtung einer Minderheit.

sierten die Nationalsozialisten seit April 1933 ihre antisemitische Säuberungspolitik und sorgten dafür, dass erst Hunderte, dann Tausende von Juden, aber auch andere republiktreue Beamte und nicht genehme Personen ihren Arbeitsplatz verloren. Bedeutende Wissenschaftler und Gelehrte gingen gezwungenermaßen ins Ausland: so etwa der Physiker Albert Einstein und der Chemiker Fritz Haber, beide Nobelpreisträger. Ferner die Juristen Hermann Heller und Hans Kelsen sowie der Psychoanalytiker Erich Fromm. Viele sollten noch folgen, andere hatten Deutschland bereits verlassen, wie etwa die Philosophen Theodor W. Adorno und Max Horkheimer.

Die Universitäten in Berlin und Frankfurt büßten so nahezu ein Drittel ihrer Professoren ein. Dieser Aderlass, der sich noch fortsetzte, brachte Deutschland um seine Spitzenstellung, die es in Wissenschaft und Forschung international seit Langem einnahm – mit Folgen, die bis in die Gegenwart zu spüren sind. Durch die Kaltstellung und Vertreibung herausragender Vertreter deutschen Geisteslebens und deutscher Forschung, die weltweit großen Respekt genossen, offenbarten sich die Nazis als das, was sie waren: Barbaren.

Herausragende Schriftsteller und Künstler kehrten Deutschland den Rücken, darunter die Gebrüder Mann, Bertolt Brecht, Alfred Döblin, Franz Werfel, Walter Benjamin, Kurt Tucholsky,

Max Beckmann, Ludwig Kirchner und Oskar Kokoschka, um nur einige zu nennen. Manche verzweifelten in der Fremde an Deutschland und brachten sich um: Kurt Tucholsky und Walter Benjamin gehörten dazu. Dass immer mehr an Emigration dachten, hing mit einem weiteren traurigen Höhepunkt der NS-Raserei zusammen: der öffentlichen Bücherverbrennung in allen Haupt- und Universitätsstädten am 10. Mai 1933.

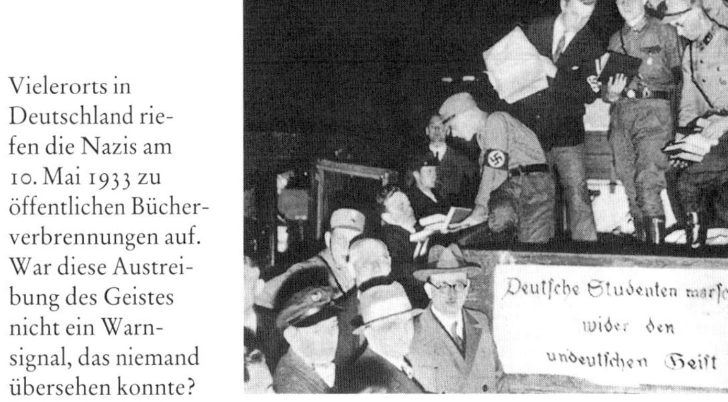

Vielerorts in Deutschland riefen die Nazis am 10. Mai 1933 zu öffentlichen Bücherverbrennungen auf. War diese Austreibung des Geistes nicht ein Warnsignal, das niemand übersehen konnte?

An diesem Tag fielen die Werke all jener linken, liberalen, pazifistischen und jüdischen Autoren den Flammen zum Opfer, die den Nazis schon immer ein Gräuel waren, weil sie für Menschlichkeit, Freiheit und Toleranz eintraten. Das galt für die Dichter und Schriftsteller Heinrich Heine, Erich Kästner, Arnold und Stefan Zweig, Kurt Tucholsky und Heinrich Mann ebenso wie für Lion Feuchtwanger, Erich Maria Remarque und Bertolt Brecht. Die Reihe ließe sich fortsetzen.

Sebastian Haffner, ein angehender Jurist, der später vor den Nazis nach England floh, war Augenzeuge dieser Ereignisse. Im Rückblick erinnerte er sich: »Die Bücherfreunde – gewiss nur eine Minderheit in Deutschland, und, wie sie jetzt täglich hören durften, eine höchst unbeachtliche – sahen sich über Nacht ihrer Welt beraubt. Und da man sehr schnell begriffen hatte, dass jeder Beraubte obendrein Gefahr lief, bestraft zu werden, fühlten sie sich gleichzeitig sehr eingeschüchtert und schoben ihre Heinrich Manns und Feuchtwangers in die zweite Reihe des

Bücherschranks.« Trafen sich zwei Leseratten, »steckten sie die Köpfe zusammen und flüsterten wie Verschwörer«. Heinrich Heine hatte einst geschrieben: »Wo man Bücher verbrennt, verbrennt man auch am Ende Menschen.« Nicht einmal zehn Jahre später sollte diese düstere Prophezeiung eintreffen.

Und regte sich denn nirgends Widerstand gegen diesen Ansturm der braunen Horden, die im Namen eines ominösen Germanentums die deutsche Kulturnation – mit ihren Dichterfürsten wie Goethe und Schiller, mit ihren Philosophen wie Kant und Hegel – verrohen und das Denken und die Freiheit verbieten wollten? Kaum. Noch einmal Sebastian Haffner, der als Zeitgenosse sah, wie das Alltagsleben scheinbar normal weiterlief. »Wie anders würden wahrscheinlich Revolutionen, wie anders würde die gesamte Geschichte verlaufen«, so seine Erklärung für die Passivität der Bevölkerung, »wenn die Menschen heute […] nicht so rettungslos eingespannt in ihren Beruf und ihren Tagesplan« wären, wie »auf Schienen laufend gleichsam und hilflos, wenn sie entgleisen«. Davor eben hatten viele Angst: zu »entgleisen«, wenn sie »etwas Kühnes, Unalltägliches« wagen würden.

Hinzu kam, dass die Maschinerie der Gleichschaltung perfekt lief; geradezu überwältigt und wie gelähmt waren die meisten von dem Tempo, in dem die NS-Führung mit ihrer Revolution von oben und unten vollendete Tatsachen schuf. Was eben noch mächtig erschien, löste sich über Nacht in nichts auf. Den Anfang machten die Gewerkschaften. In der Weimarer Republik starker Arm der Arbeiterbewegung, hatten sie sich bereits im März von der SPD losgesagt und bei den neuen Machthabern angebiedert. Die Gewerkschaftsführer hofften insgeheim, so ihre Organisation erhalten zu können. Eine Rechnung ohne Hitler, der alles daransetzte, die Interessenvertretungen der Arbeiterschaft zu zerschlagen.

Am 1. Mai, traditionell der Tag, an dem die Arbeiter für ihre Rechte demonstrierten, marschierten die Gewerkschafter unter Hakenkreuzfahnen. Goebbels hatte mit allerhand Aufwand den internationalen Feiertag der Sozialisten in einen »Tag der nationalen Arbeit« umgetauft. Auf einer Kundgebung mit 500 000 Teilnehmern wetterte Hitler gegen den »Klassenkampf« und beschwor das Bild einer neuen »Volksgemeinschaft«. Am

Tag darauf überfielen SA-Verbände überall im Land Gewerkschaftshäuser und -büros, beschlagnahmten das Vermögen der Organisation und verhafteten deren führende Vertreter. Die größte Gewerkschaftsbewegung der Welt war nach kaum einer Stunde zerstört, ihre Mitglieder mussten in die nationalsozialistische »Deutsche Arbeitsfront« (DAF) eintreten.

Unternehmerschaft und Arbeitgeber konnten sich mehr Bewegungsfreiheit erhalten. Für die Bekämpfung der Arbeitslosigkeit war der NS-Führung die Zusammenarbeit mit der Wirtschaft wichtig. Hitler versprach, das Privateigentum nicht anzutasten – und die Abschaffung der Demokratie, die Unterwerfung der Arbeiterbewegung sowie ein Herr-im-Haus-Regiment in den Betrieben wurden dort durchaus begrüßt. In den Unternehmen und im neuen »Reichsstand der deutschen Industrie« galt nun auch das Führer-Prinzip von Befehl und Gehorsam. Und jüdische Industrielle wurden ausgeschlossen.

»Sind die Gewerkschaften in unserer Hand«, hatte Goebbels vorausgesagt, »dann werden sich auch die anderen Parteien und Organisationen nicht mehr lange halten können.« Zuerst traf es die SPD. Viele ihrer Führer waren bereits ins Exil nach Prag geflüchtet; am 22. Juni 1933 wurde der Partei jede politische Betätigung verboten. Unter dem wachsenden Druck gaben auch die verbliebenen bürgerlichen Parteien nur wenige Tage danach auf, zunächst die früheren Liberalen in der DDP, die zuletzt »Deutsche Staatspartei« hieß, und die DVP, dann die DNVP und schließlich das Zentrum. Nur scheinbar erfolgte die Selbstauflösung dieser Parteien freiwillig. Tatsächlich kamen sie dabei nur ihrer Zerschlagung von oben zuvor.

Am 14. Juli 1933 erging ein Gesetz, das die Gründung neuer Parteien untersagte. Damit war Deutschland – noch nicht einmal ein halbes Jahr nach Hitlers Ernennung zum Reichskanzler – ein Einparteienstaat der NSDAP, den der »Führer« fast vollkommen in der Hand hatte. Hitlers konservative Steigbügelhalter büßten jetzt für ihre Irrtümer. Und wurden ausgebootet, wie etwa das Kabinettsmitglied Alfred Hugenberg, Parteivorsitzender der DNVP und in der Weimarer Republik ein reaktionärer Pressezar mit großer Meinungsmacht. Bei Hitlers Ernennung zum Reichskanzler im Januar 1933 hatte er noch geprahlt: »Wir rahmen also Hitler ein.« Kaum fünf Monate später musste er seinen Hut nehmen. Nach und nach entledigte sich Deutschlands Diktator seiner bürgerlich-nationalkonservativen Bündnispartner. Ein sichtbares Zeichen für den neuen »Führerstaat« war der »Hitler-Gruß« in der Öffentlichkeit, den die Machthaber durchsetzten. Statt sich einen »Guten Tag« zu wünschen, musste man den rechten Arm heben und »Heil Hitler« rufen.

Ein Wolf im Schafspelz

Alle hatten vor Hitler kapituliert, waren überrannt worden oder übergelaufen. Nur eine Macht im Land gab es noch, die, gestützt auf den Reichspräsidenten, dem Diktator trotzen konnte: die Reichswehr. Doch wollte sie das überhaupt? Schon am 3. Februar 1933 hatte Hitler in einer geheimen Rede vor dem neuen Reichswehrminister Werner von Blomberg und hohen Offizieren seine außenpolitischen Ziele offengelegt und dabei kaum ein Blatt vor den Mund genommen. Nach der »Ausrottung des Marxismus« und der »Beseitigung des Krebsschadens der Demokratie«, so der Kanzler, gehe es um den »Aufbau der Wehrmacht« zur »Wiedererringung der politischen Macht« Deutschlands.

Dazu brauche man die allgemeine Wehrpflicht. Die Militärs sollten sich aus der Innenpolitik heraushalten und auf kommende große Aufgaben vorbereiten. Welche das sein würden, umriss Hitler bereits zu diesem Zeitpunkt in klaren Worten. Als eine Möglichkeit müsse die »Eroberung neuen Lebensraumes im Osten und dessen rücksichtslose Germanisierung« ins Auge gefasst werden. Das knüpfte direkt an das an, was Hitler bereits Mitte der Zwanzigerjahre in »Mein Kampf« geschrieben hatte. Und er legte damit die Politik auf einen Kurs massiver Wiederaufrüstung fest, mit der zugleich die Arbeitslosigkeit bekämpft werden sollte.

Hitler ging davon aus, dass die anderen europäischen Mächte, allen voran Frankreich und England, einer solchen Außenpolitik nicht tatenlos zusehen würden. Deshalb legte er Wert darauf, nach außen als »Friedenskanzler« zu erscheinen. In einer Rede am 17. Mai 1933 beteuerte er, dass Deutschland seine Nachbarn nicht bedrohen wolle und nichts weiter erwarte als Gleichberechtigung mit allen Nationen. Das sollte beruhigend wirken und stärkte sein Ansehen im In- und Ausland beträchtlich.

Zur ersten internationalen Anerkennung verhalf dem Regime zwei Monate später ein Vertrag mit dem »Heiligen Stuhl« in Rom, dem Sitz des Oberhauptes der katholischen Kirche. Aus deren Sicht sollte das Abkommen den Katholizismus im Reich vor Übergriffen der Nationalsozialisten schützen, verlangte dafür aber von Bischöfen und Priestern Wohlverhalten und Verzicht auf politische Kritik. Für Hitler ein voller Erfolg. Kardinal Faulhaber, Bayerns höchster katholischer Würdenträger, pries den Diktator für das sogenannte Reichskonkordat in den höchsten Tönen. »Was die alten Parlamente und Parteien in 60 Jahren nicht fertigbrachten«, schrieb er Hitler in einem persönlichen Brief, »hat Ihr staatsmännischer Weitblick in 6 Monaten weltgeschichtlich verwirklicht.«

Auf dieser Welle wachsender Popularität ritt der »Führer«, als er im Herbst 1933 Deutschlands Austritt aus dem Völkerbund ankündigte, dessen Mitglieder sich durch Abrüstungsverhandlungen um den Abbau internationaler Spannungen bemühten. Damit waren auf einen Schlag alle Versuche zunichtegemacht, mit Hilfe zwischenstaatlicher Vereinbarungen den Frieden zu sichern und die das Reich benachteiligenden Rüstungsbestimmungen des Versailler Vertrags schrittweise zu ändern. Vordergründig verkaufte Hitler diesen Rückzug vom Verhandlungstisch als Protest gegen die Weigerung Frankreichs und Englands, Deutschland die militärische Gleichberechtigung zuzugestehen. Doch Hitler ging es um etwas ganz anderes als diese Ebenbürtigkeit. Er wollte freie Hand haben, um aufrüsten zu können, ohne dabei andere Staaten allzu offenkundig herauszufordern. Deshalb schloss Hitler Anfang 1934 einen Vertrag mit Polen, der beide Seiten zum Gewaltverzicht verpflichtete. Das war ein kluger Schachzug, denn er zerstreute britisches Misstrauen und verunsicherte Frankreich, das Polen als Gegengewicht zum Deutschen Reich im Osten benötigte.

In konservativen Kreisen Deutschlands löste Hitlers Vorgehen dagegen Verwirrung und Verärgerung aus. Hatte nicht das nationale Lager während der Weimarer Republik unablässig für die Überwindung der durch den Versailler Vertrag gezogenen und als ungerecht empfundenen Grenzen im Osten getrommelt? Und stand nicht Polen einer Änderung zugunsten des Reichs am entschiedensten entgegen? Was also wollte Hitler eigentlich? Verriet er sich gar selbst, der doch immer als Rächer für die »Schmach von Versailles« aufgetreten war?

Unruhe kam auch von anderer Seite. Für Hitler war die nationalsozialistische Revolution im Sommer 1933 beendet. Nachdem er die Schalthebel der Macht erobert und die Reste der Demokratie radikal zerstört hatte, wollte er gemäßigt erscheinen und die alten Machtträger in Wirtschaft, Staat und Gesellschaft beruhigen. Das galt vor allem für die Reichswehr und deren Führung. Sie musste er auf seine Seite ziehen, um aufzurüsten und die Streitkräfte auf einen Krieg vorzubereiten.

Das sah Hitlers alter Wegbegleiter Ernst Röhm, Chef der SA, ganz anders. Er und seine Sturmabteilungen träumten von einer zweiten Revolution. Enttäuscht vom Verlauf des Umsturzes, fühlten sie sich zu kurz gekommen. Ihre Brutalität hatte Hitler den Weg zur Macht geebnet, jetzt erwarteten sie den Lohn für ihr blutiges Handwerk. In den Reihen der SA waren sehr viele Arbeitslose, die nur darauf gewartet hatten, frei werdende Posten einzunehmen. Doch da saßen schon andere, entweder »reaktionäre Bonzen« aus alten Tagen oder neue Parteigenossen, die rasch aufgestiegen waren. Röhm drohte: »Ob es ihnen passt oder nicht – wir werden unseren Kampf weiterführen. Wenn sie endlich begreifen, um was es geht: mit ihnen! Wenn sie nicht wollen: ohne sie! Und wenn es sein muss: gegen sie!«

Was Hitler vor allem alarmieren musste: Der SA-Stabschef wollte mit seinen Braunhemden der Reichswehr den Rang ablaufen. Diese sollte im Millionenheer der Parteitruppe aufgehen – natürlich mit Röhm an der Spitze. Hitler wusste, dass sich die Reichswehrführung dieser Entmachtung entschieden widersetzen würde, und er brauchte ja eine gut ausgebildete und ausgerüstete Armee, die ihm ergeben war, um das durchzusetzen, was er den Spitzenmilitärs am 3. Februar 1933 angekündigt hatte. Zwar gab es keinerlei Anzeichen für einen bevorstehenden Aufstand der SA, aber Hitler spürte, dass seine lange Zeit unangefochtene Stellung in Gefahr war.

Konservative Kreise um Vizekanzler Franz von Papen wollten die SA-Krise nutzen, um das NS-Regime durch die Wiederherstellung der Monarchie oder eine konservative Militärdiktatur zu ersetzen. Reichspräsident Hindenburg sollte für die Ausrufung des militärischen Ausnahmezustands gewonnen werden. Eile war geboten, denn Hindenburgs Ende zeichnete sich ab und seine Nachfolge war noch völlig offen. Für Hitler stand damit alles auf dem Spiel. Hätten seine Widersacher die Oberhand gewonnen, wäre es mit der Alleinherrschaft des Gefreiten aus Braunau vorbei gewesen und der Welt viel erspart geblieben. Denn der Zweite Weltkrieg, so wie er kam, und die Vernichtung der europäischen Juden sind ohne Hitler nicht vorstellbar.

Doch die vornehmen Herren des Hindenburg-Günstlings Papen waren dem NS-Führer wieder einmal nicht gewachsen. Noch immer unterschätzten sie die kriminelle Energie, die Hitler und seine engen Gefolgsleute antrieb. Was am 30. Juni 1934 und am folgenden Tag geschah, offenbarte, dass man es mit Staatsverbrechern zu tun hatte. Die »Nacht der langen Messer« – so die schaurige Bezeichnung der Mörder für das Blutbad – öffnete einigen die Augen, andere sahen nicht oder wollten noch immer nicht sehen. Hitler, der lange gezögert hatte, gegen seinen Duzfreund Röhm vorzugehen, war jetzt entschlossen, die SA zu enthaupten und sich zugleich seiner konservativen Gegner zu entledigen.

Für den Vormittag des 30. Juni befahl er die gesamte SA-Führung nach Bad Wiessee in Bayern. Zuvor war die »Leibstandarte-SS ›Adolf Hitler‹«, die persönliche Schutztruppe des »Führers«, von der Reichswehr mit Waffen versorgt worden. Begleitet von Goebbels und einigen SS-Männern eilt Hitler früh am Morgen im Auto von München nach Bad Wiessee. Rasend vor Wut wegen angeblicher Putschabsichten der SA stürmt er, eine Peitsche in der einen, die gezückte Pistole in der anderen Hand, in das Hotelzimmer des SA-Chefs. Erregt beschimpft er ihn als Verräter und brüllt: »Röhm, du bist verhaftet.«

Auf ein Signal von Goebbels rücken in ganz Deutschland SS-Kommandos und Schergen der neuen Geheimen Staatspolizei (Gestapo) aus, um SA-Führer und konservative Regimekritiker zu verhaften oder gleich an Ort und Stelle zu erschießen. Nach gesicherten Erkenntnissen wurden bei diesem staatlichen Massaker 88 Menschen umgebracht; einige Schätzungen gehen sogar von 150 bis 200 Personen aus. Darunter waren auch enge Mitarbeiter Papens, der unter Hausarrest gestellt wurde, sowie ein Generalmajor und Hitlers Vorgänger im Amt des Reichskanzlers, General Kurt von Schleicher. Ebenfalls unter den Opfern: Schleichers Ehefrau. Goebbels notiert nach Abschluss des ersten Massenmords in der Geschichte des »Dritten Reichs«: »Keine Panne als die, dass auch Frau Schleicher mitfiel. Schade, aber nicht zu ändern [...] Wir haben der Pest den Kopf abgehauen.«

Hitler mit SA-Stabschef Ernst Röhm bei einer Parade der Parteiarmee im Sommer 1933. Als Röhm ihm in die Quere zu kommen drohte, ließ Hitler den alten Kampfgefährten ein Jahr später kurzerhand erschießen.

Am nächsten Tag ließ Hitler Röhm erschießen. Der Mordaktion folgte die Lüge. Der Diktator berief sich auf »Staatsnotwehr«, in der er als »oberster Gerichtsherr« gehandelt habe. Angesehene Juristen nahmen diese Formulierung auf und verkündeten: »Der wahre Führer ist immer auch Richter.« Denn: »Der Führer schützt das Recht.« Und die Reichswehr, die immerhin zwei ranghohe Offiziere, einer davon ein ehemaliger Kanzler, verloren hatte? Sie schwieg. Ihre Stellung schien nun gesichert, und man war bereit, dem »Führer« zu folgen. Reichswehrminister Blomberg verbot seinen Offizieren, an Schleichers Beerdigung teilzunehmen.

Am 2. August 1934 starb Reichspräsident Paul von Hindenburg. Hitler hatte erreicht, was er wollte. Er übertrug das Amt des Reichspräsidenten auf sich, den »Führer und Reichskanzler«, wie er nun für alle Zeiten angesprochen werden wollte. Damit war er fortan auch der Oberbefehlshaber der Streitkräfte. Und die hatten nichts Eiligeres zu tun, als dem Diktator ewige Treue zu schwören. Bis dahin war die Reichswehr auf die Verfassung vereidigt gewesen und nicht auf eine einzelne Person. Nun gelobten die Soldaten »dem Führer des Deutschen Reiches und Volkes, dem Oberbefehlshaber der Wehrmacht« ihre Bereitschaft zu »unbedingtem Gehorsam«. Das letzte Bollwerk, das der unumschränkten Herrschaft Hitlers noch im Wege stand, war gefallen, die Machtergreifung der Nationalsozialisten abgeschlossen.

Victor Klemperer, ein Gelehrter jüdischer Herkunft, der die

zwölf Schreckensjahre des NS-Regimes in Deutschland überlebte und den Alltag von Entrechtung und Verfolgung in seinem Tagebuch für die Nachwelt festhielt, erkannte als einer unter wenigen die Bedeutung dieses Ereignisses. »Der vollkommene Staatsstreich«, schrieb er am 4. August 1934 nieder, »wird vom Volk kaum gemerkt, das spielt sich alles lautlos ab, übertönt von Hymnen auf den toten Hindenburg. Ich möchte schwören, dass aber Millionen gar nicht ahnen, was für ein Ungeheures geschehen ist.«

Verführung und Verfolgung

Nun regierte Hitler Deutschland. Er allein? Ja und nein. Von ordentlichem Regieren konnte beim »Führer« kaum die Rede sein. Regelmäßige Arbeit war Hitler verhasst. Er liebte große Worte und öffentliche Auftritte, an denen er sich berauschte; er war und blieb ein Mann der Propaganda. Das brachte es mit sich, dass ihn die meisten weiterhin unterschätzten. Seinen Gegenspielern im In- und Ausland war Hitler deshalb so lange überlegen, weil die erst sehr spät erkannten, dass der Diktator herkömmliche Vorstellungen von Politik und Machtausübung weit hinter sich ließ. Die Radikalität, Besessenheit und Skrupellosigkeit in Hitlers Denken sprengte jedes Maß. Und er verblüffte alle Welt immer wieder durch eine Mischung aus Schmeichelei, Überrumpelung und unerwarteten Hakenschlägen. Dass Hitlers Wille zur Herrschaft – erst über Deutschland, dann über Europa und schließlich die ganze Welt – aus einem dunklen Zerstörungs- und Vernichtungswahn emporstieg, ahnten nur ganz wenige.

Und er hatte Helfer. Da waren etwa Goebbels und Göring, dann auch Heinrich Himmler und dessen Gefolgsmann Reinhard Heydrich. Der fanatische Rassist Himmler war seit 1929 Reichsführer der SS. Beim Schlag gegen die SA im Sommer 1934 zog er mit die Fäden; in der Folgezeit baute er als Chef der Deutschen Polizei die SS Schritt für Schritt zum mächtigsten Verfolgungs- und Unterdrückungsapparat des »Dritten Reichs« aus, der in Deutschland und später in ganz Europa Angst und Schrecken verbreitete. An Himmlers Seite wirkte Reinhard

Heydrich, ein ehrgeiziger Aufsteiger, der den Sicherheitsdienst (SD) der NSDAP – ein eng geknüpftes Spitzelnetz zur Überwachung der Bevölkerung – organisierte und später eine maßgebliche Rolle bei der Ermordung der europäischen Juden spielte.

Weiter stützte sich Hitler auf die alten Säulen in Bürokratie, Wirtschaft und Armee. Wenngleich zahlreiche Positionen im Staat mit sogenannten verdienten Parteigenossen neu besetzt wurden, war doch auch die überwiegende Mehrheit der alten Amtsträger in den Verwaltungen nur allzu bereit, »dem Führer entgegenzuarbeiten«, wie ein Staatssekretär es ausdrückte. Der britische Historiker Ian Kershaw, der ein ausgezeichnetes Buch über Hitler geschrieben hat, sieht darin die Art und Weise, wie im »Dritten Reich« viele Entscheidungen zustande kamen und immer extremere Maßnahmen getroffen wurden.

»Dem Führer entgegenzuarbeiten« hieß, dass in allen Staats- und Parteistellen Menschen mit mehr oder weniger Macht saßen, die bemüht waren, dem »Führerwillen« durch Vorschläge und Initiativen zu Diensten zu sein. Dabei versuchte man sich oft durch Radikalität gegenseitig zu übertrumpfen, weil Staat und NSDAP miteinander konkurrierten. Unberechenbarkeit und Unsicherheit waren die Folge, weil nie jemand wusste, wer wofür eigentlich zuständig war. Getrieben durch ihre Weltanschauung oder auch nur aus reiner Machtgier zersetzten die Nationalsozialisten auf diese Weise durch immer mehr Willkürmaßnahmen allmählich die Ordnung des Staates, dessen Macht wiederherzustellen sie angetreten waren. Hitler war das ganz recht, konnte er so doch manchen Entscheidungen ausweichen oder sie in der Schwebe halten, Interessengruppen gegeneinander ausspielen und damit die eigene Verantwortung verwischen. Umso heller erstrahlte im Volk sein Stern als »Führer«, dem gutgeschrieben wurde, was gelang, und der von dem, was schieflief, angeblich nichts wusste.

Auch wenn im »Dritten Reich« viel Wirrwarr herrschte, war Hitler keineswegs ein schwacher Diktator. Nichts von entscheidender Bedeutung lief ohne ihn oder an ihm vorbei. Vor allem in der Außenpolitik und bei allen rassenideologischen Fragen setzte er durch, was er wollte. Innenpolitisch, das wusste er, musste aber zunächst Ruhe einkehren, das heißt die Arbeitslosigkeit beseitigt und die Deutschen für das Regime mobilisiert und begeistert werden. Einerseits Unterdrückung und Ausschluss aller aus der »Volksgemeinschaft«, die dem Bild vom arischen Herrenmenschen nicht entsprachen – andererseits Unterstützung und Förderung derjenigen, die als Träger germanischen Bluts galten und bislang ihrer sozialen Herkunft wegen benachteiligt waren: dieses Rezept der Nazis war in den Augen der Bevölkerung äußerst attraktiv und ließ die meisten darüber hinwegsehen, dass sie in einem Unrechtsstaat lebten.

Besonders auf die Jugend hatten es die Nazis abgesehen. Sie verstanden es außergewöhnlich gut, die Begeisterungsfähigkeit junger Menschen anzusprechen und für ihre Zwecke zu nutzen. Der Wunsch, aus der Langeweile des Alltags auszubrechen, die Sehnsucht nach Gemeinschaft und Weltverbesserung sowie die Lust auf Abenteuer spielten dabei eine große Rolle. Wie so oft wollten auch Jugendliche in den dreißiger Jahren anders sein als ihre Eltern, die ihnen spießig und altmodisch erschienen.

Sportlich gestählt sollten die Mädchen im Bund Deutscher Mädel (BDM) sein, um später dem »Führer« viele Kinder schenken zu können. Aufopferungsvolle und gebärfreudige Mütter: so wünschten sich die Nazis die deutschen Frauen.

Geschickt knüpfte die NS-Bewegung an Vorbilder der Jugendbewegung aus der Vorkriegszeit und der Weimarer Republik an und formte sie in ihrem Sinne um. Hitler selbst war ja 1933 gerade erst 44 Jahre alt, seine engsten Vertrauten, wie etwa Goebbels und Himmler, waren kaum über 30. Mit Lagerfeuerromantik, Zeltlagern, Sport und Spiel sowie allerlei Bewährungsproben bot die Hitlerjugend (HJ), die Jugendorganisation der NSDAP, nicht nur eine Scheingeborgenheit, sondern vermittelte auch das Gefühl, Verantwortung übernehmen zu können. Jugend sollte durch Jugend geführt werden – damals für viele ein großer Reiz.

Dass die NS-Verführer mit der HJ und dem Bund Deutscher Mädel (BDM) ganz anderes im Sinn hatten, nämlich die Züchtung ihr Leben aufopfernder Krieger und gebärfreudiger Frauen, blieb auf Dauer nicht verborgen. Hitler: »Das freie, herrliche Raubtier muss erst wieder aus ihren Augen blitzen. Stark und schön will ich meine Jugend.« Militärischer

Drill, blinder Gehorsam und Führergläubigkeit waren die Werte, mit denen die braunen Revolutionäre junge Menschen für ihre Zwecke einspannen wollten. Die Entfaltung der einzelnen Persönlichkeit bedeutete diesen Erziehern nichts.

Und der Zwang nahm zu. 1936 wurde die HJ zur Staatsjugend erklärt: es wurde damit immer schwieriger, sich ihr zu entziehen. Jetzt hieß es: »Gleichschritt – du darfst nicht so schnell gehen, wie du wohl möchtest; Gleichschritt – du darfst nicht so langsam gehen, wie du wohl möchtest; Gleichschritt – du musst dich richten nach dem Ganzen; Gleichschritt – du darfst nicht allein an dich denken; Gleichschritt – und die Kolonne bleibt zusammen; Gleichschritt – und ihr werdet unbesiegbar sein.«

Marschierende Hitlerjugend. Der Nationalsozialismus bewies seine Verführungskraft vor allem auch bei jungen Menschen. Was mit Lagerfeuerromantik begann, endete in militärischem Drill zur Abrichtung für den Krieg.

Den Nazis kam zugute, dass der Höhepunkt der Wirtschaftskrise bereits überschritten war, als sie an die Macht gelangten. Sozialismus bedeutete für die braunen Machthaber nur der verschwommene Glaube an eine »Volksgemeinschaft«, in der alle durch Aufbauarbeit für die Nation geadelt sein sollten. Wer also Eingriffe in die Privatwirtschaft oder gar Enteignungen befürchtet hatte, konnte beruhigt sein. Hitler und seine Wirtschaftsberater wollten die bestehenden Eigentumsverhältnisse keinesfalls antasten.

Vielmehr begann man mit umfangreichen öffentlichen Aufträgen unter anderem für den Straßenbau, die Reichsbahn, Flughäfen und das Kanalnetz die Beschäftigung anzukurbeln. Noch lange Zeit nach dem Krieg galt Hitler als Erfinder der Autobahnen, was nicht stimmt, weil auf alte Pläne zurückgegriffen wurde. Aber zutreffend ist, dass die Nationalsozialisten massenwirksam zu einer »Arbeitsschlacht« aufriefen und diese Pläne in die Tat umsetzten. Beträchtliche Summen flossen darüber hinaus in den Wohnungsbau. Bis 1935 wurden auf diese Weise mit Hilfe von Krediten 6,2 Milliarden Reichsmark in den Wirtschaftskreislauf gepumpt. Dass der Staat in Zeiten schwacher Konjunktur einspringen müsse, war eine in diesen Jahren wachsende Einsicht in zahlreichen Industrieländern. Doch welche bemerkenswerten Erfolge dies in Deutschland hatte, überraschte viele.

Bei seiner Selbstdarstellung bediente sich das NS-Regime modernster Mittel und Techniken. Bis ins Kleinste vorbereitete Massenveranstaltungen, wie die Reichsparteitage der NSDAP in Nürnberg, waren ein perfektes Zusammenspiel von Licht und Ton, vermittelt durch Film und Rundfunk.

Ein Umstand trug freilich seit Ende 1934 und fortan in steigendem Maß ganz entscheidend dazu bei: die Aufrüstung. Sie war Hitlers zentrales Anliegen. Die Rüstungswirtschaft bescherte den Deutschen nach Jahren der Krise schließlich wieder Vollbeschäftigung. Bereits 1934 nahm das Regime für sich in Anspruch, die Zahl der Arbeitslosen von ursprünglich sechs Millionen auf 3,7 Millionen gesenkt zu haben; zwei Jahre später waren Elendsbilder wie am Ende der Weimarer Republik nicht mehr zu sehen.

Die Nazis wollten Aufbruchstimmung erzeugen, und das gelang ihnen auch. In großem Stil organisierte die Nationalsozialistische Volkswohlfahrt (NSV) Aktionen wie das jährliche »Winterhilfswerk«, um die Not zu bekämpfen. Ausgewählte erholungsbedürftige Mütter und Kinder konnten zur Kur aufs Land fahren, und wer Glück hatte, erlebte vielleicht mit »Kraft durch Freude« (KdF), dem Vorläufer des modernen Tourismus, seine erste Urlaubsreise auf einem Kreuzfahrtschiff. Das war, gemessen an den erst kurz zuvor erlebten Jahren des wirtschaftlichen Niedergangs, eine ganze Menge. Fünf Jahre nach dem Machtantritt der Nazis ging es einem Großteil der Bevölkerung besser als zuvor, wenngleich die Lohnentwicklung weit hinter dem Anstieg der Unternehmergewinne zurückblieb. Es gab ja keine Gewerkschaften mehr, die Forderungen stellen oder auch nur etwa den von oben verordneten längeren Arbeitszeiten Widerstand entgegensetzen konnten.

Dass Hitler bis heute als Erfinder der Autobahnen gilt, ist eine Legende. Die Nationalsozialisten zogen längst vorhandene Pläne aus der Schublade.

Den Aufschwung für eine dauerhafte Gesundung der Wirtschaft mit wachsendem Wohlstand für alle zu nutzen, gelang Hitler und seinen Wirtschaftsführern indes nicht. Dies lag vor allem an den zunehmenden Rüstungsausgaben, die erforderliche Mittel für die Produktion von Konsumgütern banden. So berichteten NS-Spitzel immer wieder von aufflackernder Unzufriedenheit in Teilen der Bevölkerung. In eine breiter verankerte, wirksame politische Opposition schlug dies aber nie um. Vor allem tat es Hitlers Popularität keinen Abbruch.

Ganz im Gegenteil. Als im Januar 1935 die Saarländer, die

Durch eine populäre Sozialpolitik konnte die NS-Diktatur Eindruck schinden und erfüllte damit Sehnsüchte nach der versprochenen »Volksgemeinschaft«. KdF-Schiffsreisen für verdiente »Volksgenossen« hoben alte Klassenschranken auf.

gemäß dem Versailler Vertrag 15 Jahre unter Aufsicht des Völkerbundes gestanden hatten, über ihre künftige Zugehörigkeit zu Deutschland oder Frankreich entscheiden sollten, war das Ergebnis eindeutig. Über 90 Prozent wählten – freiwillig – die Diktatur. Ein ungeheurer Erfolg für Hitler, der schon in den Jahren zuvor mit inszenierten Volksabstimmungen für seine Politik geworben hatte. Der Zeitzeuge Victor Klemperer, der wegen seiner jüdischen Herkunft in diesem Jahr seine Professur in Dresden verlor, machte sich keine Illusionen mehr. »Die 90 Prozent Saarstimmen«, vertraute er seinem Tagebuch an, »sind doch wirklich nicht nur Stimmen für Deutschland, sondern buchstäblich für Hitlerdeutschland [...] Auch im Reich wollen 90 Prozent den Führer und die Knechtschaft und den Tod der Wissenschaft, des Denkens, des Geistes, der Juden.«

Während er anschließend zunächst viel vom Frieden der Völker redete, ließ Hitler dann zwei Monate später die Bombe platzen: Am 16. März verkündete er die Wiedereinführung der allgemeinen Wehrpflicht – ein einseitiger Schritt und glatter Bruch des Versailler Vertrags, der die ehemaligen Kriegsgegner Deutschlands auf den Plan rufen musste. 555 000 Soldaten wollte das Reich mitten im Frieden auf die Beine bringen – natürlich unter dem Deckmantel der Gleichberechtigung mit den anderen Nationen. Europa hielt den Atem an, doch es geschah praktisch nichts, da es Großbritannien, Frankreich und Italien bei Protesten und Drohungen beließen.

Der Jubel in Deutschland kannte keine Grenzen. Den Exil-Vorstand der SPD erreichte folgender vertraulicher Bericht:

»Ganz München war auf den Beinen. Man kann ein Volk zwingen zu singen, aber man kann es nicht zwingen, mit solcher Begeisterung zu singen. Ich habe die Tage von 1914 miterlebt und kann nur sagen, die Kriegserklärung hatte auf mich nicht den Eindruck gemacht wie der Empfang Hitlers am 17. März [...] Das Vertrauen in politisches Talent und ehrlichen Willen Hitlers wird immer größer [...] Er wird von vielen geliebt.«

Jetzt ging England sogar auf den Diktator zu und schloss ein Flottenabkommen mit Deutschland, das die Kräfteverhältnisse zur See stabilisieren sollte. Es war ein Versuch, das Reich an Absprachen und Rüstungsbegrenzungen zu binden – der erste von vielen, die folgen sollten.

Im deutsch-britischen Flottenabkommen sah Hitler einen ersten Schritt für ein von ihm ersehntes Bündnis mit England, dem er seine Stellung als See- und Kolonialmacht lassen wollte, um selbst freie Hand für Eroberungen auf dem europäischen Festland zu bekommen. Eine Rechnung, die nicht aufgehen sollte. Dass der Vertrag aber trotz des Paukenschlags mit der Wehrpflicht zustande gekommen war, musste ihn zu weiteren Schritten ermutigen.

März 1936: Einmarsch deutscher Truppen ins entmilitarisierte Rheinland. Frankreich und England nahmen diesen Bruch des Versailler Vertrags hin und die Deutschen jubelten ihrem »Führer« zu.

Im März 1936 war es so weit. Ganz überraschend ließ Hitler Truppen in das nach dem Ersten Weltkrieg entmilitarisierte Rheinland einmarschieren – auch das ein klarer Verstoß gegen den Versailler Vertrag und das Abkommen von Locarno aus dem Jahre 1925. Und abermals hielten die Westmächte still. Frankreich war in innenpolitischen Streit verwickelt und London sah durch den Gewaltstreich keine Lebensinteressen berührt. Außerdem hofften die Verantwortlichen in Großbritannien, Deutschland durch Zugeständnisse wieder in diplomatisches Fahrwasser zu bringen – ebenfalls eine dramatische Fehleinschätzung.

Dabei hatte Hitler mit dem Feuer gespielt. Später bekannte er: »Wären die Franzosen damals ins Rheinland eingerückt, dann hätten wir uns mit Schimpf und Schande wieder zurückziehen müssen, denn die militärischen Kräfte, über die wir verfügten, hätten keineswegs auch nur zu einem mäßigen Widerstand ausgereicht.« Während Hitler also genau wusste, dass er am Rand des Abgrunds balancierte, nahm die Verehrung für ihn religiöse Ausmaße an. Ein Parteigenosse schrieb ihm zum Geburtstag am 20. April 1936. »Aus unendlicher Liebe« danke er seinem »Schöpfer tagtäglich«, der durch »seine Gnade« dem »ganzen deutschen Volk einen solch herrlichen Führer geschenkt« habe. Und das, als »unser schönes liebes Vaterland durch den Judenbolschewismus dem grässlichsten Untergang« ausgesetzt gewesen sei.

Im Schatten von Hitlers außen- und wirtschaftspolitischen Erfolgen schritt der Ausschluss jener Gruppen aus der deutschen Gesellschaft voran, die als »gemeinschaftsfremd« oder »artfremd« galten: in erster Linie die Juden, aber auch Sinti und Roma, damals noch Zigeuner genannt, sogenannte Arbeitsscheue und Asoziale sowie Homosexuelle. Letztlich fielen alle darunter, die nach den Rassegesichtspunkten der Nazis als »minderwertige Untermenschen« eingestuft wurden. Das konnten Außenseiter sein, die anders lebten als die Mehrheit, oder Personen, die es an den Rand der Gesellschaft verschlagen hatte und die sozial auffällig wurden. Im Grunde war jeder gefährdet, der nicht ins Raster der NS-Herrenmenschen passte – so auch Behinderte und psychisch Kranke. Nationalsozialistische Mediziner träumten von der »Reinigung« des »Volkskörpers«. Die »Erziehbaren« sollten durch Zwangsarbeit im Konzentrationslager für die »Volksgemeinschaft« gefügig gemacht, die »Unerziehbaren« und »biologisch Verworfenen« ausgesondert und daran gehindert werden, Nachwuchs zu zeugen.

Diese Auslesepolitik hatte bereits im Juli 1933 begonnen – mit dem »Gesetz zur Verhütung erbkranken Nachwuchses«. Es sah vor, diejenigen Frauen und Männer zwangsweise unfruchtbar zu machen, die nach Ansicht von Nazi-Ärzten nicht geeignet waren, Kinder zu bekommen. Bis zum Ende des »Dritten Reichs« wurden rund 350 000 Menschen Opfer dieser Praxis. Erwähnt werden muss freilich, dass diese sogenannten eugenischen Eingriffe keine Erfindung der Nationalsozialisten waren, sondern bereits zu Beginn des 20. Jahrhunderts Vorläufer in den USA hatten.

Die gefährlichsten »Volksschädlinge« in den Augen der Rassenfanatiker aber waren und blieben die Juden. Mit Hitler war Deutschlands radikalster Antisemit an die Macht gelangt. Auch wenn er sich selbst zeitweise zurückhielt, fühlten sich viele seiner Anhänger immer wieder zu Angriffen auf Juden, ihre Einrichtungen und Geschäfte ermuntert. Unentwegt verbreiteten NS-Blätter wie »Der Stürmer« pornografische Ekelpropaganda, verunglimpften Juden als »Schmarotzer« und wüteten gegen »Rassenschande« – sexuelle Beziehungen zwischen Juden und sogenannten Ariern.

Im Frühjahr und Sommer 1935 rollte eine neue Welle von Gewalt und Terror über das Land. Schilder mit Aufschriften wie »Wer beim Juden kauft, ist ein Volksverräter!«, »Juden sind hier unerwünscht« oder »Hunden und Juden ist das Baden verboten« heizten die Stimmung weiter an. Victor Klemperer fürchtete um sein Leben: »Die Judenhetze ist so maßlos geworden, weit schlimmer als beim ersten Boykott, Pogromanfänge gibt es da und dort, und wir rechnen damit, hier nächstens totgeschlagen zu werden.« Scheinbar um von oben Ordnung zu schaffen, erließ der Staat auf Betreiben Hitlers im September 1935 die »Nürnberger Gesetze« – passend zum Parteitag der NSDAP in der fränkischen Stadt, um dort wie jedes Jahr den »Sieg der Bewegung« mit einem bombastischen Massenspektakel zu feiern. Dabei handelte es sich um einen vorläufigen Höhepunkt bei der Bündelung antisemitischer Maßnahmen.

Das »Gesetz zum Schutz des deutschen Blutes und der deutschen Ehre« sowie das »Reichsbürgergesetz« beraubten die Juden der Rechte, die sie vor allem im 19. Jahrhundert Schritt für Schritt erlangt hatten, und trieben sie in die Isolation. Juden in Deutschland waren nun nur noch einfache Staatsangehörige im Gegensatz zu den »arischen« Staatsangehörigen »deutschen oder artverwandten Blutes«, die als vollwertige Reichsbürger galten. Juden waren fortan lediglich geduldet. Eine Eheschließung, aber auch bloß sexuelle Kontakte mit deutschen Reichsbürgern waren ihnen strengstens verboten. Wie ganz und gar willkürlich sich diese Bestimmungen auswirkten, wurde schon daran deutlich, dass sich die Verantwortlichen nicht einigen konnten, wer denn überhaupt als Jude anzusehen sein sollte. Mal war es die »rassenbiologische« Erblinie, mal die Religionszugehörigkeit, die den Ausschlag gab. Was zur Folge hatte, dass auch zum christlichen Glauben übergetretene Juden Opfer dieser Sondergesetze wurden. Jude war letztlich, wen die Machthaber dazu erklärten.

Die meisten Deutschen lehnten offene Gewaltaktionen gegen Juden ab. Ihren Ausschluss aus der »Volksgemeinschaft« aber nahmen sie stillschweigend hin, weil ja vermeintlich alles durch Gesetze seine Ordnung hatte. Dass dies nur ein weiterer Schritt auf dem Weg zur endgültigen Entfernung und schließlichen Vernichtung ihrer Mitbürger war, konnten sie nicht wissen. Wäre ihnen zu Ohren gekommen, was Hitler bereits kurz nach Verabschiedung der Nürnberger Gesetze gegenüber Vertrauten äußerte – wie hätten sie wohl reagiert? »Heraus aus allen Berufen, Ghetto, eingesperrt in ein Territorium, wo sie sich ergehen können, wie es ihrer Art entspricht, während das deutsche Volk zusieht, wie man wilde Tiere sich ansieht.« So stellte sich der Diktator Mitte der dreißiger Jahre die Zukunft der Juden vor. Aber war die Gegenwart, die gezielte Verdrängung und Entrechtung einer Minderheit nicht schon schlimm genug? Die Saat des Antisemitismus war offenbar aufgegangen. Man hatte sich im NS-Regime eingerichtet und längst daran gewöhnt, Juden als Fremde im eigenen Land wahrzunehmen.

Es war eine böse Normalität, in der sich die Menschen einrichteten. Man ließ sich täuschen vom schönen Schein und wollte vielleicht auch getäuscht werden, denn der Alltag beanspruchte alle Kräfte. Und die Machthaber gaben sich viel Mühe, um die Bevölkerung für sich einzunehmen. Die aufwendigen Vorbereitungen auf die bevorstehenden Olympischen Spiele im Sommer 1936 etwa verdrängten leicht andere Gedanken. Verlief das Leben denn nicht fast so wie immer, und stand Deutschland nicht möglicherweise eine glanzvolle Zukunft bevor? Verheißungsvoll war der Aufbruch doch bisher gewesen. Der spätere Emigrant Sebastian Haffner erinnerte sich, dass vieles in den ersten Jahren der NS-Diktatur so blieb wie vor 1933. Er sah »volle Kinos, Theater, Cafés, tanzende Paare in Gärten und Dielen, Spaziergänger harmlos flanierend auf den Straßen, junge Leute glücklich ausgestreckt an den Badestränden«.

Und die Regisseure der Macht boten alles auf, um die Olympischen Sommerspiele zu einem Prestigeerfolg für das Regime zu machen. In der Reichshauptstadt entstand das größte Stadion der Welt, neue Straßen, U-Bahn- und Hochbahnstrecken wurden gebaut, Gebäude frisch herausgeputzt und Bäume gepflanzt. Schwulenlokale, die zuvor geschlossen worden waren, durften wieder öffnen und die Berlinerinnen ihre Röcke fünf Zentimeter kürzer tragen, als es sonst gestattet war. »Wir müssen charmanter als die Pariser sein, leichtlebiger als die Wiener, lebhafter als die Römer, kosmopolitischer als die Londoner, praktischer als die New Yorker«, begleitete das NS-Kampfblatt »Der Angriff« diesen Werbefeldzug für eine Weltstadt-Atmosphäre.

Und er verfehlte seine Wirkung keineswegs. Zwar empfing den Besucher in Berlin ein Meer von Hakenkreuz-Fahnen, aber judenfeindliche Ausschreitungen waren strikt untersagt, antisemitische Schilder entfernt worden. Der amerikanische Journalist William Shirer bescheinigte den braunen Kulissenschiebern, »eine sehr schöne Fassade für die Masse« errichtet zu haben. Andere schwärmten von der herzlichen Gastfreundschaft in Deutschland und bewunderten das Olympiastadion als ein »Bauwerk für die Ewigkeit«. Ein britischer Parlamentsabgeordneter staunte über den »Prunk und den Glanz« bei

Um den schönen Schein ging es der NS-Führung bei den Olympischen Sommerspielen 1936 in Berlin. Alle Welt sollte glauben, dass Deutschland im Grunde aufgeschlossen, friedliebend und tolerant sei. Die meisten glaubten es wirklich und blickten nicht hinter die Fassade.

Ganz der leutselige Staatsmann und Gastgeber: Olympia-Besucher Hitler. Seine Lieblingsregisseurin Leni Riefenstahl drehte für ihn einen bombastischen Propagandafilm über die Spiele.

einem verschwenderischen Fest, zu dem der ordenbehangene Reichsluftfahrtminister Göring in seinen Luxuspalast im Luftfahrtministerium einlud. Einige Gäste erinnerte die prahlerische Pracht an die Zeiten römischer Cäsaren oder den Hof Ludwigs XIV., des französischen Sonnenkönigs.

Die Olympischen Spiele, von Hitlers Star-Regisseurin Leni Riefenstahl in einem Film verherrlicht, wurden zu einem durchschlagenden Propagandaerfolg für die NS-Diktatur. Wie die meisten Deutschen, so ließ sich auch das Ausland vom schönen Schein des »Dritten Reichs« blenden. Waren Hitler und seine Bewegung nicht viel zahmer als bislang angenommen? Und hatte er nicht viel erreicht für Deutschland, das noch vier Jahre zuvor bei Besuchern einen wirtschaftlich zerrütteten, innerlich zerrissenen und außenpolitisch ohnmächtigen Eindruck hinterließ? Für eine Weile fand die Welt Gefallen am vermeintlichen deutschen Wunder, dessen Kehrseite – Unterdrückung und Gewalt – lieber verdrängt wurde. Das böse Erwachen sollte noch kommen – doch da war es zu spät.

Die Maske fällt – wer stoppt Hitler? (1936–1939)

Am Nachmittag des 5. November 1937, der Himmel war grau verhangen, begaben sich Reichskriegsminister von Blomberg und die Chefs des Heeres, der Luftwaffe und der Marine zu einem Treffen in die Berliner Reichskanzlei, Hitlers Amtssitz. Bei der Unterredung mit dem »Führer«, so erwarteten die Herren, sollte es um Versorgungsfragen der Wehrmacht gehen, wie die Streitkräfte mittlerweile hießen. Umso überraschter waren die Ankömmlinge, als sie bei Hitler auch Außenminister von Neurath antrafen. Ohne Umschweife ergriff der Diktator das Wort und hörte erst Stunden später wieder auf.

Was die Anwesenden zu hören bekamen, ließ keinen Zweifel mehr daran, dass Hitler auf Krieg aus war, und zwar in naher Zukunft. Seine Geheimansprache deckte sich über weite Strecken mit Kernaussagen aus »Mein Kampf«, Hitlers Buch aus den Zwanzigerjahren. Auch jetzt beschwor er die Notwendigkeit der Erweiterung des deutschen »Lebensraums«, um die Versorgung mit Nahrungsmitteln dauerhaft zu gewährleisten. Nicht in Kolonien, sondern auf dem europäischen Festland liege die Zukunft des Reichs, das wirtschaftlich nicht völlig auf eigenen Beinen stehen könne, sondern Rohstoffe und landwirtschaftliche Produkte benötige. »Zur Lösung der deutschen Frage«, hielt ein Teilnehmer der Besprechung Hitlers Schlussfolgerung fest, »könne es nur noch den Weg der Gewalt geben.« Offen, so der Kriegsplaner, sei lediglich die Frage des »Wann und Wie«. Der Blick müsse sich auf die »Tschechei« und Österreich richten, die »blitzartig schnell« niederzuwerfen seien.

Vollkommen neu konnten Hitlers Ausführungen für die versammelte Militärführung und den Außenminister nicht sein. Alle teilten sie sein Streben nach einer Ausweitung deutscher Macht über die bestehenden Grenzen hinaus und alle schlossen sie einen Krieg dafür nicht grundsätzlich aus. Was sie freilich teils beunruhigte, teils sogar schockierte, war, dass Hitler entschlossen schien, einen Krieg mit Frankreich und Großbritannien schon in Kürze zu riskieren. Dabei hatte es an Hinweisen für diesen Angriffswillen keineswegs gefehlt.

1936 war Göring von Hitler beauftragt worden, die Wirtschaft auf den Kriegsfall vorzubereiten und die Aufrüstung mit allen Mitteln zu verstärken und zu beschleunigen. In vier Jahren, so Hitlers ebenfalls geheime Anweisung damals, müssten die Wehrmacht einsatzfähig und die Wirtschaft kriegsbereit sein. Göring hatte verstanden: »Alle Maßnahmen haben so zu erfolgen, als ob wir uns im Stadium drohender Kriegsgefahr befänden.« Ein Jahr später zeigte sich, dass die wirtschaftlichen Kräfte durch das Rüstungstempo überfordert waren. Hitler drängte auf einen baldigen Beutezug, um bei den militärischen Anstrengungen nicht nachlassen zu müssen und die Versorgung der Bevölkerung nicht zu gefährden. Die Angst vor einem neuerlichen Zusammenbruch der Heimatfront im Kriegsfall trieb ihn um. 1918 hatte dieser Zusammenbruch zur Revolution geführt. Das sollte sich auf keinen Fall wiederholen.

Hitler spürte, dass die Generalität zögerte, seinen aggressiven Kurs mitzutragen. Außenminister von Neurath hatte bereits um seine Entlassung nachgesucht. Zwei Affären veranlassten Hitler, die Militärspitze auszutauschen. Reichskriegsminister von Blomberg musste gehen, weil seiner ihm frisch angetrauten Frau ein zweifelhaftes Vorleben nachgesagt wurde. Generaloberst von Fritsch, dem ein homosexuelles Verhältnis angedichtet wurde, ereilte das gleiche Schicksal. Hitler selbst übernahm jetzt als »Führer« direkt den Oberbefehl über die Wehrmacht und holte sich zwei ergebene Jasager an seine Seite: General Wilhelm Keitel als Chef des Oberkommandos der Wehrmacht (OKW) und General Walther von Brauchitsch, der Oberbefehlshaber des Heeres wurde und über sich sagte, »zu allem bereit« zu sein. Zum neuen Außenminister ernannte Hitler Joachim von Ribbentrop, einen führerhörigen Diplomaten aus einer Sektdynastie, der als unfähig und arrogant galt.

Mit der neuen militärischen Spitze unterwarfen sich die Streitkräfte ein weiteres Mal dem Diktator Adolf Hitler. Damit richteten sie zugleich eine Tradition zugrunde, die stets den Stolz der preußisch-deutschen Armee ausgemacht hatte: der Gedanke nämlich, unabhängig von einzelnen Herrschern einem Umbrüche überdauernden Staat zu dienen, den es zu bewahren galt. Das Militär war nun auf dem besten Weg, ein willfähriges Instrument in den Händen Hitlers zu werden – auf Gedeih und Verderb an seine Person gebunden.

Halbherzigen Überlegungen einiger weniger – dazu gehörten Generaloberst Ludwig Beck und der Chef der militärischen Spionageabwehr, Konteradmiral Wilhelm Canaris –, Hitler in den Arm zu fallen, um einen von ihm provozierten Krieg mit den Westmächten zu verhindern, fehlte es an Konsequenz und tatbereiter Entschlossenheit, wie sich schon bald zeigen sollte. Die nationalkonservativen Stützen in Staat, Armee und Gesellschaft, die sich einer absoluten Alleinherrschaft Hitlers hätten in den Weg stellen können, hatten versagt und vorerst ausgespielt. Es sollten noch Jahre und ein Weltkrieg darüber vergehen, bis sie – ein allerletztes Aufbäumen gegen das Terrorregime – erneut zu sich selbst fanden. Doch da lag schon alles in Trümmern.

Sämtliche Besorgnisse wurden aber zunächst durch Hitlers Politik vollendeter Tatsachen hinweggefegt. Dass dies nur scheinbare Erfolge waren, nur Vorstufen eines letztlich zerstörerischen Eroberungswahns, wollte kaum einer wahrhaben. Am Anfang stand Österreich. Die Idee eines Großdeutschland unter Einschluss des Alpenstaates war diesseits wie jenseits der Grenzen äußerst populär. »Heim ins Reich« lautete die Parole.

Hitler wusste das und er rechnete nicht mit dem Widerstand der Westmächte. Das vom Faschistenführer (»Duce«) Benito Mussolini beherrschte Italien, das dem Deutschen Reich seit 1936 wohlwollend verbunden war (»Achse Berlin-Rom«), hielt nach Schmeicheleien und Zusicherungen Hitlers ebenfalls still. Im März 1938 schlug der Diktator zu. Kurz zuvor hatte er den österreichischen Bundeskanzler Kurt Schuschnigg bei einem Treffen massiv unter Druck gesetzt und offen gedroht: »Sie werden doch nicht glauben, dass Sie mich auch nur eine halbe Stunde aufhalten können? Wer weiß – vielleicht bin ich über Nacht in Wien; wie der Frühlingssturm!«

Schuschnigg wurde gezwungen, einer Regierungsbeteiligung der Nationalsozialisten in Österreich zuzustimmen. Außerdem sollte die Wiener Politik künftig praktisch in Berlin entschieden werden. Das war ein Diktat, dem sich Schuschnigg mit seinem Rücktritt beugte, um einem NS-Nachfolger, dem gelernten Juristen Arthur Seyß-Inquart, Platz zu machen. Der war nicht mehr als eine Marionette und musste ein von Göring aufgesetztes Hilfeersuchen Österreichs akzeptieren. Das bot den willkommenen Vorwand. Am 12. März 1938 marschierten deutsche Truppen in Österreich ein. Drei Tage darauf feierte Hitler in Wien, mit Glockengeläut und jubelnden Massen, den »Anschluss« – seinen bislang größten außenpolitischen Triumph. »Als der Führer und Kanzler der deutschen Nation und des Reiches melde ich vor der Geschichte nunmehr den Eintritt meiner Heimat in das Deutsche Reich.«

Goebbels freute sich: »Kanonen sprechen immer eine gute Sprache.« Und er wusste auch: »Die Weltpresse tobt. Spricht von Vergewaltigung. Ganz Unrecht hat sie nicht. Aber keine Hand rührt sich.« Schon brüte der Führer wieder über Landkarten und hoffe das »Reich der Germanen noch einmal selbst erleben« zu dürfen. Goebbels: »Wir sind jetzt eine Boa constrictor, die verdaut.« Aber nicht lange, denn klar war: »Zuerst kommt nun Tschechei dran [...] Und zwar rigoros bei nächster Gelegenheit.« Genau darauf steuerte Hitler zu. Als Hebel dienten ihm die Sudetendeutschen, die als Minderheit im Vielvölkerstaat Tschechoslowakei lebten, der nach dem Ende des

In Wien wurde Hitler nach dem unter massivem politischen Druck erfolgten »Anschluss« Österreichs an das Deutsche Reich am 15. März 1938 von einer begeisterten Menge begrüßt.

Ersten Weltkriegs gegründet worden war. Gezielt und mit allen Mitteln der Propaganda schürte Hitler sudetendeutsche Forderungen nach mehr Selbstständigkeit im tschechoslowakischen Staatsverband.

Prag kam dem Reich in dieser Frage weit entgegen. Man wusste, dass von England und Frankreich kein Beistand zu erwarten war. Doch Hitler schraubte seine Wünsche immer höher. Dabei ging es ihm gar nicht um mehr Rechte für die Sudetendeutschen in der Tschechoslowakei: Er hatte vielmehr die Zerschlagung und Einverleibung dieses Nachbarstaates im Auge. London und Paris waren zu Zugeständnissen in der Sudetenfrage bereit, wollten den Konflikt aber auf jeden Fall friedlich beilegen, was Hitlers Wünschen ganz und gar nicht entsprach. Er goss weiter Öl in die Flammen, weil er den Krieg jetzt wollte. Erfolge ohne Waffen genügten ihm nicht mehr. Hitler, im Frühsommer 1938: »Jede Generation muss einmal einen Krieg mitgemacht haben [...] Der Krieg ist die beste Erziehung für die deutsche Jugend.«

Zu seiner Enttäuschung war es noch nicht so weit. Zähneknirschend musste sich der Diktator schließlich dem internationalen Druck beugen und einer Konferenz in München zustimmen, auf der eine Lösung für die Krise gefunden werden sollte. Sehr zur Erleichterung seiner Generäle und konservativen Diplomaten, die bei einem Krieg mit den Westmächten zum damaligen Zeitpunkt Deutschlands Untergang voraussahen. Hohe Militärs hatten deshalb sogar Staatsstreichspläne erwogen – falls Hitler die Tschechoslowakei angreifen sollte. Eine Chance, die sie verstreichen ließen. Dazu trug sicherlich das Ergebnis der Münchener Konferenz bei, zu der Großbritanniens Premierminister Neville Chamberlain, der französische Ministerpräsident Edouard Daladier und Mussolini am 29. September 1938 anreisten. Denn Hitler bekam, was er wollte. Ohne Krieg. Das Sudetengebiet sollte von der Tschechoslowakei abgetrennt und von deutschen Truppen besetzt werden. Wieder einmal hatten die Westmächte der Droh- und Erpressungspolitik Hitlers nachgegeben, um den Frieden zu retten. Doch der war alles andere als zufrieden. Er schäumte: »Chamberlain, dieser Kerl, hat mir meinen Einzug in Prag verdorben.« Ein halbes Jahr später, als er den verbliebenen Rumpfstaat der ehemaligen Tschechoslowakei kurzerhand überfiel und deutsche Truppen in Prag einmarschieren ließ, holte er das nach. Und die Westmächte? Sie schritten wieder nicht ein, obwohl sie sich im Münchener Abkommen dazu verpflichtet hatten.

Hitler und seine Verhandlungspartner auf der Münchener Konferenz 1938. In der vorderen Reihe von links: die Regierungschefs von Großbritannien und Frankreich, Chamberlain und Daladier. Rechts neben Hitler: Italiens »Duce« Mussolini.

Die Sehnsucht nach Frieden, die vorherrschende Stimmung in Frankreich und England, überlagerte alles. So verständlich das auch sein mochte, verkannte dieses Wunschdenken viel zu lange Hitlers festen Willen zum Krieg. Doch der »Führer« sollte zum letzten Mal auf die vermeintliche Schwäche der Westmächte gebaut haben. Er hatte eine Grenze überschritten, und man zeigte sich nun entschlossen, bei einer erneuten Aggression Hitler entgegenzutreten. Chamberlain fragte: »Steht hinter diesem Vorgehen tatsächlich der Versuch, die Welt mit einer Gewaltherrschaft zu überziehen?« Wenn dem so sei, werde Großbritannien entschiedenen Widerstand leisten und zum Krieg bereit sein. Über die Nagelprobe bestand kaum ein Zweifel. Auszugehen sei davon, so der konservative Premierminister, »dass Polen sehr wahrscheinlich der Schlüssel zur Situation« sein werde.

Entfesselter Terror – Jagd auf Juden in »Großdeutschland«

Der »Anschluss« Österreichs, den über 99 Prozent der Bevölkerung im neuen »Großdeutschland« in einer Volksabstimmung begeistert begrüßt hatten, löste in Hitlers Heimat eine Welle der Gewalt gegen Juden und Oppositionelle aus. Schon in den ersten Tagen kamen zwischen 10 000 und 20 000 Menschen in »Schutzhaft«. Der NS-Pöbel tobte sich auf den Straßen aus. Ein ausländischer Journalist erlebte in Wien folgende Szene:

»Als ich auf dem Weg zu meinem Büro den Graben überquerte, wälzte sich auch hier schon die braune Flut heran. Es war ein unbeschreiblicher Hexensabbat – Sturmtruppleute, von denen viele kaum der Schulbank entwachsen waren, marschierten mit umgeschnallten Patronengürteln und Karabinern, als einziges Zeichen ihrer Autorität die Hakenkreuzbinde auf dem Ärmel [...] Männer und Frauen brüllten und schrien hysterisch den Namen ihres Führers [...] Lastwagen mit SA-Leuten, die ihre lang versteckt gehaltenen Mordwaffen nun offen trugen [...] versuchten vergeblich, sich durch die Menge von Männern und Frauen einen Weg zu bahnen, die im Lichte der nun auftauchenden, schwelenden Fackeln brüllten und tanzten. Die Luft war voll der Geräusche des heillosen Spektakels, und nur hin und wieder konnte man einzelne Schreie wie ›Nieder mit den Juden! Heil Hitler! Sieg Heil! Juda verrecke!‹ [...] unterscheiden.«

»Mit nackten Händen«, so ein anderer Augenzeuge, »mussten Universitätsprofessoren die Straßen reiben, fromme weißbärtige Juden wurden in den Tempel geschleppt und von johlenden Burschen gezwungen, Kniebeugen zu machen und im

Chor ›Heil Hitler‹ zu schreien. Man fing unschuldige Menschen auf der Straße wie Hasen zusammen und schleppte sie, die Abtritte der SA-Kasernen zu fegen.« Tausende Juden, die Richtung Prag zu fliehen versuchten, fielen ihren Häschern in die Hände und wurden grausam misshandelt. Als letzten Ausweg sahen sie oft nur den Selbstmord.

Auch im »Altreich« – dem Deutschland vor dem »Anschluss« Österreichs – erreichte der Antisemitismus nun neue Ausmaße. Seit dem Frühjahr 1938 setzten die NS-Machthaber alles daran, die Juden restlos aus dem Wirtschaftsleben auszuschalten. Jüdischer Besitz wurde »arisiert«, im Klartext: Die Juden wurden schrittweise enteignet; Nutznießer dieses Raubs waren Deutsche. Begonnen hatte das schon vorher; bis zum Sommer 1938 wechselten rund 41 000 Unternehmen ihre Eigentümer. Große Konzerne wie Thyssen, Krupp, Mannesmann oder die IG-Farben und einflussreiche Geldinstitute wie die Deutsche Bank und die Dresdner Bank zählten zu den Gewinnern dieser Umverteilung von Reichtum. Immer mehr Berufsverbote, etwa für Ärzte und Rechtsanwälte, entzogen den Juden die Grundlage ihrer wirtschaftlichen Existenz.

Und dann, in der Nacht vom 9. auf den 10. November 1938, brannten in ganz Deutschland die Synagogen, plünderte der Nazi-Mob Tausende von jüdischen Geschäften und Wohnungen. Mindestens 91 Juden wurden getötet, ungezählte überall im Reich verprügelt und misshandelt, jüdische Frauen im Beisein ihrer Ehemänner vergewaltigt. Zehntausende wurden auf Anordnung Hitlers verhaftet und in Konzentrationslager verschleppt. Der wegen der vielen zerstörten Fensterscheiben verharmlosend als »Reichskristallnacht« in die Geschichte eingegangene Pogrom war die größte Gewaltwelle gegen Juden in Deutschland seit dem Mittelalter.

Vorwand dafür war das Attentat des polnischen Juden Herschel Grünspan auf den deutschen Diplomaten Ernst vom Rath in Paris zwei Tage zuvor. Unmittelbarer Anlass für diesen Anschlag war die Abschiebung von 18 000 polnischen Juden, darunter Grünspans Familie, aus dem Reich nach Polen. Die Nazi-Führung versuchte den Eindruck zu erwecken, dass die antisemitischen Ausschreitungen, die auf das Attentat folgten, ohne ihr Zutun ausgebrochen seien. In Wirklichkeit war alles organisiert und von oben gesteuert. Dabei zog Goebbels die Fäden – ausdrücklich unterstützt und ermuntert durch Hitler.

Im Tagebuch des Propagandaministers lässt sich nachlesen, wie die Aktion ablief. »Ich gebe [...] entsprechende Anweisungen an Polizei und Partei [...] Diesen feigen Mord dürfen wir nicht unbeantwortet lassen [...] Der Stoßtrupp Hitler geht gleich los [...] Eine Synagoge wird in Klump geschlagen.« In einem geheimen Bericht der NSDAP hieß es hinterher: »Die mündlichen Anweisungen des Reichspropagandaleiters sind wohl von sämtlichen anwesenden Parteiführern so verstanden worden, dass die Partei nicht nach außen als Urheber der Demonstration in Erscheinung treten darf, sie in Wirklichkeit aber organisieren und durchführen sollte.«

Brennende Synagogen, ausgeraubte Geschäfte, Misshandlungen, Vergewaltigungen, vielfacher Mord und Massenverhaftungen: die NS-Führung löste in der Nacht vom 9. auf den 10. November 1938 gezielt eine Welle der Gewalt gegen die Juden

in Deutschland aus. Das Foto zeigt die brennende Synagoge am Börneplatz in Frankfurt am Main.

Die Reaktionen der Bevölkerung auf den Juden-Pogrom vom 9. November 1938 waren sehr unterschiedlich: Entsetzen, Schadenfreude, Betroffenheit und Gleichgültigkeit – all das gab es. Die Mehrheit missbilligte wohl den Terror und die unverhüllte Brutalität der Häscher, schwieg aber – wie auch die Kirchen. Furcht hielt viele davon ab, einzuschreiten. Manche halfen einzelnen Opfern, weil sie Mitleid hatten, andere wiederum beteiligten sich sogar eifrig an den Plünderungen. Die meisten dürften durch Gleichgültigkeit zu überspielen versucht haben, was nicht mehr länger zu übersehen war: dass ein Regime mörderischen Instinkten freien Lauf ließ.

Eine entscheidende Rolle spielte bei all dem sicherlich, dass die meisten Deutschen gar nichts gegen eine Verdrängung der Juden aus der deutschen Gesellschaft hatten, aber an den Verwüstungen Anstoß nahmen und daran, dass sich die braunen Horden keinen Deut um Gesetz und Ordnung scherten. Doch vereinzelt wurde auch offen Abscheu geäußert und die Sorge, dafür eines Tages zur Rechenschaft gezogen werden zu können. Eine Augenzeugin in Berlin: »Was heute Nacht den Juden angetan worden ist, werden wir Deutschen schwer büßen müssen. Dann werden unsere Kirchen, unsere Wohnungen, unsere Geschäfte verwüstet werden.«

Der 9. November 1938 war der Auftakt zu noch schärferen Maßnahmen gegen die Juden in Deutschland, an deren Ende ihre physische Vernichtung stand. Sie wurden zu Freiwild, aus der Gesellschaft verstoßen und schutzlos der Willkür ihrer Verfolger preisgegeben. Ein »J« im Pass war für Juden bereits seit Sommer 1938 vorgeschrieben, ebenso dass Männer und Frauen die Vornamen »Israel« und »Sara« annehmen mussten. Als »Sühneleistung« sollten die Pogromopfer eine Milliarde Reichsmark zahlen und für den ihnen zugefügten Schaden selbst aufkommen. Mit allen Mitteln versuchte die NS-Spitze die verhasste Minderheit zur Auswanderung zu zwingen. Tatsächlich flohen in den nächsten Monaten bis zum Kriegsausbruch rund 80 000 Juden aus Deutschland.

Ganz gleich ob sie ihre Heimat verließen oder blieben: Die Juden wurden gezwungen, Grundbesitz, Unternehmen, Aktien, Schmuck und Kunstwerke zu Preisen zu verkaufen, die praktisch einer Enteignung gleichkamen. Der Besuch von deutschen Schulen, Hotels und Restaurants, Kinos, Theatern und Schwimmbädern sowie Konzerten und Museen war ihnen fortan verboten, und in der Eisenbahn durften sie nicht mehr neben »Ariern« sitzen. Der Staat nahm ihnen ihre Führerscheine weg und untersagte Juden den Besitz von Rundfunkgeräten und Telefonen.

Durch Schikanen jedweder Art, Druck und Einschüchterung sollten die Juden aus Deutschland vertrieben werden. Was sie in ihrer Heimat zu erwarten hatten, konnten Zehntausende erleben, die in Konzentrationslager verschleppt wurden. Dort trafen die Juden auf Häftlinge, die aus unterschiedlichsten Gründen und ohne Gerichtsverfahren einsaßen: politisch Unliebsame, sogenannte Asoziale und Arbeitsscheue, Homosexuelle, Mitglieder von Religionsgemeinschaften wie die Zeugen Jehovas, Angehörige der Sinti und Roma und »Gewohnheitsverbrecher«. Sie waren alle besonders gekennzeichnet; Homosexuelle etwa trugen einen rosa Winkel auf der Häftlingskleidung, politisch Verfolgte einen roten. Im Sommer 1938 gab es im Reichsgebiet fünf KZs (Dachau, Sachsenhausen,

Buchenwald, Lichtenburg und Flossenbürg), in denen bei Kriegsausbruch etwas über ein Jahr später rund 25 000 Opfer ihren Peinigern ausgeliefert waren. Herr über diese Lager war die SS unter Himmler, die sich zu einem allseits gefürchteten Staat im Staate entwickelte. Doch erst im Zweiten Weltkrieg, als im Osten Massenvernichtungslager errichtet wurden, sollte dieser SS-Staat seine ganze grausame Macht entfalten.

Aber schon zuvor waren in den KZs Zwangsarbeit, Folter und Todesstrafe an der Tagesordnung: Mit diesen Mitteln wollten die SS-Wachverbände, die zur Abschreckung ein Totenkopfabzeichen auf der Uniform trugen, die Gefangenen brechen. Rudolf Höß, im Krieg Kommandant des Vernichtungslagers Auschwitz, schilderte später, was sein Vorgesetzter erwartete: »Jede Spur von Mitleid zeige den ›Staatsfeinden‹ eine Blöße, die sie sich sofort zunutze machen würden. Jeg-

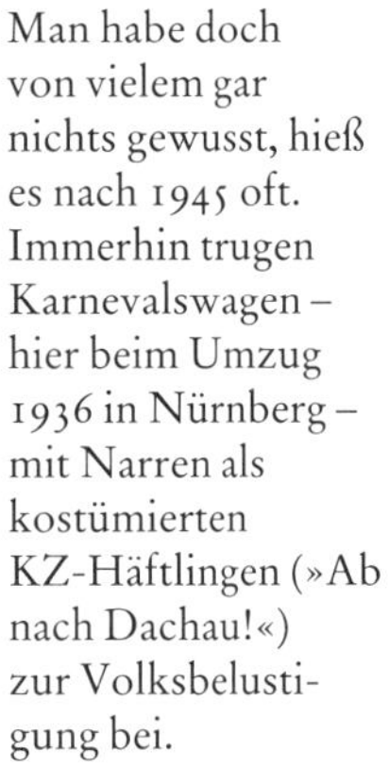

Man habe doch von vielem gar nichts gewusst, hieß es nach 1945 oft. Immerhin trugen Karnevalswagen – hier beim Umzug 1936 in Nürnberg – mit Narren als kostümierten KZ-Häftlingen (»Ab nach Dachau!«) zur Volksbelustigung bei.

liches Mitleid mit ›Staatsfeinden‹ sei eines SS-Mannes unwürdig. Weichlinge hätten in seinen Reihen keinen Platz und würden gut tun, sich so schnell wie möglich in ein Kloster zu verziehen. Er könne nur harte entschlossene Männer gebrauchen, die jedem Befehl rücksichtslos gehorchten. Nicht umsonst trügen sie den Totenkopf und die stets geladene scharfe Waffe.«

Am 30. Januar 1939, sechs Jahre nachdem er Kanzler geworden war, sprach Hitler vor dem Reichstag, der nur noch so hieß, aber nichts mehr zu sagen hatte. Er drohte: »Wenn es dem internationalen Finanzjudentum in und außerhalb Europas gelingen sollte, die Völker noch einmal in einen Weltkrieg zu stürzen, dann wird das Ergebnis nicht die Bolschewisierung der Erde und damit der Sieg des Judentums sein, sondern die Vernichtung der jüdischen Rasse in Europa.« Sieben Monate später löste Hitler den Weltbrand aus.

Hitlers Krieg – Völkermord und Griff nach der Weltherrschaft

Nach der Besetzung der »Rest-Tschechei« im März 1939, die zum »Reichsprotektorat Böhmen und Mähren« wurde, und der Ausrufung eines slowakischen Staates von Hitlers Gnaden, begann der Diktator Polen unter Druck zu setzen. Dass ihm außenpolitisch in nur kurzer Zeit so viel in den Schoß gefallen war, bestärkte den selbst ernannten Erlöser Deutschlands in dem Wahn, ein Werkzeug der Vorsehung zu sein, das niemand aufhalten könne. Er »werde als der größte Deutsche in die Geschichte eingehen«, prahlte der »Führer« vor seinen Sekretärinnen. Einige Zeit unschlüssig, ob er sich zunächst gegen den Westen wenden oder ein Bündnis mit Polen für einen antibolschewistischen Kreuzzug gegen die Sowjetunion schmieden sollte – sein Fernziel –, entschied er sich schließlich zum Schlag gegen den östlichen Nachbarn. Nach dessen Unterwerfung sollte sich zeigen, wer der nächste Gegner sein würde: Paris und London oder Moskau.

Hitler rechnete im Falle Polens mit Krieg, und er wollte ihn. Allerdings setzte er darauf, Großbritannien aus dem Konflikt heraushalten zu können – ein Trugschluss, der sich rächen sollte. England war diesmal fest entschlossen, nicht nachzugeben und einen Angriff auf Polen militärisch zu beantworten. Alles deutete darauf hin, dass die Zeit des »Appeasement«, also die Beschwichtigung des deutschen Diktators durch Zugeständnisse, zu Ende ging. Sollte die »Unabhängigkeit Polens bedroht« sein und mit »nationalen Streitkräften« verteidigt werden müssen, versprach Premierminister Chamberlain »jegliche Unterstützung«, zu der die »Regierung Seiner Majestät« in der Lage sei.

Bis zuletzt glaubte Hitler nicht an die Ernsthaftigkeit dieser Beistandsverpflichtung. Dabei wusste er genau und räumte das im vertrauten Kreis auch ein, dass ein Polen-Feldzug nur Erfolg haben konnte, wenn die Westmächte tatenlos zusahen.

Doch solche Einsichten und Bedenken hatten in Hitlers Denken im Grunde keinen Platz. Er wischte sie einfach beiseite, weil er von Eroberungsplänen viel größeren Ausmaßes besessen war. In einer geheimen Ansprache Anfang Februar 1939 weihte er seine Generäle ein. Die Deutschen, so Hitler, »das stärkste Volk nicht nur Europas, sondern [...] praktisch der Welt« hätten beim Zusammenbruch 1918 ihre »machtpolitische Stellung verloren«. Alles, was er seit 1933 erreicht habe, sei nur Teil eines langen Weges. Nun müsse dafür gesorgt werden, »die Interessen unseres Volkes zu vertreten, als ob das Schicksal unserer Rasse in kommenden Jahrhunderten ausschließlich heute in unsere Hand gelegt wäre«. »Wir haben wiedergutzumachen«, fuhr der Kriegsherr fort, »was drei Jahrhunderte versäumten.« Denn: »Seit dem Westfälischen Frieden ist unser Volk einen Weg gegangen, der uns von der Weltmacht immer mehr zur Verelendung und zur politischen Ohnmacht führte.« Und er schloss: »Der nächste Krieg wird ein Weltanschauungskrieg, d.h. bewusst ein Volks- und ein Rassenkrieg sein.«

Hitlers Ausführungen überstiegen alles, was deutsche Staatsmänner, Politiker und Militärs jemals über eine Ausdehnung der Macht in der Mitte Europas gedacht und geäußert hatten. Sie enthüllten zwar keinen genauen Plan, waren jedoch dem Anspruch nach nicht weniger als der Wille zur Weltherrschaft des Mannes, der Deutschlands Schicksal in den Händen hielt. Drei Monate später, im Mai 1939, schwor der Diktator die Militärs auf einen Schlag gegen Polen ein. Dabei gehe es, so Hitler, um die »Erweiterung des Lebensraums im Osten« und die »Sicherstellung der Ernährung« für das Reich. Seine größte Befürchtung in diesem Zusammenhang war bis zum Kriegsbeginn, dass »noch im letzten Moment irgendein Schweinehund einen Vermittlungsplan vorlegen« könnte, der seine Absichten durchkreuzte.

Deutschlands Forderungen an Polen liefen darauf hinaus, den schon dreimal geteilten Staat an der Weichsel seiner Unabhängigkeit zu berauben. Die Freie Stadt Danzig, nach dem Ersten Weltkrieg unter dem Schutz des Völkerbundes, sollte zum Reich zurückkehren. Ferner wurde Polen aufgefordert, deutsche Autobahnen und Eisenbahnstrecken auf seinem Gebiet zuzulassen, um das seit 1919 abgeschnittene Ostpreußen wieder mit dem Reich zu verbinden. Abgerundet werden sollte die Übereinkunft durch einen Beitritt Warschaus zu einem antisowjetischen Bündnis der Achsenmächte Deutschland und Italien, dem auch noch Japan angehörte.

Polen steckte in der Klemme, Hitler aber auch. Er wollte – wieder einmal – leichte Beute machen und ein Eingreifen Großbritanniens verhindern. London hatte die Hoffnung auf einen Ausgleich mit Berlin zwar immer noch nicht ganz aufgegeben, streckte nun aber auch Fühler nach Moskau aus, um den großdeutschen Diktator vom Krieg abzuschrecken. Ein hektisches diplomatisches Tauziehen begann, das mit einer Sensation endete. Am 23. August 1939 schlossen Adolf Hitler und Josef Stalin, der nationalsozialistische und der kommunistische Diktator, einen Pakt. Beide gelobten, sich gegenseitig nicht angreifen zu wollen.

Wie das? Hitler hatte sich mit seinem Todfeind, dem Bolschewismus, verständigt und Stalin den »faschistischen Bestien« die Hand gereicht. Die Welt war schockiert, galt Hitler doch vielen als Bollwerk gegen den Kommunismus. Auch deshalb hatten die kapitalistischen Westmächte so lange gezögert, dem »Führer« in den Arm zu fallen. Stalin, ein sehr vorsichtiger Mann, der die Herrschaft über sein rotes Reich auf keinen Fall gefährden wollte, war das nicht entgangen. Um jeden Preis musste ein gemeinsames Vorgehen des Westens unter Einschluss Hitler-Deutschlands gegen die Sowjetunion verhindert werden.

Dass der große Zusammenstoß zwischen beiden totalitären Diktaturen möglicherweise auf lange Sicht unausweichlich war, stand auf einem anderen Blatt. Zunächst freilich gewann Moskau eine Atempause, um sich auf eine solche Auseinandersetzung vorbereiten zu können. Unterdessen sollten das NS-Reich und die westlichen Demokratien – in kommunistischer Sicht ohnehin alles imperialistische Feindstaaten – ruhig gegeneinander Krieg führen. Deshalb der Pakt des einen Teufels mit dem anderen. Außerdem lockte die Aussicht auf Eroberungen

Der deutsch-sowjetische Nichtangriffspakt löste ungläubiges Erstaunen aus und ebnete Hitler den Weg zum Krieg. Der deutsche Außenminister Joachim von Ribbentrop (vorne links) und der sowjetische Diktator Josef Stalin (Mitte) nach der Unterzeichnung des Dokuments am 23. August 1939 in Moskau.

und Machtzuwachs. Denn in einem geheimen Zusatzabkommen teilten beide Mächte Polen untereinander auf. Zusätzlich wurden das Baltikum und Finnland zum sowjetischen Einflussgebiet erklärt. Der deutsch-sowjetische Nichtangriffspakt besiegelte nicht nur Polens Schicksal, sondern öffnete zugleich Stalin und der Roten Armee die Tür zum Westen – dank Hitler. Der meinte nun freie Hand zu haben und wollte losschlagen. Wer würde Polen jetzt noch zu Hilfe kommen, nachdem er einen so mächtigen Bundesgenossen gewonnen hatte?

In der Nacht zum 1. September 1939 täuschten SS-Männer in polnischen Uniformen einen Überfall auf den deutschen Rundfunksender Gleiwitz in Oberschlesien vor. Das war ein billiger Trick, um die Polen ins Unrecht zu setzen. Er werde einen Anlass für den Angriff schaffen, hatte Hitler zuvor angekündigt: »Der Sieger wird später nicht danach gefragt, ob er die Wahrheit gesagt hat oder nicht.« Gegen 4.45 Uhr eröffnete das Schlachtschiff »Schleswig-Holstein« im Hafen von Danzig das Feuer auf ein polnisches Munitionslager. Nur wenige Stunden später überschritten deutsche Truppen die polnische Grenze. Der Zweite Weltkrieg – noch war es niemandem zu diesem Zeitpunkt bewusst – hatte begonnen.

Vor dem Reichstag erklärte ein sichtlich nervöser Hitler, dass es gelte, einen polnischen Angriff abzuwehren: »Seit 5.45 Uhr (er meinte 4.45 Uhr. Anm. d. Verf.) wird jetzt zurückgeschossen! Und von jetzt ab wird Bombe mit Bombe vergolten.« Der Kriegsherr beteuerte, seinem Volk nun wieder im Waffenrock dienen zu wollen. »Ich werde ihn nur ausziehen nach dem Sieg – oder – ich werde dieses Ende nicht mehr erleben.« Nur in solchen Extremen konnte Hitler denken, fühlen und handeln: Alles oder nichts, Sieg oder Untergang – das war es, was der »Führer« den Deutschen verhieß.

Zwei Tage später, am 3. September, wandte sich Großbritanniens Premierminister Chamberlain über Rundfunk an die Nation und stellte fest, dass sich »dieses Land im Kriegszustand mit Deutschland« befinde. Nur wenige Stunden danach folgte die französische Kriegserklärung an das Reich. Zum zweiten Mal in diesem Jahrhundert war Europa Ausgangspunkt eines Ringens Deutschlands um die Vorherrschaft auf dem Kontinent. Aber verbarg sich hinter dieser außenpolitischen Gewaltbereitschaft diesmal nicht noch etwas ganz anderes, nämlich der Wille zur Weltherrschaft?

Überfall auf Polen: Am 1. September 1939 eröffnete Hitler den Zweiten Weltkrieg mit einem Feldzug gegen Deutschlands östlichen Nachbarn. Das Bild zeigt Wehrmachtssoldaten beim Nieder reißen eines Schlagbaums an der polnischen Grenze.

Weit mehr noch als 1914 stand 1939 außer Zweifel, wer die Verantwortung für diesen Krieg trug: das Deutsche Reich und dessen »Führer« Adolf Hitler. Er hatte sich gründlich verschätzt, als er annahm, England werde im Falle Polens abermals kneifen. Nun zeichnete sich am Horizont ab, was schon 1914 das Verhängnis heraufbeschworen hatte: ein Zweifrontenkrieg, den Deutschland im Osten und im Westen bestehen musste. »Was nun?«, fragte ein ratloser Hitler, der mit dieser Entwicklung im Ernst nicht gerechnet hatte, seinen Außenminister Ribbentrop.

Das fragte sich wohl auch die Bevölkerung, die zwar Danzig gerne wieder im Deutschen Reich gesehen hätte, aber deswegen keinen großen Krieg wünschte. Kein Hurra-Geschrei wie 1914 erfüllte die Straßen, die Menschen wirkten besorgt und verängstigt. Schließlich waren die Erinnerungen an den letzten verloren gegangenen Krieg noch frisch. Viel merkten sie aber von dem, was vorging, zunächst nicht, und dem »Führer« vertrauten sie weiter. Im Westen blieb erst einmal alles ruhig. Nahezu ungehindert drangen die deutschen Heeresverbände in Polen vor, und nach wenigen Wochen war das Land ganz in ihrer Hand. Hitlers »Blitzkrieg« hatte nicht einmal einen Monat gedauert. Bereits am 5. September konnte Hitlers Generalstabschef Franz Halder melden: »Feind so gut wie geschlagen.«

Mitte September rückte die Rote Armee von Osten vor, und kurz darauf konnten die Sieger ihre Beute aufteilen. Polen verschwand von der Landkarte. Seine westlichen und nördlichen Gebiete fielen an das Reich, den Osten verleibte sich die Sowjetunion ein. Übrig blieb ein kleiner Rest, das sogenannte Generalgouvernement, im Grunde eine Kolonie der Deutschen, zu der auch die Hauptstadt Warschau gehörte. Mit Genugtuung besichtigte Hitler die Verheerungen, die Flugzeugbomben und Granaten dort angerichtet hatten. Doch die zivilen Schäden und Opfer in Warschau waren nur der Auftakt zu einer Besatzungspolitik der NS-Führung, die gezielte Ausrottung, Versklavung und Ausbeutung zu einer neuzeitlichen Barbarei steigerte, wie sie Europa so noch nie erlebt hatte. Polen wurde zum ersten Schauplatz für die Verwirklichung der Vernichtungs- und Züchtungsfantasien Hitlers, Himmlers und ihrer Gefolgsleute. Weg mit den »Untermenschen«, her mit der »Herrenrasse« – so lautete das Ziel.

Eine Schlüsselrolle bei den sofort nach Kriegsbeginn einsetzenden Säuberungen nahm die SS unter Heinrich Himmler ein, der zum »Reichskommissar für die Festigung des deutschen Volkstums« ernannte wurde. Die Polen, ein slawisches Volk, galten als »minderwertig« (Goebbels: »Das sind keine Menschen mehr, das sind Tiere«); ihre Oberschicht sollte ausgelöscht, die restliche Bevölkerung zugunsten deutscher Siedler vertrieben und versklavt werden. SS-Einsatzgruppen gingen mit äußerster Brutalität vor und brachten in kürzester Zeit schätzungsweise 60 000 Menschen um – Pfarrer, Lehrer, Ärzte, Rechtsanwälte, Angehörige des Adels und natürlich Juden. Rund 88 000 Polen, Sinti und Roma sowie Juden wurden ins Generalgouvernement zwangsumgesiedelt, um Deutschen Platz zu machen.

All dies geschah unter den Augen der Wehrmacht. Deutlicher Kritik von Offizieren der Armee an den Verbrechen der SS standen Berichte aus dem Heer entgegen, die belegten, dass auch Soldaten, ja ganze Einheiten »Plünderungen, willkürliche Erschießungen, Misshandlungen Wehrloser, Vergewaltigungen, Niederbrennen von Synagogen« mit zu verantworten hatten. Die Streitkräfte, längst nationalsozialistisch durchsetzt, hatten sich seit dem Mordkomplott gegen die SA-Führung 1934 Hitler mehr und mehr ausgeliefert, wenngleich sie zur SS, einer unliebsamen Konkurrenz, weiter Abstand hielten.

Ausrottungsexperten Seite an Seite: der Reichsführer SS und Chef der Deutschen Polizei Heinrich Himmler (l.) mit SS-Obergruppenführer Reinhard Heydrich, dem starken Mann im »Reichsprotektorat Böhmen und Mähren«. Heydrich starb 1942 nach einem Attentat.

Dass der Krieg und die »Vernichtung lebensunwerten Lebens« bei Hitler Hand in Hand gingen, zeigte sich auch an einer Ermächtigung, die er im Oktober 1939 unterzeichnete. Sie war ein Freibrief zum staatlich gedeckten Massenmord an angeblich körperlich oder geistig unheilbar Kranken. Was schon 1933 mit der Unfruchtbarmachung »Minderwertiger« begonnen hatte, mündete nun, im Schatten des Krieges, in ein gezieltes Tötungsprogramm, dem bis 1945 schätzungsweise bis zu 180 000 Menschen zum Opfer fielen. Auf der Suche nach einer zweckmäßigen Tötungsart setzten die Täter, anerkannte Mediziner, auch das Gas Kohlenmonoxyd ein – teils in besonderen Anstalten, teils in luftdicht abgeschlossenen Lastwagen. Nicht lange, und sie sollten willige Nachahmer finden.

Beseitigung der »Minderwertigen«, Unterjochung derer, die man als Arbeitskräfte ausbeuten wollte, Züchtung eines neuen

Menschen arischen Blutes, der die Welt beherrschen sollte – dieses Bild eines künftigen großgermanischen Reiches schwebte den Rassefanatikern um Hitler vor, allen voran dem einstigen Hühnerzüchter Heinrich Himmler. Die »Fremdvölkischen im Osten«, schrieb er im Mai 1940, benötigten nur primitive Grundkenntnisse: »Einfaches Rechnen bis höchstens 500, Schreiben des Namens, eine Lehre, dass es ein göttliches Gebot ist, den Deutschen gehorsam zu sein und ehrlich, fleißig und brav zu sein. Lesen halte ich nicht für erforderlich.« So sah sie aus, die neue Ordnung der Nationalsozialisten.

Der Krieg, von Hitler im Osten entfacht, weitete sich aus. Im April 1940 ließ Hitler Dänemark und Norwegen, an sich neutrale Länder, besetzen. Einen Monat später überrollte die Wehrmacht die Niederlande – begleitet von schweren Luftangriffen auf die Zivilbevölkerung in Rotterdam – sowie Belgien und Luxemburg, alles ebenfalls neutrale Staaten: der Krieg im Westen hatte begonnen. Während die deutschen Truppen in Nordfrankreich einfielen und schon kurz darauf vor Paris standen, trat Italien an Deutschlands Seite gegen Frankreich und Großbritannien in den Krieg ein. Frankreichs Zusammenbruch war nicht mehr aufzuhalten. Am 22. Juni 1940 wurde im Beisein Hitlers ein Waffenstillstand unterzeichnet – den Engländern war es gerade noch gelungen, ihre bei Dünkirchen eingeschlossene Armee von fast 340 000 Soldaten über den Kanal in Sicherheit zu bringen.

Hitler kostete die Niederlage Frankreichs aus. Sieger und Besiegte trafen in jenem Eisenbahnwagen bei Compiègne zusammen, in dem 1918 die Vertreter Deutschlands die Bedingungen der Alliierten hatten annehmen müssen. Frankreich wurde geteilt. Den Norden und Westen hielten die Deutschen besetzt, im Süden herrschte Marschall Pétain mit Sitz in Vichy als verlängerter Arm der Besatzungsmacht über eine formal eigenständige Zone. Sie besaß zwar eine eigene Verwaltung, existierte aber nur, so lange Deutschland es zuließ. Die »Grande Nation«, der französische Staat und seine stolze Republik, Deutschlands »Erbfeind«, war sang- und klanglos untergegangen. Einsam und verlassen hielt in Großbritannien ein geflüchteter französischer General namens Charles de Gaulle die Fahne des freien Frankreich hoch und rief zum Widerstand auf.

Nach diesem erneuten »Blitzfeldzug« erreichte Hitlers Ansehen ungeahnte Ausmaße. Er war nun auf dem Gipfel seiner Macht angekommen und galt auch unter seinen Militärs als »größter Feldherr aller Zeiten« – so die Huldigung des OKW-Chefs Wilhelm Keitel. Sein »Führer« hatte unmittelbar in die Angriffsplanungen eingegriffen und zum Überraschungserfolg beigetragen, was die Generäle schwer beeindruckte. Mochte in der Vergangenheit gelegentlich an Auflehnung gegen den Diktator gedacht worden sein, weil man von einem Krieg mit den Westmächten das Schlimmste befürchtete, so breitete sich nun bei den meisten Offizieren der unbedingte Glaube an das Genie Hitler aus, und mit dem Glauben die Bereitschaft, ihm blindlings zu folgen, wohin auch immer.

War nicht fast schon in Erfüllung gegangen, wovon Generationen machtbeseelter und sendungsbewusster deutscher Imperialisten geträumt hatten? Die Vorherrschaft des Reichs über Europa? Immerhin schien der Reichskanzler ja weit mehr durchgesetzt zu haben als alle seine Vorgänger, einschließlich Bismarck. Nicht nur die Ergebnisse des Versailler Vertrags waren Schritt um Schritt beseitigt worden, sondern Deutschland stand nach der Niederwerfung Frankreichs an der Schwelle zur Weltmacht.

Doch wer genau hinschaute, konnte erkennen, dass die Zeit gegen den skrupellosen Eroberer Hitler arbeitete. In England übernahm am 10. Mai 1940 der konservative Politiker Winston Churchill das Amt des Premierministers. Unermüdlich und lange vergebens hatte er vor Hitler und der Gefahr durch Deutschland gewarnt. Nun endlich war seine Stunde gekommen, und der bullige Enkel eines britischen Herzogs, einst Kolonialoffizier und Erster Lord der Admiralität, ein vielseitig begabter Mann mit hervorstechenden militärischen Kenntnissen, Schriftsteller und Minister in mehreren Kabinetten, sagte dem großdeutschen Kriegsherrn den Kampf an.

Den Abgeordneten des Unterhauses in London erklärte er kurz und bündig: »Ich habe nichts zu bieten als Blut, Kampf, Tränen und Schweiß.« Nach seiner Politik befragt antwortete er: »Wir werden Krieg führen zur See, zu Lande und in der Luft mit all unserer Kraft und mit aller Stärke.« Und sein Ziel? »Es ist der Sieg, der Sieg um jeden Preis.« In einer Rundfunkan-

In dem britischen Premierminister Winston Churchill erwuchs Hitler ein Gegner, der entschlossen war, den Diktator zu besiegen.

sprache rüttelte Churchill am 19. Mai nicht nur seine eigene Nation, sondern die gesamte Weltöffentlichkeit auf:

»Wir haben in der Vergangenheit Meinungsverschiedenheiten gehabt und uns gestritten; aber jetzt haben wir alle nur ein Ziel, wir werden Krieg führen, bis der Sieg errungen ist, und uns niemals der Knechtschaft und der Schande beugen, so hoch der Preis und so erbittert der Kampf auch sein mögen. Dies ist eine der ganz großen Perioden in der langen Geschichte Frankreichs und Großbritanniens, und es ist auch zweifellos die großartigste. Seite an Seite [...] sind das britische und das französische Volk aufgebrochen, um nicht nur Europa, sondern die Menschheit vor der widerwärtigsten und seelenvernichtendsten Tyrannei zu retten, die je die Seiten im Buch der Geschichte verdunkelt und beschmutzt hat.«

Und Churchill stand nicht allein. Mehr und mehr zeigte sich nun auch Franklin D. Roosevelt, der Präsident der Vereinigten Staaten von Amerika, entschlossen, dem bedrohten parlamentarischen Königreich – zunächst nur durch die Lieferung von Kriegsmaterial – beizuspringen und Hitler die Stirn zu bieten. Damit war eingetreten, was dieser unbedingt hatte vermeiden wollen. Immer hatte er gehofft, sich mit London verständigen zu können: Falls England ihn auf dem Kontinent gewähren lasse – vor allem Richtung Osten –, werde er das Empire, Großbritanniens Kolonialreich in Übersee, nicht antasten. Das war reines Wunschdenken, wie Hitler jetzt erkennen musste.

Pläne zur Eroberung der Insel wurden erwogen und wieder verworfen. Ihr Erfolg hing maßgeblich davon ab, ob es dem Deutschen Reich gelingen würde, die Luftherrschaft über den Kanal und Südengland zu erringen. Seit Mitte August 1940 tobte die »Battle of Britain«, die Luftschlacht um England. Doch trotz massiver Bombardierung nicht nur militärischer und wirtschaftlicher, sondern auch ziviler Ziele – so etwa in der

Hauptstadt London und in Coventry – konnte der für das Unternehmen »Adlerangriff« zuständige Reichsmarschall Göring Großbritannien nicht in die Knie zwingen. Hitler musste die Operation »Seelöwe«, also die Landung deutscher Truppen in England begraben – seine erste und, wie sich schon bald herausstellen sollte, eine ausschlaggebende Niederlage. Der Schrecken der Berliner war groß, als sie Ende August zum ersten Mal das Brummen von Maschinen der Royal Air Force am Himmel vernahmen, die ihre Bomben über der Reichshauptstadt abwarfen – noch ohne große Wirkungen.

Coventry – im Bild die zerstörte Kathedrale –, London, Rotterdam, Warschau, Belgrad: deutsche Bomben fielen auf europäische Städte und brachten Tod und Verwüstung.

Da an eine Entscheidung im Westen vorerst nicht zu denken war, und um die Folgen eines früher oder später zu erwartenden Kriegseintritts der USA aufzufangen, wandte sich Hitler wieder seinem eigentlichen Ziel zu, das seine Gedanken stets umkreisten: der Eroberung von Lebensraum im Osten. Ins Visier des Diktators geriet nun Stalins Sowjetunion, die Auseinandersetzung mit dem bolschewistischen Erzfeind. Am 18. Dezember erging seine »Weisung Nr. 21 für den ›Fall Barbarossa‹«: »Die deutsche Wehrmacht muss darauf vorbereitet sein, auch vor Beendigung des Krieges gegen England Sowjetrussland in einem schnellen Feldzug niederzuwerfen.« Das würde Deutschland den Zugriff auf unermessliche Rohstoffquellen, Bodenschätze und Arbeitskräfte eröffnen, um auch Großbritannien und die USA niederzuringen und die Weltherrschaft zu erlangen.

Wie bereits 1937, als die deutsche Luftwaffe (»Legion Condor«) im Spanischen Bürgerkrieg die Ortschaft Guernica angegriffen hatte.

Ein wahnwitziges Vorhaben. Hitler und sein Generalstab unterschätzten die Stärke und Widerstandskraft der Sowjetunion ebenso wie die erdrückende Überlegenheit der USA an Menschen und wirtschaftlichen Reserven. Jedem vernünftig denkenden Menschen musste das auf Anhieb einleuchten.

Aber Hitler dachte nicht vernünftig. Er war auch, um den Vergleich zu ziehen, kein Bismarck, der Risiken gewiss nicht scheute, aber sein Augenmaß nie verlor. Hitler war eben, anders als Bismarck, ein radikaler Rassist, der einen völkischen Weltanschauungskrieg führte. Das setzte jede Vernunft außer Kraft und sprengte alle Grenzen.

Am 30. Januar 1941, im Berliner Sportpalast, drohte der »Führer« in einer immer wieder von tosendem Beifall unterbrochenen Rede: Falls die Welt »von dem Judentum in einen allgemeinen Krieg gestürzt würde«, werde »das gesamte Judentum seine Rolle in Europa ausgespielt« haben. Jetzt schien wieder auf die Tagesordnung zu rücken, was bereits zu Kriegsbeginn angeklungen war: die Suche nach noch radikaleren Lösungen im Kampf gegen die Juden nun nicht mehr nur Deutschlands, sondern ganz Europas.

Juden gleich Bolschewisten gleich slawische »Untermenschen« – das war die Formel, nach der die deutschen Soldaten den Krieg im Osten führen sollten, gnadenlos und unerbittlich. Vor 200 höheren Offizieren machte Hitler zwei Monate später unmissverständlich klar, worum es ihm ging: »Kampf zweier Weltanschauungen gegeneinander [...] Wir müssen von dem Standpunkt des soldatischen Kameradentums abrücken. Der Kommunist ist vorher kein Kamerad und nachher kein Kamerad. Es handelt sich um einen Vernichtungskampf.« Hitlers Generäle erhoben keine Einwände gegen diese Aufforderung zum Bruch geltenden Kriegs- und Völkerrechts. Ganz im Gegenteil. Der Oberkommandierende des Heeres, Feldmarschall Walther von Brauchitsch, schärfte seinen Befehlshabern an der Ostfront ein: »Die Truppe muss sich darüber klar sein, dass der Kampf von Rasse zu Rasse geführt wird, und mit nötiger Schärfe vorgehen.«

Am 6. Juni erging der sogenannte Kommissarbefehl an die deutschen Heerführer. Danach sollten im Kriegsfall alle Personen mit politischen Aufgaben in der Roten Armee sofort erschossen werden. Wörtlich hieß es: »In diesem Kampf ist Schonung und völkerrechtliche Rücksichtnahme diesen Elementen gegenüber falsch [...] Die Urheber barbarisch asiatischer Kampfmethoden sind die politischen Kommissare. Gegen diese muss daher sofort und ohne Weiteres mit aller Schärfe vorgegangen werden. Sie sind daher, wenn im Kampf oder Widerstand ergriffen, grundsätzlich sofort mit der Waffe zu erledigen.«

Mitte Juni empfing Hitler Goebbels zu einer Unterredung. Der Diktator zeigte sich in bester Laune. In spätestens vier Monaten werde die Sowjetunion erledigt sein, sagte er voraus. Goebbels stimmte ergeben zu: »Der Bolschewismus wird wie ein Kartenhaus zusammenbrechen.« Und wenn nicht? Hitler: »Ob Recht oder Unrecht, wir müssen siegen [...] Und haben wir gesiegt, wer fragt uns nach der Methode. Wir haben sowieso so viel auf dem Kerbholz, dass wir siegen müssen, weil sonst unser ganzes Volk, wir an der Spitze mit allem, was uns lieb ist, ausradiert würde.« Das waren nicht mehr die Sätze eines verantwortungslosen Glücksspielers, sondern eines Politgangsters, der genau wusste, was er tat, und dem die Zukunft Deutschlands und der Deutschen vollkommen gleichgültig war.

Am Morgen des 22. Juni 1941, es dämmerte gerade, drangen in schnellen Vorstößen mehr als drei Millionen deutsche Soldaten über die sowjetische Grenze vor. Das »Unternehmen Barbarossa« lief planmäßig an, ein Überfall, wieder ohne Kriegserklärung. Der Angriff kam für Stalin – obgleich mehrfach vorgewarnt – offenkundig überraschend, und so erzielten die Deutschen trotz der zahlenmäßigen Überlegenheit des Gegners an Kriegsgerät zunächst große Geländegewinne. Südosteuropa stand bereits unter Kontrolle deutscher Truppen – wichtig für den Flankenschutz und Nachschub. Schon bei der Einnahme Jugoslawiens gingen die Eroberer unter dem Vorwand der Partisanenbekämpfung rücksichtslos gegen Zivilisten vor und terrorisierten etwa die Einwohner Belgrads mit einem Bombenhagel aus Hunderten deutscher Flugzeuge, der die Stadt zerstörte. Diese brutale Kriegsführung sollte sich im Feldzug gegen die Sowjetunion noch einmal dramatisch steigern.

Während die Angreifer die Russen förmlich überrollten, machten sich Hitlers Erfüllungsgehilfen in der SS und der Wehrmacht in den besetzten Gebieten sogleich ans Werk. Ausplünderung, Versklavung und Vernichtung lautete ihr Auftrag. Es gelte, so der Diktator, »den riesenhaften Kuchen handgerecht zu zerlegen«, um ihn »erstens beherrschen, zweitens verwalten und

Massenerschießungen sowjetischer Zivilisten, meistens Juden, gehörten zum Rassenkrieg der NS-Herrenmenschen. An diesen Verbrechen waren – wie hier im Bild – auch reguläre Wehrmachtseinheiten beteiligt.

drittens ausbeuten« zu können. Neuer Lebensraum für die Deutschen im Osten hieß »Erschießen« und »Aussiedlungen« jener, die den Herrenmenschen im Wege standen: die slawischen »Untermenschen« und die Juden. Wer übrig blieb, hatte dem großgermanischen Reich als Zwangsarbeiter zu dienen. In Hitlers Worten: »Es gibt nur eine Aufgabe: eine Germanisierung durch Hereinnahme der Deutschen vorzunehmen und die Ureinwohner als Indianer zu betrachten.«

Russlands Bodenschätze und Landwirtschaft sollten Hitlers Armeen zum Endsieg verhelfen. Auf Kosten der Zivilbevölkerung. »Hierbei werden zweifellos zig Millionen Menschen verhungern«, stellte ein mit Wirtschaftsfragen befasster General ungerührt fest. Auch Heinrich Himmler dachte in solchen Größenordnungen. Er plante die Vertreibung von über 30 Millionen Menschen ins ferne Sibirien. Und es blieb nicht bei diesen grausamen Gedankenspielen. Mit tatkräftiger Unterstützung von Wehrmachtseinheiten und rasch rekrutierten Helfershelfern aus der örtlichen Bevölkerung gingen besondere Einsatzgruppen der SS daran, die eroberten Gebiete von Partisanen zu säubern, so jedenfalls die offizielle Lesart. In Wirklichkeit handelte es sich um einen Vorwand für Massenerschießungen zumeist völlig unbeteiligter Zivilisten und war nichts anderes als gezielter Völkermord. Bis zum Frühjahr 1942 brachten die Schergen Himmlers auf diese Weise in der Sowjetunion mindestens eine halbe Million Menschen um, die allermeisten davon Juden. Es traf unterschiedslos alle, Männer, Frauen, Kinder. Wie etwa nach der Einnahme der ukrainischen Stadt Kiew im September 1941, wo ein Sonderkommando in der Schlucht von Babij Jar an zwei Tagen allein 33 771 Juden erschoss.

Gnadenlos verfuhren die Deutschen auch mit den russischen Kriegsgefangenen, von denen bis Kriegsende 3 700 000 starben: in Lagern erkrankt und verhungert, durch Zwangsarbeit entkräftet, in KZs zu Tode gequält. Ganz im Sinne Himmlers, der fand, »dass man die soziale Frage nur dadurch lösen kann, dass man die anderen totschlägt, damit man ihre Äcker bekommt«. Für diese unmenschliche Mission hatte die Wehrmacht unter ihrem »Führer« Adolf Hitler die Sowjetunion überfallen. Doch der Feldzug, als »Blitzkrieg« gedacht, lief keineswegs mehr nach Plan. Generalstabschef Franz Halder freute sich zu früh, als er schon am 3. Juli 1941 behauptete, den Krieg gegen »Russland innerhalb von vierzehn Tagen gewonnen« zu haben. Schon gut einen Monat später nämlich bekannte er kleinlaut, dass der »Koloss Russland [...] von uns unterschätzt worden ist«. Und Ende November vertrat der Reichsminister für Bewaffnung und Munition Fritz Todt gegenüber Hitler die Ansicht, dass ein militärischer Sieg nicht mehr möglich sei. Was war geschehen?

Trotz bedeutender Anfangserfolge der Wehrmacht zeigte sich schon bald, dass eine Entscheidung zugunsten des Reichs in weite Ferne rückte. Zwar standen die deutschen Verbände bis November 1941 in einer Linie von Leningrad im Norden bis zum Schwarzen Meer im Süden. Doch der Feind war ungeachtet enormer Verluste keineswegs geschlagen. Die brutale Kriegsführung der Deutschen rief erbitterten Widerstand hervor. Hitler und seine Generäle hatten zudem die Weite des russischen Raumes unterschätzt, wie auch die Fähigkeit des Gegners, immer wieder frische Truppen und neues Kriegsgerät in die Schlacht zu werfen. Zum besten Verbündeten Stalins aber wurde das extreme Klima seines Riesenreiches. Erst blieben die deutschen Panzer im herbstlichen Schlamm stecken, dann sorgte »Väterchen Frost« mit Temperaturen von bis zu minus 50 Grad Celsius dafür, dass die Front erstarrte, denn auf einen Winterfeldzug waren die Soldaten nicht vorbereitet gewesen.

Bis auf 20 Kilometer hatten sich deutsche Spähtrupps Moskau genähert, wo Stalin mit wenigen Getreuen im Kreml, dem Regierungspalast, ausharrte. Zur Einnahme der sowjetischen Hauptstadt reichten die Kräfte der Angreifer indes nicht mehr. Und auch die 500 Tage lange Belagerung Leningrads, das nach dem Willen Hitlers ausgehungert und dem Erdboden gleichge-

macht werden sollte, brach den Kampfeswillen der Bevölkerung keineswegs. Manche hatten auf die Deutschen als Befreier von der kommunistischen Tyrannei gehofft. Doch die Ausbeutungs- und Vernichtungspolitik der Besatzer öffnete ihnen schon bald die Augen, und immer mehr sammelten sich unter der Fahne des »Großen Vaterländischen Krieges«, zu dem Stalin aufgerufen hatte.

Über das Schicksal Leningrads und seiner Einwohner, von denen während der Hungerblockade schätzungsweise über eine Million Menschen ums Leben kamen, waren die Belagerer genau im Bilde. In einem Bericht Anfang 1942 hieß es:

Während der Belagerung Leningrads durch die Deutschen kamen vermutlich mehr als eine Million Einwohner ums Leben. Ein alltägliches Bild: Die Toten wurden auf Schlitten zum Friedhof gebracht.

»Schon im Dezember wiesen große Teile der Zivilbevölkerung Leningrads Hungerschwellungen auf. Es passierte immer wieder, dass Personen auf den Straßen zusammenbrachen und tot liegen blieben. Im Laufe des Januar begann nun unter der Zivilbevölkerung ein regelrechtes Massensterben. Namentlich in den Abendstunden werden die Leichen auf Handschlitten aus den Häusern nach den Kirchhöfen gefahren, wo sie, wegen der Unmöglichkeit, den hart gefrorenen Boden aufzugraben, einfach in den Schnee geworfen werden [...] Vielfach werden Leichen auch schon in den Höfen und auf umfriedeten freien Plätzen gestapelt. Ein im Hof eines zerstörten Wohnblocks angelegter Leichenstapel war etwa 2 m hoch und 20 m lang.«

Weder diese Tragödie noch die Verluste auf deutscher Seite – bis Ende 1941 zählte das Ostheer bereits 831 000 Tote, Vermisste und Verwundete – berührten Hitler. Dass seine größenwahnsinnigen Eroberungspläne scheitern würden, dämmerte ihm zu diesem Zeitpunkt womöglich schon. »Wie soll ich dann diesen Krieg beenden?«, hatte er den für die Rüstung zuständigen Minister Todt gefragt. Eine politische Lösung, zu der dieser riet, kam für den Fanatiker Hitler nicht in Frage. Eher wollte er Deutschland in den Untergang treiben, als den von ihm angezettelten Krieg zu beenden. »Wenn das deutsche Volk einmal nicht mehr stark und opferbereit genug sei, sein eigenes Blut für seine Existenz einzusetzen«, stahl sich der »größte Feldherr aller Zeiten« aus der Verantwortung, »so soll es vergehen und von einer anderen, stärkeren Macht vernichtet werden.« Er, Hitler, werde »dann dem deutschen Volk keine Träne nachweinen«.

Und so begrüßte der Diktator den Angriff des japanischen Bündnispartners auf die amerikanische Flotte in Pearl Harbor am 7. Dezember 1941. Ohne Not erklärte er seinerseits den USA nur vier Tage später den Krieg, obwohl er bis dahin bemüht gewesen war, den offenen Konflikt mit der mächtigen Nation jenseits des Atlantik zu vermeiden. Aus dem von Deutschland entfachten europäischen Krieg war nun ein Weltbrand geworden, bei dem die Zukunft aller Völker auf dem Spiel stand.

Mitte 1942 hatte Hitler ganz Europa bis an die Grenzen Asiens unterworfen. Deutsche Truppen standen vom Nordkap entlang einer Linie an der Atlantikküste bis hin zur spanischen Grenze, ganz Mittel- und Osteuropa sowie der Balkan waren in ihrer Hand und in der Sowjetunion dehnte sich die Front von Leningrad bis in den Kaukasus. In Nordafrika kämpften Hitlers Soldaten unter Generalfeldmarschall Erwin Rommel gegen die Engländer, und wie zu Lande, so wurde auch auf den Weltmeeren um die Vorherrschaft auf dem Globus gerungen. Nie zuvor und nie mehr danach reichte der Arm des Diktators so weit. Im November dieses Jahres dann begann sich das Blatt endgültig zugunsten der Gegner Deutschlands zu wenden, der großen westlichen Demokratien und der kommunistischen Sowjetunion, die zusammenrückten, um Hitler zu bezwingen.

Bei Stalingrad schlossen starke sowjetische Kräfte die 6. Armee unter General Friedrich Paulus ein. Kurz zuvor hatten bri-

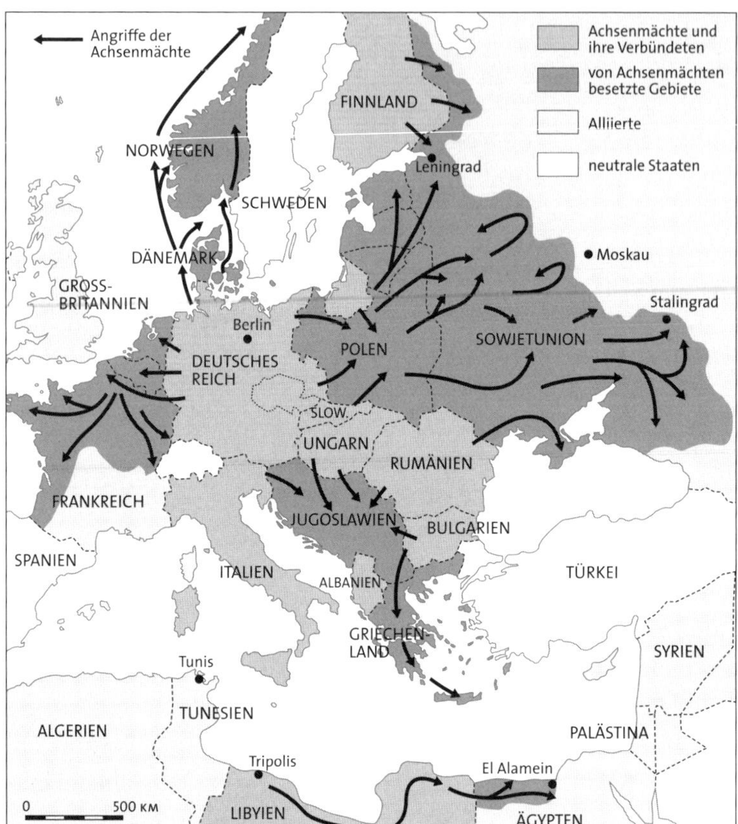

Im Sommer 1942 erreichte die militärische Machtausdehnung des »Großdeutschen Reichs« seinen Höhepunkt. Die Achsenmächte Deutschland und Italien hatten im Bündnis mit dem ostasiatischen Japan die ganze Welt herausgefordert.

tische Einheiten deutsche Stellungen in Nordafrika überrannt; zugleich setzten sich englische und amerikanische Truppen an den Küsten Marokkos und Algeriens fest. Obgleich die Lage für die Soldaten der 6. Armee in Stalingrad aussichtslos war, befahl Hitler General Paulus durchzuhalten, koste es, was es wolle. An Aufgabe oder einen Ausbruch aus der Umzingelung sei nicht zu denken. »Ihrer Truppe aber«, so der »Führer«, »können Sie keinen anderen Weg zeigen als den zum Siege oder zum Tode.« Das war nichts anderes als ein Todesurteil für weit über die Hälfte der rund 250 000 Soldaten. In entsetzlichen Straßenkämpfen wurden die Deutschen bis Ende Januar 1943 nach und nach aufgerieben. Hunger und Kälte sowie der grausame Kampf Mann gegen Mann machten aus dieser Schlacht die Hölle von Stalingrad.

»Sie fallen wie die Fliegen und keiner kümmert sich darum und begräbt sie«, schrieb ein deutscher Soldat nach Hause.

Nach der Niederlage in Stalingrad 1943 erwartete die Reste der 6. Armee Hunger, Elend und Tod. Im Bild: eine Kolonne deutscher Soldaten auf dem Weg in russische Kriegsgefangenschaft.

»Ohne Arme und Beine und ohne Augen, mit zerrissenen Bäuchen liegen sie überall.« Manch einem ging jetzt auf, wofür er geopfert wurde. »Ich liebe dich sehr und du liebst mich und darum sollst du die Wahrheit wissen«, hieß es in einem Feldpostbrief. »Ich bin nicht feige, sondern nur traurig, dass ich keinen größeren Beweis meiner Tapferkeit abgeben kann, als für diese nutzlose Sache, um nicht von Verbrechen zu sprechen, zu sterben.« Am 31. Januar endlich sagte sich General Paulus von seinem »Führer« los und kapitulierte mit den Resten seiner Einheiten.

Mehr als 90 000 Soldaten gingen nach der Schlacht um Stalingrad in russische Gefangenschaft, nur ungefähr 5000 überlebten. Ihr leidvolles Schicksal und das der Gefallenen war Hitler vollkommen gleichgültig. »Sie starben, damit Deutschland lebe«, tönte die Propaganda menschenverachtend. Wenn schon das eigene Volk nichts zählte, was hatten dann erst die zu erwarten, um deren Vernichtung es Hitler vor allem ging? Längst war im Verborgenen das ungeheuerlichste Verbrechen der nationalsozialistischen Machthaber angelaufen: die organisierte Auslöschung der europäischen Juden, für den sich heute die Bezeichnung Holocaust eingebürgert hat.

Vernichtung als Ziel: der Massenmord an den europäischen Juden

Wir erinnern uns: Schon wenige Monate vor Beginn des Zweiten Weltkriegs, im Januar 1939, hatte Hitler gedroht: »Wenn es dem internationalen Finanzjudentum innerhalb und außerhalb Europas gelingen sollte, die Völker noch einmal in einen Weltkrieg zu stürzen, dann wird das Ergebnis nicht die Bolschewisierung der Erde und damit der Sieg des Judentums sein, sondern die Vernichtung der jüdischen Rasse in Europa.« Bis zu diesem Zeitpunkt gab es keine Pläne zur physischen Ausrottung der Juden, obwohl Hitlers radikaler Antisemitismus während seiner ganzen politischen Laufbahn keinen Zweifel daran ließ, dass er dazu immer bereit war. Doch erst der von dem Diktator angezettelte Krieg öffnete alle Schleusen. Schrittweise nahm nun schreckliche Gestalt an, was sich zuvor niemand auch in schlimmsten Fantasien hätte ausmalen können.

Bei der Eroberung weiter Teile Europas durch Hitlers Armeen gerieten – vor allem im Osten – immer mehr Juden unter deutsche Herrschaft. Sie sollten, so viel stand für die nationalsozialistischen Machthaber fest, »verschwinden«, um Angehörigen der »arischen Rasse« Platz zu machen. Aber wie und wohin? Wie Techniker, die ein sachliches Problem untersuchen, gingen die NS-Führung und ihre Helfershelfer in Staat, SS und Partei mit bürokratischem Eifer an die »Lösung der Judenfrage«.

Anfangs spielte man mit dem Gedanken, alle europäischen Juden gewaltsam nach Madagaskar zu bringen und sie dort ihrem Schicksal zu überlassen. Angesichts des Klimas und der trostlosen Lebensbedingungen auf der Insel vor der ostafrikanischen Küste wäre schon das einem Todesurteil gleichgekommen. Nach der Unterwerfung Polens aber richtete sich der Blick immer mehr gen Osten. Zunächst sollte das von den Deutschen wie eine Kolonie geführte Generalgouvernement zum Auffanglager für die vertriebenen Juden werden. In Ghettos elend zusammengepfercht, erwarteten sie dort Hunger, Krankheit und Tod. Mehr als 500 000 Juden kamen in diesen streng abgeschirmten und bewachten städtischen Elendsvierteln Polens unter der deutschen Besatzung ums Leben.

Mit Beginn des Russlandfeldzugs schließlich steigerten sich die Umsiedlungspläne der Nationalsozialisten zur Vorstufe für den organisierten Völkermord. Denn nun handelte es sich um Millionen von Menschen in ganz Europa, die ihren Verfolgern hilflos ausgeliefert waren. Sie sollten nach dem erwarteten schnellen Zusammenbruch der Sowjetunion in Sammeltransporten nach Osten hinter das Ural-Gebirge ins eisige Westsibirien abgeschoben werden – auch das nichts anderes als ein Plan zur gewollten Vernichtung. Doch der Kriegsverlauf durchkreuzte diese Absichten, da Massenverschleppungen ins Hinterland des Feindes so lange ausschieden, wie der nicht bezwungen war. Und danach sah es immer weniger aus.

Deshalb gewannen andere Überlegungen die Oberhand. Schon im Juli 1941 hatte ein hoher SS-Mann mit Blick auf Polen darauf hingewiesen, dass dort die Juden im kommenden Winter nicht mehr ernährt werden könnten. Sein Vorschlag: »Es ist ernsthaft zu erwägen, ob es nicht die humanste Lösung ist, die Juden, soweit sie nicht arbeitseinsatzfähig sind, durch irgendein schnell wirkendes Mittel zu erledigen.« Im Sommer und Herbst 1941 begann sich das Ungeheuerliche dann abzuzeichnen: ein Programm zur gezielten Vernichtung der europäischen Juden.

Einen schriftlichen Mordbefehl Hitlers hat man bis heute nicht gefunden. Es dürfte ihn vermutlich auch nicht gegeben haben, da der »Führer« und seine willigen Werkzeuge darauf bedacht waren, dieses Verbrechen zu verschleiern. Zweifelsfrei erwiesen ist jedoch, dass Hitler dabei die treibende Kraft war, und dass er billigte, was sich eilfertige Untergebene an grausamen Maßnahmen einfallen ließen. An Hinweisen auf Hitlers Täter- und Mitwisserschaft am Holocaust besteht kein Mangel. Himmler und Heydrich hielten ihn auf dem Laufenden, und sein enger Vertrauter Goebbels wusste auch Bescheid. In seinem Tagebuch notierte er: »Aus dem Generalgouvernement werden jetzt […] die Juden nach dem Osten abgeschoben. Es wird hier ein barbarisches, nicht mehr zu beschreibendes Verfahren angewandt, und von den Juden bleibt hier nicht mehr viel übrig.«

Hitler selbst ließ schließlich alle Masken fallen, als er sich kurz vor dem Ende des »Dritten Reichs«, im April 1945, damit

Fortwährend rollten aus ganz Europa ungezählte Züge mit verschleppten Juden durch das Tor von Auschwitz-Birkenau – in die Hölle des Vernichtungslagers. Mindestens eine Million Juden ermordeten die Nationalsozialisten allein in diesem KZ mit Giftgas.

brüstete, dass man »dem Nationalsozialismus ewig dafür dankbar sein« werde, »dass ich die Juden aus Deutschland und Mitteleuropa ausgerottet habe«. Viele der am Holocaust Beteiligten, wie etwa der Kommandant des Vernichtungslagers Auschwitz, Rudolf Höß, beriefen sich immer wieder auf einen »Führerbefehl«, der mündlich ergangen sein dürfte. Ende Juli 1941 hatte Göring Heydrich beauftragt, alle Vorbereitungen für die, wie es jetzt hieß, »Endlösung der Judenfrage« im deutschen Einflussbereich zu treffen. Was dies im Klartext bedeutete, zeigte sich bald.

Noch immer war von »Deportationen« und »Evakuierungen« die Rede, doch tatsächlich gehörten Massenerschießungen von Juden durch besondere Einsatzgruppen und Teile der Wehrmacht auf sowjetischem Boden bereits zum gewohnten Bild. Um noch mehr Menschen umzubringen, wurden spezielle Konzentrationslager in Polen eingerichtet, die als reine Vernichtungsfabriken gedacht waren – sei es durch Zwangsarbeit, sei es durch Giftgas, mit dem die NS-Täter schon bei der Ermordung Kranker und Behinderter Erfahrungen hatten sammeln können.

24 Hauptlager mit an die 1000 Nebenlagern überzogen das Deutsche Reich und die eroberten Gebiete vor allem im Osten –

Nach der Ankunft in Auschwitz-Birkenau »sortierten« SS-Ärzte die Häftlinge an der sogenannten Rampe aus. Unter den Ärzten der berüchtigte Dr. Mengele, der immer auf der Suche nach Zwillingen war, an denen er grausame medizinische Versuche durchführte. Wer als nicht arbeitsfähig angesehen wurde, kam sofort in die Gaskammer. Alle Übrigen erwartete »Vernichtung durch Arbeit«.

darunter die Vernichtungslager Treblinka, Majdanek, Chelmno, Belzec und Sobibór. Zum weltweiten Symbol für die systematische Ausrottungspolitik der Nationalsozialisten bis heute aber ist das westlich von Krakau gelegene Todeslager Auschwitz-Birkenau geworden. In den Gaskammern dieser Vernichtungsanlage erstickten bis zum November 1944 mindestens eine Million Juden, möglicherweise sogar weit mehr. Die genaue Zahl der Opfer wird nie zu ermitteln sein, weil die Lagerleitungen in Auschwitz und anderswo die Spuren ihrer Verbrechen verwischen wollten. Wir wissen heute, dass ungezählte Menschen in die Gaskammern geschickt wurden, die man erst gar nicht in Listen erfasste. Und später, als die Niederlage Deutschlands sich abzeichnete, verbrannten die Täter solche Unterlagen.

Es begann mit der Ermordung von 850 Häftlingen Ende 1941, darunter 600 sowjetische Kriegsgefangene. Dabei experimentierten die NS-Henker mit Zyklon B, einem Blausäuregift, das sich als äußerst wirkungsvoll erwies. Die nackten Häftlinge wurden in Kammern geführt, die als Duschen getarnt waren. Durch einen Schacht wurde das Zyklon B in die Kammern geleitet. Den Opfern stand ein qualvoller Tod bevor, der oft erst nach 30 Minuten eintrat. Ein halbes Jahr später war der Massenmord Alltag in Auschwitz. Unablässig rollten Züge mit verschleppten Juden aus Deutschland und allen von der Wehrmacht besetzten Ländern Europas heran. Seit Herbst 1941 mussten alle Juden im Reich einen gelben »Judenstern« als Er-

Seit Herbst 1941 waren alle Juden im Reich gezwungen, einen gelben Stern zu tragen. Schritt für Schritt steigerten die NS-Machthaber die Ausgrenzung und Entmenschlichung der Juden – Stufen auf dem Weg zum Holocaust.

kennungszeichen auf der Kleidung tragen, wenn sie ihr Haus verließen. Auswandern durften sie nicht mehr, und wer sich von seinem Wohnort entfernen wollte, benötigte eine polizeiliche Genehmigung. Unter den Augen der deutschen Bevölkerung zog sich das Netz zu, das die Häscher ausgelegt hatten.

Am 20. Januar 1942 rief der Organisator der »Endlösung«, Reinhard Heydrich, Spitzenvertreter aus Staat, NSDAP und SS zu einer Konferenz an den Wannsee in Berlin. Das Treffen auf höchster Ebene diente vor allem der Klärung von bürokratischen Zuständigkeiten bei der »Endlösung«, dem Ziel, alle europäischen Juden auszurotten. Letztlich ging es darum, die organisatorischen Vorbereitungen für den systematischen Völkermord an den Juden zu treffen, der in Osteuropa ja bereits begonnen hatte. »Es wurde von Töten und Eliminieren und Vernichten gesprochen«, bestätigte nach dem Krieg ein Teilnehmer. Im offiziellen Protokoll aber tarnten die Techniker des Todes ihre wahren Absichten. Dort hieß es:

»Unter entsprechender Leitung sollen im Zuge der Endlösung die Juden in geeigneter Weise im Osten zum Arbeitseinsatz kommen. In großen Arbeitskolonnen, unter Trennung der Geschlechter, werden die arbeitsfähigen Juden Straßen bauend in diese Gebiete geführt, wobei zweifellos ein Großteil durch natürliche Verminderung ausfallen wird. Der allfällig endlich verbleibende Restbestand wird, da es sich bei diesen zweifellos um den widerstandsfähigsten Teil handelt, entsprechend behandelt werden müssen.«

Bis zuletzt wurden die Opfer über die Art dieser »Sonderbehandlung« getäuscht. Ein SS-Obersturmführer beobachtete im August 1942 die Ankunft eines Transports mit mehreren tausend Menschen im Lager Belzec:

»Die Leute müssen sich im Freien – einige auch in der Baracke – aller Kleidungsstücke entledigen und auch Prothesen und Brillen ablegen. Mit einem kleinen Stück Bindfaden, das ein kleiner vierjähriger Judenjunge reicht, müssen die Schuhe zusammengebunden werden [...] Dann müssen die Frauen und Mädchen zum Friseur, wo ihnen mit ein oder zwei Schnitten die Haare gestutzt werden, die in großen Kartoffelsäcken verschwinden [...] Männer, Frauen, Kinder, Säuglinge, Beinamputierte, alle nackt, vollkommen nackt, gehen an uns vorüber. In einer Ecke steht ein launenhafter SS-Mann, der diesen Armen mit salbungsvoller Stimme erklärt: Nicht das Geringste wird euch passieren. Ihr müsst nur tief atmen, das stärkt die Lungen, diese Inhalation ist wegen der ansteckenden Krankheiten notwendig, es ist eine gute Desinfizierung [...] Dann steigen sie die kleine Treppe hinauf und sehen die Wahrheit. Stillende Mütter mit dem Säugling an der Brust, nackt, zahlreiche Kinder jeden Alters, nackt; sie zögern, doch sie betreten die Todeskammern, die meisten wortlos, von den nachfolgenden geschoben, getrieben durch die Peitschenhiebe der SS-Männer [...] Nach 32 Minuten endlich ist alles tot.«

Die Vernichtungsmaschine des NS-Regimes war wohl durchdacht, und seine Vollstrecker betrieben sie mit erschreckender Gründlichkeit, einer Mischung aus bürokratischer Kälte und Genauigkeit im Dienste der Unmenschlichkeit. Mehr als drei Millionen Juden transportierte die Deutsche Reichsbahn zumeist in Viehwaggons quer durch Europa in die Vernichtungslager. Viele starben schon auf dem Weg dorthin an Entkräftung. Am Ziel angekommen, wurde, wie in Auschwitz, »aussortiert«: Wer als arbeitsfähig galt, lebte etwas länger, die anderen landeten sofort in der Gaskammer.

Und dieses Schicksal traf nicht allein Juden, sondern auch zigtausend andere Menschen. Allein im KZ Auschwitz gingen über 70 000 Polen, 21 000 Sinti und Roma sowie 15 000 sowjetische Kriegsgefangene elend zugrunde. Hochmoderne Krematorien, von deutschen Ingenieuren entwickelt, sorgten dafür, dass im Dauerbetrieb über 24 Stunden mehr als 4700 Leichen verbrannt werden konnten. Allein dies zeigt das Ausmaß des Massenmords, der von Tötungstechnikern wie ein Fabrikbetrieb organisiert wurde. Durch Giftgas starben in den Vernichtungslagern auf polnischem Boden bis Ende 1944 fast drei Millionen Juden.

Die Gesamtzahl der von den Nationalsozialisten umgebrachten Juden wird sich wohl nie vollständig ermitteln lassen. Jahrzehntelange gründliche Forschungen bis heute haben jedoch ein genaues Bild ergeben. Danach fielen dem Holocaust rund 6 Millionen Juden zum Opfer, möglicherweise sogar noch mehr.

Unfassbare Zahlen, die fassungslos machen. Sind die Dimensionen dieses einzigartigen Verbrechens im Europa des 20. Jahrhunderts überhaupt zu begreifen? Die unvorstellbare Zahl der Opfer ist das eine. Dahinter aber steht das Leid eines jeden Einzelnen, das immer wieder neu erspürt werden muss. Sonst ist die Gefahr groß, vor dem Ungeheuerlichen die Augen zu verschließen, weil man ihm nicht gewachsen ist. In dem ihm eigenen Zynismus war sich Heinrich Himmler, einer der

Grausamer Alltag für die Juden Europas im Zweiten Welkrieg: So wie hier nach der Niederschlagung des Aufstands im Warschauer Ghetto 1943 trieb die SS – oft mit Unterstützung der Wehrmacht – überall wehrlose Menschen zusammen und schickte sie in die Lagerwelt der organisierten Massenvernichtung.

Hauptverantwortlichen für den Holocaust, dessen durchaus bewusst. Was einen eigentlich um den Verstand bringen musste, der Völkermord an den europäischen Juden, verherrlichte er als »Ruhmesblatt« in der deutschen Geschichte. Vor Untergebenen führte der SS-Führer im Oktober 1943 aus:

»Ich will hier vor Ihnen auch ein ganz schweres Kapitel erwähnen. Unter uns soll es einmal ganz offen ausgesprochen sein, und trotzdem werden wir in der Öffentlichkeit nie darüber reden [...] Ich meine jetzt die Judenevakuierung, die Ausrottung des jüdischen Volkes [...] Von euch werden die meisten wissen, was es heißt, wenn 100 Leichen beisammen liegen, wenn 500 daliegen oder wenn 1000 daliegen. Dies durchgehalten zu haben und dabei – abgesehen von Ausnahmen menschlicher Schwächen – anständig geblieben zu sein, das hat uns hart gemacht. Dies ist ein niemals geschriebenes und niemals zu schreibendes Ruhmesblatt unserer Geschichte.«

Massenmord als »Ruhmesblatt unserer Geschichte«? Wehrte sich denn niemand gegen diesen verbrecherischen Wahnsinn? Die Opfer, einmal im Lager angekommen, hatten keine Chance. Auf dem Transport dorthin konnte sich kaum jemand ausmalen, was ihn am Ende wirklich erwartete. Und wie verhielten sich diejenigen Juden, die noch nicht in ein Vernichtungslager gebracht worden waren? Es gab durchaus in ganz Europa ebenso mutige wie verzweifelte Aktionen jüdischen Widerstands. Doch gegen die erdrückende militärische Übermacht ihrer Verfolger vermochten diese tapferen Menschen wenig auszurichten. Das berühmteste Beispiel war der bewaffnete Aufstand im Warschauer Ghetto im April 1943, den die Deutschen mit starkem Militäraufgebot erst nach drei Wochen niederschlagen konnten. Und dann waren da Judenretter, Deutsche wie der in einem Film von Steven Spielberg gewürdigte Oskar Schindler oder der Industrielle Berthold Beitz, denen Hunderte ihr Überleben verdankten, weil sie von ihnen versteckt und unterstützt wurden.

Doch weitaus mehr Deutsche machten sich mitschuldig, spielten eine aktive Rolle im Räderwerk der Vernichtung und hielten es am Laufen. Sie fanden willige Helfer in anderen Nationen, Denunzianten, Häscher und Aufseher, die dazu beitrugen, dass die Mordmaschine funktionieren konnte. Aber es waren Deutsche, die dafür verantwortlich waren, dass Hitlers Vernichtungsfantasien grausame Wirklichkeit wurden – aus Gründen, die von blindem Gehorsam und rücksichtslosem Karrierestreben über technokratische Besessenheit bis zu fanatischem Eifer reichten.

Und die meisten anderen schauten weg, wollten gar nichts Genaues wissen, wenn ihre jüdischen Nachbarn abgeholt und in die Züge nach Osten gesteckt wurden. An Hinweisen darauf, was den Juden drohte, fehlte es in Deutschland keineswegs. Das ganze Ausmaß und die Einzelheiten des Holocaust aber blieben bis zum Kriegsende verborgen und waren nur denjenigen bekannt, die ihn auf den Weg gebracht hatten oder Zeugen des schrecklichen Geschehens gewesen waren.

Verbrannt und ausgelöscht – Deutschland auf dem Weg in den Untergang

Nach der Niederlage bei Stalingrad im Winter 1943 war es nur noch eine Frage der Zeit, bis das Großdeutsche Reich und dessen Verbündete Italien und Japan den Krieg verlieren würden. Gegen sie stand eine überlegene Weltkoalition, mit dem an Menschen und materiellen Reserven schier unerschöpflich reichen Amerika an der Spitze. Verblendet, wie sie waren, hielt das die nationalsozialistischen Machthaber aber keineswegs ab, den aussichtslosen Krieg mit allen Mitteln und um den Preis der Selbstvernichtung des eigenen Landes fortzusetzen.

Vor ausgesuchtem Publikum im Berliner Sportpalast peitschte Joseph Goebbels, Hitlers Mann für die Volksstimmung, die Menge im Februar 1943 auf. »Wollt ihr den totalen Krieg. Wollt ihr ihn, wenn nötig, totaler und radikaler, als wir ihn uns heute überhaupt noch vorstellen können?« Ein ohrenbetäubendes »Jaaaaa!« schallte ihm entgegen. Und dann brüll-

Flucht in die Radikalität aus Angst vor dem Zusammenbruch der Heimatfront. Nach der Niederlage von Stalingrad rief Propagandachef Goebbels 1943 im Berliner Sportpalast die Deutschen zum »totalen Krieg« auf.

ten alle: »Führer befiehl, wir folgen dir.« In der Tat bekamen die Deutschen jetzt Tag für Tag eine deutlichere Vorstellung davon, was totaler Krieg bedeutete. Allerdings nicht auf fernen Schlachtfeldern, sondern in der eigenen Heimat. Nun fiel auf Deutschland zurück, was in dessen Namen an Terror und Gewalt über die Welt gebracht worden war.

Nach und nach errangen Briten und Amerikaner die Luftüberlegenheit, und ihre Flugzeuge mit tödlicher Fracht zogen eine Spur der Verwüstung. Kaum eine größere deutsche Stadt blieb von den Angriffen bei Tag und Nacht verschont, viele versanken in Schutt und Asche. In Hamburg beispielsweise entfachten englische Bomberwellen im Juli 1943 einen Feuersturm, dessen unglaubliche Vernichtungskraft einen an dem Einsatz beteiligten Piloten erschütterte: »Genau so muss die Hölle aussehen, wie wir Christen sie uns vorstellen.« Bei dieser »Operation Gomorrha«, wie sie in Anspielung auf die durch einen göttlichen Feuerregen untergegangene biblische Stadt genannt wurde, kamen schätzungsweise mehr als 30 000 Menschen ums Leben. Die Hansestadt wurde fast zur Hälfte zerstört.

Auch Berlin wurde immer häufiger Ziel massiver Flächenbombardements. Am Ende lag ein Drittel der Hauptstadt in Trümmern, waren fast 50 000 Einwohner verbrannt oder erstickt. Dabei traf es auch Städte ohne nennenswerte militärische und industrielle Bedeutung, wie etwa im Februar 1945 die Kulturperle Dresden. Binnen weniger Stunden brachten zigtausend Spreng- und Brandbomben mindestens 35 000 Menschen den Tod und verwandelten die Stadt in eine Ruinenlandschaft.

Insgesamt kosteten die Luftangriffe über 600 000 Menschen das Leben. Die Alliierten hatten es auf die bedingungslose Kapitulation Deutschlands abgesehen – ein durchaus verständliches Ziel angesichts der Bedrohung, die Hitler für die Welt darstellte. Die Rote Armee Stalins, die im Osten den Gegner langsam und unter großen Verlusten zurückdrängte, sollte entlastet werden, solange keine zweite Front auf dem Festland im Westen eröffnet werden konnte. Deshalb die massiven Luftangriffe auch auf zivile Ziele, mit denen Briten und Amerikaner die Moral der Bevölkerung brechen wollten. Eine grausame Kriegsführung gegen einen zu allem entschlossenen Diktator,

Der von Hitler entfesselte und mit aller Grausamkeit auch gegen die Zivilbevölkerung anderer Länder geführte Krieg fiel auf die Deutschen zurück. Mit Flächenbombardements verwandelten die Alliierten Stadt für Stadt in eine Trümmerlandschaft – so auch Dresden.

der mit dem Terror aus der Luft begonnen hatte und noch im Herbst 1944 nach der blutigen Niederschlagung eines polnischen Aufstandsversuchs Warschau in Flammen aufgehen ließ.

Militärisch notwendig waren die in den letzten Kriegsmonaten noch einmal enorm gesteigerten Flächenbombardements nicht mehr. Denn im Morgengrauen des 6. Juni 1944 kündeten gewaltige Explosionen und Geschützdonner an der nordfranzösischen Küste vom nahenden Ende des »Tausendjährigen Reichs«. Amerikanisch-britische Verbände, von Tag zu Tag mehr, gingen an Land: Die Invasion in der Normandie für den lang erwarteten Aufbau der Front im Westen hatte begonnen, der Kampf um die »Festung Europa« entbrannte. Nach wenigen Tagen lieferten sich bereits weit über 300 000 gut ausgerüstete alliierte Soldaten erbitterte Gefechte mit den Deutschen.

Schon ein Jahr zuvor hatten Truppen der Westmächte in Sizilien Fuß gefasst. Die Zeit für Mussolini, Hitlers faschistischen Bundesgenossen in Italien, lief ab. Am 25. Juli 1943 stürzte der »Große Faschistische Rat« in Rom den »Duce«, kurz darauf schied Italien aus dem Krieg aus. Um den Vormarsch der Alliierten nach Norden zu stoppen, besetzten die Deutschen daraufhin kurzerhand das Land. Aufhalten konnte das die drohende Niederlage auch nicht mehr. Denn durch die Landung der Alliierten in der Normandie und die nach Westen vorrückende Sowjetarmee zog sich der Ring um das Reich immer enger zusammen.

Das wusste man auch in jenen deutschen militärischen Kreisen, die – viel zu spät – nun endlich entschlossen waren, den Diktator Hitler gewaltsam zu beseitigen. Pläne dazu hatte es immer wieder gegeben, aber stets schreckten die Verschwörer in letzter Konsequenz zurück. Dabei ließen sich viele allzu lang von Hitlers scheinbaren Erfolgen blenden, weil sie den innen- und außenpolitischen Zielen ihres »Führers« gar nicht so fern standen. Zudem hatten sie als Offiziere und Soldaten ja einen persönlichen Eid auf den Diktator geschworen – und sich ihm damit letztlich ausgeliefert. Im Gewissenskonflikt zwischen blindem Gehorsam und einer höheren sittlichen Verpflichtung gegenüber humanen Werten und dem Land, dem sie dienen sollten, benötigten sie oft Jahre, um die verbrecherische Natur des Regimes zu erkennen.

Hitler mit Reichsmarschall Hermann Göring (l.). Er wolle »Meier« heißen, wenn je ein feindliches Flugzeug Deutschland erreichen sollte, hatte der Luftwaffenchef jahrelang groß getönt. Und nun versank alles in Schutt und Asche.

Erst 1944, als sie den unabwendbaren Untergang Deutschlands vor Augen hatten und längst auch über den Völkermord im Osten Bescheid wussten, war eine Gruppe militärischer Widerständler um Oberst Claus Graf Schenk von Stauffenberg bereit, alles auf eine Karte zu setzen. Es war schon seltsam. Während die gut informierten und waffenkundigen Militärs mit ihrer Tat so lange zögerten, bis im Grunde alles zu spät war, hatte ein einfacher Mann aus dem Volk schon kurz nach Kriegsausbruch den Versuch gewagt. Und fast wäre es ihm gelungen, Hitler zu beseitigen.

Der Schreiner Johann Georg Elser, ein Einzelgänger und Gegner der Nationalsozialisten, bastelte über ein Jahr lang heimlich an einer Bombe, die er schließlich Anfang November 1939 in einer Säule des Münchener Bürgerbräukellers versteckte. Dort wurde am Abend des 8. November, wie jedes Jahr, Hitler zur Gedenkfeier an den gescheiterten Putsch von 1923 erwartet. Der Zufall wollte es, dass er nach seiner Rede die Versammlung früher als sonst verließ. Minuten später explodierte die Bombe. Hitler war davongekommen, Elser wurde verhaftet und im April 1945, einen Monat vor dem Ende des »Dritten Reichs«, im KZ Dachau ermordet.

Vereinzelten Widerstand gegen die NS-Diktatur gab es in allen Schichten der Bevölkerung, in der Arbeiterschaft, im Bür-

Georg Elser, der Mann, der Hitler beseitigen wollte und dem das fast gelungen wäre. Viel fehlte nicht, einige Minuten, dann hätte Elsers selbst gebastelte Bombe ihr Ziel gefunden.

gertum, in Adelskreisen und in den beiden christlichen Konfessionen. Eine Volksbewegung, die für die Machthaber hätte bedrohlich werden können, erwuchs daraus indes nicht. In den Jahren bis 1939 war Hitler bei der Mehrheit der Deutschen populär, und auch im Krieg dauerte es lange, bis die Bindung an den vermeintlichen Heilsbringer nachließ. Hitlers Gegner waren zu isoliert, und der ebenso effektive wie angsteinflößende Unterdrückungsapparat verhinderte, dass die Menschen zusammenfanden, um die Nazis zu bekämpfen.

Dennoch setzten einige mutige Zeichen, die bis heute davon zeugen, dass es auch im gleichgeschalteten NS-Deutschland Zivilcourage gab – ja, dass Einzelne sich sogar entschlossen zeigten, für ihre Überzeugungen ihr Leben zu riskieren. Dazu zählte etwa der Kreis um die Münchener Studenten Hans und Sophie Scholl, der unter dem Namen »Weiße Rose« zu einem Symbol des Kampfes gegen Unrecht und Terror wurde. Von christlichen Vorstellungen geleitet, riefen sie in Flugblättern seit dem Sommer 1942 zum Widerstand auf. Im Februar 1943 überraschte der Hausmeister der Münchener Universität die Geschwister Scholl bei einer ihrer heimlichen Flugblattaktionen und übergab sie der Gestapo. Vier Tage später wurden die beiden hingerichtet, weitere Todesurteile gegen Mitglieder der »Weißen Rose« folgten kurz darauf.

Die Gruppe um Hans und Sophie Scholl hatte zuletzt unter dem Eindruck der Niederlage von Stalingrad gestanden, die sie

Mit ihren Flugblattaktionen gegen die NS-Herrschaft setzten Hans (l.) und Sophie Scholl sowie Christoph Probst, Mitgründer der studentischen Widerstandsgruppe »Weiße Rose«, ein unvergessliches Zeichen. Für ihren Mut mussten sie mit dem Leben bezahlen.

der verantwortungslosen Kriegsführung Hitlers anlastete. Sie musste für Deutschland in einer Katastrophe münden, erkannte nun auch eine Reihe hoher Offiziere, die Hitler allzu lang ergeben gedient hatten. Im Jahr 1944 festigte sich bei ihnen die Überzeugung, dass ein Staatsstreich um jeden Preis versucht werden musste – ganz gleich, wie die Erfolgsaussichten eines Attentats auf Hitler erschienen. Worum es ging, verdeutlichte Generalmajor Henning von Tresckow, einer der Verschwörer, so: »Es kommt nicht mehr auf den praktischen Zweck an, sondern darauf, dass der deutsche Widerstand vor der Welt und vor der Geschichte den entscheidenden Wurf gewagt hat.«

Am 20. Juli 1944, gegen 12.50 Uhr, detonierte im Besprechungsraum des Führerhauptquartiers »Wolfsschanze« in Ostpreußen ein Sprengsatz. Die Druckwelle zerstörte die Baracke und schleuderte die Anwesenden zu Boden. Fünf starben, etlichen platzten die Trommelfelle. Hitler jedoch, dem der Anschlag gegolten hatte, erlitt nur leichte Verletzungen. Dem Attentäter, Oberst Claus Graf Schenk von Stauffenberg, war es nicht gelungen, die in einer Aktentasche versteckte Bombe direkt vor Hitlers Füße zu stellen. Durch eine Kriegsverletzung behindert, hatte Stauffenberg kurz vor der Besprechung einen zweiten Sprengsatz nicht mehr scharf machen können. Hätte er ihn trotzdem einfach mit in die Tasche gelegt, womöglich wäre durch die dann viel stärkere Explosion der Anschlag geglückt. So aber lief zu viel schief bei diesem ersten und letzten Versuch der Militärs, Hitler gewaltsam zu beseitigen. Was die Aktion von Beginn an vor allem gefährdete: Stauffenberg sollte, weil er Zugang zu Hitler hatte, die Bombe in Ostpreußen legen und zugleich den Aufstand in Berlin leiten.

Oberst Claus Graf Schenk von Stauffenberg war die zentrale Figur beim Attentat vom 20. Juli 1944. Dass er den Anschlag auf Hitler verüben und zugleich den Aufstand in Berlin leiten sollte, war einer der Gründe, weshalb die Verschwörung fehlschlug.

Rasch flogen die Männer des 20. Juli auf, der Staatsstreich brach in sich zusammen, bevor er begonnen hatte. Es war der Aufstand des Gewissens, Symbol für ein anderes Deutschland, das Moral und Menschlichkeit verkörperte. Hitler aber sah sein Überleben als Werk der Vorsehung und wandte sich in einer Rundfunkansprache an die Deutschen. »Eine ganz kleine Clique ehrgeiziger, gewissenloser und zugleich verbrecherischer, dummer Offiziere hat ein Komplott geschmiedet, um mich zu beseitigen«, tönte es aus den Volksempfängern. Und der Volksverhetzer Joseph Goebbels kündigte ein »Strafgericht« an, das »geschichtliche Ausmaße haben« werde. Wie nicht anders zu erwarten, nahm das Regime grausame Rache. Stauffenberg und seine engsten Vertrauten wurden noch in derselben Nacht erschossen. »Es lebe das heilige Deutschland«, rief er, bevor ihn die tödlichen Kugeln trafen.

Es zeigte sich, dass es sich bei den Verschwörern keineswegs nur um eine »kleine Clique« gehandelt hatte. Insgesamt über 5000 Personen wurden verhaftet, obwohl nur ein kleiner Kreis in die Attentats- und Staatsstreichspläne eingeweiht war. »Blutrache« sollte nach dem Willen Himmlers die Familien der Beteiligten ausrotten. »Die Familie Graf Stauffenberg wird ausgelöscht werden bis ins letzte Glied.« Stauffenbergs Ehefrau, Brüder, ihre Kinder, Vettern, Onkel und Tanten landeten hinter Gittern. Das Ende des Krieges verhinderte das Schlimmste.

Diejenigen, die nicht gleich erschossen wurden, kamen nach Verhören und schweren Folterungen vor den Volksgerichtshof. In den anschließenden Schauprozessen unter Vorsitz des wegen seiner Brutalität berüchtigten Präsidenten Roland Freisler verhängte dieser mindestens 200 Todesurteile. Unablässig verhöhnt und gedemütigt, wurde den Opfern jede Chance zur Verteidigung genommen. »Ich will, dass sie gehängt werden, aufgehängt wie Schlachtvieh«, hatte Hitler geschäumt. Und so geschah es. An Fleischerhaken im Berliner Gefängnis Plötzensee, im Todeskampf gefilmt und fotografiert, endete das Leben der Männer des 20. Juli. Und Deutschlands oberster Kriegsherr ergötzte sich an ihren Leiden.

Unterdessen versank das Reich in Schutt und Asche. Doch obwohl die militärische Lage für das Reich immer auswegloser wurde, dachte Hitler nicht daran aufzugeben. Während die Amerikaner an der Westfront Mitte September 1944 bereits Aachen erreichten und russische Einheiten im Osten einen Monat später Richtung Königsberg marschierten, suchte die NS-Führung ihr Heil in einer totalen Mobilmachung aller Kräfte. In Wirklichkeit war dies nichts anderes als ein selbstzerstörerischer Untergang auf Raten. Der »Volkssturm« wurde zum letzten Aufgebot – kümmerlich ausgestattete Männer im Alter zwischen 16 und 60 Jahren, auf den »Führer« vereidigt, sollten die Heimat gegen hoffnungslos überlegene Gegner bis zum Tod verteidigen. 175 000 von ihnen kosteten diese sinnlosen Einsätze das Leben.

Sogar 16-Jährige schickte das Regime noch kurz vor dem Untergang in den sicheren Tod. Im März 1945 zeichnete Goebbels den Kriegsfreiwilligen Willi Hübner für Tapferkeit vor dem Feind aus.

Aus dem Osten flutete ein unaufhörlich anschwellender Flüchtlingsstrom heran. Millionen Deutsche flohen vor der vorwärts stürmenden Roten Armee. Nun erlebten sie am eigenen Leib die ganze Grausamkeit, die Hitlers Vernichtungskrieg vor allem Polen und der Sowjetunion, aber auch anderen Ländern zugefügt hatte. Schreckensmeldungen von massenhaften Vergewaltigungen durch russische Soldaten, Mord, Plünderungen und Verschleppungen trieben die Menschen panisch voran.

Heute weiß man, dass im Osten Deutschlands schätzungsweise 1,4 Millionen Frauen von Angehörigen der Roten Armee vergewaltigt wurden. Überall spielten sich Szenen wie diese ab, die ein Augenzeuge festhielt: »Die Straßen sind voll von Flüchtlingen, Wagen und Fußgängern. Immer wieder gibt es Stockung […] Auf einmal kommt ein Mann zu Pferd geritten und ruft mit lauter Stimme: ›Rette sich, wer kann. In einer halben Stunde wird der Russe da sein.‹ Eine lähmende Angst überfällt uns.«

Eine Abiturientin schilderte ihre Flucht aus Ostpreußen im Januar 1945 über Land und Wasser:

»Unterwegs starben Säuglinge vor Hunger […] In ihrer Angst, den vordringenden Russen in die Hände zu fallen, hatten es zahlreiche Flüchtlinge trotz der starken Kälte fertig bekommen, sich in offenen Lorenwagen an den Transport anzuhängen. In Bartenstein waren viele bereits erfroren […] Das Eis war brüchig; stellenweise mussten wir uns mühsam durch 25 cm hohes Wasser hindurchschleppen. Mit Stöcken tasteten wir ständig die Fläche vor uns ab. Zahllose Bombentrichter zwangen uns zu Umwegen. Häufig rutschte man aus und glaubte sich bereits verloren […] Sechs Stunden dauerte unser Weg durch

März 1945: Auf der Flucht vor der Roten Armee in Richtung Westen konnten die Menschen nur das Allernötigste mitnehmen. Es war eine Flucht in panischer Angst.

dieses Tal des Todes […] Am nächsten Tag liefen wir in Richtung Danzig weiter. Unterwegs sahen wir grauenvolle Szenen. Mütter warfen ihre Kinder im Wahnsinn ins Meer. Menschen hängten sich auf; andere stürzten sich auf verendete Pferde, schnitten sich Fleisch heraus, brieten die Stücke über offenem Feuer; Frauen wurden im Wagen entbunden.«

Rund 2,8 Millionen Deutsche kamen auf dieser Flucht von Ost nach West ums Leben. Hitler ließ das Schicksal des Volkes, zu dessen »Führer« er sich berufen glaubte, vollkommen kalt. »Wenn das deutsche Volk den Krieg verliert«, vertraute er einem seiner Generäle an, »hat es sich meiner als nicht würdig erwiesen.« Und der in sein Zerstörungswerk verliebte ehemalige Kunstmaler wusste längst, dass das Ende bevorstand. Aber: »Wir kapitulieren nicht, niemals. Wir können untergehen. Aber wir werden eine Welt mitnehmen.« Lieber wollte er Deutschland in den Abgrund reißen, als noch einmal – so seine Furcht – Niederlage und Revolution, wie im November 1918, erleben zu müssen.

Und er blieb seiner selbstmörderischen Logik treu. Mit seinen Befehlen vom 19. März 1945 ordnete er an, dem Feind im ganzen Reich nur »verbrannte Erde« zu überlassen. Im Klartext hieß das, neben militärischen Einrichtungen sollten alle Industrie- und Versorgungsanlagen, Verkehrs- und Nachrichtenverbindungen zerstört werden. Hitlers Begründung für diese Vernichtungswut überlieferte sein Lieblingsarchitekt und Rüstungsminister Albert Speer von einer ihrer letzten Begegnungen. »Wenn der Krieg verloren geht, wird auch das

Volk verloren sein«, erinnerte sich Speer später an Hitlers Worte. »Es ist nicht notwendig, auf die Grundlagen, die das deutsche Volk zu seinem primitivsten Weiterleben braucht, Rücksicht zu nehmen. Im Gegenteil sei es besser, selbst diese Dinge zu zerstören. Denn das Volk hätte sich als das schwächere erwiesen, und dem stärkeren Ostvolk gehöre dann ausschließlich die Zukunft.«

Als diese Sätze fielen, war der Diktator längst nicht mehr Herr der Situation. Sein Führerbunker in Berlin, eine gespenstische, labyrinthische Unterwelt, war zur letzten Zuflucht geworden. Wie einst der römische Kaiser Nero, der die Stadt am Tiber anzünden ließ, wollte der körperlich und seelisch zerrüttete Verderber Hitler nach den Juden nun auch Deutschland auslöschen. Doch seine Macht reichte nicht mehr so weit, die »Nero-Befehle« wurden nicht ausgeführt. Am Boden lag das Reich allerdings ohnedies, zerstört und verwüstet Städte und Landschaften. Während amerikanische und russische Soldaten mitten in Deutschland an der Elbe bereits ihren Sieg feierten, schoben sich Truppen der Roten Armee durch Trümmer, Schutt und Asche der Reichshauptstadt im Straßenkampf Meter für Meter voran. Im Visier der Rotarmisten: der Führerbunker.

Er wollte Deutschland in den Untergang reißen. Nun stand er vor den Trümmern der Reichskanzlei. Hitler mit seinem Adjutanten Julius Schaub im März 1945.

Nun wusste Hitler: Das Spiel war aus. Er beendete es so, wie er Deutschland in den Untergang geführt hatte und wie es seiner Persönlichkeit entsprach – verantwortungslos. Am Nachmittag des 30. April 1945 brachte der Diktator sich um, nachdem er kurz zuvor noch seine Lebensgefährtin Eva Braun geheiratet hatte, die mit ihm aus dem Leben schied. Auf diesem Weg folgte den beiden im Führerbunker die gesamte Familie Goebbels mit ihren sechs Kindern. Die Leichen wurden im Garten der Reichskanzlei verbrannt.

Triumph der Sieger: Nach der Einnahme Berlins durch die Rote Armee wehte über dem Reichstag die sowjetische Fahne.

Wie hatte Goebbels, Hitlers ergebenster Diener, schon 1926 geahnt: »Wir werden verbrannt, verglüht, vergessen sein.« Gut eine Woche nach Hitlers Selbstmord, am 8. Mai 1945, war Deutschlands bedingungslose Kapitulation besiegelt. Für den Nationalstaat in der Mitte Europas, besetzt und der Macht der Sieger unterworfen, ging der Zweite Weltkrieg damit zu Ende. Verbrannt und verglüht waren die Opfer, allein rund 6 Millionen Juden. Nach neuesten Berechnungen hatten Hitler und seine Mittäter schätzungsweise 66 Millionen Kriegstote auf dem Gewissen, darunter allein auf russischer Seite mehr als 20 Millionen. 3,76 Millionen deutsche Soldaten und Offiziere blieben auf den Schlachtfeldern zurück. Dazu die Millionen Verwundeten, Vermissten, Vertriebenen und durch Zwangsarbeit, in Konzentrationslagern oder in Kriegsgefangenschaft Umgekommenen.

Vergessen werden und dürfen diese Verbrechen niemals. Das ist die wahre Hinterlassenschaft der Schreckensjahre nationalsozialistischer Barbarei in Deutschland: Erinnerung als Mahnung auch an künftige Generationen, auf der Hut zu sein vor Rattenfängern, die Unheil bringen.

VII. Getrennte Wege: zwei Staaten auf deutschem Boden

Freiheit vor Einheit – Auferstehung aus Ruinen (1945–1949)

Besiegt oder befreit? Überleben in der Trümmergesellschaft

»Es war ein Sonntagnachmittag im November. Feuchter Nebel bedeckte die Ruinen mit einem blassen, gespenstischen Licht. Frankfurt war die erste Großstadt, die ich als Kind gesehen hatte. Jetzt war es die erste Stadt, die ich in Trümmern liegen sah. Eine Frau beobachtete mich, wie ich bewegungslos in der Mitte dessen stand, was vom Römerberg, dem berühmten historischen Platz in der Altstadt, noch übrig war, und auf die Ruinen starrte. ›Ja‹, sagte sie in dem Dialekt, den ich in meiner ganzen Kindheit gehört hatte, ›so haben wir's ja gewollt – und so ist es gekommen.‹«

Diese Zeilen schrieb der Dramatiker Carl Zuckmayer in seinem »Deutschlandbericht«, für den der zurückgekehrte Emigrant im Auftrag der amerikanischen Besatzungsmacht im Winter 1946/47 seine vom Krieg verwüstete Heimat bereiste. Er wurde zu einem bewegenden Protokoll darüber, was Krieg und Gewaltherrschaft nicht nur an materiellen Schäden, sondern auch in den Seelen der Menschen angerichtet hatten. Nach der bedingungslosen Kapitulation im Mai 1945 lag Deutschland am Boden und sein künftiges Schicksal in den Händen der Siegermächte. Während diese mit Paraden und Freudenfeiern in New York, Paris, London und Moskau ihren Triumph feierten, wurde den Deutschen tagtäglich das ganze Ausmaß ihres Zusammenbruchs vor Augen geführt.

Über dem Land lagen 400 Millionen Kubikmeter Trümmer. Kaum eine Großstadt, die vom Bombenhagel verschont geblieben war. Berlin sei, beobachtete ein US-Offizier, »ein brennender, rauchender, explodierender und Tod verbreitender Vulkan«. Und was der später die Wiederaufbaujahre kritisch

Deutschland 1945 – das war die Steinzeit im 20. Jahrhundert. Millionen hatten Hab und Gut verloren und kein Dach mehr über dem Kopf. Was geblieben war, trug man am Leib. Überleben wurde zur Kunst.

begleitende Schriftsteller Heinrich Böll in seiner Heimatstadt Köln erlebte, erfuhren die Menschen auch andernorts. »Staub, Puder der Zerstörung, drang durch alle Ritzen, setzte sich in Bücher und auf Windeln, aufs Brot und in die Suppe, klebte auf Wimpern und Brauen, zwischen den Zähnen, auf Gaumen und Schleimhäuten, in Wunden.« Kriegsheimkehrer, Bombenopfer und Ausquartierte, die herumirrten und nach ihren Angehörigen suchten, stießen oft auf Schilder wie diese: »Hier lebt keiner mehr«, oder: »Alles im Arsch – sind bei Frieda und Paule«.

Auf dem Gebiet Westdeutschlands waren an die 3 Millionen Wohnungen (über 40 Prozent des Bestands) zerstört oder unbewohnbar. Wo vor dem Krieg vier Deutsche lebten, hausten nun im Schnitt zehn. Und durch den anhaltenden Flüchtlingsstrom von Ost nach West wurden es immer mehr. Bis Ende 1946 zählte man schon 5,6 Millionen Vertriebene, 12 Millionen sollten es zuletzt sein. Züge und Straßenbahnen verkehrten kaum noch, die meisten Brücken waren eingestürzt, die Straßen vieler Innenstädte unter Trümmer und Schutt begraben. Wer telefonieren wollte, hatte großes Glück, wenn eine Verbindung überhaupt zustande kam. Hunger und Kälte verschärften das Elend. Unterernährte Menschen erfroren nachts in ihren Betten. »Die hohlen Wangen«, so ein Zeitzeuge, »wurden zum Markenzeichen der Deutschen. Es gab keine Bäuche mehr. Die Deutschen waren am Ende und der Steinzeit nahe.«

Der Hamburger Autor Hans Erich Nossack beschrieb in einem Brief vom November 1945 seinen Tagesablauf:

»Vor allem aber ist da die Kälte, die Gedanken verwirren sich darüber, man vergisst das meiste [...] Es ist kaum zu schildern und eigentlich auch nicht nötig, was wir im November schon unter der Kälte auszustehen hatten [...] Heizmaterial kommt nicht zur Verteilung [...] Die meisten Menschen laufen mit geschwollenen Fingern und offenen Wunden umher, und es lähmt alle Tätigkeit [...] Unser Tag beginnt um 1/2 6 Uhr [...] Von 8 bis 3 Uhr halte ich im Geschäft aus – erst ab 3 Uhr gehn die Verkehrsmittel wieder –, bin dann aber auch so erfroren, zumal ich nur zwei Scheiben trocknes Brot mitnehmen kann, dass ich kaum mehr gehen kann. Und dann beginnt ein harter Kampf um die U-Bahn. Inzwischen hat meine Frau morgens Stunden gegeben, eilt mittags eine Stunde weit, um das Essen aus der Volksküche zu holen, worauf wir mangels Gas, Elektrizität und Kochgelegenheit angewiesen sind [...] Gegen 3 Uhr macht sie auf der Brennhexe unser Essen warm, dadurch wird das Zimmer ein wenig verschlagen [...] Zwischen 5 und 6 Uhr versuche ich zu schlafen, um einen Vorhang vor den bisherigen Tag zu ziehen und die fehlenden Kalorien gleichzeitig zu ersetzen.«

Schon die Kleinsten mussten in der Trümmerzeit lernen, sich durchzuschlagen. Die Suche nach Lebensnotwendigem beherrschte den Alltag.

Mindestens 3000 Kalorien am Tag benötigte nach damaliger medizinischer Auffassung ein Mensch, der acht Stunden arbeitete. Knapp tausend Kalorien erhielt man in der ersten Nachkriegszeit auf Lebensmittelkarten – wenn überhaupt. Anastas Mikojan, sowjetischer Kommissar für Außenhandel, ein Mann, dem Not aus seiner Heimat vertraut war, zeigte sich nach einem Berlin-Besuch erschüttert: »Menschen essen Gras und Rinde von den Bäumen.« Oder sie machten sich über Tierkadaver her, wie die Schriftstellerin Ruth Andreas-Friedrich in ihrem Tagebuch notierte: »Bis zum letzten Fetzen haben die Umwohner den toten Tieren das Fleisch von den Knochen geschnitten und in die Kochtöpfe gesteckt.«

Ein Jahr später, im bitterkalten Winter 1946/47, sah es nicht besser aus. Im Gegenteil. Herbert Hoover, ein ehemaliger amerikanischer Präsident, machte sich ein Bild von der trostlosen Lage: »Die Masse des deutschen Volkes ist [...] auf den niedrigsten Stand gekommen, den man seit hundert Jahren in der westlichen Zivilisation kennt.« Der Bremer Senator Gustav Harmssen verglich die Lage mit dem Elend im Dreißigjährigen Krieg, der Deutschland während des 17. Jahrhunderts ins Mittelalter zurückgeworfen hatte. Die Menschen mussten mit 215 Gramm Brot auskommen, meist aus wenig nahrhaftem Mais gebacken; wenn sie Glück hatten, gab es noch 11 Gramm Fleisch, 7 Gramm Fett, 107 Gramm Magermilch, 4,5 Gramm Käse, 18 Gramm Zucker und 18 Gramm Fisch – insgesamt also 738 Kalorien pro Tag! Von 100 Männern waren 92, von 100 Kindern 80, von 100 Frauen 52 unterernährt. Krankheiten wie Diphtherie, Typhus und Tuberkulose breiteten sich rasend schnell aus.

Der Schwarzmarkt blühte. Zigaretten traten als Tauschwährung an die Stelle von Geld, das wertlos geworden war. Ein jugendlicher Händler beobachtete: »Nahezu jeder stahl und verschob das Gestohlene in aller Öffentlichkeit. Nur wer sich bewegte, konnte in dieser schrecklichen Zeit überleben.« Besser hatten es Bauern auf dem Land, die wertvolle Lebensmittel wie Butter und Speck erzeugten. Der Erfindungsreichtum kannte keine Grenzen: Aus Stahlhelmen wurden Kochtöpfe, aus Fallschirmseide Handtaschen gebastelt. Die Sozialdemokratin Annemarie Renger wusste von einem Bergmann zu berichten, der wöchentlich 60 Mark verdiente und ein Huhn besaß, das in derselben Zeit fünf Eier legte: »Davon aß er eins selbst; die vier übrigen tauschte er gegen 20 Zigaretten. Diese stellten auf dem schwarzen Markt einen Gegenwert von 160 Reichsmark dar. Das Huhn ›verdiente‹ also [...] fast dreimal so viel wie der Bergmann in sechs Tagen harter Arbeit unter Tage.«

Wie hier im KZ Buchenwald, zwangen die Sieger die Besiegten, sich das Grauen der von Deutschen verübten Verbrechen in der NS-Zeit vor Augen zu führen. Doch der Wunsch nach Verdrängung gewann rasch Oberhand.

Aber fühlten sich die Deutschen – besiegt und besetzt – trotz der Not nicht auch wenigstens befreit vom Joch der Diktatur? Auf die NS-Opfer und -Gegner traf dies gewiss zu, aber die meisten erlebten die vollkommene militärische Niederlage und den Untergang des »Tausendjährigen Reichs« wohl zunächst nur als mehr oder minder zufälliges persönliches Glück, mit dem nackten Leben davongekommen zu sein. Und immerhin meinten fast 40 Prozent der Deutschen sechs Jahre nach dem Ende der Hitler-Diktatur schon wieder – so das Ergebnis einer Meinungsumfrage –, dass es Deutschland in den Jahren 1933 bis 1938 so gut wie nie in diesem Jahrhundert gegangen sei. Das Empfinden von Befreiung mochte sich bei vielen einstellen – irgendwann. Allein das Kriegsende gab ja dafür Anlass. Aber erst einmal sah jeder zu, dass er selbst nicht unterging. Und die Alliierten wollten auch keineswegs als Befreier, sondern als Sieger wahrgenommen werden.

Den Besiegten sollte vor Augen geführt werden, welch verbrecherischem Regime sie allzu willig und allzu lange gedient hatten. So zwangen die US-Militärs etwa 1200 Bürger der Stadt Weimar, die Schrecken des KZ Buchenwald auf sich wirken zu lassen – sie sahen zu »Pergament« verarbeitete Häftlingshaut, die Laboratorien, in denen Nazi-Mediziner Menschenversuche unternommen hatten, die Folterkammer und den Galgen sowie das Krematorium, in dem Leichen wie Holz gestapelt waren, um in drei modernen Öfen verbrannt zu werden. Ein amerikanischer Reporter hielt fest, dass die Deutschen Dinge gesehen hätten, »die Tränen in ihre Augen brachten, und Dutzende, einschließlich der Krankenschwestern, sind in Ohnmacht gefallen«.

Und die »Hauptkriegsverbrecher« für diese und andere Gräueltaten sollten sich vor einem Gericht verantworten – als mahnendes und abschreckendes Beispiel für alle Zeiten. Keine Siegerjustiz, sondern ein Symbol für die Durchsetzung völkerrechtlicher Grundsätze, damit Massenmord nicht ungesühnt blieb. Am 20. November 1945 eröffnete das internationale Militärtribunal in Nürnberg, dessen Ankläger und Richter aus den Reihen der vier alliierten Siegermächte stammten, den Prozess gegen 24 Beschuldigte, die hohe Ämter und Positionen im »Dritten Reich« bekleidet hatten. Darunter: Reichsmarschall Hermann Göring, Außenminister Joachim von Ribbentrop, Generalfeldmarschall Wilhelm Keitel, Generaloberst Alfred Jodl, der frühere Reichsinnenminister Wilhelm Frick, Ernst Kaltenbrunner, Chef des Sicherheitsdienstes (SD) der NSDAP und einer der Vollstrecker des Holocaust, Julius Streicher, Herausgeber des antisemitischen Hetzblattes »Der Stürmer«, und Rüstungsminister Albert Speer. Heinrich Himmler, Herrscher über das SS-Reich der Konzentrationslager und Cheforganisator des Holocaust, konnte nicht mehr zur Verantwortung gezogen werden, weil er sich nach seiner Festnahme das Leben genommen hatte.

Ihnen wurden »Verbrechen gegen den Frieden«, »Kriegsverbrechen« und »Verbrechen gegen die Menschlichkeit« vorgeworfen. Nicht ganz ein Jahr später ergingen die Urteile. Verhängt wurden zwölf Todesurteile, sieben Haftstrafen und drei Freisprüche. Hermann Göring, zum Tod durch den Strang verurteilt, entzog sich der Hinrichtung durch Selbstmord. Bis 1949 folgten noch zwölf weitere Prozesse, u.a. gegen namhafte

Den »Hauptkriegsverbrechern« der NS-Führung wurde seit November 1945 in Nürnberg der Prozess gemacht. Darunter, in der vorderen Reihe von links: Reichsmarschall Göring, Rudolf Hess, einst Hitlers Stellvertreter, Außenminister Ribbentrop sowie Generalfeldmarschall Keitel.

Industrielle, Juristen, Ärzte, Militärs, höhere SS-Angehörige und Diplomaten. Im westlichen Teil Deutschlands wurden insgesamt mehr als 5000 Personen verurteilt und 486 Todesurteile vollstreckt.

In den Nürnberger Prozessen bekundeten Amerikaner, Engländer, Franzosen und Russen vor der Weltöffentlichkeit noch einmal ihren gemeinsamen Willen, die nationalsozialistischen Gewaltherrscher zu bestrafen. Doch schon da zeigten sich Auffassungsunterschiede über Recht und Gerechtigkeit zwischen den Vertretern der kommunistischen Sowjetunion und jenen der westlichen Demokratien. Und auch auf anderen Gebieten begann das anfängliche Einvernehmen unter den Siegern zu bröckeln.

Was soll aus Deutschland werden?

Im Rückblick auf das Jahr 1945 wird oft von der »Stunde Null« gesprochen. So als wären damals alle Uhren stehen geblieben, sämtliche Verbindungen zur Vergangenheit abgerissen und als wäre alles, was dann kam, ganz neu gewesen. Um sich zu verdeutlichen, welche Katastrophe hinter den Deutschen lag, ist diese Vorstellung zwar durchaus hilfreich; in Wirklichkeit lagen die Dinge aber etwas anders. Das Leben geht immer weiter und der Alltag der Menschen spielt sich oft weit entfernt von den großen Ereignissen der Geschichte ab. Gerade in Zeiten großer Umbrüche gibt es keinen Stillstand, sondern das Gefühl von Beschleunigung. Und auch Politiker sind dann selten Herren des Geschehens, das einem Strudel gleicht, in dem manches vergeht, einiges bleibt und vieles – oft völlig unerwartet – neu entsteht.

Auf drei Konferenzen beschäftigten sich die Alliierten mit der Zukunft Deutschlands. Ende 1943, bei ihrem Treffen in Teheran, fassten US-Präsident Roosevelt, Englands Premier

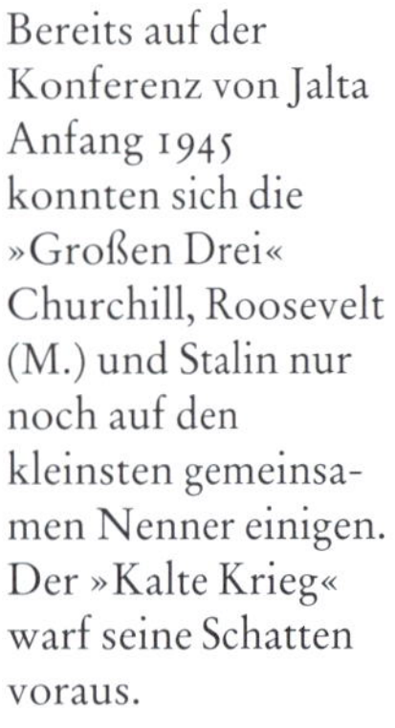

Bereits auf der Konferenz von Jalta Anfang 1945 konnten sich die »Großen Drei« Churchill, Roosevelt (M.) und Stalin nur noch auf den kleinsten gemeinsamen Nenner einigen. Der »Kalte Krieg« warf seine Schatten voraus.

Churchill und der sowjetische Diktator Stalin noch die vollständige Zerschlagung des Deutschen Reichs ins Auge. Als sie sich über ein Jahr später, Anfang 1945, in Jalta auf der Halbinsel Krim wiedersahen, hatte sich die Situation grundlegend gewandelt. Nunmehr konnten sich die Verbündeten nur noch auf die Einteilung Deutschlands in Besatzungszonen verständigen. Mittlerweile misstrauten die Westmächte Stalin, dessen vorwärts stürmende Rote Armee die von Hitler unterdrückten Völker im Osten keineswegs befreite, sondern – wie etwa in Polen – schrittweise begann, kommunistenfreundliche Regierungen einzusetzen. Obgleich Stalin sicherlich keinen Plan hatte, ganz Westeuropa zu unterwerfen, wollte er doch größtmögliche Sicherheit vor künftigen Angriffen auf sein Land erlangen. Dazu versuchte er – argwöhnisch gegenüber den westlichen Staatslenkern –, seinen Einfluss so weit auszudehnen, wie es nur ging. Und zwar mit Hilfe moskautreuer Genossen – erst in Osteuropa, sodann in der Sowjetischen Besatzungszone Deutschlands. Stalin: »Wer immer ein Gebiet besetzt, erlegt ihm auch sein eigenes gesellschaftliches System auf.«

Seit dem 5. Juni 1945 übten die Alliierten die »oberste Regierungsgewalt« in Deutschland aus – mit allen Befugnissen bis hinunter zu den Gemeinden. Verantwortliche deutsche Stellen gab es nicht mehr. Gemeinsame Beschlüsse des Alliierten Kontrollrats in Berlin sollten Weichen für die Zukunft stellen. Doch zunehmende Reibereien zwischen den Besatzungsmächten führten dazu, dass eine jede ihre Zone nach eigenen Vorstellungen verwaltete – die Russen östlich der Elbe, die Briten im Norden und Westen, die Amerikaner in Süddeutschland und die Franzosen im Südwesten. Ganz ähnlich war die alte Reichshauptstadt Berlin in sogenannte Sektoren unterteilt, in denen jeweils Stadtkommandanten der Alliierten das Sagen hatten.

Und die Deutschen hatten zu folgen. Zunächst konnten sie auf die Entwicklung keinen Einfluss nehmen. Erst nach und nach ergaben sich Spielräume, die Handlungs- und Einwirkungsmöglichkeiten eröffneten. Freiheit und Einheit des Landes in der Mitte Europas gerieten in den Sog der internationalen Politik, die zunehmend von der sich vertiefenden Spaltung zwischen Ost und West beherrscht wurde, dem »Kalten Krieg«, einer Auseinandersetzung zwischen der kommunistischen Sowjetunion auf der einen Seite und dem Westen mit den USA an der Spitze auf der anderen Seite. Gerungen wurde um Macht, Demokratie und Menschenrechte. Über 40 Jahre lang sollte dieser Konflikt, der durch Atomwaffen beider Lager die ganze Menschheit bedrohte, das Schicksal Deutschlands bestimmen.

Es war auch viel Glück im Spiel, dass die Rivalität Washingtons und Moskaus nicht in einen heißen Dritten Weltkrieg umschlug. An gefährlichen Anlässen, von denen noch zu sprechen sein wird, fehlte es nicht, aber die Aussicht auf Selbstvernichtung schreckte wohl ab. Die unvorstellbare Zerstörungsgewalt der neu entwickelten Kernwaffen hatte sich in Hiroshima und Nagasaki gezeigt, als US-Piloten über den beiden japanischen Städten im August 1945 erstmals Atombomben abwarfen – ein verheerender Schlag mit schätzungsweise 275 000 Toten, der den Zweiten Weltkrieg auch im Fernen Osten endgültig zugunsten der Amerikaner und ihrer Alliierten entschied und zugleich beendete.

In der unmittelbaren Nachkriegszeit spielten diese Ein- und Aussichten noch keine direkte Rolle, vielmehr verschärften sich die Gegensätze zwischen den Siegern des Zweiten Weltkriegs von Jahr zu Jahr. Hellsichtige Beobachter, wie der amerikanische Diplomat George F. Kennan, warnten schon im Sommer 1945: »Die Idee, Deutschland gemeinsam mit den Russen regieren zu wollen, ist ein Wahn [...] Wir haben keine andere Wahl, als unseren Teil von Deutschland [...] zu einer Form von Unabhängigkeit zu führen, die eine befriedigende, eine gesicherte, eine überlegene ist, dass der Osten sie nicht gefährden kann [...] Ob das Stück Sowjetzone wieder mit Deutschland verbunden wird oder nicht, ist jetzt nicht wichtig.«

Und Großbritanniens Kriegspremier Winston Churchill rief mit Blick auf das von der Roten Armee eroberte Osteuropa zur Wachsamkeit auf: »Ein eiserner Vorhang ist [...] niedergegangen. Was dahinter vor sich geht, wissen wir nicht.« Stalins Absichten gegenüber Deutschland geben bis heute manche Rätsel auf. Er spielte immer mit verschiedenen Möglichkeiten. Insgeheim schien er aber schon recht früh zu ahnen, worauf die Entwicklung wohl hinauslaufen würde. »Perspektive – es wird zwei Deutschlands geben«, äußerte er im Juni 1945 gegenüber Vertrauten.

Auf der Konferenz von Potsdam im August 1945 fanden die Alliierten scheinbar noch einmal zusammen. Sie einigten sich auf die »Vier Großen D«: Denazifizierung, Demilitarisierung, Dekartellisierung, Demokratisierung. Nationalsozialismus und Militarismus sollten ausgerottet, die deutsche Kriegsmaschine zerstört, die Macht der Konzerne, die das NS-Regime unterstützt hatten, zerschlagen und das Volk der Dichter und Denker zu Demokraten umerzogen werden. Abgesegnet wurde die Unterstellung der deutschen Gebiete östlich der Flüsse Oder und Neiße unter polnische und des nördlichen Ostpreußen unter sowjetische Verwaltung. Praktisch besiegelte dies die Verkleinerung Deutschlands um ein Viertel – gemessen an den Grenzen von 1937.

Die Besatzungszonen der Alliierten in Deutschland 1945 nahmen die spätere Ost-West-Grenze zwischen der Bundesrepublik und der Deutschen Demokratischen Republik vorweg. Deutschland verlor durch den von Hitler entfachten Zweiten Weltkrieg ein Viertel seines Staatsgebiets.

Die Umsiedlung der dort immer noch lebenden Deutschen nach Westen sollte »in ordnungsgemäßer und humaner Weise« erfolgen. Tatsächlich wurde daraus, wie auch im Fall der Sudetendeutschen, eine gewaltsame Vertreibung. Sie verstieß ganz eindeutig gegen Menschenrechte; freilich war noch in frischer Erinnerung, dass die nationalsozialistischen Eroberer mit dieser Praxis begonnen hatten und dabei noch weitaus brutaler vorgegangen waren. Letztlich nicht geklärt werden konnten in Potsdam die Reparationsforderungen der Sieger – und diese Frage besiegelte am Ende das Zerwürfnis zwischen ihnen.

Während die Russen in der Folgezeit ihre Besatzungszone rücksichtslos auszuplündern begannen – was angesichts der enormen materiellen Verluste, Zerstörungen und Schäden in der Sowjetunion keineswegs grundlos geschah –, erkannten die Westmächte schon bald, dass ein ausgeblutetes Deutschland nicht überlebensfähig sein würde. Zwar hatten auch die Amerikaner mit dem Plan ihres damaligen Finanzministers Henry Morgenthau kurzzeitig erwogen, Deutschland seiner industriellen Grundlagen zu berauben und in einen Agrarstaat zurückzuverwandeln. Doch die wachsende Not zwang zu der Einsicht, dass man den Deutschen die Mittel an die Hand geben musste, für sich selbst zu sorgen, wenn sie nicht zu ewigen Kostgängern der Besatzer werden sollten. Auch war noch nicht vergessen, welchen Schaden die Reparationspolitik der jungen Weimarer Demokratie nach dem Ersten Weltkrieg zugefügt hatte. Hinzu kam, dass man sich zusehends darüber entzweite, wie denn die »Vier Großen D« in der Praxis zu handhaben waren. Die Spaltung Deutschlands nahm ihren Anfang.

Kommunistische Machtsicherung in der SBZ: tarnen, tricksen, täuschen

In der sowjetischen Zone zeichnete sich bereits sehr früh ab, dass die Machthaber entschlossen waren, die Vereinbarungen von Potsdam als Hebel für die Errichtung einer kommunistischen Herrschaftsordnung zu nutzen. Dabei ging man vorsichtig zu Werke und verschleierte die eigenen Absichten, um Chancen weiterer Einflussnahme im übrigen Deutschland nicht zu verspielen. Mit der frühen Zulassung politischer Parteien schon im Juni 1945 ergriff die Sowjetische Militäradministration (SMAD) die Initiative. Damit wollte sie ein Zeichen für ganz Deutschland setzen. Als erste Partei trat die KPD, nach zwölf Jahren Untergrund und Exil, schon am 11. Juni wieder an die Öffentlichkeit. In ihrem Gründungsaufruf gab sie sich betont gemäßigt und stellte sich in die Tradition der bürgerlichen Revolution von 1848.

Wer diesen Aufruf las, musste sich die Augen reiben. Was war aus der einstigen Vorhut (Avantgarde) der Arbeiterklasse geworden, die doch immer zum revolutionären Sturz der kapitalistischen Ordnung aufgerufen hatte und mit einer »Diktatur des Proletariats« den Sozialismus errichten wollte? Keine Rede mehr davon. Sogar Marx und Lenin, die ideologischen Urväter des Kommunismus, wurden nicht erwähnt. Eine »parlamentarisch-demokratische Republik«, mit »allen demokratischen Rechten und Freiheiten für das Volk«, auf der »Grundlage des Privateigentums« – das sei das Gebot der Stunde. Denn: »Wir sind der Auffassung«, so der Aufruf der KPD, »dass der Weg, Deutschland das Sowjetsystem aufzuzwingen, falsch wäre, denn dieser Weg entspricht nicht den gegenwärtigen Entwicklungsbedingungen in Deutschland.« Das klang zahm, war aber nur taktisch gemeint.

Walter Ulbricht und Wilhelm Pieck, zwei KP-Funktionäre, die an der Spitze einer Exil-Gruppe aus Moskau nach Deutschland gekommen waren, wussten das. Sie sollten, Hand in Hand mit der sowjetischen Besatzungsmacht, einen kommunistischen Machtapparat aufbauen. Schwierigkeiten mit dem neuen Parteiprogramm hatten anfangs vor allem alte KPD-Anhänger, die nicht durchschauten, dass dies nur Tarnung war. Einmal fragte ein Genosse Ulbricht, worin sich die Kommunisten denn noch von bürgerlichen Demokraten unterscheiden würden. Darauf Ulbricht, augenzwinkernd: »Das wirst du schon bald merken, Genosse! Wart' nur mal ein bisschen ab.«

Der kommunistische Spitzenfunktionär Walter Ulbricht hatte in seinen Moskauer Exiljahren die hohe Kunst der Verstellung gelernt. Sein Motto: »Es muss demokratisch aussehen, aber wir müssen alles in der Hand haben.«

Als Handlanger Moskaus war Ulbricht im Bilde, denn die russische Besatzungsmacht schuf in der Tat rasch vollendete Tatsachen: mit einer Bodenreform, durch die »Junkerland« über 100 Hektar enteignet wurde, und die Verstaatlichung von Betrieben sogenannter Kriegs- und Naziverbrecher. Unter den Betroffenen befanden sich zweifelsfrei Stützen und Nutznießer des NS-Regimes. Darum ging es der SMAD aber gar nicht in erster Linie; vielmehr setzte sie im Gewand ihrer »antifaschistisch-demokratischen Ordnung« eine politische, soziale und ökonomische Revolution in Gang.

Ähnlich betrieben die sowjetischen Militäroffiziere die Entnazifizierung, also die Säuberung der Verwaltungen, der Justiz und Polizei, der Schulen und Universitäten und anderer Einrichtungen des öffentlichen Lebens. Zwar traf es auch hier oft die Richtigen, aber zugleich wurden, mal willkürlich, mal gezielt, ganz andere Opfer dieser angeblichen Reinigungsmaßnahmen: missliebige Kommunisten, kritische Sozialdemokraten, bürgerliche Demokraten. Mehr als 180 000 Verhaftete landeten in »Speziallagern«, darunter auch den vormaligen KZs Sachsenhausen und Buchenwald. Rund 60 000 von ihnen gingen dort an Seuchen, Hunger und Kälte jämmerlich zugrunde – unter ihnen ungezählte Jugendliche, die in den letzten Stunden des »Dritten Reichs« angeblich im »Werwolf«, Hitlers letztem Aufgebot, gekämpft hatten.

Um den demokratischen Schein zu wahren, zog die SMAD für den Aufbau neuer Verwaltungen Deutsche aus allen politischen Lagern heran, wenn an ihrer antifaschistischen Haltung kein Zweifel bestand. Schlüsselpositionen freilich, etwa bei der

Polizei und für Personalangelegenheiten, besetzte sie mit ergebenen Kommunisten. Der in Machtfragen höchst gerissene Walter Ulbricht brachte es auf den Punkt: »Es muss demokratisch aussehen, aber wir müssen alles in der Hand haben.«

Auch die in der Ostzone wieder zugelassene Sozialdemokratische Partei Deutschlands (SPD) unter ihrem Spitzenmann Otto Grotewohl ließ sich von dieser Taktik anfangs blenden. Viele Sozialdemokraten und Kommunisten sehnten unmittelbar nach dem Krieg eine einheitliche Arbeiterpartei herbei. Denn hatte der verhängnisvolle Bruderkampf zwischen SPD und KPD am Ende der Weimarer Republik, so die verbreitete Ansicht, nicht wesentlich zu Hitlers Aufstieg beigetragen? Auf dem Weg zu einem künftigen demokratischen und geeinten Deutschland galt es also, die Spaltung der Arbeiterbewegung zu überwinden.

Doch die Führung der KPD bremste erst einmal, weil sie fürchtete, von der SPD und ihrer größeren Anhängerschaft überrollt zu werden, solange die eigene Organisation noch nicht ausreichend gefestigt war. Im Herbst 1945 jedoch wendete sich das Blatt. Nun drängten die Kommunisten auf die Gründung einer sozialistischen Einheitspartei, da sie feststellen mussten, dass ihnen der Rückhalt in der Bevölkerung fehlte und die SPD an Einfluss gewann. Mittlerweile spürten die Sozialdemokraten den Druck der SMAD, an eine ungehinderte freie Betätigung war bald nicht mehr zu denken. Nach wie vor liebäugelten viele mit einer Einheitspartei, doch auch der Widerstand dagegen wuchs. In Parteiversammlungen wurden immer häufiger Stimmen wie diese laut: »Die Kommunisten wollen uns überall überfahren, überall werden unsere Genossen rausgeworfen, mit den Kommunisten gibt es keine Zusammenarbeit. Die Kommunisten sehen, dass sie keine Anhänger haben, sie wollen deshalb über Hintertreppen unsere Mitglieder abspenstig machen.« Wer sich so mutig äußerte wie der Sozialdemokrat Heinrich Jentoch aus Eisenach, lief Gefahr, verhaftet zu werden. »Im Moment haben wir die beschämende Feststellung zu treffen, dass eine Partei, die kleiner ist als wir, tatsächlich mehr an politischem Einfluss hat als die SPD. Natürlich kann diese Politik nur deswegen durchgeführt werden, weil sie von der Besatzungsmacht gestützt wird.«

Der Handschlag zwischen dem Kommunisten Wilhelm Pieck (l.) und dem Sozialdemokraten Otto Grotewohl beschwor die Einheit der Arbeiterbewegung. Er täuschte vor, dass es sich bei der Gründung der SED um einen freien und gleichberechtigten Zusammenschluss von SPD und KPD handelte.

Mit einer Politik der Drohungen, Verhaftungen und Lockungen schüchterten SMAD und KPD die SPD-Genossen ein. Niedergeschlagenheit kam auf, in die sich Reste von Hoffnung auf ein faires Miteinander von Kommunisten und Sozialdemokraten mischten. »Wenn die Vereinigung von uns nicht bald vorgenommen wird, dann werden wir zwangsweise zusammengeschoben«, äußerte etwa der Chemnitzer SPD-Bezirksvorsitzende August Friedel Anfang 1946. Und so kam es dann auf einem »Vereinigungsparteitag« von SPD und KPD am 21./22. April 1946 in Berlin zur Gründung der Sozialistischen Einheitspartei Deutschlands (SED) in der Sowjetischen Besatzungszone (SBZ).

Ein freier Zusammenschluss war dies keineswegs – trotz Abstimmung und Einheitsträumen. Wie die Stimmung in Wirklichkeit war, zeigte sich in West-Berlin, wo sich über 80 Prozent der befragten SPD-Mitglieder gegen eine sofortige Verschmelzung mit der KPD aussprachen. Anfangs verschleierten die Kommunisten noch ihren Herrschaftsanspruch, bald jedoch schon drängten sie die Sozialdemokraten in die Rolle von nützlichen Idioten, die nichts mehr zu sagen hatten und weiterer Verfolgung und Unterdrückung ausgesetzt waren. Als Feigenblatt diente Otto Grotewohl, der sich mit dem Altkommunisten Wilhelm Pieck den Vorsitz der SED teilte. Ähnlich erging es den bürgerlichen Parteien, der Christlich-Demokratischen Union Deutschlands (CDU) – einer überkonfessionellen Sammlungsbewegung – und der Liberal-Demokratischen Partei (LDP). In der »Einheitsfront der antifaschistisch-demokratischen Parteien« mussten sie sich der Führung der SED beugen.

Politischer Neubeginn in den Westzonen: wo sind gute Demokraten?

Der Westen beobachtete die Ereignisse in der SBZ mit großer Aufmerksamkeit. Auch dort kam das politische Leben allmählich wieder in Gang. Amerikaner, Engländer und mit einiger Verzögerung auch die Franzosen sahen mit Sorge, wie zielstrebig die Sowjetunion und die KPD/SED in ihrem Machtbereich eine gesellschaftliche Umwälzung vorantrieben, die demokratisch aussehen sollte, aber in Wirklichkeit auf eine Einparteienherrschaft hinauslief. Hatte man Hitler besiegt, um jetzt einer möglicherweise drohenden neuen Diktatur Platz zu machen, die ja nicht auf den Osten Deutschlands beschränkt bleiben musste? Es lag im Interesse der West-Alliierten, dass man die Deutschen im eigenen Besatzungsgebiet nicht einfach ihrem Schicksal überlassen konnte. Denn das wäre einer Einladung an Stalin gleichgekommen, sich zu nehmen, was er wollte. Aber wie vorgehen? Die West-Alliierten konnten nicht mehr leugnen, was Großbritanniens Kriegsherr Churchill früh erkannt hatte: »Wir werden nie in der Lage sein, Deutschland ohne die Deutschen zu regieren.«

Doch wer sollte ihnen dabei helfen? Gesucht wurden unbescholtene und erfahrene Männer und Frauen, Gegner der NS-Diktatur, die zugleich fähig waren, einen neuen demokratischen Staat aufzubauen. Man wurde fündig; es zeigte sich jedoch mit der Zeit, dass auch ehemalige Nazis wieder hoch im Kurs standen, weil großer Bedarf an Fachleuten und geeignetem Verwaltungspersonal bestand. Die Entnazifizierung – von den westlichen Besatzungsmächten unterschiedlich gehandhabt – brachte in den Westzonen nicht immer die gewünschten Ergebnisse. Besonders gründlich wollten zu Beginn die Amerikaner sein, wurden dann aber, als der Ost-West-Konflikt an Schärfe gewann, zusehends nachsichtiger gegenüber ehemaligen Nationalsozialisten. Umstritten war vor allem das schematische »Fragebogen«-Verfahren. Jeder Deutsche, der älter als 18 Jahre war, musste sich ihm unterziehen und 131 Fragen beantworten, die Mitgliedschaften und Aktivitäten in der NS-Zeit betrafen. Davon hing ab, ob jemand als Hauptschuldiger, Belasteter, Minderbelasteter, Mitläufer oder Entlasteter eingestuft wurde. Spruchkammern überwachten die Prozedur und stellten Entnazifizierungsbescheide aus.

War die Entnazifizierung ein Erfolg? Ja und nein. Maßstab dafür muss aus heutiger Sicht die gelungene Demokratisierung Westdeutschlands nach 1945 sein. Und dann lässt sich sagen, dass die NS-Prominenz, sprich die ehemaligen Spitzen in Staat und Partei, keine politische Rolle mehr spielten. Das Gleiche gilt für einen Großteil der aktiven Amts- und Funktionsträger in wichtigen Positionen. Ebenso richtig ist aber auch, dass viele »Belastete« im Laufe der Jahre rehabilitiert wurden, also praktisch freigesprochen wurden und neue öffentliche Ämter und Aufgaben erhielten. Noch mehr trifft das auf die große Gruppe der »Mitläufer« zu. Und was ganze Berufsgruppen wie Militärs, Unternehmer, Juristen, Mediziner und Professoren angeht, so ist festzustellen, dass viele, die dem NS-Regime gedient hatten, unbehelligt davonkamen und schon bald wieder Karriere machen konnten.

Dem Ansehen der westdeutschen Demokratie war das zweifellos abträglich; eine wirkliche Gefahr für sie ist daraus aber nie erwachsen. Das lag in erster Linie daran, dass es diesmal, nach dem zweiten verlorenen Weltkrieg, endlich glückte, die Köpfe und Herzen der Bevölkerung – nicht sofort, aber allmählich – für die westlichen Werte von Demokratie, Liberalität und Toleranz zu erobern. Das vollbrachte allerdings weniger eine von oben aufgezwungene Umerziehung vom autoritätsgläubigen Untertanen zum Musterdemokraten (»reeducation«), auf die vor allem die Amerikaner anfangs große Stücke hielten, sondern vielmehr der Übergang von der Besatzungsherrschaft zur Selbstständigkeit unter Vorbehalt.

Halbes Glück, ungeteiltes Leid: die Entstehung der Bundesrepublik Deutschland und der Deutschen Demokratischen Republik

Anders als in der SBZ, wo die sowjetischen Besatzer mit Hilfe der linientreuen SED und zentraler Verwaltungen Schritt für Schritt in Richtung einer kommunistischen Herrschaft marschierten, bauten Amerikaner, Engländer und Franzosen das politische Leben in ihren Zonen von den Ländern des alten Reichs her auf. Zwar existierten auch in Ostdeutschland noch bis 1952 Sachsen, Sachsen-Anhalt, Thüringen, Brandenburg und Mecklenburg. Tatsächlich hatten sie jedoch keine Bedeutung und wurden in jenem Jahr aufgelöst und in Bezirke ohne Mitspracherechte umgewandelt.

Vor allem die Amerikaner und ihr Stellvertretender Militärgouverneur Lucius D. Clay setzten darauf, Demokratie von unten wachsen zu lassen. Zwar waren die von den Alliierten ausgesuchten deutschen Länderchefs zunächst nicht gewählt, aber sie wurden zu Verhandlungspartnern auf dem oft mühsamen Weg vom Nachkriegschaos hin zu einer neuen staatlichen, wirtschaftlichen und gesellschaftlichen Ordnung. Ganz entscheidend dabei war das Gewicht, das die Sieger den Ländern und ihrer Neugliederung beimaßen.

Preußen, die alte, nicht gerade immer segensreiche Vormacht im Deutschen Reich, ließen sie sang- und klanglos per Gesetz 1947 untergehen. Aber es gab auch keine Rückkehr zur deutschen Vielstaaterei, sondern die neuen Länder bildeten das Rückgrat für ein mögliches Staatsgebilde mit selbstbewussten und starken Einzelgliedern. Es waren dies: die Stadtstaaten Hamburg und Bremen, Schleswig-Holstein, Niedersachsen, Nordrhein-Westfalen, Hessen, Rheinland-Pfalz sowie Bayern. Aus Baden, Württemberg-Baden und Württemberg-Hohenzollern erwuchs am Ende das heutige Bundesland Baden-Württemberg (1951). Einen Sonderfall bildeten Berlin mit seiner Viermächte-Verwaltung und das Saarland, auf das Frankreich seine Hand gelegt hatte.

Im Januar 1946 durften die Deutschen in der amerikanischen Zone zum ersten Mal nach 13 Jahren wieder ihre Bürgermeister und Landräte in den Gemeinden frei wählen. Ende des Jahres folgten Landtagswahlen und Volksabstimmungen über die Länderverfassungen. Im Herbst 1946 fanden auch in der SBZ Gemeinde- und Landtagswahlen statt. Dabei errangen CDU und LDP – trotz massiver Einschüchterungen und Behinderungen seitens der SED und ihrer sowjetischen Freunde – in zwei von drei Landtagen Mehrheiten. War also doch noch alles offen in Deutschland? Gab es eine Chance für die Einheit in Freiheit?

Im Zuge der Vereinigung von SPD und KPD hatte der Ost-Sozialdemokrat Otto Grotewohl immer wieder den Anspruch erhoben, für ganz Deutschland zu sprechen. Durch die Einheit der Arbeiterbewegung, so seine Vorstellung, sollte die Einheit Deutschlands und dessen sozialistische Zukunft gesichert werden. Damit stieß er auf den erbitterten Widerstand eines Mannes, der von Hannover aus den Wiederaufbau der SPD im Westen organisierte: Kurt Schumacher. Der von den Nazis jahrelang in KZs gequälte Politiker und Antikommunist dachte gar nicht daran, sich Grotewohl zu beugen, den er für eine Marionette Ulbrichts hielt. Die Sozialdemokraten, urteilte Schumacher kühl, hätten überhaupt keine Veranlassung, »für den geschwächten Parteikörper der KP den Blutspender abzugeben«. Auf keinen Fall wollte er mit den »rot lackierten Faschisten« ein Bündnis eingehen.

Kurt Schumacher, der von den Nazis verfolgte und geschundene SPD-Vorsitzende in den Westzonen – hier in Begleitung seiner Sekretärin Annemarie Renger –, war für kommunistische Umarmungsversuche nicht zu haben.

Schumacher dachte national, die Einheit Deutschlands wie auch die Einheit seiner Partei waren ihm alles andere als gleichgültig. Aber was, wenn der Preis dafür die Freiheit wäre? Dann würde er notgedrungen – und hoffentlich nur vorübergehend – die Spaltung der SPD in Kauf nehmen. Dass dies aller Voraussicht nach auch in die Teilung des Landes münden musste, erkannte Schumacher, und es quälte ihn.

Mehr mit sich im Reinen war ein anderer, der nie viel für Preußen übrig gehabt hatte: Konrad Adenauer, ein Rheinländer, dem der Westen nahe war und der Deutschlands Zukunft dort sah. Mit 70 Jahren nicht mehr der Jüngste, stieg der gläubige Katholik nach und nach zur führenden Persönlichkeit in der neuen West-CDU auf. In ihr fanden Konservative und

Im Westen lag für den katholischen Rheinländer und Anti-Preußen Konrad Adenauer die Zukunft Deutschlands. Unter seiner Führung wurde die CDU zum Sammelbecken des christlichen Bürgertums.

Liberale, Protestanten und frühere katholische Zentrumsleute eine neue politische Heimat, die in Bayern, schon immer etwas anders als der Rest Deutschlands, die Christlich-Soziale Union als Schwesterpartei CSU bot.

Nach Weimar und der Erfahrung mit der Diktatur in den NS-Jahren wollte sich das christlich geprägte Bürgertum endgültig mit der Demokratie versöhnen und eine Volkspartei ins Leben rufen, die verschiedene Strömungen unter einem Dach vereinen sollte. Ein ganz neuer Gedanke in Deutschland, wo Politik bis dahin auch darunter gelitten hatte, dass Weltanschauungen oft wichtiger gewesen waren als praktische Lösungen. Vom Radikalismus rechter und linker Verheißungen abgestoßen, strebte man in die Mitte der Gesellschaft, die ja nach dem Zusammenbruch zunächst so gut wie zerfallen war. Zusammenzufügen und Spaltungen zu überwinden war deshalb das Gebot der Stunde. Diese Einsicht verbreitete sich auch im liberalen Lager und führte in den Westzonen 1948 zur Gründung der Freien Demokratischen Partei (FDP), die nationalliberalen und demokratischen Traditionen Raum gab.

Wie Schumacher sah auch Adenauer nach dem Zusammenbruch Deutschlands im östlichen Kommunismus die große Gefahr. Im Kaiserreich aufgewachsen, von 1917 bis 1933 Oberbürgermeister von Köln, durch die Nazis aller Ämter enthoben und 1944 für einige Monate inhaftiert, verfügte der nüchterne Realist über reichhaltige Erfahrung. Sein Leben umfasste die Zeitspanne von der Reichsgründung bis zum Katastrophenjahr 1945. Eine Vaterfigur für die Deutschen, autoritär und listig, einer, hinter dessen rheinischem Humor sich ein eiserner Wille verbarg. Als gewiefter Politiker beherrschte Adenauer die Kunst der Vereinfachung. Für ihn befand sich das christliche Abendland im Kampf gegen die materialistische Weltanschauung des Kommunismus. Den Sozialdemokraten traute er in diesem Zusammenhang nicht über den Weg, und er übersah dabei geflissentlich, dass die SPD unter Schumacher genauso engagiert gegen die Bedrohung aus dem Osten eintrat wie er selbst.

Adenauers Überlegungen liefen darauf hinaus, dass die Deutschen nur durch eine enge Zusammenarbeit mit den West-Alliierten aus der Katastrophe des Nationalsozialismus würden herausfinden können. Aber die NS-Diktatur hinter sich zu lassen, war nur das eine. Zugleich galt es, der neuen totalitären Gefahr, dem Kommunismus, zu trotzen – und auch dafür war der enge Schulterschluss mit dem Westen unerlässlich. Diesem Ziel, Freiheit durch Westbindung, war alles andere untergeordnet – auch die Einheit Deutschlands. Das entsprach, zum Glück für Adenauer und die Westdeutschen, allerdings auch ganz und gar den Vorstellungen der amerikanischen Führungsmacht.

Laut dem Potsdamer Abkommen sollte Deutschland im Zusammenspiel der Besatzungsmächte als wirtschaftliche Einheit behandelt werden. Die Russen leiteten daraus einen Anspruch ab, auch aus den Westzonen Reparationen herausziehen zu können. Wie wir oben sahen, gingen sie in dieser Hinsicht in ihrem eigenen Gebiet ja bereits gezielt vor, beschlagnahmten in großem Stil Industrieanlagen, bauten sie ab und brachten so ganze Fabriken in die Sowjetunion. Auch die Westzonen litten unter solchen Demontagen durch die Besatzungsmächte – aber längst nicht in diesem Ausmaß wie der Osten. Noch beunruhigender waren allerdings die Anzeichen dafür, dass sich die Sowjetunion nicht nur wirtschaftlich schadlos hielt, sondern die SBZ nach ihrem eigenen Bilde formen wollte. Und das konnte nichts anderes als eine stalinistische Diktatur bedeuten. Kein Zweifel, Deutschland drohte zu zerfallen und in Not zu versinken, wenn der Westen nicht reagierte und die Westzonen auf eigene Beine stellte.

Die Amerikaner unter General Clay ergriffen die Initiative. Sie vereinten ihr Gebiet mit dem der Briten zur »Bizone«, die sich – nach anfänglichem Widerstand der Franzosen – zur »Trizone« erweiterte. In einer berühmt gewordenen Rede trat US-Außenminister James Francis Byrnes im September 1946 »für die baldige Bildung einer vorläufigen deutschen Regierung« ein und versprach, dass das »amerikanische Volk« den Deutschen helfen wolle, »seinen Platz zurückzufinden [...] unter den freien und friedliebenden Nationen der Welt«. Mitte des folgenden Jahres kündigten die Vereinigten Staaten ein umfangreiches wirtschaftliches Wiederaufbauprogramm für Europa an, den »Marshallplan«, so benannt nach ihrem neuen Außenminister. 17 westeuropäische Länder – darunter auch die drei Westzonen – erhielten bis 1952 mehr als 13 Milliarden Dollar an amerikanischer Wirtschaftsunterstützung.

Amerika wollte dem sowjetischen Vormachtstreben nun mit einer Politik der Eindämmung entschlossen und weltweit entgegentreten. Präsident Harry S. Truman, Roosevelts Nachfolger, sagte allen »freien Völkern«, die vom Kommunismus bedroht würden und in Demokratie und ohne Unterdrückung leben wollten, den Beistand Washingtons zu. Während die Sowjetunion in Osteuropa Schlag auf Schlag »Volksdemokratien« in den Sattel half, die in Wahrheit kommunistische Einparteien-Diktaturen waren, leitete man im Westen Maßnahmen für eine wirtschaftliche Stabilisierung ein. Hunger, Elend und Verzweiflung sollten dem Kommunismus nicht in die Hände spielen. Voraussetzung dafür war eine Währungsreform für das »Vereinigte Wirtschaftsgebiet« in Westdeutschland. Denn das zusammengebrochene Hitler-Reich hatte durch seine auf Pump finanzierte Rüstungspolitik auch zerrüttete Staatsfinanzen hinterlassen; die Reichsmark war praktisch nichts mehr wert.

Mit dem »Marshallplan« neigte sich die schlimme Nachkriegszeit für die Deutschen dem Ende zu. Es dauerte zwar noch einige Jahre, dann aber bescherte das »Wirtschaftswunder« der Bundesrepublik eine Epoche wachsenden Wohlstands.

Nur mit einer harten Währung konnte die Wirtschaft wieder angekurbelt werden. Als die Währungsreform am 20. Juni 1948 in Kraft trat, rieben sich die Deutschen die Augen. Über Nacht füllten sich plötzlich die Schaufenster. »Radioapparate, Elektrogeräte und Haushaltsgegenstände wurden angeboten«, berichteten Tageszeitungen. Vieles, was in den Jahren zuvor entbehrt wurde, war nun erhältlich. Was hatte dieses Wunder bewirkt? Geld war jetzt knapp. Jeder in den Westzonen erhielt ein Kopfgeld in Höhe von 40 Mark, das er im Verhältnis 1:1 gegen alte Reichsmark umtauschen konnte. Der Rest wurde ungültig. Händler und Verbraucher trauten der neuen Mark, weil man wirklich etwas dafür bekam. Das Geld war wieder so viel wert wie die Waren, die man erwarb oder verkaufte.

Für Sparer und kleine Leute, die nicht über Sachwerte wie

Als am 20. Juni 1948 in Westdeutschland die Währungsreform verkündet wurde, staunten die Menschen nicht schlecht. Überall waren in den Geschäften nun wieder Waren erhältlich, die man jahrelang vermisst hatte. Allerdings zogen auch die Preise an.

Häuser und Maschinen verfügten, kam dies – wie schon nach der Inflation von 1923 – allerdings praktisch einer Enteignung gleich. Belastend war auch, dass sich mit der gleichzeitigen Freigabe der meisten Preise alles verteuerte. Dennoch konnte jeder sehen, dass die Währungsreform sehr rasch die Kräfte des Marktes entfesselte und der Startschuss für das war, was später als deutsches »Wirtschaftswunder« in die Geschichtsbücher eingehen sollte. Einen freute das insbesondere: den liberalen Wirtschaftsprofessor Ludwig Erhard, der die Weichen dafür mit gestellt hatte und unermüdlich für die Durchsetzung einer marktwirtschaftlichen Ordnung mit sozialer Verantwortung in Westdeutschland kämpfte.

Das machte ihn zu einem unentbehrlichen Mitstreiter Adenauers, inzwischen unumstrittenes Haupt der CDU/CSU und Präsident des Parlamentarischen Rates, in dem deutsche Landtagsabgeordnete und Ministerpräsidenten unter Aufsicht der Militärregierungen über die Verfassung eines westdeutschen Staates berieten. Grünes Licht für die Bildung eines solchen Teilstaates hatten die Westmächte mit ihren »Londoner Empfehlungen« Mitte 1948 gegeben. Eile tat Not, denn Moskau hatte auf die Währungsreform mit der Sperrung der Zufahrtswege nach West-Berlin geantwortet, um die West-Alliierten aus der Stadt zu drängen. Fast ein Jahr lang mussten während

Unaufhörlich waren während der Berlin-Blockade amerikanische und britische »Rosinenbomber« im Einsatz und brachten Lebensmittel für die Bevölkerung. Diese Luftbrücke verband Sieger und Besiegte über den Anlass hinaus.

dieser sogenannten Berlin-Blockade die Einwohner der West-Sektoren über eine Luftbrücke mit Lebensnotwendigem versorgt werden. Ein Kraftakt vor allem der Amerikaner, der aus ehemaligen Feinden rasch Verbündete machte. Während die sogenannten Rosinenbomber Tag und Nacht bis zu 12 000 Tonnen Güter nach Berlin flogen, konnten die Westdeutschen spüren, dass sie der Kalte Krieg zu begünstigen begann.

Unterdessen nahm auch auf dem Boden der SBZ – von Ulbricht und dessen Gefolgsleuten eifrig betrieben – die Gründung eines eigenen Staates Gestalt an. Der Zug in Richtung deutsche Einheit – von Politikern aller Lager und Zonen immer wieder beschworen – stand auf dem Abstellgleis. Zwar bemühte man sich im Parlamentarischen Rat, alles nur als vorläufig und unter Vorbehalt zu betrachten, doch der Weg zu zwei Deutschlands war vorgezeichnet. Der Kalte Krieg, dessen Frontlinie quer durch das einstige Reich verlief, hatte alle anderen Möglichkeiten verbaut. Eingebrockt hatte den Deutschen die jetzt unausweichlich gewordene Spaltung ihres Landes jedoch letztlich der von Adolf Hitler entfachte Zweite Weltkrieg.

Am 8. Mai 1949, vier Jahre nach der bedingungslosen Kapitulation, war es so weit: Der Parlamentarische Rat in Bonn verabschiedete das Grundgesetz für die Bundesrepublik Deutschland. »Für uns Deutsche«, so Adenauer, »der erste frohe Tag seit dem Jahre 1933.« Nach der Zustimmung durch die Landtage trat das Grundgesetz am 23. Mai in Kraft. Von einer Verfassung sprach man nicht gern, weil das so endgültig klang und ja – mit Blick auf die Landsleute in Ostdeutschland – alles offen gehalten werden sollte. Tatsächlich gewann das Grundgesetz in den folgenden Jahrzehnten immer mehr an Bestand und erwies sich als die freiheitlichste Verfassung der deutschen Geschichte. Es vermied die Schwächen der Weimarer Verfassung und zog klare Konsequenzen aus den Erfahrungen der nationalsozialistischen Diktatur.

Mit einem Katalog von einklagbaren Grundrechten, der Verankerung des demokratischen und sozialen Rechtsstaats, einer starken Stellung der Länder im Bundesrat, klaren Regelungen der Regierungsverantwortung und Schutzvorkehrungen gegen Umsturzversuche ist das Grundgesetz darauf angelegt, Freiheit zu verewigen und Chaos zu verhüten. Eine »wehrhafte Demokratie«, die ihren Feinden entgegentritt. Ohne ein übermächtiges Staatsoberhaupt (wie der Reichspräsident in der Weimarer Republik), sondern mit einem vom Parlament, dem Bundestag, gewählten Kanzler, der nur gestürzt werden kann, wenn ein anderer eine Mehrheit hat (konstruktives Misstrauensvotum).

Die Gewaltenteilung zwischen dem Bundestag als Gesetzgeber, der Bundesregierung und der Rechtsprechung soll Machtmissbrauch verhindern. Über die Einhaltung der Verfassung wacht ein höchstes Organ, das Bundesverfassungsgericht, das auch der einzelne Bürger anrufen kann. Die Bundesrepublik Deutschland ist laut Grundgesetz eine bundesstaatliche (föderale), parlamentarische Demokratie, in der Parteien politische Meinungen bündeln und gewählte Abgeordnete die Bürger repräsentieren. Weil dem Parlamentarismus und den Parteien in der Weimarer Republik viel Verachtung entgegenschlug, betont das Grundgesetz die Rolle der Parteien ausdrücklich. Danach wirken sie bei der politischen Willensbildung des Volkes mit – nicht mehr, aber auch nicht weniger. Eine Fünf-Prozent-Klausel bei Wahlen soll für möglichst stabile Mehrheitsverhältnisse in den Parlamenten sorgen, also die Parteienzersplitterung – ein

Übel der Weimarer Republik – zu verhindern helfen und eine Hürde gegen kleine, radikale Gruppen sein.

Die beschauliche, im Westen Deutschlands gelegene Universitätsstadt Bonn, vor allem auf Drängen des Rheinländers Adenauer zur neuen Hauptstadt der jungen Bundesrepublik auserkoren, sollte nicht das Schicksal Weimars erleiden. Deshalb waren die Verfassungsväter und -mütter darauf bedacht, die Freiheit vor sich selbst zu schützen und zu verhindern, dass der Wesenskern des Grundgesetzes – von wem und unter welchen Vorwänden auch immer – aus den Angeln gehoben werden könnte. Diese Verfassung hat sich bis heute im Großen und Ganzen bewährt, wenngleich auch einiges in einer sich wandelnden Welt mittlerweile reformbedürftig geworden ist. Aber davon später mehr.

Glücklich konnten sich diejenigen Deutschen schätzen, die dort lebten, wo am 14. August 1949 die neue schwarz-rot-goldene Flagge in den Farben der Republik wehte. Sie waren aufgerufen, den ersten Deutschen Bundestag zu wählen. Dabei wurde die CDU/CSU stärkste Fraktion (31 Prozent), vor der SPD (29,2 Prozent) und der FDP (11,9 Prozent). Mit nur einer Stimme Mehrheit – seiner eigenen – erreichte Konrad Adenauer, der eine Koalition mit der FDP geschmiedet hatte, am 15. September im Bundestag sein Ziel: Er wurde erster Kanzler der Bundesrepublik Deutschland. Eingefädelt hatte Adenauer

Konrad Adenauer bei seiner Vereidigung zum ersten Kanzler der Bundesrepublik Deutschland am 20. September 1949 in Bonn. Niemand – am wenigsten er selber – ahnte damals, dass der 73-Jährige die Geschicke des jungen neuen Staates 14 Jahre lenken würde.

das bürgerliche Bündnis dadurch, dass er den Liberalen versprochen hatte, sie bei der Wahl des neuen Staatsoberhauptes zu unterstützen. So gelangte Theodor Heuss, ein Mann von hoher Bildung und geistreichem Witz, der Deutschlands liberale Traditionen im besten Sinne verkörperte, ins Amt des Bundespräsidenten.

Der erste Bundespräsident Theodor Heuss war ein Glücksfall für die Republik. Trotz seines Sündenfalls – er hatte 1933 dem Ermächtigungsgesetz zugestimmt – war er ein Liberaler durch und durch, der die Deutschen immer wieder an ihre demokratischen Wurzeln erinnerte.

Ganz anders dagegen die Entwicklung in Ostdeutschland. Das Glück freier Wahlen war den Menschen dort nicht beschieden. Sie bekamen zwar auch einen Staat und eine Verfassung – aber von oben befohlen und ohne Demokratie, selbst wenn das neue Gebilde so hieß. Auf den ersten Blick unterschied sich diese Verfassung gar nicht so sehr von denen in demokratischen Ländern. Grundrechte der Bürger etwa, wie die Rede-, Presse-, Versammlungs- und Religionsfreiheit, wurden garantiert. Ebenso das Postgeheimnis und das Streikrecht. Alle Staatsgewalt sollte vom Volk ausgehen und seinem Wohl, »der Freiheit, dem Frieden und dem demokratischen Fortschritt dienen«. Sogar vom Prinzip der allgemeinen, gleichen, unmittelbaren und geheimen Wahl war die Rede.

Schaute man freilich genauer hin, fiel sofort auf, dass dies alles leere Versprechen waren. Dass das Parlament, die Volkskammer, als höchstes Staatsorgan bezeichnet wurde, war nämlich nur eine Umschreibung für die Aufhebung der Gewaltenteilung. Und wer in der Volkskammer das Sagen haben würde, daran konnte es kaum noch einen Zweifel geben: die SED, mittlerweile eine »Partei neuen Typus«, die nach marxistisch-leninistischem Vorbild auf dem »demokratischen Zentralismus« basierte. Im Klartext hieß das, alle Entscheidungen traf die Spitze der Partei, das Politbüro. Seine Beschlüsse mussten auf den unteren Ebenen befolgt werden; abweichende Meinungen und Oppositionsgruppen waren nicht zugelassen.

Und die übrigen Parteien, schon längst am Gängelband der SED, hatten sich auch fortan der »Vorhut der Arbeiterklasse« zu beugen. Als »Blockparteien« der »Nationalen Front« waren sie praktisch gleichgeschaltet. Sie durften bei Wahlen nicht selbstständig kandidieren, sondern mussten sich in Einheitslisten aller Parteien der SED unterordnen. In Reih und Glied marschierten auch die sogenannten Massenorganisationen, wie beispielsweise die »Freie Deutsche Jugend« (FDJ), die in Auftritt und Erscheinungsbild stark an die HJ erinnerte, und der »Freie Deutsche Gewerkschaftsbund« (FDGB), der im Grunde nichts anderes war als ein Instrument zur Disziplinierung der Arbeiterschaft. »Frei« waren FDJ und FDGB ebenso

Die Deutsche Demokratische Republik (DDR), im Oktober 1949 gegründet, ließ gern die behauptete moralische Überlegenheit ihrer Staats- und Gesellschaftsordnung bejubeln. Anspruch und Wirklichkeit klafften freilich weit auseinander. Das Bild zeigt die Feier anlässlich der Wahl Wilhelm Piecks zum ersten Präsidenten der DDR.

wenig, wie der innere Aufbau der SED oder die Wahlen in der DDR etwas mit Demokratie zu tun hatten.

Wer sich auf die Rechte der Verfassung berief, konnte sofort mundtot gemacht werden. Denn der Artikel 6 stellte »Boykotthetze gegen demokratische Einrichtungen und Organisationen« als »Verbrechen« unter Strafe. Mit dieser dehnbaren Drohung war praktisch jeder zu belangen, der sich kritisch äußerte – ein Verfolgungs- und Unterdrückungshebel, den die Machthaber schon bald nach Belieben einsetzten. Am 7. Oktober 1949 hoben Ulbricht und Genossen mit dem Segen Moskaus die Deutsche Demokratische Republik aus der Taufe. Ministerpräsident wurde Otto Grotewohl, Präsident Wilhelm Pieck. Es gab nicht wenige, darunter viele Intellektuelle und

Dichter wie Bertolt Brecht und Anna Seghers, denen die DDR damals als die Verkörperung eines moralisch besseren Deutschland erschien, das angeblich mit der NS-Vergangenheit gründlicher gebrochen hatte als die westdeutsche Bundesrepublik. Sie setzten große Hoffnungen auf einen humanen Sozialismus – und wollten nicht wahrhaben, dass im Schatten des Antifaschismus, dem Heiligenschein der SED, eine neue Diktatur nach den Menschen griff.

Nun gab es zwei Deutschlands, eines in Freiheit, das andere in Unfreiheit. Wieder einmal kamen Freiheit und Einheit nicht zusammen, und die Nation war jetzt auch auf der Landkarte zerrissen. Ungewiss, ob jemals zu erreichen sein würde, was die Einleitung zum Grundgesetz allen Deutschen mit auf den Weg gab: »Das gesamte deutsche Volk bleibt aufgefordert, in freier Selbstbestimmung die Einheit und Freiheit Deutschlands zu vollenden.«

Eiszeit: Deutschland zwischen Ost und West (1949–1961)

Adenauers Weg nach Westen: die Bundesrepublik wird erwachsen

Nach Artikel 65 des Grundgesetzes (GG) bestimmt der Bundeskanzler die »Richtlinien der Politik«. Das hätte der selbstbewusste und willensstarke Konrad Adenauer gerne von Anfang an so gehandhabt. Aber so einfach ging das nicht. Gegenüber seinen Parteifreunden, Ministern und der parlamentarischen Opposition trat der »Alte aus Rhöndorf« entsprechend auf – doch was hieß das schon? Tatsächlich waren ja – trotz Wahlen und Grundgesetz – die West-Alliierten auch in den Jahren nach 1949 fürs Erste noch die wahren Herren. Ohne ihren Segen hätte das westdeutsche Verfassungsdokument nicht in Kraft treten können, und sie machten diese Zustimmung von zahlreichen Vorbehalten abhängig.

Die Außenpolitik der jungen Bundesrepublik etwa und alle

Sicherheitsfragen, welche die fortwährende Besatzung einschließlich von Reparationsforderungen betrafen, lagen weiter in den Händen der Westmächte. Zunächst konnten vom Bundestag beschlossene Gesetze nur mit ihrer Billigung Geltung erlangen. So sah es das Besatzungsstatut vor. Zu dessen Entgegennahme war der Kanzler mit Minister-Gefolge am 21. September 1949 auf den Petersberg bei Bonn bestellt worden, wo die drei Hohen Kommissare der Alliierten, praktisch Adenauers Vorgesetzte und Aufpasser, ihren Sitz genommen hatten.

Adenauer trat den Hohen Kommissaren der Alliierten am 21. September 1949 unbekümmert entgegen. Dabei hatte das Protokoll vorgesehen, dass bei diesem Empfang eigentlich nur die Vertreter der Besatzungsmächte auf dem Teppich stehen sollten.

Nachdem sie den Kanzler und seine Begleiter eine Weile im Regen hatten warten lassen, ließen die Sieger die Deutschen schließlich vor. Den Teppich, auf dem die Hohen Kommissare standen, sollten die Gäste nicht betreten dürfen, um die Rangordnung unmissverständlich zu verdeutlichen. Und was tat Adenauer? Der gerade gewählte Bundeskanzler schritt unbeirrt in den Empfangsraum und stand im Nu auf dem Teppich.

Ein mutiger Schritt, dem Adenauer in den anschließenden Jahren viele weitere folgen ließ; immer bemüht, den Alliierten entgegenzukommen und dabei die Bundesrepublik als gleichberechtigten Partner an die Seite des Westens zu führen. Das war stets eine Politik des Vorantastens unter sich verändernden Gegebenheiten, denn Westdeutschland war ja – ohne einen Friedensvertrag mit endgültigen Grenzregelungen – von wirklicher Handlungsfreiheit noch weit entfernt. Nichts ergab sich also aus einem Plan, sondern alles entsprang Situationen, die immer auch mit der internationalen Lage im Zeichen des Kalten Krieges verknüpft waren.

An zwei Fixpunkten indes hielt Adenauer unbeirrt fest: der Westintegration und der Abwehr der kommunistischen Gefahr. Diesen beiden Aufgaben ordnete er in seiner Politik alles andere unter. Und er wusste vor allem genau, was er nicht wollte: Auf keinen Fall sollte dem Ruf nach einem möglicherweise wiedervereinten, aber zwischen West und Ost neutralen Gesamtdeutschland nachgegeben werden. Das würde nur dem Nationalismus in Europa erneut Auftrieb geben und der Sowjetunion das Tor nach Westeuropa öffnen, dachte der Kanzler. Überhaupt war bei Adenauer die Furcht stark ausgeprägt, die Sieger des Zweiten Weltkriegs könnten sich über die Köpfe und auf Kosten der Deutschen zum Nachteil des geteilten Landes verständigen.

Deshalb unternahm er alles, um die Bundesrepublik an die Vereinigten Staaten und Westeuropa zu binden. Nur so sah er Freiheit und Sicherheit gewährleistet – wenigstens für den Bonner Staat. Ostdeutschland schrieb er zwar nicht ab, aber er schenkte ihm auch keine besondere Aufmerksamkeit. Die Einheit blieb ein Traum, der sich vielleicht dann erfüllen konnte, wenn die Anziehungskraft von Demokratie und Wohlstand Moskau und dessen Statthalter in der DDR zur Aufgabe bringen würde. Viel nahe liegender aber war die europäische Einbettung der jungen Republik. »Vergessen Sie nicht«, versuchte Adenauer seine westlichen Gesprächspartner immer wieder für sich zu gewinnen, »dass ich der einzige deutsche Kanzler bin, der die Einheit Europas der Einheit seines Landes vorzieht.«

In dem SPD-Oppositionsführer Kurt Schumacher erwuchs Adenauer ein wortgewaltiger Gegenspieler, der diese Sicht der Dinge für verhängnisvoll hielt. Zwar teilte er die Sorge des Kanzlers vor der sowjetischen Bedrohung, und auch ihm war klar, dass die Bundesrepublik den Schutz des Westens benötigte. Aber mehr wohl als Adenauer machte ihm die Spaltung Deutschlands zu schaffen, die der Kanzler durch seine Politik vertiefte – so Schumachers hartes Urteil. Während Adenauer die eben geborene Bonner Demokratie durch Zugeständnisse an die Besatzungsmächte behutsam aus der Abhängigkeit lösen wollte, beschwor Schumacher die nationale Einheit und forderte sofortige Gleichberechtigung mit den Siegern des Zweiten Weltkriegs.

Verkehrte Welt: Waren es in der Weimarer Republik Rechte und Konservative gewesen, welche die nach Westen gerichtete Verständigungspolitik liberaler und linker Kräfte erbittert bekämpften, verhielt es sich nun umgekehrt. Das Bürgertum schaute nach Amerika und öffnete sich allmählich für den europäischen Gedanken, während die SPD unter ihrem Vorsitzenden Schumacher als Opposition betont national auftrat. »Bundeskanzler der Alliierten« beschimpfte Schumacher seinen Widersacher Adenauer in einer erregten nächtlichen Bundestagsdebatte am 24./25. November 1949.

Hintergrund der Auseinandersetzung war das Petersberger Abkommen mit den Alliierten. Es stellte Bonn ein Ende der Demontagen schwerindustrieller Anlagen in Aussicht. Als Gegenleistung wurde erwartet, dass die Bundesrepublik der Ruhrbehörde beitreten sollte. Dort bestimmten Vertreter der Besatzungsmächte und der Beneluxstaaten Belgien, Luxemburg und der Niederlande über die Verteilung von Kohle und Stahl aus dem rheinisch-westfälischen Industriegebiet. Man wollte die Wirtschaftskraft Deutschlands, die in zwei Weltkriegen eindrucksvoll unter Beweis gestellt worden war, internationaler Kontrolle unterwerfen. Vor allem Frankreich pochte auf Sicherheit vor dem Nachbarn jenseits des Rheins. Gegen den lautstarken Protest der Opposition stimmte Adenauer dem Petersberger Abkommen zu. Diese Entscheidung zahlte sich aus. Denn schon ein Jahr später erhielt die Bundesrepublik die Chance, Mitglied im neu geschaffenen Europarat zu werden. Diese Organisation, 1949 gegründet, sollte die friedliche Zusammenarbeit der nicht-kommunistischen Staaten Europas vertiefen – eine Antwort auf zwei Weltkriege, die den Kontinent schwer in Mitleidenschaft gezogen hatten.

Der Haken dabei: Auch das Saargebiet, das Frankreich gern endgültig bei sich gesehen hätte, sollte im Europarat eigenständig vertreten sein. Erneut setzte sich Adenauer über alle Bedenken hinweg und willigte ein. Den Anstoß dazu hatte der französische Außenminister Robert Schuman gegeben. Er entwickelte nun einen Plan, der vorsah, dass Frankreich, die Bundesrepublik, Italien und die Beneluxstaaten sich zusammenschließen sollten, um für die Dauer von fünfzig Jahren einen gemeinsamen Markt für Kohle und Stahl zu schaffen – die Montanunion. Ein revolutionärer Vorschlag, der nach jahrhundertelangen Kämpfen um die Vorherrschaft in Europa zum ersten Mal die Perspektive eines friedlichen Miteinander eröffnete. Adenauer erkannte das sogleich und griff Schumans Überlegungen auf. Am 18. April 1951 wurde der Vertrag über die Europäische Gemeinschaft für Kohle und Stahl unterzeichnet – sechs Jahre nach dem Ende des Zweiten Weltkriegs brachen die »Erbfeinde« Frankreich und Deutschland im Bund mit anderen auf, Europa zu einen.

Im selben Jahr sandte Adenauer auch in eine andere Richtung versöhnliche Signale aus. Sosehr er die Sozialdemokratie politisch bekämpfte, lag ihm doch zugleich daran, sich die Arbeitnehmer gewogen zu machen. Die nächste Bundestagswahl würde ja unweigerlich kommen und Adenauer wollte gerne Kanzler bleiben. Also einigte er sich mit dem Deutschen Gewerkschaftsbund (DGB), der 1949 gegründeten Dachorganisation der Einzelgewerkschaften, auf ein Gesetz, das die Mitbestimmung der Arbeitnehmer in den Kohle-, Eisen- und Stahlunternehmen der Montanindustrie festschrieb. Danach saßen sich in den Aufsichtsräten dieser, aber nur dieser Unternehmen, fortan gleich viele Vertreter der Eigentümer und der Lohnabhängigen an einem Tisch gegenüber (paritätische Mitbestimmung), um alle Interessen, die des Betriebs, die der Aktionäre und die der Beschäftigten, unter einen Hut zu bringen. Kurz darauf, 1952, folgte ein Betriebsverfassungsgesetz, mit dem die innerbetrieblichen Mitwirkungsrechte gewählter Betriebsräte geregelt wurden.

Während Adenauer so außen- und innenpolitisch wichtige Weichen stellte, blies der Wind des Kalten Krieges den Deutschen mehr und mehr ins Gesicht. Im Juni 1950 hatten Truppen des kommunistischen Nordkorea den Süden des Landes überfallen. Nicht nur in Europa, sondern auch im fernen Asien und überall auf der Welt bestimmte mittlerweile der Ost-West-Konflikt das Handeln der Politiker. Der Krieg in Korea schürte auch im geteilten Deutschland die Angst vor einem drohenden gewaltsamen Zusammenstoß in Mitteleuropa. Hier verlief die Grenze zwischen Diktatur und Demokratie mit einem erdrückenden militärischen Übergewicht der Sowjetunion, die inzwischen auch im Besitz der Atombombe war.

Der Streit um die Wiederbewaffnung war ein wichtiges Kapitel für die Entwicklung der demokratischen Kultur in Westdeutschland. Viele nahmen das Recht zu demonstrieren wahr, das letzte Wort aber hatte die Mehrheit im Parlament.

Immer dringlicher stellte sich deshalb nach Ausbruch des Koreakriegs die Frage, ob und in welcher Weise die Bundesrepublik einen Verteidigungsbeitrag leisten sollte, um den Westen zu stärken. Verständlicherweise ein äußerst umstrittenes Thema, denn waren sich nicht nach dem Untergang des »Dritten Reichs« alle einig gewesen, dass die Deutschen nie wieder imstande sein sollten, Krieg zu führen? Über kaum etwas wurde bis Mitte der Fünfzigerjahre so hitzig gestritten wie über die Wiederbewaffnung Westdeutschlands. Hartnäckiger Protest dagegen kam vor allem aus protestantischen Kreisen um den späteren Bundespräsidenten Gustav Heinemann und aus den Reihen der Sozialdemokraten und Gewerkschaften. »Ohne mich« lautete die Parole derer, die sich nach dem von Deutschen über die Welt gebrachten Unheil einem unbedingten Pazifismus verschrieben hatten.

Das war eine ebenso ehrenvolle wie nachvollziehbare Haltung, übersah allerdings, dass ohne den militärischen Einsatz der verbündeten Hitler-Gegner dessen Regime wohl triumphiert hätte. Zumal die Amerikaner zeigten sich deshalb auch in diesem Fall fest entschlossen, zu handeln und die Westdeutschen in die Pflicht zu nehmen. Was sich ganz mit Adenauers

Absichten deckte, der auf diese Weise hoffte, wieder ein Stück mehr Gleichberechtigung zu erlangen. US-Außenminister Dean Acheson erklärte, dass seine Regierung gewillt sei, »Deutschland so schnell wie möglich in eine enge und feste Verbindung mit dem Westen zu bringen und Verhältnisse zu schaffen, unter denen das Potential Westdeutschlands endgültig dem Potential des Westens hinzugefügt werden kann«. Dies bedeute, erläuterte Acheson, »dass Deutschland nicht nur in die westlichen Organisationen aufgenommen werden sollte, sondern dass dies in einer Weise geschehen soll, die Deutschland so endgültig auf den Westen festlegt, dass seine künftige Entscheidung zwischen Ost und West unzweifelhaft feststeht«.

Nicht nur vielen Deutschen, auch Frankreich war der Gedanke einer Wiederbewaffnung der Bundesrepublik alles andere als geheuer, auch wenn vollkommen klar war, dass es nicht um die Aufstellung unabhängiger nationaler Verbände, sondern um die Beteiligung an einer europäischen Streitmacht ging. Die Verhandlungen über eine solche Europäische Verteidigungsgemeinschaft (EVG) zogen sich lange hin. Am Ende scheiterten sie am Widerstand der französischen Nationalversammlung. Zu tief saß noch immer die Furcht vor dem östlichen Nachbarn. Adenauer sprach, wir sind im Jahr 1954, von einem »schwarzen Tag für Europa« und sah Nationalisten in Frankreich und Deutschland im Aufwind. »Wenn ich einmal nicht mehr da bin, weiß ich nicht, was aus Deutschland werden soll, wenn es uns nicht doch gelingen sollte, Europa rechtzeitig zu schaffen.«

Ganz so hoffnungslos war die Lage nicht. Denn es bot sich – unter Vermittlung des britischen Außenministers Anthony Eden – für die Bonner Republik die Möglichkeit, Mitglied der NATO (North Atlantic Treaty Organization) zu werden. Dieser atlantische Verteidigungspakt war 1949 unter Führung Amerikas gegründet worden. Nun, sechs Jahre später, trat die Bundesrepublik diesem Bündnis bei – eine Alternative, die Adenauer durchaus zusagte. Das war längst nicht alles. Bereits während der EVG-Verhandlungen war es auch um einen Vertrag gegangen, der das Verhältnis zwischen der Bundesrepublik und den Westmächten neu regeln sollte. Adenauer wollte die Wiederbewaffnung im Tausch gegen die Anerkennung

Bonns als Partner der Alliierten mit allen Rechten und Pflichten. Und das gelang; Adenauer, noch im Jahr zuvor von düsteren Ahnungen erfüllt, hatte allen Grund zur Freude.

Denn im Deutschlandvertrag vom Mai 1955 wurde der Bundesrepublik »die volle Macht eines souveränen Staates über ihre inneren und äußeren Angelegenheiten« übertragen. Lediglich bei allen Fragen, die Berlin und »Deutschland als Ganzes einschließlich der Wiedervereinigung« sowie einen noch ausstehenden Friedensvertrag betrafen, behielten die Alliierten Vorrechte und vor allem das letzte Wort. Einvernehmlich und »mit friedlichen Mitteln« wollte man auf ein »wiedervereinigtes Deutschland« hinwirken. Unverzichtbar aber sollte dabei dessen »freiheitlich-demokratische Verfassung« sowie eine Verankerung in der europäischen Gemeinschaft sein.

Mit den Pariser Verträgen, die Westdeutschland zugleich in die NATO führten, endete das Besatzungsstatut, war der Bonner Staat nach außen und innen voll handlungsfähig und zu einem international akzeptierten Partner geworden – gerade einmal zehn Jahre nach der Katastrophe des Nationalsozialismus.

Ulbrichts Weg nach Osten: ein Staat von Moskaus Gnaden

Missmutig verfolgte der Kremlherrscher Josef Stalin, wie die Bundesrepublik Gestalt annahm und schrittweise an Selbstständigkeit gewann. Es behagte ihm überhaupt nicht, dass sich durch diese Entwicklung Verhältnisse festigten, die seinen Einfluss begrenzten. Doch das meiste davon hatte der sowjetische Diktator seiner eigenen Politik zuzuschreiben. Denn die war durch und durch zweideutig und schürte Argwohn. Verzweifelt versuchte Stalin die Einbindung Bonns in den Westen zu bremsen und tat doch alles, um sie zu beschleunigen. Nichts passte zusammen. Stalins vermeintliche Trumpfkarte, die deutsche Einheit, stach nicht, weil er gleichzeitig in der DDR die kommunistischen Zügel anziehen ließ.

Bereits bei der Taufe des ersten »Arbeiter- und Bauern-Staats« auf deutschem Boden, den die roten Machthaber in Ost-Berlin als Bollwerk gegen den Faschismus anpriesen, hatte der SED-Funktionär Gerhart Eisler in vertrauter Runde die Maske fallen lassen. »Wenn wir eine Regierung gründen«, schärfte er seinen Vorstandsgenossen im Oktober 1949 ein, »geben wir sie niemals wieder auf, weder durch Wahlen noch andere Methoden.« Und Walter Ulbricht ergänzte: »Das haben einige noch nicht verstanden.«

Einige wohl doch. Im März 1952 machte Stalin den Westmächten ein Angebot. Es sah einen Friedensvertrag mit Deutschland und die Bildung einer gesamtdeutschen Regierung vor. Das wiedervereinte Deutschland sollte keinem Bündnis angehören, aber eigene Streitkräfte zur Verteidigung unterhalten dürfen. Was auf den ersten Blick verlockend erscheinen mochte, erwies sich bei näherem Hinsehen als Versuch, die Bundesrepublik vom Westen zu lösen. Weder Adenauer noch die Regierungen in Washington, London und Paris konnten an so einer Perspektive interessiert sein, da ein Deutschland zwischen Ost und West zweifellos Moskaus Einfluss erhöht hätte. Hinzu kam, dass Stalin der entscheidenden Frage freier Wahlen auswich.

Immer wieder wurde später darüber diskutiert, ob die Bundesregierung damals eine Chance zur Wiedervereinigung vergeben hat. Sicher hätte der Westen Stalins Angebot – ein neutrales Gesamtdeutschland mit frei gewählter Regierung – hartnäckiger auf die Probe stellen können. Doch davor scheute man vermutlich schon deshalb zurück, weil die Sorge viel zu groß war, dass sich – unabhängig vom sowjetischen Wunsch nach mehr Einfluss – ein neutralisiertes Gesamtdeutschland wie ein unberechenbarer Wanderer zwischen Ost und West hätte bewegen und alte Gefahren heraufbeschwören können.

Heute weiß man, dass Stalins Vorstoß in erster Linie die Standhaftigkeit des Westens testen wollte. Auf taktische Spiele verstand sich Stalin; immer wieder verwirrte er damit Freund und Feind. Auch die eigenen Erfüllungsgehilfen in Ostdeutschland mussten sich darüber von ihm belehren lassen. »Ihr deutschen Kommunisten«, verspottete er einmal Ulbricht, Pieck und Grotewohl, »seid wie eure Vorfahren, die Teutonen. Ihr kämpft immer mit offenem Visier.« Das sei »vielleicht mutig, aber oft sehr dumm«. Stattdessen gelte es sich zu »maskieren« und den »Sozialismus im Zickzack« anzusteuern.

Ob die DDR-Oberen mit ihrer platten Freund-Feind-Propaganda – hier das Flaggschiff des Friedens unter sowjetischer Führung, dort das kenternde Boot der Kriegstreiber im Westen – die Herzen und Hirne der Menschen erreichte, darf bezweifelt werden.

Stalins Statthalter in der DDR hatten verstanden und eiferten dem sowjetischen Vorbild nach. An freie Wahlen dachte natürlich niemand von ihnen, denn die hätten sie hinweggefegt. Sie waren darauf angewiesen, die eigene Herrschaft abzusichern. Zu diesem Zweck wurde ein besonderes Ministerium für Staatssicherheit geschaffen, das mit einer wachsenden Schar von Spitzeln dafür sorgen sollte, dass alle Menschen linientreu handelten und möglichst auch dachten. Die Wirtschaft wurde einer zentralistischen Planung unterworfen. Anstatt – wie in der Marktwirtschaft – das freie Spiel von Angebot und Nachfrage entscheiden zu lassen, legten Bürokraten einfach fest, was und wie viel produziert werden sollte. Das Ergebnis dieses Versuchs, alles von oben regeln zu wollen, war eine gigantische Mangelwirtschaft, die zu keinem Zeitpunkt die Bedürfnisse ihrer Bürger befriedigen konnte.

Nach Stalins 1952 fehlgeschlagenem Vorstoß, die Bundesrepublik auf ihrem Weg nach Westen aufzuhalten, kam es zu einer »Verschärfung des Klassenkampfes«, wie die ostdeutschen Kommunisten ihren Unterdrückungskurs propagandistisch zu rechtfertigen versuchten. Nun stand der planmäßige »Aufbau des Sozialismus« auf der Tagesordnung – gemäß der Losung: »Von der Sowjetunion lernen, heißt siegen lernen.« Für viele Menschen klang das wie eine Drohung. Wer beim »Aufbau des Sozialismus« nicht begeistert mitmachte, gar Widerstand leistete oder auch nur in den Verdacht geriet, regimekritisch eingestellt zu sein, geriet ins Visier der Staatssicherheit (Stasi). Eine Verhaftungswelle rollte über das Land. In Schauprozessen gegen sogenannte Klassenfeinde wurden Gegner der Diktatur willkürlich zu hohen Haftstrafen verurteilt, denn auch die Justiz war nur der verlängerte Arm der SED. Innerhalb eines Jahres, von 1952 bis 1953, stieg die Zahl der Gefängnisinsassen in der DDR von 31 000 auf über 66 000 an.

Die Folge: Immer mehr Menschen flüchteten aus der DDR in die Bundesrepublik. In der ersten Hälfte des Jahres 1953 stieg ihre Zahl auf rund 180 000. Für die Volkswirtschaft eine auf Dauer bedrohliche Entwicklung, zumal die Lage ohnehin nicht rosig war, da durch die einseitige Förderung der Schwerindustrie Güter des täglichen Bedarfs für die Bevölkerung immer knapper wurden.

Unübersehbar schlitterte die DDR in eine schwere Krise. In dieser Situation verfügte die Staatsführung eine deutliche Erhöhung der Arbeitsnormen, das heißt, die Arbeiter sollten bei gleichem Lohn mehr leisten. Das brachte das Fass zum Überlaufen. Zwar lenkte die SED-Spitze auf Anweisung der neuen Machthaber in Moskau – Stalin war im März 1953 gestorben – zunächst ein und versprach einige Erleichterungen. An den verschärften Arbeitsnormen hielt sie aber fest. Die Partei, die vorgab, im Namen des Proletariats zu sprechen, entpuppte sich als Partei der Ausbeutung.

Und die Arbeiterklasse lehrte ihre selbst ernannten Führer das Fürchten. Am 16. Juni 1953 legten Bauarbeiter in der Ost-Berliner Stalinallee die Arbeit nieder und zogen in einem Protestmarsch, dem sich immer mehr anschlossen, durch die Innenstadt. Rufe ertönten: »Kollegen, reiht euch ein – wir wollen freie Menschen sein!« Am Morgen darauf, dem 17. Juni, versammelte sich eine große Menge vor dem Sitz der DDR-Regierung in der Nähe des Potsdamer Platzes.

Volkspolizei zieht auf, das Rasseln sowjetischer Panzer ist zu hören. Ein Augenzeuge: »Eine Maschinengewehrsalve fegt in die Menge. Oder ist es eine MP? Eine zweite, dritte Salve. Erst über die Köpfe, dann in Körperhöhe. Männer greifen sich an die Brust, ziehen die Hand zurück, blutüberströmt, brechen zusammen. Zahlreiche Verwundete, Schwerverletzte, Tote.«

Wie ein Flächenbrand breiten sich die Unruhen in der gesamten DDR aus und entwickeln sich zu einem Aufstand der Bevölkerung gegen das Regime. Es bleibt keineswegs bei wirtschaftlichen Forderungen, sondern landauf, landab dringen die Demonstranten auf die Absetzung der Regierung, geheime

Demonstranten gegen sowjetische Panzer – in der Ost-Berliner Stalinallee am 17. Juni 1953. Was dort tags zuvor begonnen hatte, weitete sich rasch zu einem Aufstand gegen die SED-Diktatur aus, der die gesamte DDR erfasste.

und gesamtdeutsche Wahlen, den Abzug der sowjetischen Armee. Der Wunsch nach Freiheit und Einheit bricht sich lautstark Bahn. Auf Plakaten und in anonymen Briefen an Regierungsstellen wird zum Umsturz aufgerufen: »Ihr Verbrecher, bald ist euer Tag gekommen«, heißt es da. »Wir Arbeiter haben das Signal gegeben. Alle werden wir euch hängen. Ihr Lumpen, Strolche, Russenknechte, Speichellecker, Abschaum der Menschheit, wir verlangen unsere Freiheit.«

Rund 500 000 Menschen gingen in Berlin und über 250 weiteren Städten und Ortschaften auf die Straße. Das Schicksal der DDR und ihrer selbst ernannten Arbeiterführer schien besiegelt. Doch die Staatsmacht schlug brutal zurück. Der Ausnahmezustand wurde verhängt, und mit sowjetischer Waffenhilfe gelang es Ulbricht und Genossen, die Volkserhebung zu unterdrücken. Mindestens 50 Demonstranten verloren dabei ihr Leben, Rotarmisten erschossen 20 Menschen standrechtlich. Noch bis in den Juli hinein dauerten die Unruhen an. In der Folge wurden an die 10 000 Frauen und Männer festgenommen.

Der 17. Juni 1953 – fortan in Westdeutschland als »Tag der deutschen Einheit« begangen – wurde zum Symbol des wieder einmal gescheiterten Anlaufs der Deutschen zu Freiheit *und* Einheit. Zugleich blieb jedoch unvergessen, dass das Streben danach zwar der Gewalt weichen musste, aber nicht ausgelöscht werden konnte, wie sich viele Jahre später, im Herbst 1989, zeigen sollte. Die Ereignisse vom 17. Juni waren für die SED-Oberen ein Schock, der sie dazu veranlasste, alles zu unternehmen, um ihre Herrschaft zu festigen. Dazu gehörten einerseits Zugeständnisse an die Bevölkerung durch eine bessere Versorgung mit Konsumgütern. Andererseits baute die DDR-Führung ihren ohnehin schon mächtigen Unterdrückungsapparat gezielt weiter aus. Ein Überwachungsnetz der Stasi mit rund 30 000 Spitzeln, sogenannten Informellen Mitarbeitern (IM), überzog nach und nach das Land.

Nachdem Moskau erkannt hatte, dass Bonns Bindung an den Westen nicht mehr zu verhindern war, setzte die neue sowjetische Führung um Generalsekretär Nikita Chruschtschow endgültig auf die DDR als ihren westlichen Vorposten und ließ alle Gedankenspiele für ein neutrales Gesamtdeutschland fallen. Eine Wiedervereinigung, so verlautete nun, komme nur in Frage, wenn dabei die »sozialistischen Errungenschaften« der DDR gewahrt blieben. Ein Vertrag übertrug Ost-Berlin 1955 formal die Regierungsverantwortung für das Gebiet der DDR. Wie die Bundesrepublik im selben Jahr, so sollte auch die DDR mit allen Würden eines souveränen Staates ausgestattet werden. Das stand freilich nur auf dem Papier. Tatsächlich blieben Ulbricht und seine Gefolgsleute an die Weisungen aus dem Kreml gebunden.

Die »Kasernierte Volkspolizei« wurde in die »Nationale Volksarmee« (NVA) umgewandelt, sodass die DDR jetzt auch – wie Westdeutschland – eigene Streitkräfte hatte. Und wie die Bundesrepublik der NATO, so trat der Ulbricht-Staat nun dem Warschauer Pakt bei. Er war als Reaktion auf die Aufnahme der Bundesrepublik in die NATO 1955 gegründet worden. Ein militärisches Gegenbündnis zur NATO also, das die Sowjetunion den von ihr abhängigen kommunistischen Staaten Osteuropas aufgezwungen hatte, um ihren Machtbereich unter Kontrolle zu halten. Seit dieser Zeit standen sich zwei Deutschlands an der innerdeutschen Grenze bewaffnet gegenüber. Beide waren in die Blöcke der verfeindeten Führungsmächte USA und UdSSR eingebunden, die sich ein zunächst noch ungebremstes Wettrüsten lieferten. In dieser weltweiten Auseinandersetzung konnte im Grunde keine Seite einen direkten und offenen militärischen Konflikt riskieren, da über allen die Drohung der atomaren Vergeltung schwebte. Man sprach deshalb vom »Gleichgewicht des Schreckens«. Nirgendwo sonst aber prallten Freiheit und Unfreiheit in diesem Kalten Krieg so unmittelbar aufeinander wie auf dem Boden des gespaltenen Landes in der Mitte Europas.

Wirtschaftswunder und Berlin-Krise

Nach der Einbettung beider Teile Deutschlands in den Vorhof ihrer westlichen und östlichen Schutzmächte war klar, dass an eine gewaltsame Veränderung dieses Zustands nicht mehr zu denken war, es sei denn, man wollte einen Atomkrieg riskieren, der die gegenseitige Vernichtung zur Folge gehabt hätte. Unabhängig davon entwickelten die Bürger in der Bundesrepublik und in der DDR eigene Bindungen an ihre jeweilige Staats- und Gesellschaftsordnung. Zwar riss der Flüchtlingsstrom nach Westen nicht ab, aber viele Ostdeutsche begannen sich mit den Verhältnissen auch abzufinden und ihr Leben zu führen, so gut es eben in einer Diktatur ging.

Wer sich anpasste, konnte in Partei und Staat Karriere machen, wer das SED-Regime ablehnte, jedoch seine Existenz nicht aufs Spiel setzen wollte, verhielt sich unauffällig und suchte sein kleines Glück in privaten Nischen. Mit Freiheit hatte das nichts zu tun, denn seine Meinung offen zu äußern, war verboten. Angst brachte die Menschen dazu, sich zu verstellen, damit sie im Alltag zurechtkamen und nicht ins Visier der Staatsmacht gerieten. Wirtschaftlich hinkte die DDR zwar weit hinter der Bundesrepublik her, aber die Lebensverhältnisse in der Mangelgesellschaft des Sozialismus verschlechterten sich auch nicht so

Wohlstandssymbole begleiteten den wirtschaftlichen Aufstieg der Bundesrepublik in den Fünfzigerjahren. Man konnte und wollte sich wieder etwas leisten. Der Fernseher brachte die große weite Welt ins Wohnzimmer, das Auto wurde zum Inbegriff für Individualität und Beweglichkeit, Reiselust lockte in die Ferne.

sehr, dass die Bevölkerung verzweifelt genug gewesen wäre, einen weiteren Aufstand zu wagen. Dass die Ostdeutschen sich 1989 schließlich doch erhoben und die Diktatur in einer friedlichen Revolution hinwegfegten, entsprang einem Freiheitsdrang, der über materielle Unzufriedenheit weit hinausging.

Natürlich machte sich auch das immer größer werdende Wohlstandsgefälle zwischen der Bundesrepublik und der DDR bemerkbar und weckte Sehnsüchte. Als die soziale Marktwirtschaft in den fünfziger Jahren Tritt fasste, erlebte Westdeutschland einen beispiellosen Aufschwung; Produktion und Konsum wuchsen derart, dass schon bald vom deutschen »Wirtschaftswunder« die Rede war. Die Konjunktur brummte und bot immer mehr Menschen einen Arbeitsplatz – so auch den Millionen, die im Osten ihre Heimat verloren hatten und vertrieben worden waren. Während die Zahl der Beschäftigten und die jährliche Wirtschaftsleistung unentwegt stiegen, veränderte sich das Bild der Gesellschaft. Der Anteil der Arbeiter und Selbstständigen ging allmählich zurück, dafür

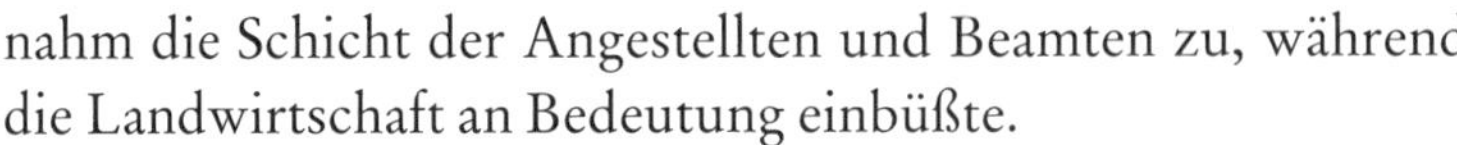

nahm die Schicht der Angestellten und Beamten zu, während die Landwirtschaft an Bedeutung einbüßte.

Es entstand eine breite Mittelschicht, die sich etwas leisten konnte: erst Kühlschränke und Waschmaschinen, dann den Fernseher und das Auto, schließlich den Urlaub an den Stränden Italiens und Spaniens. Die Gründung der Europäischen Wirtschaftsgemeinschaft (EWG) im Jahr 1957, der Frankreich, Italien, die Beneluxstaaten und die Bundesrepublik angehörten, beflügelte die westdeutsche Wirtschaftskraft, da der Abbau von Handelsschranken und Zöllen der Industrie Auslandsmärkte erschloss. Was mit der Montanunion begonnen hatte, entwickelte sich nun schrittweise in Richtung auf einen einheitlichen europäischen Wirtschaftsraum. Zum Nutzen Bonns: »Made in Germany« wurde zu einem begehrten Warenzeichen für westdeutsche Qualitätsprodukte, »Wohlstand

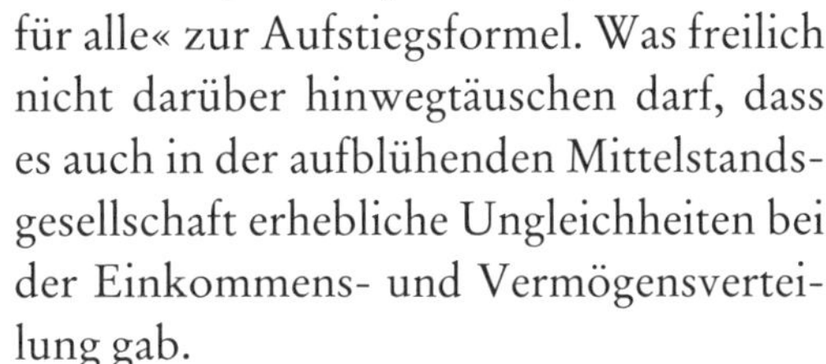

für alle« zur Aufstiegsformel. Was freilich nicht darüber hinwegtäuschen darf, dass es auch in der aufblühenden Mittelstandsgesellschaft erhebliche Ungleichheiten bei der Einkommens- und Vermögensverteilung gab.

Ludwig Erhard verankerte die »soziale Marktwirtschaft« in Westdeutschland. Ein überaus erfolgreicher Wirtschaftsminister, der mit »Wohlstand für alle« lockte, dem als Kanzler jedoch nichts mehr so recht gelingen wollte.

Amerikanische Einflüsse in Musik und Mode begeisterten die jüngere Generation und modernisierten das Leben, wie es zuletzt während der Weimarer Republik der Fall gewesen war. Noch thronte indes über allem die Kanzlerdemokratie des alten Adenauer, der auf Vorkriegswerte wie Fleiß, Tüchtigkeit und Ordnung vertraute, mit denen die Deutschen ihre unselige Vergangenheit vergessen machen sollten. Schaut nicht zurück, sondern nach vorn und baut auf, schien er seinen Landsleuten immer wieder zuzurufen.

1953, bei der zweiten Bundestagswahl, hatten sie ihn eindrucksvoll im Amt bestätigt, und wahrscheinlich ist das den Wiederaufbau in den Fünfzigerjahren begleitende Klima der Verdrängung des Lebens unterm Hakenkreuz und einer gewissen biederen Langeweile ein Schutzmantel gewesen, um aus

Zusammenbruch und Chaos der Nachkriegszeit herauszufinden. Immerhin gewann die Demokratie an Zustimmung – keine Selbstverständlichkeit bei einem Volk, das vor Kurzem noch seinem »Führer« zugejubelt hatte. Radikalen Versuchungen erteilte man nun eine klare Absage. 1952 verbot das Bundesverfassungsgericht die Sozialistische Reichspartei (SRP), eine rechtsextreme Nachfolgeorganisation der NSDAP, vier Jahre später traf es die KPD, die als verfassungsfeindlich eingestuft wurde.

Demokratische Selbstbehauptung und wirtschaftliches Selbstbewusstsein regten sich. »Wir sind wieder wer« – das Gefühl neu erwachten Stolzes stellte sich damals im bundesrepublikanischen Teil der Nation ein, und kaum ein anderes Ereignis verlieh diesem Empfinden so Ausdruck wie der (west-)deutsche Sieg bei der Fußballweltmeisterschaft 1954 in Bern. Die Schattenseite dieses Willens zum Neuanfang war, dass es viele Deutsche daran fehlen ließen, sich mit der nationalsozialistischen Vergangenheit und ihrer Mitverantwortung auseinander zu setzen. Erst nach und nach drang die kritische Aufarbeitung jener Zeit ins Bewusstsein größerer Bevölkerungsteile.

Das mag auch mit daran gelegen haben, dass die Wiederaufbaujahre keineswegs arm an Krisen und Aufregungen waren. Ende 1958 bekamen das die Deutschen erneut unmittelbar zu spüren, als Kremlchef Chruschtschow den Westen massiv unter Druck setzte. Berlin sollte, so verlangte er, innerhalb eines halben Jahres zu einer entmilitarisierten »Freien Stadt« werden, Amerikaner, Briten und Franzosen hätten ihre Truppen abzuziehen. Andernfalls, drohte Chruschtschow, würden die Sowjetunion und die DDR auf eigene Faust handeln.

Man muss sich das so vorstellen: West-Berlin lag ja wie eine Insel in der DDR. Die Stadt war seit 1945 in Sektoren eingeteilt: In Ost-Berlin residierte die Sowjetmacht und ihr Erfüllungsgehilfe Ulbricht, im Westen regierte ein frei gewählter Senat und vertraute darauf, dass die militärische Anwesenheit der Amerikaner, Engländer und Franzosen in den Westsektoren die andere Seite von Übergriffen abhalten würde. Vor diesem Hintergrund war Chruschtschows Vorstoß nichts anderes als ein weiterer Versuch, die Westmächte aus Berlin herauszudrängen, und zielte letztlich darauf, den freien Teil der Stadt von der Bundesrepublik abzuschneiden und dem eigenen Machtbereich einzuverleiben.

Moskaus Offensive hing womöglich auch damit zusammen, dass Bonns neue Streitkräfte, die Bundeswehr, seit Kurzem über Träger für Atomwaffen verfügten. Das war höchst umstritten und hatte in Westdeutschland eine Protestbewegung ausgelöst, die zum »Kampf gegen den Atomtod« aufrief. Dies kam Chruschtschow sicher wie gerufen, aber mit der Zeit wurde deutlich, dass es dem Kreml-Herrscher im Kern um etwas anderes ging als die Abwehr einer möglichen militärischen Bedrohung: Wieder einmal bereitete ihm die DDR Sorgen.

Chruschtschow wusste, dass die Westmächte einen offenen Konflikt um Berlin scheuten. Ihnen war daran gelegen, ihre bisherigen Rechte und Positionen zu wahren, nicht mehr und nicht weniger. Man suchte nach Wegen, die Situation zu entspannen, ohne Chruschtschows Forderung nachzugeben. Und so zogen die USA, Großbritannien und Frankreich eine Linie. Unangetastet sollten bleiben: erstens ihre Anwesenheit in West-Berlin, zweitens der ungehinderte Zugang dorthin und drittens das Selbstbestimmungsrecht der West-Berliner. So hatte es der neue amerikanische Präsident John F. Kennedy im Juli 1961 unmissverständlich formuliert. Gegenüber einem Vertrauten war er noch deutlicher geworden:

»Ostdeutschland entgleitet Chruschtschow. Das kann er nicht zulassen. Wenn Ostdeutschland verloren geht, ist auch Polen und ganz Osteuropa verloren. Er muss etwas tun, um den Flüchtlingsstrom einzudämmen – vielleicht eine Mauer. Und wir werden nichts dagegen tun können. Ich kann die Allianz zusammenhalten, um West-Berlin zu verteidigen. Aber ich kann nicht Ost-Berlin offen halten.«

Damit war klar, dass der Westen Moskau im Ostteil Berlins und in der DDR freie Hand lassen würde. Und darauf kam es Chruschtschow und den SED-Machthabern mittlerweile vor allem an. Denn seit 1960 erreichten die Flüchtlingszahlen neue Rekordhöhen. Allein im April 1961 kehrten 30 000 Menschen dem sozialistischen Staat den Rücken. Wieder einmal stand die DDR am Abgrund, weil junge und gut ausgebildete Fachkräfte

Der Flüchtlingsstrom von Ost nach West trieb die DDR – nur wenige Jahre nach dem Aufstand vom 17. Juni – erneut an den Rand des Abgrunds. Mit dem Bau der Berliner Mauer am 13. August 1961 wurde die Teilung Deutschlands zementiert.

sie scharenweise verließen. Die Abstimmung mit den Füßen offenbarte, dass die Diktatur dem Wunsch nach Freiheit nichts entgegenzusetzen hatte: außer Zwang und Gewalt.

Noch am 15. Juni 1961 hatte Ulbricht auf einer internationalen Pressekonferenz versichert: »Niemand hat die Absicht, eine Mauer zu errichten.« Zwei Monate später geschah genau dies. In den Morgenstunden des 13. August rückten Betriebskampfgruppen an die Ost-Berliner Sektorengrenze vor, riegelten sie ab und begannen, unterstützt von Einheiten der Volkspolizei und der Nationalen Volksarmee, mit dem Bau einer Mauer quer durch die Stadt. Am Vormittag suchte Berlins Regierender Bürgermeister, der Sozialdemokrat Willy Brandt, die Kommandanten der West-Alliierten auf. Erregt fuhr er sie an: »Sie haben sich heute Nacht von Ulbricht in den Hintern treten lassen!«

Wer aus der DDR fliehen wollte, riskierte sein Leben, da die ostdeutschen Grenzwachter Schießbefehl hatten. Dieser Volkspolizist konnte von Glück reden, als er kurz vor dem Bau der Mauer zum Sprung in die Freiheit ansetzte und unversehrt West-Berliner Boden erreichte.

Amerikaner, Briten und Franzosen reagierten kühl. Sie warteten auf Anweisungen aus ihren Hauptstädten und hielten sich zurück. Rasch wurde klar, dass die westlichen Schutzmächte nichts unternehmen würden, falls Moskau und seine deutschen Befehlsempfänger es dabei beließen, lediglich die ostzonalen Grenzen dichtzumachen. Die Berliner waren empört. An der Sektorengrenze, wo sich immer mehr Menschen versammelten, kam es zu Zusammenstößen mit Volkspolizisten der DDR. Ein Flüchtling durchbrach die Sperren und wurde mit Bajonetten niedergestochen. Viele versuchten durch die letzten Schlupflöcher zu entkommen. Weit und breit war kein Soldat der West-Alliierten zu sehen, während auf östlicher Seite Panzer drohend Position bezogen.

Erst im Oktober 1961 zeigten die Amerikaner Flagge und fuhren am Sektorenübergang »Checkpoint Charlie« mit Panzern auf, um ihre Rechte in Berlin zu unterstreichen. Im Abstand von 200 Metern richteten die sowjetischen und amerikanischen Panzerbesatzungen ihre Kanonen aufeinander. Fehlte jetzt nur noch ein kleiner Funke, um den großen Weltkrieg auszulösen? Kaum. US-Präsident Kennedy wollte keinen heißen Krieg um Berlin, solange sich die Aktionen des Ostens auf dessen eigenes Gebiet beschränkten. Er ließ seinen Außenminister Dean Rusk eine Erklärung für die internationale Öffentlichkeit vorbereiten:

»Die zur Verfügung stehenden Informationen deuten darauf hin, dass die bisher getroffenen Maßnahmen gegen die Einwohner Ost-Berlins und Ost-Deutschlands gerichtet sind und nicht gegen die Position der Alliierten in West-Berlin oder den Zugang dorthin.« Chruschtschow rechnete damit, dass der Westen bei der Abriegelung Ost-Berlins nicht eingreifen würde. Er konnte also ohne allzu großes Risiko das aus seiner Sicht Nötige unternehmen, um die DDR vor dem Zusammenbruch zu bewahren und Moskaus Macht zu festigen.

Mit dem Bau der Mauer in Berlin war das letzte Schlupfloch von Ost nach West geschlossen. Bereits 1957 hatte die DDR ihre Grenzkontrollen drastisch verschärft, den Reiseverkehr beschränkt sowie »Republikflucht« unter Strafe gestellt. Durch die Mauer gab es nun ein für alle Welt sichtbares Symbol der Spaltung Deutschlands. Die DDR sprach von einem »antifaschistischen Schutzwall«. Tatsächlich wurde die eigene Bevölkerung eingesperrt und mit Schießbefehl für die Wächter an der innerdeutschen Grenze gewaltsam daran gehindert, ihre Lebensweise frei zu wählen. Bis 1989 fanden nahezu 700 Menschen bei dem Versuch, die Mauer zu überwinden, den Tod.

Frischer Wind: die unruhigen Sechzigerjahre

Kanzlerdämmerung: die Nachkriegszeit geht zu Ende

Konrad Adenauer hatte in den Krisenwochen während des Baus der Berliner Mauer keine besonders gute Figur gemacht. Natürlich wusste er wie die meisten politisch Verantwortlichen, dass der Westen im Grunde nur ziemlich hilflos mit ansehen konnte, dass die DDR ihre Grenzen durch Stacheldraht und Mauer verschloss. Ein Eingreifen hätte die Gefahr eines Dritten Weltkrieges heraufbeschworen. Adenauer ging es in erster Linie um die Sicherung der Bundesrepublik und des in ihr Erreichten. Dennoch wurde dem Bundeskanzler besonders von der West-Berliner Bevölkerung verübelt, dass er seinen Wahlkampf anscheinend unbekümmert fortsetzte und sich erst am 22. August 1961 in der geteilten Stadt blicken ließ.

Bei der anschließenden Bundestagswahl im September blieben die Unionsparteien aus CDU und CSU mit 45,3 Prozent zwar stärkste politische Kraft. Gegenüber dem Ergebnis vier Jahre zuvor verloren sie aber fast 5 Prozent und büßten somit die damals zum ersten und bislang letzten Mal errungene absolute Mehrheit ein. Gut abgeschnitten hatte die FDP mit über 12 Prozent, aber auch die Sozialdemokraten, die nun bei rund 36 Prozent der Stimmen lagen. Die wachsende Zustimmung für die SPD verdankte die Partei vor allem ihrem neuen Hoffnungsträger Willy Brandt, West-Berlins Regierendem Bürgermeister. Der hatte durch sein beherztes Auftreten in den Tagen des Mauerbaus viele Sympathien gewonnen und verkörperte zugleich eine erneuerte Sozialdemokratie, die alten Ballast über Bord warf.

Neben Brandt, der in den dreißiger Jahren vor den Nazis nach Norwegen und Schweden flüchten musste, stellte vor allem der frühere Kommunist Herbert Wehner die Weichen in der SPD neu. In ihrem Godesberger Parteiprogramm von 1959 verabschiedeten sich die Sozialdemokraten von ihrer Vergangenheit als Klassenpartei der Arbeiterschaft und wandelten sich schrittweise zu einer Volkspartei, die alle Schichten der Bevölkerung erreichen wollte. Dazu gehörte vor allem das Bekenntnis zu einer freiheitlichen Wirtschaftsordnung und die Absage an die starren Lehren des Marxismus. Man sprach nun von einem »demokratischen Sozialismus«, der viele Wege, aber kein »Endziel« kenne und auf den Grundwerten der Freiheit und sozialen Gerechtigkeit beruhen sollte.

Außenpolitisch vollzog Herbert Wehner nach, wozu sich die SPD seit den Tagen Kurt Schumachers nie hatte durchringen können: die Zustimmung zur Verankerung der Bundesrepublik im westlichen Bündnis. Diese sei, erklärte er am 30. Juni 1960 im Deutschen Bundestag, »Grundlage und Rahmen für alle Bemühungen der deutschen Außen- und Wiedervereinigungspolitik«. Zugleich warnte Wehner vor »Selbstzerfleischung« und einem »Feindverhältnis« im politischen Umgang der Parteien. Er warb stattdessen für ein »Miteinanderwirken im Rahmen des demokratischen Ganzen, wenn auch in sachlicher politischer Gegnerschaft«. Der vom Kommunisten zum überzeugten Demokraten gewordene Politiker wusste, wovon er sprach, war er doch seit seinen Jahren als Emigrant in Moskau mit der totalitären Praxis stalinistischer Unterdrückung und Verfolgung Andersdenkender vertraut.

Dem Ex-Kommunisten Herbert Wehner hatte es die SPD zu verdanken, dass sie Schritt für Schritt der Regierungsverantwortung in Bonn näher rückte. Seit 1959 wandelte sich die Klassen- zu einer Volkspartei, die auch die Westbindung akzeptierte.

Mit ihrem Kurswechsel signalisierte die SPD, dass sie in der bundesrepublikanischen Nachkriegsdemokratie angekommen war und nicht länger ewige Opposition bleiben wollte, sondern bereit war, Regierungsverantwortung zu übernehmen. Mehr und mehr wuchs sie in die Rolle eines möglichen Koalitionspartners für Adenauers CDU hinein. Noch war es freilich nicht so weit, obwohl der Kanzler mit allerlei Überlegungen spielte. Das musste er auch, denn die Jahre, in denen er unangefochten regieren konnte, waren unwiderruflich dahin. Altersstarrsinn machte sich bei dem mittlerweile über 80-Jährigen bemerkbar und ließ seine Popularität bröckeln. 1959 hatte er sich kurz für das Amt des Bundespräsidenten beworben, diesen Schritt aber rückgängig gemacht, als sich abzeichnete, dass sein Wirtschaftsminister Ludwig Erhard dann Kanzler geworden wäre. Den wollte Adenauer auf keinen Fall in diesem Amt sehen, weil er ihm politisch nicht viel zutraute.

Auf den Marktwirtschaftler Erhard aber setzte die FDP nach den Wahlen 1961, als es um die Bildung einer neuen Koalition ging. Man einigte sich nach langen Hin und Her, dass Adenauer noch einmal Kanzler werden, aber nach einiger Zeit zurücktreten sollte, um einem Nachfolger Platz zu machen. Kaum ein Jahr nachdem die neue Regierung aus CDU/CSU und FDP im Amt war, erschütterte die noch immer junge Republik ein politisches Erdbeben, dessen Wellen lange zu spüren sein sollten und das äußerst folgenreich für die Entwicklung von Freiheit und Demokratie in Westdeutschland war: die »Spiegel«-Affäre.

Auslöser war eine Titelgeschichte des adenauerkritischen Nachrichtenmagazins über die Bundeswehr und die Militärpolitik der westlichen Allianz, die im Oktober 1962 erschien. Unter der Überschrift »Bedingt abwehrbereit« wurden schwere Versäumnisse der Verteidigungspolitik aufgeführt. Wie schon in den vergangenen Jahren zielte das von dem Journalisten Rudolf Augstein gegründete Wochenblatt auf den politisch verantwortlichen Verteidigungsminister, den CSU-Politiker Franz Josef Strauß. Die Staatsmacht sah sich herausgefordert. Adenauer erregte sich im Bundestag über einen angeblichen »Abgrund von Landesverrat«, der sich durch die Veröffentlichung aufgetan habe.

Die Justiz begann zu ermitteln, Polizei rückte aus, besetzte die Hamburger Redaktionsräume des »Spiegel« und beschlagnahmte Unterlagen. Augstein und weitere Redakteure des Magazins wurden verhaftet. Juristisch blieb das alles ohne Folgen, denn das meiste von dem, was im »Spiegel« stand, hatte man auch schon andernorts lesen können. Dafür erhärtete sich der Verdacht, dass es sich um einen gezielten Schlag gegen die Pressefreiheit – ein Verfassungsrecht – handelte. Verteidigungsminister Strauß wusch seine Hände in Unschuld, obwohl er in Wirklichkeit die Verhaftung eines »Spiegel«-Journalisten selbst veranlasst hatte.

Einsam, aber nicht verlassen: »Spiegel«-Chef Rudolf Augstein 1962 auf dem Weg ins Untersuchungsgefängnis. Die Affäre um das Wochenblatt – tatsächlich ein Kampf für die Pressefreiheit – mobilisierte die demokratische Öffentlichkeit.

In der Öffentlichkeit löste das Vorgehen der Regierung einen Proteststurm aus. Auf Demonstrationen wurde die Freilassung Augsteins und seiner Mitstreiter sowie der Rücktritt von Strauß gefordert. In eindrucksvoller Einigkeit stellten sich die Medien des Landes hinter den angegriffenen »Spiegel«. Die durchaus konservative »Frankfurter Allgemeine Zeitung« schrieb über die Welle von Solidarität: »Eine Freiheitsregung hat sich in unserem öffentlichen Leben bemerkbar gemacht. Sie ist bisher fast immer ausgeblieben, wenn man glaubte, auf sie hoffen zu dürfen. Aber nun ist sie zu spüren. Wird sie dauern? Das wäre das glückliche Ergebnis einer unglücklichen Sache.« Nun war die Bundesrepublik ja keineswegs unfrei. Aber die Ereignisse um den »Spiegel« zeigten, dass jenes obrigkeitsstaatliche Denken und Handeln längst noch nicht überwunden war, das der Demokratie in Deutschland so lange im Weg gestanden hatte. Diesmal aber zog die Staatsmacht den Kürzeren. Unter wachsendem Druck von allen Seiten trat Strauß schließlich vom Amt zurück, Augstein kam nach 103 Tagen Untersuchungshaft wieder auf freien Fuß und die Regierung wurde neu gebildet. Das waren nur die unmittelbaren Folgen des Skandals. Auf längere Sicht veränderte er das Gesicht der Republik, beschleunigte das Ende der Kanzlerdemokratie Adenauers und schärfte in weiten Teilen der Bevölkerung den Sinn für die Gefährdungen von Demokratie und Freiheit.

Immerhin brachte der Mitbegründer der Bundesrepublik aber noch etwas Großes zuwege, und er führte damit fort, was Gustav Stresemann in den Zwanzigerjahren begonnen hatte: die Aussöhnung mit dem »Erbfeind« Frankreich. Allerdings hatte Adenauers Westpolitik stets zwei Ziele fest im Blick: die Sicherheitspartnerschaft mit Washington und die Entwicklung gutnachbarlicher Beziehungen zu Paris. Die an sich kluge Zurückhaltung der Amerikaner während der Berlin-Krise nährte freilich Adenauers immer vorhandene Befürchtungen, die USA und die Sowjetunion könnten sich über die deutsche Frage direkt verständigen, ohne die Betroffenen groß zu fragen.

Tatsächlich mehrten sich die Anzeichen für eine Entspannung im Verhältnis der beiden Supermächte, nachdem Chruschtschow im Herbst 1962 in der Kuba-Krise klein beigegeben hatte. Auslöser für diesen Konflikt, der die Welt fast in einen Atomkrieg gestürzt hätte, war der Versuch des Kremlchefs gewesen, Raketen auf der Karibikinsel Kuba in Stellung zu bringen. Eine unmittelbare Bedrohung für die Vereinigten Staaten, auf die Präsident Kennedy mit der Blockade Kubas reagierte. Als Chruschtschow schließlich die Raketen und Abschussrampen wieder abzog, war die große nukleare Konfrontation nur knapp vermieden worden.

Hatte sich das Gleichgewicht des Schreckens bewährt? Einerseits ja, denn es kam ja nicht zum Äußersten. Andererseits war aber wieder einmal ins Bewusstsein getreten, wie nah an der Katastrophe die Menschheit im Atomzeitalter lebte. Konnte das so weitergehen? Beim Bau der Berliner Mauer hatten die USA den Sowjets in ihrem Herrschaftsbereich freie Hand gelassen, in der Kuba-Krise Moskau hingegen seine Grenzen aufgezeigt, weil lebenswichtige Sicherheitsinteressen Amerikas betroffen waren. Keine der beiden Weltmächte konnte über die andere militärisch triumphieren, ohne Gefahr zu laufen, selbst vernichtet zu werden. Diese Einsicht machte den Weg für vorsichtige Entspannungsschritte frei.

Adenauer kam es angesichts dieser sich verändernden politischen Großwetterlage darauf an, dass die Bundesrepublik auf der internationalen Bühne nicht an Gewicht verlor. Auch deshalb suchte er nun verstärkt die Nähe Frankreichs, dessen Präsident Charles de Gaulle eine führende Rolle seines Landes in einem von den USA unabhängigeren Europa anstrebte. Vor allem aber ging es dem deutschen Bundeskanzler darum, die jahrhundertelange und von blutigen Kriegen begleitete Feindschaft der beiden Länder diesseits und jenseits des Rheins für alle Zeiten zu beenden.

Nach mehreren Treffen zwischen den beiden Politikern und einem Staatsbesuch General de Gaulles in der Bundesrepublik 1962, bei dem er zum »großen deutschen Volk« sprach, wurde am 22. Januar 1963 in Paris ein Vertrag über die deutsch-französische Zusammenarbeit unterzeichnet. Er sah regelmäßige Begegnungen der Regierungschefs und wichtiger Minister, Abstimmungen in außenpolitischen Fragen und die Förderung des Jugendaustausches vor. Adenauers Werk, die Verankerung der Bundesrepublik im Westen, war damit vollendet. Gut 90 Jahre nach der Reichsgründung hatte der Bundeskanzler zuwege gebracht, was zuvor fehlgeschlagen war: ein stabiles, demokratisches Deutschland, das vom freien Teil der Welt anerkannt und geschätzt wurde. Konnte man mit dem Erreichten also zufrieden sein? Gewiss doch, aber es blieb auch noch viel zu tun.

Im Verhältnis zum Staat Israel etwa, der 1948 gegründeten Zufluchtsstätte der Juden nach dem Holocaust. Solidarität mit Israel, das bereits zwei Kriege mit seinen arabischen Nachbarstaaten hinter sich hatte, musste ein unverrückbarer Grundsatz westdeutscher Außenpolitik sein. Doch die Annäherung zwischen der Bundesrepublik und dem jüdischen Staat kam – verständlicherweise – nur zögernd voran. Zwar war 1952 ein Vertrag über »Wiedergutmachung« für die NS-Verbrechen an Juden geschlossen worden, der Bonn zur Zahlung von 3 Milliarden Mark verpflichtete. Aber es dauerte seine Zeit, bis die westdeutsche Republik bei den Israelis ein gewisses Vertrauen erwarb. Erst 1965 tauschten beide Staaten offiziell Botschafter aus. Die Frage, wie es die Bundesrepublik und ihre Bürger mit Israel und dessen Existenzrecht halten, blieb auch danach auf der politischen Tagesordnung und ist bis heute ein Gradmesser für die demokratische Kultur des Landes.

Der Westen, zu dem auch Israel gehörte, lag Adenauer am Herzen; dorthin hatte seine Politik gezielt. Nach Osten indes war der rheinländische Kanzler zu unbeweglich gewesen. Bonn nahm den anderen deutschen Staat, die DDR, einfach nicht zur Kenntnis und beanspruchte für sich, Deutschland und alle Deutschen allein zu vertreten. Aus Protest gegen das Unrechtsregime erwähnten die Zeitungen des Springer-Konzerns die »DDR« nur in An- und Abführungszeichen – so als existiere sie eigentlich gar nicht. Was ja nun einmal nicht so war. Festtagsreden zur deutschen Einheit, Päckchen für die »Brüder und Schwestern im Osten« und Kerzen in den Fenstern an Feiertagen waren – wie menschlich und gut gemeint auch immer – kein Ersatz für Politik. So mochte man den Wunsch nach Wiedervereinigung zwar immer wieder beschwören. Aber was bewegte sich dadurch tatsächlich? Wandel tat not und er lag auch in der Luft. Der alte Kanzler war aber nicht mehr der Mann, die Signale aufzunehmen und diesem Wandel Richtung zu geben. Andere sollten ein besseres Gespür haben und die Erstarrung überwinden.

Der amerikanische Präsident John F. Kennedy sprach wohl allen Deutschen aus dem Herzen, als er bei seinem Berlin-Besuch 1963 ein Bekenntnis zur Freiheit ablegte und mit dem Satz schloss: »Ich bin ein Berliner!«

US-Präsident Kennedy bot der Sowjetunion in einer Rede Mitte 1963 eine friedliche Verständigung über gemeinsame Fragen an. Zugleich unterstrich er aber bei einem viel umjubelten Berlin-Besuch kurz darauf die Entschlossenheit des Westens zur Verteidigung. Vor dem Schöneberger Rathaus rief er der begeisterten Menge zu: »Alle freien Menschen, wo immer sie leben mögen, sind Bürger dieser Stadt West-Berlin, und deshalb bin ich als freier Mann stolz darauf, sagen zu können: Ich bin ein Berliner!«

Während die Zeichen der Weltpolitik auf Entspannung standen, lief Adenauers Zeit ab. Ohnehin hatte der Alte nach der »Spiegel«-Affäre versprochen, im Jahr darauf zurücktreten zu wollen. Und das tat er denn auch am 15. Oktober 1963 – nicht ohne Groll, wurde doch der von ihm nicht geschätzte Wirtschaftsminister Ludwig Erhard sein Nachfolger. In seinen Abschiedsworten vor dem Bundestag dankte Adenauer auch der sozialdemokratischen Opposition – versöhnliche Töne eines Mannes, der die SPD und ihre Führer in der Vergangenheit nicht selten verunglimpft hatte. Beifall für seine Kanzlerschaft kam von allen Seiten. Doch er selbst musste feststellen: »Wir sind der Wiedervereinigung nicht näher gekommen.«

Ludwig Erhard war kein Kanzler im Glück. Der gemütlich wirkende Regierungschef mit der dicken Zigarre, Markenzeichen für den »Vater des Wirtschaftswunders«, gab sich gerne volksnah. Er wollte über den Parteien stehen, Einzelinteressen wirtschaftlicher Gruppen zügeln und die Deutschen zu mehr Arbeit und Sparsamkeit anhalten. Tatsächlich ging es den meisten Menschen in der Bundesrepublik von Jahr zu Jahr besser – bald konnte man schon von einer Wohlstandsgesellschaft sprechen –, doch der Kanzler sah düstere Wolken am Horizont aufziehen. Seiner Ansicht nach verloren zu viele das Allgemeinwohl aus den Augen und dachten nur daran, ein immer größeres Stück vom Kuchen des gemeinsamen Sozialprodukts zu ergattern.

Dabei lief die Konjunktur noch immer auf Hochtouren, sodass man bereits dazu übergegangen war, ausländische Arbeitskräfte anzuwerben, die zunächst Gastarbeiter hießen. Allgemein wurde nämlich angenommen, dass sie nach einigen Jahren wieder in ihre Heimatländer zurückkehren würden. Ein Trugschluss, der nicht berücksichtigte, dass Menschen gerne Wurzeln schlagen und auch im Kreise ihrer Familien leben möchten. Was dann im Laufe der Zeit auch geschah, als Frauen und Kinder aus den Heimatländern der Gastarbeiter nachkamen und ein neues Leben in der Bunderepublik begannen.

Der Portugiese Amando Sá Rodrigues wurde 1964 in Köln mit viel Medienrummel und einem Moped als Begrüßungsgeschenk empfangen. Mit ihm waren jetzt eine Million sogenannte Gastarbeiter im Land, die fleißig zum Wohlstand beitrugen.

Viel Zeit zum Regieren hatte Kanzler Erhard, der Ende 1963 ins Amt gekommen war, ohnehin nicht. Denn bereits zwei Jahre später musste er vor die Wähler treten. Zwar hieß der alte und neue Sieger der Bundestagswahl 1965 CDU/CSU (47,6 Prozent der Stimmen), aber die SPD steuerte nun mit über 39 Prozent auf die 40-Prozent-Marke zu, während die FDP deutlich eingebüßt hatte. Wieder wurde Erhard mit Hilfe der FDP Kanzler, aber er blieb es nicht mehr lange, weil die Unterstützung für ihn bröckelte. Der Wirtschaftsfachmann machte politisch einfach keine gute Figur.

»Die Nachkriegszeit ist zu Ende«, rief er seinen Landsleuten in der Regierungserklärung zu und vergaß dabei, dass die Aufarbeitung der Verbrechen des Nazi-Regimes gerade erst begonnen hatte. So etwa im weltweit Aufsehen erregenden Frankfurter Auschwitz-Prozess gegen Mitglieder der Wachmannschaften des Vernichtungslagers. Drei Jahre lang, von 1963 bis 1966, dauerte die Verhandlung in Frankfurt am Main – die erste große juristische Auseinandersetzung mit der NS-Zeit in Westdeutschland. Obwohl sich Historiker und Politikwissenschaftler bis dahin durchaus schon mit der braunen Diktatur beschäftigt hatten, öffnete der Auschwitz-Prozess erst jetzt vielen die Augen für die mörderischen Taten der Nationalsozialisten.

Die Vergangenheit holte die Westdeutschen ein und sollte sie fortan immer wieder zur Stellungnahme zwingen. Viele waren empört über die zum Teil milden Urteile und forderten, dass die Suche nach den Verantwortlichen fortgesetzt werden müsse, die möglicherweise hohe politische und berufliche Positionen bekleideten. Andere forderten dagegen, einen Schlussstrich unter die NS-Vergangenheit zu ziehen, und sprachen von »Nestbeschmutzung«. Und manche gab es sogar, die den Massenmord an den Juden, an Sinti und Roma, an Polen und Russen, an Geisteskranken und Homosexuellen im »Dritten Reich« einfach bestritten und als Propaganda der Alliierten abtaten. Diese sogenannte Auschwitz-Lüge ist erst sehr viel später unter Strafe gestellt worden.

Hitler und die Frage nach der Verantwortung der Deutschen für die Diktatur und die nationalsozialistischen Verbrechen in den zwölf Jahren der Schreckensherrschaft begleiten das Land bis heute. Das wird auch in Zukunft so sein. In der DDR entlastete die SED-Führung sich und ihr Volk von dieser Bürde, indem sie nicht vom Nationalsozialismus sprach, sondern stattdessen den kommunistischen Antifaschismus zur offiziellen Staatsideologie erklärte. Die Botschaft lautete: Da die Kommunisten angeblich am entschiedensten gegen den Faschismus als einer besonderen Herrschaftsform des Kapitalismus (»Diktatur des Finanzkapitals«) gekämpft hätten, habe man mit der Vergangenheit nichts mehr zu tun, und überdies sei ja mit der Gründung der DDR ein Schlussstrich unter diese unselige Zeit gezogen worden.

Eine Demokratie mit einer offenen Gesellschaft wie die Bundesrepublik konnte und kann so nicht verfahren. Immer wieder brach und bricht sich Verdrängtes Bahn und zwingt zur Auseinandersetzung. So etwa 1979 bei der Ausstrahlung einer amerikanischen TV-Produktion, die den Holocaust am Schicksal einer jüdischen Familie im »Dritten Reich« einem Millionenpublikum ergreifend schilderte. Aber auch schon im Jahrzehnt davor begann – ausgelöst durch den Auschwitz-Prozess – die Frage danach, wie es zu Diktatur und Völkermord hatte kommen können, die Gesellschaft zunehmend in Unruhe zu versetzen.

Große Koalition und Außerparlamentarische Opposition

Davon verspürte das neue Kabinett Erhard indes zunächst nur wenig. Alltagssorgen plagten den Kanzler. In seiner Regierung stritt man sich über den Haushalt. Der Staat geriet finanziell in die Klemme, weil die Ausgaben gestiegen und die Einnahmen

1966: Mit Bildung der Großen Koalition unter dem CDU-Kanzler Kurt Georg Kiesinger (r.) übernahmen die Sozialdemokraten erstmals seit 1949 Regierungsverantwortung im Bund. Links: Außenminister Willy Brandt (SPD). In der Mitte: SPD-Fraktionschef Helmut Schmidt.

gesunken waren. Geldentwertung drohte – ein Schreckgespenst für die Deutschen, die das ja schon zweimal in diesem Jahrhundert erlebt hatten. Sollte man in dieser Situation die Steuern anheben oder nur sparen? Die FDP-Minister waren für Letzteres, die Unionsparteien schlossen auch Steuererhöhungen nicht aus. Der Bruch war da, obgleich dies nur der Anlass war, den ohnehin mittlerweile ungeliebten Erhard loswerden zu können.

Die FDP schied aus der Regierung aus und am Ende war die Sensation da: eine Große Koalition aus CDU/CSU und SPD unter dem neuen christdemokratischen Kanzler Kurt Georg Kiesinger. Zum ersten Mal seit 1949 standen die deutschen Sozialdemokraten 1966 in der Verantwortung. Zu verdanken hatten sie dies vor allem ihrem stellvertretenden Parteivorsitzenden Herbert Wehner, der jahrelang und gegen viele Widerstände in den eigenen Reihen im Stillen auf dieses Bündnis hingewirkt hatte. Unterstützt wurde er dabei von Helmut Schmidt, dem neuen SPD-Fraktionschef im Bundestag, wegen seiner scharfen Zunge auch »Schmidt-Schnauze« genannt.

Ein alter Bekannter zog als neuer Finanzminister ins Kabinett ein: der CSU-Politiker Franz Josef Strauß, der gemeinsam mit dem SPD-Wirtschaftsminister Karl Schiller die Bundesrepublik in den nächsten Jahren erfolgreich aus einer wirtschaftlichen Talfahrt herausführte – der ersten Unterbrechung des Aufschwungs seit 1949. Mit West-Berlins populärem Bürgermeister Willy Brandt als Außenminister schien sich auch ein Wandel im Verhältnis zum Osten und insbesondere zur DDR anzudeuten. Der Mauerbau und die bald darauf einsetzenden Entspannungsbemühungen zwischen Washington und Moskau hatten ihn gelehrt, dass es »eine Lösung der deutschen Frage nur mit der Sowjetunion, nicht gegen sie« geben könne, wie er bereits 1963 in einem Vortrag erläuterte.

Noch weiter dachte sein Parteifreund Egon Bahr, der im selben Jahr von einem »Wandel durch Annäherung« sprach. Damit war gemeint, dass der Westen auf den Osten zugehen sollte, um in Verhandlungen Erleichterungen für die dort lebenden Menschen zu erreichen. Um die deutsche Spaltung nicht zu vertiefen, sondern schrittweise abzubauen, war Bahr bereit, den Tatsachen, wie sie nun einmal waren, ins Auge zu sehen und anzuerkennen, dass die DDR als Staat existierte. Was eigentlich selbstverständlich klang, barg in Wahrheit den Keim einer völlig neuen Politik in sich, denn bis dahin hatten die Bonner Regierenden und mit ihnen große Teile der konservativen Öffentlichkeit immer so getan, als ob die DDR eine Art Phantom sei.

Es sollten noch einige Jahre vergehen, bevor Brandt und Bahr eine Ostpolitik einleiteten, die an realistischer Einsicht dem nicht nachstand, was Konrad Adenauer zu seiner Westpolitik bewogen hatte. Doch schon die Regierungserklärung des CDU-Kanzlers Kiesinger schlug neue Töne an. »Wir wollen entkrampfen und nicht verhärten, Gräben überwinden und nicht vertiefen«, wandte er sich an die Adresse Ost-Berlins. »Deshalb wollen wir die menschlichen, wirtschaftlichen und geistigen Beziehungen mit unseren Landsleuten im anderen Teil Deutschlands mit allen Kräften fördern.«

Zugleich aber schloss Kiesinger die »Anerkennung eines zweiten deutschen Staates« aus, weil dies das Gebot der Wiedervereinigung hätte aufweichen können. Aber wer im Ernst glaubte denn eigentlich noch daran? Die Stimmen kritischer Zweifler mehrten sich. Kein Geringerer als der bayerische

Konservative Strauß gestand in einem Interview mit der angesehenen liberalen Wochenzeitung »Die Zeit«: »Ich glaube nicht an die Wiederherstellung eines deutschen Nationalstaates, auch nicht innerhalb der Grenzen der vier Besatzungszonen [...] Es wäre einfach unrealistisch, wenn wir von unseren europäischen Nachbarn erwarteten, dass sie das Entstehen einer wirtschaftlichen und politischen Eigenmacht mit dem Potential unseres 72-Millionen-Volkes begünstigen würden.«

Der CSU-Politiker und Bundesfinanzminister trat stattdessen für eine Lösung der deutschen Frage im europäischen Rahmen ein. Eine Wiedervereinigung sei nur in der Gestalt denkbar, dass Deutschlands »unvermeidliches Übergewicht das Zusammenleben der europäischen Völker nicht belasten« dürfe. Dazu müssten dann aber klassische Vorrechte eines Nationalstaates an übergeordnete europäische Einrichtungen abgegeben werden. Man sieht, der nach dem Zweiten Weltkrieg begonnene europäische Einigungsprozess, der den Nationalismus auf dem Kontinent bändigen sollte, zeigte Wirkung und bestimmte zunehmend das Denken der Politiker.

Zwar nicht unzertrennlich, aber ein gutes Gespann – »das doppelte Lottchen«: SPD-Wirtschaftsminister Karl Schiller (l.) und Finanzminister

Franz Josef Strauß (CSU), der einige Jahre zuvor über die »Spiegel«-Affäre gestolpert war.

Alles in allem war die Große Koalition besser als ihr Ruf. Als 1967 die Zahl der Arbeitslosen auf fast 700 000 anstieg und zum ersten Mal seit 1949 von einer Wirtschaftskrise die Rede war, rissen die Minister Schiller und Strauß schon bald das Ruder herum. »Plisch und Plum« oder »das doppelte Lottchen«, wie die beiden wegen ihrer oft gemeinsamen Auftritte genannt wurden, brachten die Staatsfinanzen in Ordnung und belebten mit gezielten Ausgabenprogrammen die Wirtschaft. Anders als in den dreißiger Jahren zu Zeiten des Kanzlers Brüning wollte man nicht den Fehler machen, das Land zu Tode zu sparen.

Die Regierung sollte auf ein gesamtwirtschaftliches Gleichgewicht achten, Preisstabilität, Vollbeschäftigung, Wachstum und eine ausgeglichene Handelsbilanz mit dem Ausland im Auge behalten. Das gelang, die Konjunktur zog wieder an und bis 1969 sank die Arbeitslosigkeit auf unter 180000. Auch wenn die Zahl der Erwerbslosen damals deutlich über eine halbe Million geklettert war, handelte es sich – im Vergleich etwa zu den mehr als 5 Millionen Menschen ohne Arbeit Anfang 2005 – eher um eine kleine Rezession, also einen Knick in der Wachstumskurve. Nach anderthalb Jahrzehnten ununterbrochenen Aufschwungs löste der Einbruch aber große Ängste in einem Volk aus, das die schlimmen Erfahrungen von Inflation und Arbeitslosigkeit noch lebhaft in Erinnerung hatte.

Auch sonst brachten CDU/CSU und SPD unter Kanzler Kiesinger einige Reformen auf den Weg – etwa im Strafrecht. So wurde das Zuchthaus abgeschafft, ferner die Strafbarkeit des Ehebruchs und der Homosexualität zwischen Erwachsenen. Verurteilte Täter sollten durch mehr Bewährungsstrafen bessere Chancen erhalten, ins bürgerliche Leben zurückzukehren. Neben die Bestrafung trat der Gedanke, Menschen wieder in die Gesellschaft einzugliedern. Doch weder diese vereinzelten Liberalisierungsschritte noch die wirtschaftlichen Erfolge änderten etwas daran, dass die Große Koalition bei einem beträchtlichen Teil der Öffentlichkeit – zumal in der jüngeren Generation – von Anbeginn auf Ablehnung stieß.

In der Tat lag auf Dauer gesehen durchaus eine Gefahr darin, wenn einer überwältigenden Regierungsmehrheit von fast 90 Prozent im Parlament nur eine schwache FDP-Opposition gegenüberstand, die nicht einmal zehn Prozent der Abgeordneten stellte. So etwas kann in Demokratien immer nur eine Notlösung sein, weil es die Kontrolle der Mächtigen erschwert und dazu führen kann, dass extreme demokratiefeindliche Gruppen außerhalb der Parlamente Zulauf erhalten. Anlass zur Beunruhigung gab es obendrein insofern, als einige Radikale sogar schon in Landtagen saßen. Denn bei der hessischen Landtagswahl im November 1966 hatte die zwei Jahre zuvor gegründete rechtsextreme Nationaldemokratische Partei Deutschlands (NPD), ein Sammelbecken von Alt-Nazis und Protestwählern, 7,9 Prozent der Stimmen erzielt. Kurz darauf konnte die NPD in Bayern ihren Erfolg mit 7,4 Prozent wiederholen.

Als erheblich folgenreicher aber sollte sich die Entwicklung der Außerparlamentarischen Opposition (APO) auf der linken Seite des politischen Spektrums erweisen. Seit den Fünfzigerjahren hatte sich das Lebensgefühl der Jugend in Westeuropa und den USA grundlegend gewandelt. Rock 'n' Roll, die »Pille« zur Empfängnisverhütung und neue Philosophien wie der Existenzialismus hatten eine Kulturrevolution in Gang gesetzt, die das Gefüge und die Werte der Leistungsgesellschaft in Frage stellte. Jugendliche rebellierten gegen Zwänge und Autoritäten der Erwachsenenwelt und suchten nach neuen Vorbildern. Das Freiheitsversprechen des Westens erschien ihnen unglaubwürdig, solange die schwarze Bevölkerung der Vereinigten Staaten noch um ihre Bürgerrechte kämpfen musste. Große moralische Empörung löste auch aus, dass das Mutterland der Demokratie im fernen Vietnam auf Seiten eines autoritären Regimes im Süden in einen Krieg gegen den kommunistischen Norden verwickelt war. Fernsehbilder über das Leid der Zivilbevölkerung untergruben die Glaubwürdigkeit einer Supermacht, die angetreten war, die Freiheit der westlichen Lebensweise zu verteidigen.

»Make love, not war« wurde zum Leitspruch einer bunten Bewegung von Studenten, langhaarigen Hippies, die mit Blumen im Haar aufs Land zogen, um eine neue Gesellschaft zu gründen, und Anarchisten, die jede Form von Herrschaft ablehnten. Man experimentierte mit Drogen, entdeckte die Schriften des jungen Karl Marx wieder und las Texte von Herbert Marcuse, eines in Amerika lehrenden Hochschullehrers, der die Befreiung des Menschen aus den Fesseln des Kapitalismus predigte. Wie schon bei früheren Jugendbewegungen seit Anfang des Jahrhunderts war viel Romantik im Spiel bei dieser Sehnsucht nach Erlösung aus dem kühlen Gehäuse der modernen Gesellschaft. Rockmusik und -konzerte, wie etwa das berühmte dreitägige »Happening« von Woodstock mit über 400 000 Fans, schmolzen Protest in Gefühle um und stifteten Gemeinschaftserlebnisse.

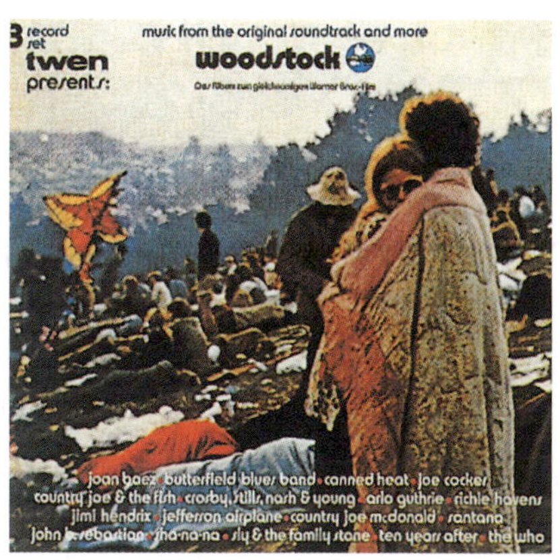

Das Woodstock-Festival in den USA 1969 drückte das Lebensgefühl einer Generation aus, die durch Musik die Welt verändern wollte. Ein Traum von »peace and love« – im Grunde unpolitisch, aber bewegend.

In Westdeutschland nahm die Rebellion politische Formen an, als es darum ging, die von der Großen Koalition geplanten sogenannten Notstandsgesetze zu verhindern. Ausgangs-

Seit Mitte der Sechzigerjahre begehrten die Studenten an den westdeutschen Hochschulen auf. Autoritäten in Universität, Staat und Gesellschaft wurden in Frage gestellt, die USA wegen des Vietnamkriegs heftig kritisiert. Eine Protestbewegung entstand – die Außerparlamentarische Opposition (APO).

punkt waren die Hochschulen, an denen es ohnehin schon seit Längerem rumorte, weil die Studenten Bildungs- und Universitätsreformen verlangten. »Unter den Talaren Muff von tausend Jahren« – mit solchen und ähnlichen Losungen forderten sie in »Sit-ins« und »Go-ins« ihre Professoren heraus und griffen damit zugleich die Gesellschaft der Bundesrepublik an, der sie vorhielten, die NS-Vergangenheit zu verdrängen und mit den Notstandsgesetzen eine neue Machtergreifung antidemokratischer Kräfte vorzubereiten.

Was die noch immer unzureichende kritische Aufarbeitung des »Dritten Reichs« anging – vor allem die Rolle der Elterngeneration in dieser Zeit –, trafen die Studenten fraglos einen wunden Punkt. Und es bleibt auch ihr Verdienst, die Gesellschaft aufgerüttelt und daran erinnert zu haben, dass eine Demokratie nicht in Selbstzufriedenheit versinken darf, sondern offen für Veränderungen bleiben und sich immer wieder an ihren eigenen Maßstäben messen lassen muss. Im Kampf gegen die Notstandsgesetze aber zeigte sich, dass die APO überzog. Denn mit diesen Gesetzen sollten unter anderem die Rechte parlamentarischer und richterlicher Kontrolle gerade für den Fall politischer Unruhen gesichert werden. So berechtigt die Kritik der Studenten und ihres Sprachrohrs, des Sozialistischen Deutschen Studentenbundes (SDS), an zahlreichen Unzulänglichkeiten der westdeutschen Demokratie also auch war, verrannten sie sich doch nicht selten und schossen übers Ziel hinaus.

In ihrer Radikalität entgingen vielen die fundamentalen Unterschiede zwischen einer freiheitlichen Lebensordnung und einer Diktatur. So konnte es dazu kommen, dass das Gespenst eines in der Bundesrepublik vermeintlich drohenden Faschismus an die Wand gemalt und die westdeutsche Nachkriegsdemokratie in die Nähe des NS-Staats gerückt wurde. Was die APO letztlich selbst wollte, blieb sehr vage – ein antiautoritäres Aufbegehren, das gegenüber Andersdenkenden allerdings oft sehr unduldsam war.

Die meisten – bis auf ein kleines Häuflein, das in der 1968 gegründeten moskautreuen Deutschen Kommunistischen Partei (DKP) eine politische Heimat fand – waren sich einig in der Ablehnung des östlichen Realsozialismus. Strittiger war dagegen schon die Frage, wie denn nun der westliche Kapitalismus zu überwinden sei – revolutionär oder durch Reformen, mit der Industriearbeiterschaft oder auf eigene Faust, stellvertretend für alle Unterdrückten dieser Welt? Und so diskutierte man tage- und nächtelang über amerikanischen Imperialismus, unmittelbare Rätedemokratie (wie in der Novemberrevolution 1918) und den Traum von einem freiheitlichen Sozialismus.

Vietnamkrieg, Hochschulproteste und der Kampf gegen die Notstandsgesetze trieben immer mehr Demonstranten auf die Straße. Es waren die Kinder der Wohlstandsgesellschaft, zumeist aus gutem Hause, die da lautstark ihren Unmut kundtaten, keine Mehrheit, sondern ein bunter Haufen von politisch Nachdenklichen, radikalisierten Weltveränderern und Spaßvögeln, die weniger Revolution als Selbstverwirklichung auf ihre Fahnen schrieben. Wie es Dieter Kunzelmann, Mitbegründer der Kommune 1, einer Wohngemeinschaft von Männern und Frauen in West-Berlin, die mit ihrer Forderung nach sexueller Freiheit brave Bürger schockierten, ausdrückte: »Was geht mich Vietnam an – ich habe Orgasmusschwierigkeiten.«

Zunächst verlief alles noch überwiegend gewaltfrei – von gezielten Regelverletzungen, die Sachbeschädigungen nicht ausschlossen, abgesehen. Sie sollten das »Establishment«, also Staat und Gesellschaft, herausfordern. Das änderte sich schlagartig, als am 2. Juni 1967 in West-Berlin während einer Demonstration gegen den Schah von Persien, alles andere als ein Demokrat, der Student Benno Ohnesorg von einem Polizisten erschossen wurde. In der Folgezeit wurde die Bundesrepublik zum Schauplatz heftiger Auseinandersetzungen. Massenproteste richteten sich gegen die Meinungsmacht des konservativen Springer-Verlags, dessen Organe, allen voran die »Bild«-Zeitung, die APO scharf angriffen und das politische Klima anheizten.

Im Februar 1968 zogen rund 10 000 Demonstranten durch die West-Berliner Innenstadt. Ihre Idole trugen sie auf Fahnen: Che Guevara, einen lateinamerikanischen Revolutionär, Mao Tse-tung, Chinas kommunistischen Führer, und den nordvietnamesischen Herrscher Ho Tschi Minh. Aber auch in den eigenen Reihen gab es bereits einen, zu dem sie aufschauten: Rudi Dutschke, ein feuriger Prediger und Theoretiker der Revolution, der wortgewaltig zum Umsturz und zur Erneuerung des Menschen aufrief, viele faszinierte, manche jedoch auch verwirrte. Insbesondere auf ihn, das neue Idol der Studentenbewegung, hatten es die Springer-Blätter abgesehen. Das blieb nicht ohne Folgen. Am 11. April 1968, mitten auf dem Kurfürstendamm, schoss der Gelegenheitsarbeiter Josef Bachmann auf den APO-Wortführer und verletzte ihn schwer.

Es folgten Straßenschlachten, wie sie die Bonner Republik bis dahin noch nicht erlebt hatte. Allein in den ersten Tagen kam es in 27 Städten zu Demonstrationen mit gewaltsamen

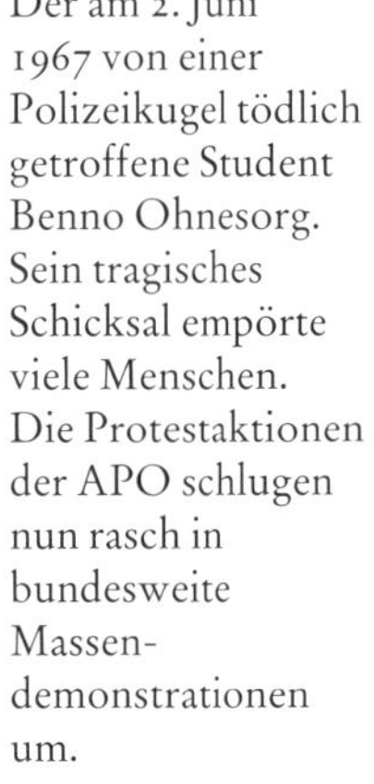

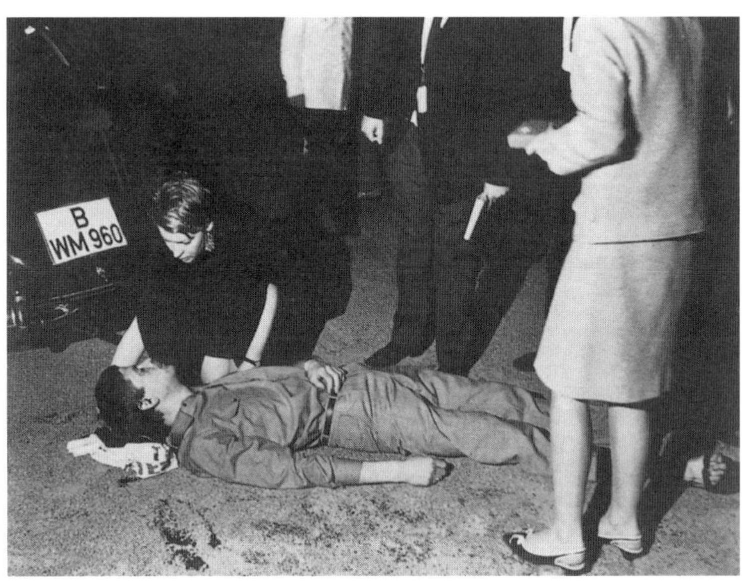

Der am 2. Juni 1967 von einer Polizeikugel tödlich getroffene Student Benno Ohnesorg. Sein tragisches Schicksal empörte viele Menschen. Die Protestaktionen der APO schlugen nun rasch in bundesweite Massendemonstrationen um.

APO-Idol Rudi Dutschke (in der Mitte mit Lederjacke und gestreiftem Pullover) bei einer Vietnam-Demonstration im Februar 1968 in West-Berlin. Das Attentat auf den Studentenführer löste die bis dahin schwersten Straßenschlachten in der Geschichte der Bundesrepublik aus.

Ausschreitungen und zahlreichen Verletzten und – in München – zwei Toten. Nun unterschied auch der SDS kaum noch – wie zuvor – zwischen »Gewalt gegen Sachen« und »Gewalt gegen Personen«. Und die Polizei schlug nicht minder hart zurück. Blinder Hass auf beiden Seiten – die Springer-Presse hetzte, die Studenten warfen Steine und Brandsätze – riss tiefe Gräben auf. Doch schon bald zeigte sich, dass die APO in dem Maße an Einfluss verlor, wie sie sich weiter radikalisierte. Weder konnte die Verabschiedung der Notstandsgesetze verhindert, noch ein Umsturz der gesellschaftlichen Ordnung herbeigeführt werden.

Die Bewegung ebbte ab und zerfiel in Gruppen und Grüppchen, die künftig über den richtigen Weg zum wahren Kommunismus stritten. Eine Minderheit führte die Entwicklung sogar in die Sackgasse des Terrorismus, wie wir noch sehen werden. Wieder andere wurden ernüchtert, als im August 1968 Truppen des Warschauer Paktes die Tschechoslowakei besetzten und Hoffnungen auf einen »Sozialismus mit menschlichem Antlitz« niederwalzten, für den mutige Reformer in Prag Anstöße gegeben hatten.

Was ist geblieben von den sogenannten 68ern, jener Generation, die auszog, ihre Eltern das Fürchten zu lehren und keinem über dreißig traute? Einer Jugendrebellion, die von der »Fantasie an der Macht« schwärmte und der bundesrepublikanischen Gesellschaft ihre Bürgerlichkeit austreiben wollte, nach dem Motto: »Wer zweimal mit derselben pennt, gehört schon zum Establishment.« Die meisten von ihnen gehören längst dazu und haben auf ihrem »Marsch durch die Institutionen« (Rudi Dutschke) Spuren in der Republik hinterlassen. Wer etwas verändern will, muss dies mit demokratischen Mitteln versuchen und sich dabei auch an bestimmte Spielregeln halten.

Viele erkannten das nach den Ereignissen von 1968 und brachen auf, Westdeutschland von innen heraus zu reformieren. Die Große Koalition war ihr Feindbild – teils zu Unrecht, wie wir gesehen haben. 1969 sollten sie eine Chance erhalten, es besser zu machen. Aufbruch und Veränderung lagen in der Luft und waren nach zwanzig Jahren CDU-geführter Regierungen sicherlich auch überfällig. Ein Wertewandel hatte die Gesellschaft erfasst und die 68er verliehen ihm Ausdruck. Das hatte Folgen, positive wie negative. Alte Zwänge, Verbote und Gewohnheiten verschwanden, überkommene Werte, Umgangsformen und Traditionen verloren an Bedeutung: Das Land wurde freier und lässiger. Aber an die Stelle des Hergebrachten trat wenig Neues. Halt und Sicherheit nahmen ab. Nicht gleich, aber im Laufe der Jahre zeigte sich, dass die Menschen künftig mehr denn je auf sich selbst angewiesen sein würden. Der Verlust an Gewissheiten und Bindungen – auch ein Preis der Freiheit?

Zwischen Erneuerung und Ernüchterung: Reformen, Verträge, Herausforderungen (1969–1982)

»Machtwechsel« und Aufbruch

1969, als die Wahl eines neuen Bundestages anstand, hatte sich das politische Klima in der Bonner Republik gewandelt. Der Vorrat an Gemeinsamkeiten in der Großen Koalition schien aufgebraucht. In der Ost- und Deutschlandpolitik wollten sich die Sozialdemokraten mit Willy Brandt an der Spitze nicht länger mit Denkanstößen begnügen, sondern andere Wege als bisher einschlagen, um mit den kommunistischen Machthabern ins Gespräch zu kommen. Dazu brauchten sie einen Partner, der – anders als die noch mehr in den Bahnen des Kalten Krieges verhafteten Unionsparteien – offen für so ein Dialogangebot war. Und der Aufstand der 68er-Generation zeigte, dass ein beträchtlicher Teil der Gesellschaft einen Veränderungswillen an den Tag legte, dem die Große Koalition nicht gewachsen war.

Gustav Heinemann (l.) bei seiner Wahl zum Bundespräsidenten am 5. März 1969 in West-Berlin. Ein Bürgerpräsident, der den Protest der Jugend ernst nahm und von sich sagte, er liebe nicht den Staat, sondern seine Frau. Neben Heinemann: Helmut Schmidt.

Früher als die anderen Parteien hatten die Freidemokraten diese Signale aufgenommen und dabei sogar eine Zerreißprobe zwischen ihrem nationalkonservativen Flügel und liberalen Erneuerern riskiert. Die Reformkräfte setzten sich schließlich durch und wählten Ende Januar 1968 auf dem Freiburger Parteitag Walter Scheel zum neuen Vorsitzenden der FDP. Er sprach für jene Liberalen, die Bewegung in die deutsch-deutschen Beziehungen sowie die Politik gegenüber der kommunistischen Staatenwelt bringen wollten und die ferner davon überzeugt waren, dass die Bundesrepublik innere Reformen –

etwa im Bildungswesen – benötigte, um ein modernes Land zu bleiben. Gelegenheit für die FDP, ihren Richtungswechsel sichtbar zu machen, bot die Wahl des Bundespräsidenten im März 1969. Mit Unterstützung der Liberalen gelangte zum ersten Mal ein Sozialdemokrat, der Justizminister Gustav Heinemann, ins höchste Staatsamt.

Ihre Regierungsfähigkeit im Bund, um deren Nachweis es dem machtbewussten Partei-Zuchtmeister Herbert Wehner bei der Bildung der Großen Koalition gegangen war, hatte die SPD unter Beweis gestellt. Nun war mit Heinemann ein Sozialdemokrat Bundespräsident geworden, der auch in bürgerlichen Kreisen Sympathien genoss und zugleich Verständnis für die rebellierende Jugend zeigte. Seine Antrittsrede ließ aufhorchen, weil sie den Deutschen einen kritischen Spiegel vorhielt, sie aber auch ermutigte: »Einige hängen immer noch am Obrigkeitsstaat. Er war lange genug unser Unglück und hat uns zuletzt in das Verhängnis des Dritten Reiches geführt [...] Nicht weniger, sondern mehr Demokratie – das ist die Forderung, das ist das große Ziel, dem wir uns alle und zumal die Jugend zu verschreiben haben. Es gibt schwierige Vaterländer. Eines davon ist Deutschland. Aber es ist *unser* Vaterland.«

Heinemann entwickelte sich zu einem Bürgerpräsidenten, der immer wieder an die Freiheitsbestrebungen der Deutschen erinnerte, ohne die Schattenseiten der deutschen Geschichte zu verschweigen. Ein nüchterner Patriot, der Mündigkeit forderte und förderte, ein bekennender Protestant, dem Staatsgläubigkeit und Nationalismus fremd waren. »Ich liebe nicht den Staat, ich liebe meine Frau«, pflegte er gern zu sagen. Dass Heinemann nach seiner Wahl von einem »Stück Machtwechsel« sprach, war etwas vorschnell und vertrug sich auch nicht so ganz mit der dem Bundespräsidenten gebotenen politischen Zurückhaltung. Denn das Ergebnis der Bundestagswahl ein halbes Jahr später im Herbst 1969 legte diesen Schluss auf den ersten Blick keinesfalls nahe.

Immerhin verfehlten CDU/CSU mit über 46 Prozent der Stimmen nur knapp die absolute Mehrheit und blieben somit stärkste Fraktion. Zwar gewannen die Sozialdemokraten mehr als drei Prozent hinzu und erreichten 42,7 Prozent. Aber die FDP war vom konservativen Teil ihrer Wähler für ihren

Erneuerungskurs (Motto: »Wir schaffen die alten Zöpfe ab«) nicht belohnt worden. Sie rutschte von 9,5 auf gerade mal 5,8 Prozent ab. Rein rechnerisch war die Bildung einer sozialliberalen Koalition möglich. Aber konnte die SPD bei einem so dünnen Stimmenvorsprung dieses Wagnis eingehen? Schließlich musste ja mit verlässlichen Mehrheiten regiert werden. Herbert Wehner und Helmut Schmidt waren dagegen und setzten weiter auf die Große Koalition; doch die Parteivorsitzenden Willy Brandt und Walter Scheel gaben den Ausschlag für das Bündnis von SPD und FDP, dem sie am ehesten zutrauten, die Ost- und Deutschlandpolitik zu beleben.

Nicht nur Bundeskanzler Kiesinger hatte sich auf eine Fortsetzung der Großen Koalition oder auch ein Zusammengehen mit den Freidemokraten eingestellt. Auf jeden Fall hatten ihm Staatschefs aus aller Welt schon mal zum Sieg gratuliert. Umso überraschter war dann die Öffentlichkeit, wie schnell es Brandt und Scheel gelang, ein sozialliberales Bündnis zu schmieden – gegen zahlreiche Widerstände in den eigenen Reihen. Am 21. Oktober 1969 war es so weit, stand die westdeutsche Nachkriegsdemokratie an einem Wendepunkt. Mit zwei Stimmen mehr als erforderlich wählten die Abgeordneten des Bundestages Willy Brandt zum neuen Kanzler.

Was durchaus als Sensation empfunden wurde – ein Regierungswechsel nach 20 Jahren ununterbrochener CDU-Herrschaft –, war im Grunde genommen demokratische Normalität. Aber nach dem Scheitern des Parlamentarismus in der Weimarer Republik und der NS-Diktatur empfanden Beobachter friedliche politische Wachablösungen in Deutschland durch Wahlen als eben noch nicht so selbstverständlich, wie sie eigentlich sein sollten. Das lehrte schließlich der Blick auf die benachbarte DDR. Während die Bevölkerung dort erleben musste, wie die Staatsführung unter Ulbricht im Namen des Sozialismus und der angeblich klassenlosen Gesellschaft den »neuen Menschen« ausrief, dessen Rechte aber nach wie vor mit Füßen trat, hatte die Freiheit im Westen einen weiteren Sieg davongetragen und die Demokratie einen Stabilitätstest bestanden.

»Wir wollen mehr Demokratie wagen«, versprach Willy Brandt in seiner Regierungserklärung und kündigte umfassende Reformen in Staat und Gesellschaft an. Dazu zählten

Die Architekten der sozialliberalen Koaliton. In der Mitte: Bundeskanzler Willy Brandt (SPD). Rechts: Außenminister Walter Scheel (FDP). Mit einer neuen Ostpolitik und innenpolitischen Reformen sollte dem Machtwechsel Schwung verliehen werden.

unter anderem Veränderungen in der Bildungslandschaft mit mehr sozialer Chancengleichheit und einer Öffnung der Universitäten für Studenten aus einkommensschwächeren Schichten, eine Liberalisierung des Rechtswesens, die breitere Streuung von Vermögen, ein Ausbau des Sozialstaats und der betrieblichen Mitbestimmung, ein neues Scheidungsrecht sowie die Förderung der Gleichberechtigung der Frau. Und Brandt lud die aufbegehrende Jugend ein, sich an der Veränderung der Gesellschaft politisch zu beteiligen. Statt wie bis dahin erst mit 21 durfte man bald mit 18 Jahren wählen, und wer sich etwa für den Bundestag aufstellen lassen wollte, konnte dies fortan mit 21 und nicht erst mit 25 Jahren.

Demokratisierung, Emanzipation im Sinne von Befreiung aus dem Gehäuse alter Hörigkeit, Mitbestimmung und Mitverantwortung wurden zu neuen Leitbegriffen. Aber war, was Brandt in Aussicht stellte, tatsächlich so etwas wie eine »Umgründung der Republik«, wie nicht wenige befürchteten und andere erhofften? Vieles hatte mit der Vorstellung zu tun, die gesellschaftliche Wirklichkeit beuge sich den Planungswünschen wohlmeinender Politiker. Das sollte sich als Irrtum erweisen, weshalb zahlreiche Vorhaben in Ansätzen stecken blieben, auf den Widerstand der Opposition, aber auch der FDP stießen oder einfach am Geldmangel scheiterten. Der durch den Umbruch 1968/69 beschleunigte Wertewandel jedoch war kaum mehr umkehrbar und prägte das Denken und Fühlen der Menschen nachhaltig – freilich nur in der Bundesrepublik und da auch weithin unabhängig davon, wer regierte. Trotz antiamerikanischer Töne in Teilen der Jugend setzte sich fort, was nach dem Zweiten Weltkrieg begonnen hatte: die Verwestlichung der Gesellschaft.

Die Verankerung im westlichen Bündnis war auch der Ausgangspunkt für das Kernanliegen der sozialliberalen Koalition: die Ost- und Deutschlandpolitik. In rascher Folge handelten Kanzler Brandt und Außenminister Scheel, unterstützt von dem Brandt-Vertrauten Egon Bahr, Verträge mit der Sowjetunion, Polen und der DDR aus, die Ende 1973 noch durch eine Abmachung mit der Tschechoslowakei ergänzt wurden. Im Zuge der internationalen Entspannungsbemühungen sollten sie den Frieden in Mitteleuropa sicherer machen, Abrüstungsgespräche zwischen den Supermächten erleichtern und das Verhältnis der beiden deutschen Staaten untereinander entkrampfen. Im Ergebnis liefen diese Verträge auf eine Anerkennung der nach dem Zweiten Weltkrieg in Europa gezogenen Grenzen hinaus. Sie sollten einem Gewaltverzicht unterliegen. Aber, und dies war eine wichtige Einschränkung: Bonn gab den Anspruch nicht auf, die innerdeutsche Grenze friedlich und einvernehmlich ändern zu können. So wollte man die Aussicht auf die Überwindung der Spaltung des Landes durch eine mögliche Wiedervereinigung offen halten.

Gegenüber Ost-Berlin begab sich die Bundesregierung damit auf eine Gratwanderung, die Chancen und Risiken beinhaltete. Brandts Ziel war es, »über ein geregeltes Nebeneinander zu einem Miteinander zu kommen«. Das schloss nach der Grenzanerkennung die Bereitschaft Bonns ein, zwei Staaten auf deutschem Boden zu akzeptieren. Jedoch wiederum mit einem Vorbehalt. »Auch wenn zwei Staaten in Deutschland existieren«, stellte der Kanzler klar, »sind sie doch füreinander nicht Ausland; ihre Beziehungen zueinander können nur von besonderer Art sein.« Dies war der Dreh- und Angelpunkt, um den das deutsch-deutsche Verhältnis künftig kreisen sollte. Je näher sich beide Deutschlands kamen, desto stärker versuchte sich die DDR von der Bundesrepublik abzugrenzen und auf ihre sozialistische Eigenständigkeit zu pochen, wohingegen die Bonner Regierenden den grundgesetzlich verankerten Anspruch aller Deutschen, eine Nation zu sein, mal mehr, mal weniger hochhielten.

Die Bundesrepublik legte Wert darauf, die innerdeutsche Grenze durchlässiger zu machen und Begegnungen zwischen Ost- und Westdeutschen zu ermöglichen. Das gelang schrittweise – trotz mancher Rückschläge. Für die Mächtigen in der DDR barg das Gefahren für ihr Regime. Denn das Tor zur Freiheit wurde damit einen Spalt weit geöffnet. Gedanken und Gespräche ließen sich ebenso wenig verbieten, wie das West-Fernsehen länger zu verbannen war. Streit entzündete sich immer wieder an der Situation West-Berlins, dessen enge Bindungen an die Bundesrepublik die östliche Seite stets zu lockern bemüht war.

In einem Abkommen hatten sich die nach wie vor für die ehemalige Reichshauptstadt verantwortlichen vier Siegermächte des Zweiten Weltkriegs 1971 zwar über den ungehinderten Verkehr zwischen West-Berlin und dem Bundesgebiet sowie Besuchserleichterungen für West-Berliner in der DDR geeinigt. Große Krisen blieben an diesem Konfliktherd fortan aus, kleinere Spannungen schürten die DDR-Machthaber aber gelegentlich trotzdem, wenn sie den Wunsch nach menschlichen Erleichterungen als Hebel einsetzten, um politische Forderungen durchzusetzen. Insgesamt freilich brachte die von der sozialliberalen Koalition eingeleitete Öffnung nach Osten über die Jahre betrachtet viel mehr die kommunistische Seite in Bedrängnis. Denn die vorgelebte Freiheit im Westen setzte einer Politik der Abschottung Grenzen.

Wie behutsam die Bonner Regierenden dabei vorgehen mussten, um die mit Unterdrückung vertrauten SED-Machthaber nicht zu Gewaltlösungen zu veranlassen, hatte sich bereits beim Besuch Willy Brandts im März 1970 in Erfurt gezeigt, als ein deutscher Bundeskanzler zum ersten Mal mit einem Regierungschef der DDR zusammentraf. Mit »Willy! Willy!«-Rufen feierten DDR-Bürger den Gast aus Westdeutschland vor dessen Hotel und wollten ihn sehen. In seinen Erinnerungen schrieb Brandt später:

»Ich zögerte; dann ging ich doch ans Fenster und blickte auf die erregten und hoffenden Menschen: sie hatten sich das Recht zu einer spontanen Kundgebung genommen. Für einen Augenblick fühlten sie sich frei genug, ihre Gefühle zu zeigen [...] Ich war bewegt. Doch ich hatte das Geschick dieser Menschen zu bedenken: Ich würde anderentags wieder in Bonn sein, sie nicht [...] So mahnte ich durch eine Bewegung meiner Hände zur Zurückhaltung. Man hatte mich verstanden. Die Menge wurde stumm. Ich wandte mich schweren Herzens ab. Mancher meiner Mitarbeiter hatte Tränen in den Augen. Ich fürchtete, hier könnten Hoffnungen wach werden, die sich nicht würden erfüllen lassen.«

Triumph und Scheitern Willy Brandts

So wie sich die SPD in den Fünfzigerjahren beharrlich geweigert hatte, Adenauers Weg nach Westen zu folgen, tat sich nun die CDU/CSU in der Bundesrepublik schwer, die neue Ostpolitik mitzutragen. Vordergründig lag dies daran, dass die machtverwöhnten Christdemokraten nach dem Regierungsverlust 1969 ihre Rolle als Opposition noch nicht gefunden hatten. Angesichts der knappen Stimmenverhältnisse im Bundestag setzten sie deshalb alles daran, die SPD/FDP-Koalition rasch zu Fall zu bringen. Im Hinblick auf die Öffnung nach Osten offenbarte das Verhalten der Konservativen aber auch, dass sie zu sehr im Gestern lebten und den Anschluss an die internationalen Entspannungsbemühungen verloren hatten.

Ihr Widerstand gegen die Ostverträge, denen sie nach den Worten des CDU/CSU-Fraktionsvorsitzenden Rainer Barzel »so nicht« zustimmen wollten, gipfelte in dem Versuch, die Regierung parlamentarisch zu stürzen. Ermuntert durch Übertritte einiger Bundestagsabgeordneter vom Regierungs- ins Oppositionslager, wagten die Christdemokraten zum ersten Mal in der Geschichte der Bonner Republik ein sogenanntes konstruktives Misstrauensvotum. Das heißt, sie wollten Willy Brandt durch eine Abstimmung im Bundestag abwählen lassen und zugleich – so schreibt es das Grundgesetz vor – einem neuen Kanzler, Rainer Barzel, zur Mehrheit verhelfen.

Am 27. April 1972 saßen die Menschen in Deutschland wie gebannt vor dem Fernseher. Vielerorts ruhte die Arbeit, in Schulen verfolgten Lehrer und Schüler vor mitgebrachten Hörfunk- und TV-Geräten gespannt das Geschehen im Deutschen Bundestag. Die Nation war in Anhänger und Gegner der Politik Willy Brandts gespalten wie wohl noch nie zuvor. Schon immer hatte der Mensch und Politiker Willy Brandt, ein deutscher Patriot, der vor den Nazis geflohen und sie von Skandinavien aus mit der Waffe des Wortes bekämpft hatte, starke Emotionen geweckt.

Er verkörperte für viele das andere Deutschland, kein Täter und Mitläufer, sondern ein entschiedener Gegner der NS-Diktatur, aber auch ein standfester Antikommunist, der als Regierender Bürgermeister in West-Berlin die Freiheit verteidigt hatte. Bis weit ins bürgerliche Lager hinein aber gab es starke Vorbehalte gegen Brandt, dem nicht nur Alt-Nazis unterstellten, als Emigrant sein Land verraten zu haben. Nahte jetzt das frühe Ende seiner Kanzlerschaft? Angesichts der Stimmenverhältnisse im Bundestag war damit durchaus zu rechnen. Umso größer war die Überraschung, als entgegen der allgemeinen Erwartung die sozialliberale Regierung den Misstrauensantrag der Opposition mit zwei Stimmen Mehrheit abschmetterte.

Damit blieb Willy Brandt zwar vorerst Kanzler. Aber wie stand es bei einem so knappen Ausgang um die weitere Handlungsfähigkeit der Koalition? Brandt war über die Runden gekommen, weil einige Abgeordnete der CDU/CSU Barzel die Gefolgschaft verweigert hatten. Aber konnte die SPD/FDP-Regierung auch bei künftigen Abstimmungen im Parlament darauf bauen? Wohl kaum. Neuwahlen waren offensichtlich der einzige Weg, um zu klaren Mehrheitsverhältnissen zu kommen, nachdem Regierung und Opposition im Bundestag augenscheinlich über gleich viele Stimmen verfügten (Patt). Zuvor fand der Bundestag zu einer gemeinsamen Entschließung über die Verträge mit der Sowjetunion und Polen. Das sicherte die Enthaltung der Unionsparteien und damit die Annahme. Zur Zustimmung konnten sich CDU und CSU nicht durchringen, und das, obgleich das Ansehen des Kanzlers und der Bundesrepublik dank der Ostpolitik weltweit großen Auftrieb erhalten hatte.

Das Bild von Brandts Kniefall in Warschau am 7. Dezember 1970 ging rund um die Welt. So sichtbar und beeindruckend hatte sich noch kein Politiker zur deutschen Verantwortung für den NS-Massenmord an den Juden bekannt.

Während seines Besuchs in Warschau Ende 1970 gedachte Brandt bei einer Ehrung für die Aufstandsopfer des Warschauer Ghettos mit einem Kniefall der in Polen von den Nazis ermordeten Juden – ein Schuldbekenntnis, das ein Vertreter Nachkriegsdeutschlands vor den Augen der Weltöffentlichkeit so noch nicht abgelegt hatte. Im Herbst des darauf folgenden Jahres erhielt Willy Brandt den Friedensnobelpreis – nach Gustav Stresemann der erste deutsche Politiker, dem diese Ehre zuteil wurde. Trotz heftiger Anfeindungen aus rechtskonservativen Kreisen schwamm Brandt auf einer breiten Welle der Sympathie, unterstützt auch von zahlreichen Künstlern und Schriftstellern wie Günter Grass und Heinrich Böll.

Über die Vertrauensfrage im Parlament, an der sich die Mitglieder der Regierung nicht beteiligten, leitete der Kanzler Neuwahlen zum Bundestag ein. Am 19. November 1972 stellte sich heraus, dass der 1969 eingeschlagene Richtungswechsel in der deutschen Politik von der Bevölkerung mehrheitlich getragen wurde. Brandts Wahlspruch »Deutsche, wir können stolz sein auf unser Land!« hatte die Herzen und Köpfe der Menschen erreicht. Mit fast 46 Prozent kam die SPD erstmals als stärkste Partei auf das beste Ergebnis ihrer Geschichte. Aber auch CDU/CSU schnitten mit knapp unter 45 Prozent gut ab. Gemeinsam mit den Stimmen der Freidemokraten freilich, die deutlich zulegten und mehr als 8 Prozent erzielten, verfügte die sozialliberale Koalition fortan über eine sichere Mehrheit.

Alles sprach dafür, dass die Regierung Brandt/Scheel nunmehr in Ruhe darangehen konnte, ihre außenpolitischen Erfolge fortzusetzen und darüber hinaus innenpolitische Reformen voranzutreiben. Doch Widerstände dagegen gab es nicht nur im rechtskonservativen Lager, das Deutschland bereits im Sozialismus versinken sah. Was die einen als Schreckgespenst an die Wand malten, ging anderen gar nicht schnell und weit genug. Während viele aus der Generation der APO-Rebellen ihren Weg zur SPD und auch zur FDP fanden und dort teils für demokratische Veränderungen, teils – marxistisch beeinflusst – sogar für eine Überwindung der kapitalistischen Gesellschaftsordnung durch tief einschneidende Reformen kämpften, glitt eine kleine Anzahl junger Menschen im Sog der 68er-Bewegung in den Terrorismus ab.

Anfang 1972 beschlossen der Bund und die Ministerpräsidenten der Länder einen Extremisten-Erlass, der Kommunisten aus dem öffentlichen Dienst fernhalten sollte. Er erwies sich in der politischen Praxis als übertriebene Maßnahme, weil die Verfassungstreue von Beamten schon immer geltendes Recht war und von einer verschwindenden Minderheit kein Umsturz drohte. Was die wehrhafte Demokratie stärken sollte, lenkte tatsächlich Wasser auf die Mühlen verblendeter Linksradikaler, die in der freiheitlich-parlamentarischen Grundordnung der Bundesrepublik ohnehin nichts weiter als die Maske eines neuen Faschismus sahen. Einige von ihnen hatten schon

Selbstverliebt und verblendet: Andreas Baader, Gudrun Ensslin und die Journalistin Ulrike Meinhof (u.) waren die Schlüsselfiguren der »Rote Armee Fraktion« (RAF), einer linksterroristischen Untergrundgruppe, die der Bundesrepublik den bewaffneten Kampf erklärte.

zuvor mit der bürgerlichen Gesellschaft gebrochen und dem westdeutschen Staat nach dem Vorbild lateinamerikanischer Untergrundkämpfer den Krieg angesagt.

Angefangen hatte alles im April 1968. In Frankfurt brannten zwei Kaufhäuser. Das Feuer hatten vier Täter gelegt, darunter Andreas Baader und seine Freundin Gudrun Ensslin. Das sollte ein Akt »politischer Rache« gegen den Vietnamkrieg sein, in dem die Amerikaner auch chemische Brandbomben (Napalm) einsetzten. Baader, ein geltungssüchtiger Angeber, gefiel sich in der Rolle des wilden Revoluzzers und Frauenschwarms. Er hatte die Schule abgebrochen und trieb sich mit Vorliebe in Münchener Schickeria-Kreisen herum. Seine Freundin Gudrun Ensslin stammte aus einer schwäbischen Pfarrersfamilie und war von Baaders antibürgerlichem Gehabe fasziniert. Moralische Protesthaltung und jugendliche Rebellionslust ließen das Paar in die Kriminalität abgleiten. Beide wurden gefasst und zu drei Jahren Zuchthaus verurteilt. Bevor sie ihre Strafe antreten sollten, konnten Baader und Ensslin in den Untergrund abtauchen.

Nach seiner erneuten Festnahme wurde Baader mit Unterstützung der bekannten Journalistin Ulrike Meinhof im Mai 1970 gewaltsam befreit. Dabei wurde ein Unbeteiligter durch Schüsse lebensgefährlich verletzt. Gemeinsam bauten Baader, Meinhof, Ensslin und eine Reihe Gesinnungsfreunde nun im Untergrund die »Rote Armee Fraktion« (RAF) auf, eine linksradikale Terrororganisation, die den Staat der Bundesrepublik durch einen bewaffneten Umsturz beseitigen wollte. Mit Banküberfällen sowie Bombenanschlägen vornehmlich gegen Einrichtungen der Polizei und der amerikanischen Armee sorgte die RAF fortan für Schlagzeilen. Tote und Verletzte nahmen die selbst ernannten »Volksbefreier« ungerührt in Kauf.

Wie schon die rechtsradikalen Attentäter zu Beginn der Weimarer Republik, litten die Mitglieder der RAF unter einer verzerrten Wahrnehmung. In ihrem Fanatismus sprachen sie geistesverwandt mit den Mördern von einst über die Demokratie nur als vom verhassten »System«, das mit allen Mitteln bekämpft werden müsse. Der politische Gegner wurde entmenschlicht und zum Todfeind abgestempelt. Und zwar jeder, der in den Augen der RAF das »System« verkörperte – Polizisten, Politiker, Wirtschaftsvertreter. Der »Typ in der Uniform ist ein Schwein«, versuchte Ulrike Meinhof, vor ihrer kriminellen Karriere eine leidenschaftliche Streiterin gegen soziales Unrecht, den blutigen Terror zu rechtfertigen, »das ist kein Mensch, und so haben wir uns mit ihm auseinanderzusetzen.« Es sei falsch, »überhaupt mit diesen Leuten zu reden, und natürlich kann geschossen werden«.

Wie vielen Terroristen vor ihnen in der Geschichte, fiel den RAF-Mitgliedern offenbar überhaupt nicht auf, dass sie im Namen einer höheren Moral und Humanität zu sprechen vorgaben, tatsächlich aber einem Gewaltkult huldigten, der immer weniger politische Vorwände benötigte. Dass der Terrorismus nicht nur im eigenen Land seinen Bodensatz hatte, sondern eine internationale Bedrohung darzustellen begann, erlebten die Bundesbürger erstmals 1972, als arabische Kidnapper die israelische Olympiamannschaft in München überfielen und zwei Sportler ermordeten. Bei dem anschließenden Befreiungsversuch kamen alle neun Geiseln und ein Polizist ums Leben. Nur scheinbar trat eine gewisse Beruhigung ein, nachdem es bereits bis Mitte des Jahres gelungen war, den harten Kern der RAF zu verhaften, an ihrer Spitze Andreas Baader, Gudrun Ensslin und Ulrike Meinhof. Doch der Terror sollte sich noch steigern – eine für die Stabilität der Demokratie in Deutschland ungeahnte Herausforderung.

Auch sonst brauten sich Unwetter über Kanzler Willy Brandt und seinem Kabinett zusammen. Als Erfolg seiner Außenpolitik konnte der Wegbereiter der Ostverträge zwar verbuchen, dass die Bundesrepublik und mit ihr die DDR im September 1973 in die Vereinten Nationen (UN) aufgenommen wurden. Aber für die Wirtschaft drohten Gefahren. Denn im selben Jahr stießen die Westdeutschen zum ersten Mal spürbar an die Grenzen des Wachstums, als die arabische Welt den Ölpreis drastisch erhöhte und die Lieferungen erheblich einschränkte. Damit sollte Druck auf diejenigen Länder ausgeübt werden, die Israel unterstützten, das im Oktober 1973 zum vierten Mal seit seiner Gründung 1948 in einem Krieg gegen die arabischen Nachbarländer stand.

Paradiesische Zustände für Radfahrer und Fußgänger, ein Warnsignal für die wachstumsverwöhnte Volkswirtschaft des Autolandes Bundesrepublik: Auf die Ölkrise Ende 1973 reagierte die Politik mit Fahrverboten an vier Sonntagen.

Die Politik des knappen Öls löste eine schwere Weltwirtschaftskrise aus – ein Schock für die Bundesbürger. Es trat nach und nach ins allgemeine Bewusstsein, dass die Zeit verschwenderischen Umgangs mit begrenzten Energiequellen zu Ende ging und unter wirtschaftlichen wie umweltpolitischen Gesichtspunkten die Weichen neu gestellt werden mussten. Sichtbarer Ausdruck dafür waren vier Sonntage Ende 1973, an denen die Westdeutschen ihr geliebtes Wohlstandssymbol, das Auto, nicht benutzen durften.

Von wirtschaftlichen Angelegenheiten verstand der Friedensnobelpreisträger Willy Brandt nicht besonders viel. Dass die Gewerkschaften in einem bundesweiten Streik für die Beschäftigten im öffentlichen Dienst Anfang Januar 1974 Lohnforderungen durchsetzen konnten, die in der angespannten ökonomischen Lage viel zu hoch ausfielen, wurde der Bundesregierung und damit dem Kanzler angelastet. Von Führungsschwäche und schwindender Autorität war die Rede. Bei einem Moskau-Besuch giftete Herbert Wehner hinter Brandts Rücken gegen den Kanzler. Der sei »abgeschlafft« und bade »gern lau«.

Beschleunigt wurden die Ereignisse dann im Laufe des Jahres durch die Spionageaffäre Guillaume. Günter Guillaume, ein enger Mitarbeiter Brandts, flog im April 1974 als Agent des Ministeriums für Staatssicherheit der DDR auf. Ein Ost-Spion an der Seite des Kanzlers, der seine Außenpolitik auf Vertrauen und Verständigung vor allem auch mit der DDR gründen wollte, war schon Skandal genug. Hinzu kamen Hinweise auf angebliche Frauenliebschaften des Kanzlers, von denen Guillaume Kenntnis haben sollte und die Brandt womöglich politisch erpressbar machten. Das gab den Ausschlag. Brandt übernahm die Verantwortung für die Affäre und trat am 6. Mai 1974 vom Amt des Bundeskanzlers zurück. Das war alles andere als selbstverständlich, denn im Grunde hatte er sich nichts zuschulden kommen lassen; aber seine Autorität hatte schon zuvor allzu sehr gelitten.

Krisen und Bewährungsproben

Nachfolger Brandts wurde sein Parteifreund Helmut Schmidt, zum damaligen Zeitpunkt Bundesfinanzminister und ein in ökonomischen und verteidigungspolitischen Fragen erfahrener Politiker. Im Gegensatz zu seinem eher nachdenklichen und manchmal auch zögerlich wirkenden Vorgänger galt Schmidt als ein Macher, der seine Fähigkeit, Krisen zu meistern, als Innensenator während einer großen Sturmflut in Hamburg 1962 unter Beweis gestellt hatte. Mit Schmidts Namen verband sich in den folgenden Jahren eine zupackende Politik, die auf wirtschaftliche, militärische und terroristische Herausforderungen reagierte. Wie ein Kapitän in schwerer See, versuchte der SPD-Kanzler das Staatsschiff auf möglichst geradem Kurs in ruhigere Gewässer zu lenken. Das glückte eine Zeit lang, dann schlugen aber auch über dem krisenerprobten

Helsinki 1975: Bundeskanzler Helmut Schmidt beim Abschlusstreffen der Konferenz für Sicherheit und Zusammenarbeit in Europa (KSZE). Der in wirtschafts- und verteidigungspolitischen Fragen beschlagene Krisenmanager erwarb sich weltweit viel Respekt.

Hobbysegler Schmidt – bildlich gesprochen – die Wellen zusammen.

Während es Brandt um Aufbruch und Reformen gegangen war, konzentrierte sich sein Nachfolger auf die Sicherung des Erreichten. Immerhin fiel in seine Regierungszeit der Durchbruch in der heftig umstrittenen Frage einer erweiterten Mitbestimmung für Arbeitnehmer in Unternehmen. Weitgehende Regelungen diesbezüglich waren ja im Gesetz von 1951 auf die Montanindustrie beschränkt worden. Nach einer Reform des Betriebsverfassungsgesetzes noch unter Kanzler Brandt 1972, welche die Rechte von Gewerkschaften und Beschäftigten im Arbeitsalltag stärkte, verständigten sich SPD und FDP vier Jahre später auf einen Mitbestimmungs-Kompromiss. Er sah vor, dass Arbeitnehmer und Anteilseigner in den Aufsichtsräten von Unternehmen mit mehr als 2000 Mitarbeitern gleich stark vertreten sein sollten, wobei leitenden Angestellten eine Sonderstellung eingeräumt wurde. Mit einer Stimme mehr konnte allerdings der Aufsichtsratsvorsitzende bei anstehenden Entscheidungen zugunsten der Arbeitgeber den Ausschlag geben. Ganz gleichgewichtig, paritätisch, war dieses Modell also nicht, aber es eröffnete der Arbeitnehmerseite und vor allem den Gewerkschaften in der Bundesrepublik Mitbestimmungsmöglichkeiten, wie sie so in keinem Land bestanden.

Doch die eigentlichen Herausforderungen lagen für Bundeskanzler Schmidt und seine Regierung in der Wirtschafts- und Außenpolitik. Dabei versuchten Schmidt und sein Außenminister Hans-Dietrich Genscher von der FDP die Entspannung nach Osten auch unter erschwerten Bedingungen fortzuführen. 1975 unterzeichneten die Staatschefs aus 35 Ländern im finnischen Helsinki das Abschlussdokument einer großen Konferenz über Sicherheit und Zusammenarbeit in Europa. Das war eine Ost-West-Vereinbarung zur friedlichen Regelung von Konflikten, in der die bestehenden Grenzen als unverletzlich bestätigt wurden. Durch den Austausch von Informationen und wechselseitige Manöverbeobachtungen wollte man das Misstrauen auf militärischem Gebiet verringern. Dazu gehörte allerdings auch die Achtung der Menschenrechte und das Selbstbestimmungsrecht der Völker – Forderungen, die den Führern der kommunistischen Welt in den kommenden Jahren erhebliche Kopfschmerzen bereiten sollten.

Um möglichen Bestrebungen nach mehr Freiheit oder gar Einheit vorzubeugen, versuchte sich die DDR der freundlichen Umarmung des Westens zu entziehen. Sie strich die Bezeichnung »sozialistischer Staat deutscher Nation« aus ihrer Verfassung und wollte fortan nur noch ein »sozialistischer Staat der Arbeiter und Bauern« sein, der »für immer und unwiderruflich mit der Union der Sozialistischen Sowjetrepubliken verbündet« sei. Damit räumten die SED-Oberen, an deren Spitze mittlerweile der gebürtige Saarländer und Staatsratsvorsitzende Erich Honecker stand, im Grunde offen ein, dass die DDR nur ein Anhängsel des mächtigen sowjetischen Bruders war.

Reichte das in den Augen der Bevölkerung als Daseinsberechtigung (Legitimität) für diesen Staat aus, der sich doch bei seiner Gründung zu ganz Deutschland als einer »unteilbaren demokratischen Republik« bekannt hatte? Noch beschäftigte diese Frage nicht viele Menschen. Aber 1989 sollte sich zeigen, dass die Ostdeutschen nicht nur das SED-Regime satt hatten, sondern die überwältigende Mehrheit auch nichts mehr mit der DDR verband. Weil sie keine Legitimität hatte, weinte ihr – bis auf die Nutznießer der Diktatur und diejenigen, die noch an einen besseren Sozialismus glaubten – niemand eine Träne nach.

Beide Deutschlands hatten mit den Auswirkungen der durch die Ölkrise ausgelösten Weltwirtschaftsflaute zu kämpfen, wobei es der Bonner Republik unter Kanzler Schmidt weitaus besser gelang gegenzusteuern. Er setzte sich im Kreis der westlichen Industrienationen für enge Zusammenarbeit ein, um die wachsende Arbeitslosigkeit und Inflation in Schach zu halten. Gemeinsam mit Frankreichs Staatspräsident Valéry Giscard d'Estaing legte Schmidt den Grundstein für eine europäische Wirtschafts- und Währungsunion. Im eigenen Land versuchte die Bundesregierung durch eine Mischung aus Investitionsanreizen für die Wirtschaft, staatlich finanzierten Beschäftigungsprogrammen und einer Stärkung der Nachfrage Konjunktur und Wachstum zu beleben.

Dennoch blieb die Arbeitslosigkeit hoch; nach 1980 stieg sie auf 1,8 Millionen an – eine Million mehr, als es 1966/67 gewesen waren, als man bereits von einer Krise gesprochen hatte. Massenerwerbslosigkeit und deren Kosten wurden zu einem Problem, das die Bundesrepublik fortan begleitete. Die Mittel staatlicher Beeinflussung der Wirtschaft stießen an ihre Grenzen, wie die zunehmende Verschuldung der öffentlichen Haushalte zeigte. Die Globalisierung warf ihre Schatten voraus, weil sich abzeichnete, dass es sich bei der anhaltenden Krise wohl nicht um einen vorübergehenden Rückschlag für die Konjunktur handelte, sondern die Weltwirtschaft am Beginn eines tief greifenden Umbruchs stand.

Kanzler Schmidts hohes Ansehen in der Bevölkerung als Staatsmann und Wirtschaftslenker waren der Grund dafür, dass er seinen Herausforderer Helmut Kohl von der CDU bei der Bundestagswahl 1976 schlug. Allerdings ziemlich knapp. Denn den Unionsparteien fehlte mit mehr als 48 Prozent der Stimmen nicht viel zur absoluten Mehrheit der Sitze im Parlament, während Sozial- und Freidemokraten Verluste hinnehmen mussten. Aber beide wollten und konnten ihre Koalition fortsetzen. Kaum im Amt, erlebten Schmidt, sein Kabinett und mit ihnen die Bürger der Bundesrepublik die härteste Bewährungsprobe des demokratischen Staates nach 1949. Eine beispiellose Terrorwelle erschütterte 1977 das Land.

Es begann am 7. April mit der Ermordung von Generalbundesanwalt Siegfried Buback durch Mitglieder eines »Kommandos Ulrike Meinhof – Rote Armee Fraktion«. Die frühere Journalistin und RAF-Mitgründerin hatte sich ein Jahr zuvor in der Strafanstalt Stuttgart-Stammheim das Leben genommen. Dort wurde unter hohen Sicherheitsvorkehrungen der Prozess gegen sie und ihre terroristischen Wegbegleiter geführt. Dabei ging es auch um die Frage, ob die RAF-Häftlinge als politische Gefangene zu behandeln waren, wie sie selbst und ihre Anwälte es forderten, oder, so die Sicht des Staates, als gewöhnliche Gewaltkriminelle. Fanatische Verblendung der Täter und ihrer kleinen Anhängerschaft einerseits und staatliche Überreaktionen andererseits heizten das politische Klima im Gerichtssaal und in der ganzen Gesellschaft weiter auf. Mit spektakulären Hungerstreik-Aktionen versuchten RAF-Mitglieder – unterstützt von einigen ihrer Anwälte – in der Öffentlichkeit den Eindruck zu erwecken, im Gefängnis einer »Isolationsfolter« ausgesetzt zu sein. Das entsprach so wenig der Wirklichkeit, wie umgekehrt zutraf, dass der Staat in seinem berechtigten Bemühen, die überaus aktiven Häftlinge an der gemeinsamen Vorbereitung weiterer Straftaten zu hindern, nicht immer geschickt handelte.

Bei manchen, zumal jüngeren Menschen, die in der Nach-APO-Zeit aufgewachsen waren, nährte das den alten Faschismus-Verdacht gegen die Bundesrepublik. In Andreas Baader, Gudrun Ensslin und Ulrike Meinhof sahen sie Opfer eines vermeintlich unmenschlichen »Systems«, die man befreien musste. Nicht einmal vier Monate nach der Ermordung Bubacks folgte der nächste Schlag. Am 30. Juli 1977 wurde der Vorstandsvorsitzende der Dresdner Bank, Jürgen Ponto, in seinem Haus bei Frankfurt am Main erschossen. Rund fünf Wochen später, am 5. September, entführten RAF-Terroristen den Arbeitgeberpräsidenten Hanns Martin Schleyer. Dabei kamen sein Fahrer und drei Polizisten ums Leben. Die Kidnapper forderten die Freilassung von elf inhaftierten Gesinnungsgenossen und Lösegeld.

Dramatische Wochen begannen. Krisenstäbe unter Leitung

von Kanzler Schmidt, an denen auch die Opposition beteiligt war, tagten nahezu pausenlos. Man versuchte Zeit zu gewinnen, denn sehr viel stand auf dem Spiel. Es galt abzuwägen zwischen dem Leben eines einzelnen Menschen, zu dessen Wahrung der Staat verpflichtet war, und dem Wohl der Allgemeinheit, die ebenfalls ein Recht auf Sicherheit und Schutz hatte. Sollte und durfte der Staat also der Erpressung nachgeben oder nicht?

Angst und auch eine gewisse Hysterie griffen in der Öffentlichkeit um sich. Ein Beobachter beschrieb die Situation in der Bundeshauptstadt: »Bonn wurde zu einem Heerlager. Panzerwagen ratterten durch die Straßen. Stacheldrahtzäune wurden rund um die Ministerien errichtet, in die man bisher praktisch unkontrolliert hatte hineingehen können. Vor vielen Gebäuden wurden Wachen mit Maschinenpistolen postiert, die Häuser von Politikern mit Scheinwerfern angestrahlt. Autofahrer, die nicht alle ihre Papiere zur Hand hatten, gerieten sofort in Verdacht und wurden scharfen Verhören unterzogen.«

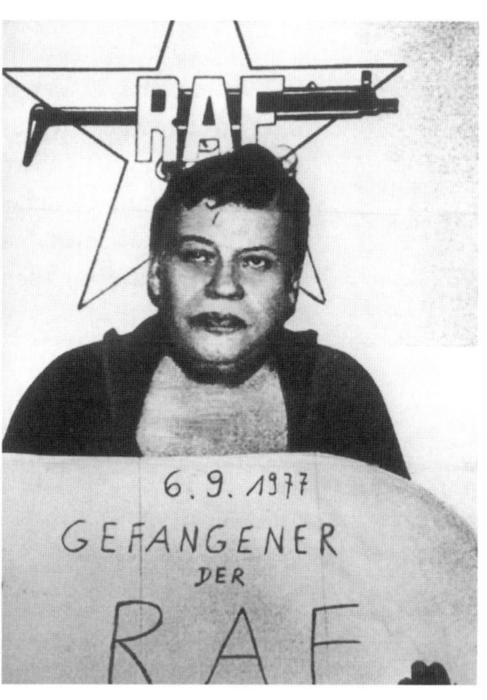

Der von einem RAF-Kommando im September 1977 entführte Arbeitgeberpräsident Hanns Martin Schleyer. Die Terroristen stellten den Rechtsstaat und die Demokratie in Westdeutschland auf ihre bis dahin schwerste Bewährungsprobe.

Die Ereignisse überschlugen sich, als einige Tage nach der Entführung Schleyers arabische Terroristen eine Lufthansa-Maschine mit 86 Passagieren auf ihrem Flug von Mallorca nach Frankfurt am Main in ihre Gewalt brachten. Sie zwangen die Besatzung in der somalischen Hauptstadt Mogadischu zu landen, nachdem sie den Kapitän erschossen hatten. Die Flugzeug-Entführer verlangten ebenfalls die Freilassung der RAF-Häftlinge.

Bundeskanzler Schmidt stand vor der schwersten Entscheidung seines Lebens. Klar war, dass Schleyers Leben verwirkt war, falls man die Geiseln zu befreien versuchte. Konnte das überhaupt gelingen? Aber welchen anderen Ausweg gab es? Schmidt handelte aus seiner Verantwortung für die künftige Freiheit und Sicherheit des Gemeinwesens, wie er handeln musste. Sollte die von ihm angeordnete Erstürmung des Flugzeugs misslingen, wollte er sofort zurücktreten. In der Nacht zum 18. Oktober griff eine deutsche Anti-Terror-Einheit die gekaperte Lufthansa-Maschine an und befreite die Geiseln unversehrt.

Noch am selben Tag verübten Baader, Ensslin und ein weiteres RAF-Mitglied in ihren Zellen Selbstmord, wobei sie Spuren so legten, dass es nach Mord aussehen sollte. Kurz darauf entdeckte die Polizei die Leiche des von seinen Entführern umgebrachten Hanns Martin Schleyer im Kofferraum eines Autos, das in der elsässischen Stadt Mühlhausen abgestellt worden war. Im Bundestag warnte Kanzler Schmidt in einer Erklärung zu den Ereignissen anschließend vor der »Geißel des internationalen, lebensverachtenden, gemeinschaftszerstörenden Terrorismus« und erinnerte daran, was die freiheitliche Demokratie vor allen anderen Herrschaftsformen auszeichnet.

»Ihre, letztlich existenzielle, Begründung findet Demokratie in der Humanisierung der Politik, das heißt in der Humanisierung des unvermeidlichen Umgangs mit der Macht. Indem die demokratische Verfassung von der Würde des Menschen ausgeht und nicht nur dem Staat, sondern auch dem Einzelnen verbietet, mit der Existenz und der Würde des Menschen nach Belieben und Willkür zu verfahren, schreibt sie uns allen die Grenzen unseres Handelns vor.«

Im Herbst 1977 erlebte die Bundesrepublik nicht das Ende, wohl aber den Höhepunkt des Terrors von links. Freiheit und Demokratie hatten ihre größte Herausforderung seit Gründung des westdeutschen Staates bestanden, obwohl die Ausweitung polizeilicher Befugnisse und Gesetzesverschärfungen im Zusammenhang mit dem Terrorismus durchaus Anlass zu rechtsstaatlichen Bedenken gaben.

Auch international hatten Kanzler Schmidt und Außenminister Genscher mit Gegenwind zu kämpfen. Zwar genoss insbesondere Helmut Schmidt wegen seiner Führungsstärke als Staatsmann im In- und Ausland viel Respekt. Als aber im Dezember 1979 sowjetische Truppen in Afghanistan einmarschierten und damit zum ersten Mal seit 1945 ein Land überfielen, das nicht in Moskaus unmittelbarem Herrschaftsbereich lag, vereiste das weltpolitische Klima. Aus Sicht der USA war die Entspannung zwischen West und Ost so gut wie am Ende, erst recht, als zwei Jahre später auch noch in Polen das Kriegsrecht verhängt wurde, nachdem sich dort eine unabhängige Gewerkschaft gebildet hatte.

Schmidt und Genscher versuchten von der Entspannungspolitik für Europa und die deutsch-deutschen Beziehungen zu retten, was noch zu retten war. Dabei bereitete dem Kanzler die sowjetische Aufrüstung bei atomaren Mittelstreckenraketen, die auf Westeuropa zielten, zusätzlich große Sorgen. Vor allem seinem Drängen war es zuzuschreiben, dass die NATO den sogenannten Doppelbeschluss fasste. Darin wurde Moskau angeboten, über ein niedriges Gleichgewicht bei den Mittelstreckenwaffen zu verhandeln. Andernfalls wollte das westliche Bündnis mit eigenen Raketen dieser Reichweite nachrüsten.

Schmidt gab bei aller Entschlossenheit zur Nachrüstung einer Verhandlungslösung den Vorzug. Aber sahen alle im eigenen Land die Zusammenhänge auch so wie der Kanzler? Bei einem Besuch in der DDR sprach er gegenüber seinen Gast-

Rivalen im Kampf um die Macht in Bonn: Helmut Kohl (l.), CDU-Modernisierer und Kanzlerkandidat der Unionsparteien 1976, und Franz Josef Strauß (CSU), altes Feindbild der APO und Kanzlerkandidat der Opposition 1980. Nur dieses eine Mal konnte sich der bayerische Politiker gegen seinen pfälzischen »Männerfreund« durchsetzen.

gebern von der gemeinsamen Verantwortung beider deutscher Staaten für den Frieden. Viel brachte das nicht, denn die kommunistische Führung um SED-Generalsekretär Erich Honecker hing mehr denn je am Gängelband des Kreml und ging mit der Forderung nach Anerkennung einer eigenen DDR-Staatsbürgerschaft weiter auf Abstand zur Bundesrepublik. Und nachdem in den Vereinigten Staaten mit Ronald Reagan 1980 ein neuer Präsident gewählt worden war, der die Sowjetunion mit einer Politik der militärischen Stärke in die Knie zwingen wollte, erhielten in Westdeutschland jene Auftrieb, die eine Nachrüstung unbedingt verhindern wollten.

Bürgerinitiativen, zunächst vor allem gegen die Atomkraft, setzten in den Siebzigerjahren fort, was die APO angestoßen hatte: Menschen fanden sich zusammen, um außerhalb der Parlamente durch Demonstrationen Einfluss auf die Politik zu nehmen.

Bei der Bundestagswahl 1980 konnte sich der Kanzler noch einmal durchsetzen. Das war nicht so überraschend, denn die Unionsparteien hatten den bayerischen Ministerpräsidenten Franz Josef Strauß gegen Schmidt ins Rennen geschickt. Viele misstrauten dem rechtskonservativen CSU-Politiker, den sie für machthungrig und unberechenbar hielten. Große Freude aber konnte Schmidt an seinem Sieg nicht haben. Die FDP hatte mit über 10 Prozent der Stimmen gut abgeschnitten, was ihr Gewicht in einer künftigen Koalition erhöhte und ihr mehr Handlungsspielraum bis hin zum Wechsel des politischen Partners eröffnete.

Zugleich verlor Schmidt in der eigenen Partei zunehmend an Rückhalt. Starke Kräfte in der SPD sympathisierten mit der wachsenden Friedensbewegung außerhalb des Parlaments. Ein weiteres Anzeichen dafür, dass sich die Gewichte im Land zu verschieben begannen, war das bundesweite Auftreten einer neuen Partei. Sie nannte sich »Die Grünen« und war ein Sammelbecken verschiedener Bürgerinitiativen, die in den siebziger Jahren im Protest gegen die Energiegewinnung aus Kernkraft entstanden waren und die den Unweltschutz als politisches Thema

1980 traten »Die Grünen«, ein Sammelbecken für umweltpolitische Bürgerinitiativen und Anhänger der Friedensbewegung, als bundesweite Partei an die Öffentlichkeit. Der gewählte Vorstand (v. l. stehend: Norbert Mann, Petra Kelly, August Hausleitner) freute sich, dass nach langen Diskussionen ein Grundsatzprogramm verabschiedet wurde.

populär machten. Die Auseinandersetzung um den Nutzen und die Risiken der Atomkraft spaltete das Land und heizte das gesellschaftliche Klima auf. Immer wieder kam es bei Aktionen von Kernkraftgegnern zu regelrechten Schlachten mit der Polizei, die bisweilen – wie 1976 anlässlich einer Demonstration am Bauplatz des geplanten Reaktors im norddeutschen Brokdorf – an bürgerkriegsähnliche Szenen erinnerten.

Mit den Grünen tat sich eine neue politische Perspektive auf: Aus dem bloßen Kampf gegen die Nutzung der Kernenergie erwuchs eine parlamentarische Kraft, die für eine andere Energie- und Umweltpolitik eintrat. Angezogen fühlten sich auch die aufkommende Friedensbewegung, älter gewordene 68er, junge Leute, die nach Lebensformen jenseits der Industriegesellschaft suchten (Alternative) und von ihrer Partei enttäuschte Sozialdemokraten.

1980 gegründet, hatten »Die Grünen« bei der Bundestagswahl im selben Jahr zwar lediglich 1,5 Prozent erreicht. Ihre Anliegen, Friedenspolitik (Pazifismus) und die Erhaltung der natürlichen Lebensgrundlagen (Ökologie), stießen aber immer wieder öffentliche Diskussionen an und bescherten ihnen wachsende Aufmerksamkeit. Es dauerte einige Zeit, bis sie ihrem Anspruch einer gewaltfreien und basisdemokratischen Politik so gerecht wurden, dass sie nach Wahlerfolgen in Kommunal- und Länderparlamenten ihren Einfluss praktisch geltend machen konnten. Erst nach langen Flügelkämpfen wandelten sich »Die Grünen« zu einer Partei, die auch bereit war, Regierungsverantwortung zu übernehmen. Dabei setzten sich die Befürworter eines solchen Kurses (»Realos«) gegen diejenigen durch, die lieber radikale Opposition bleiben wollten (»Fundis«).

Es wurde eng für den SPD-Kanzler Helmut Schmidt. Amerikaner und Russen ließen sich Zeit, ins Gespräch über die Mittelstreckenraketen zu kommen, während die DDR sich vom offiziellen Bonn abgrenzte und zugleich Einfluss auf die Friedensbewegung zu nehmen versuchte. Rund 250 000 Teilnehmer kamen im Oktober 1981 in der Bundeshauptstadt zu einer Kundgebung gegen den NATO-Doppelbeschluss zusammen – darunter über fünfzig Bundestagsabgeordnete der SPD und als Redner der Parteiprominente Erhard Eppler.

Auch wirtschaftlich sah es düster aus. Nach einem erneuten Ölpreis-Schock 1979 brachten steigende Arbeitslosigkeit, wachsende Staatsverschuldung und ausbleibendes Wachstum die Regierung weiter in Not. Nun drängte die FDP auf einen Kurswechsel, namentlich der Parteivorsitzende und Außenminister Genscher sowie der liberale Wirtschaftsminister Otto Graf Lambsdorff peilten eine neue Koalition mit der CDU/CSU-Opposition an. In einem Brief an die FDP-Mitglieder verlangte Genscher eine »Wende« der deutschen Politik. Die Bundesrepublik sei an einem »Scheideweg« angekommen, Ansprüche der Bürger an den Staat und dessen Leistungen müssten zurückgeschraubt werden.

Der Wirtschaftsminister schlug einen noch schärferen Ton an und forderte neben weiteren Einsparungen im Bundeshaushalt harte Einschnitte bei den Sozialausgaben. Das war ein Programm ganz im Sinne der Unternehmer und überschritt die Schmerzgrenze der meisten Sozialdemokraten und der ihnen nahe stehenden Gewerkschaften, die schon jetzt zunehmende soziale Verschlechterungen für Arbeitnehmer und Arbeitslose beklagten. Gemeinsame Politik ließ sich so nicht mehr machen.

Weder konnte das die SPD zu diesem Zeitpunkt, noch die FDP, der es nicht nur um Wirtschaftsfragen, sondern auch um eine verlässliche Sicherheitspolitik ging – und zuletzt konnte und wollte es auch der Kanzler nicht mehr.

Nach dem Ausscheiden der vier liberalen Kabinettsmitglieder am 17. September 1982 regierten Schmidt und seine sozialdemokratischen Minister noch genau zwei Wochen allein. Damit ging eine bewegte Zeit zu Ende, in der beide Deutschlands – unterschiedlich stark – Wandel erlebt und geprägt hatten. Mit der Ostpolitik hatte die sozialliberale Koalition unter zwei SPD-Kanzlern einen Weg beschritten, der Deutschland neue Perspektiven eröffnen und die Bundesrepublik nach ihrer erfolgreichen westlichen Einbettung vor außenpolitischer Unbeweglichkeit bewahren sollte – Adenauers Erben hatten folgerichtig gehandelt. Fraglich war, wie unumkehrbar diese Entwicklung angesichts der wachsenden internationalen Spannungen sein würde. Sozialdemokraten und Liberale hatten viele Hoffnungen geweckt, manche erfüllt, manche enttäuscht. Nicht alles, was misslang, ging zu Lasten der Regierungen Brandt/Schmidt. Die Welt war komplizierter, sie politisch zu gestalten schwieriger geworden.

Das Verdienst der SPD/FDP-Koalition bleibt, wichtige Veränderungen in Politik und Gesellschaft angestoßen und schwierige Herausforderungen gemeistert zu haben – so weit der gemeinsame Wille eben reichte. Am 1. Oktober 1982 sprach das Bonner Parlament mit den Stimmen von CDU/CSU und Unterstützung der FDP Helmut Schmidt das Misstrauen aus und wählte – zum ersten Mal auf diese Weise – einen neuen Kanzler der Bundesrepublik Deutschland: den CDU-Vorsitzenden und Fraktionschef Helmut Kohl.

Wende oder Politik in alten Bahnen? (1982–1989)

Mit seiner Wahl zum Kanzler war Helmut Kohls sehnlichster Wunsch in Erfüllung gegangen. Bei der Bundestagswahl 1976 hatte es gegen Helmut Schmidt nicht ganz gereicht. Vier Jahre später hatte Kohl seinem CSU-Rivalen Franz Josef Strauß das

Feld überlassen. Jetzt war er fast am Ziel. Die künftigen Koalitionsparteien hatten sich auf Neuwahlen zum Bundestag am 6. März 1983 verständigt, um den Machtwechsel vom Volk bestätigen zu lassen. Dazu bedurfte es allerdings eines Tricks, der im Grundgesetz so nicht vorgesehen und insofern auch nicht unbedenklich war. Die Regierung musste mit Hilfe der Vertrauensfrage des Kanzlers an die Abgeordneten so tun, als habe sie keine Mehrheit im Parlament, damit der Bundespräsident es auflösen und Neuwahlen ausschreiben konnte. Tatsächlich verfügte die Koalition aus Unionsparteien und FDP über ausreichend Stimmen, wie sich bei der Wahl Kohls gezeigt hatte, aber dieser Schritt war nötig, weil der Bundestag sich laut Verfassung nicht selbst auflösen durfte. Da sich alle Fraktionen darüber einig waren, geschah es so.

Bei der anschließenden Bundestagswahl am 6. März 1983 wurde die neue konservativ-liberale Regierung eindrucksvoll bestätigt. CDU/CSU gewannen über vier Prozent hinzu und wurden mit 48,8 Prozent der Stimmen stärkste Kraft. Die FDP verlor zwar und erreichte nur noch 7 Prozent. Nicht alle liberalen Wähler hatten den Schwenk ihrer Partei mitgemacht. Dafür rutschten die Sozialdemokraten aber gleich um weit über vier Prozent auf 38,2 Prozent ab. Dieses schlechte Ergebnis war wohl nicht zuletzt dem Umstand zuzuschreiben, dass die Grünen der SPD Anhänger abspenstig gemacht hatten und mit 5,6 Prozent der Wählerstimmen zum ersten Mal ins Bonner Parlament einzogen.

Nun erst war Kanzler Kohl wirklich am Ziel. Viele hatten den etwas grobschlächtig wirkenden Pfälzer, der es als Redner nicht mit seinen Vorgängern Schmidt und Brandt aufnehmen konnte, in der Vergangenheit unterschätzt. Und das sollte – nicht zum Schaden Kohls – auch noch einige Jahre so bleiben. Er galt als biederer Provinzpolitiker, der an würdige und weltläufige Staatsmänner wie Adenauer, Brandt und Schmidt nie heranreichen würde. Franz Josef Strauß, sein ärgster Widersacher, hatte über Kohl Mitte der Siebzigerjahre gelästert: »Er wird nie Kanzler werden. Er ist total unfähig, ihm fehlen die charakterlichen, die geistigen und die politischen Voraussetzungen. Ihm fehlt alles dafür.«

Nun war er es doch geworden, und Strauß hatte sein Lebensziel – 1980 – verfehlt. Ausnahmsweise dürfte der Sozialistenschreck und bayerische Ministerpräsident der SPD insgeheim zugestimmt haben, die nach Kohls gewonnener Wahl herablassend vom »Übergangskanzler« sprach. Eine Fehleinschätzung mit Folgen. Hätte man sich Kohls Werdegang genauer angeschaut, wäre das Urteil wohl zurückhaltender ausgefallen. Von Jugend an betrieb Helmut Kohl in seiner Heimat Rheinland-Pfalz Politik aus Leidenschaft – erst in der von ihm nach dem Krieg 1946 mitgegründeten Jugendorganisation der CDU, der Jungen Union, dann in der Partei selbst. Früh entwickelte er ein ausgeprägtes Gespür für Macht, und er verstand es überaus geschickt, ebenso begabte wie ihm ergebene Mitstreiter um sich zu scharen. Mit einem Geflecht persönlicher Beziehungen, die er durch vertrauliche Begegnungen und zunehmend auch telefonisch pflegte, verschaffte er sich den für eine politische Karriere erforderlichen Rückhalt.

Nach Stationen in Partei und Landtagsfraktion regierte Kohl seit 1969, bei seiner Wahl gerade mal 39 Jahre alt, als jüngster Ministerpräsident Rheinland-Pfalz. Vier Jahre darauf beerbte er Rainer Barzel im Amt des CDU-Vorsitzenden und begann sogleich den verstaubten Kanzlerwahlverein des seligen Konrad Adenauer in eine schlagkräftige und moderne Volks- und Mitgliederpartei umzukrempeln. 1976 gab Kohl den Posten des Ministerpräsidenten ab und ging als Oppositionsführer nach Bonn.

Lange hatte er warten, viele Rückschläge einstecken müssen, bis er dann, sechs Jahre später, Kanzler wurde. Die wenigsten hatten es ihm zugetraut und die meisten versprachen sich auch jetzt nicht viel von dem »Zwei-Zentner-Nichts« (so die Illustrierte »stern«) aus der Pfalz. Und er selbst? Er schraubte die Erwartungen hoch. Von »geistig-moralischer Erneuerung« war die Rede und in seiner Regierungserklärung im Herbst 1982 kündigte der Kanzler gar »einen historischen Neuanfang« an. Stand denn die Republik vor dem Abgrund? Gewiss nicht.

Aber Änderungen in der Wirtschafts- und Sozialpolitik waren wohl geboten, die Aufgaben des Staates mussten neu bestimmt werden. Konnte die christlich-liberale Regierung besser mit der ansteigenden Arbeitslosigkeit fertig werden als ihre Vorgängerin? Das war die eine entscheidende Frage, die Kohl so stellte: »Die Frage der Zukunft lautet nicht, wie viel mehr der Staat für seine Bürger tun kann. Die Frage der Zukunft lautet, wie sich Freiheit, Dynamik und Selbstverantwortung neu entfalten können.« Zum anderen ging es um die Zukunft der Ost-West-Beziehungen und den Beitrag der Bundesrepublik dazu. Der Kanzler bekräftigte den NATO-Doppelbeschluss, also den Willen zu einer Friedenspolitik ohne militärische Schwäche, die auf Verhandlungen setzte, aber auch im Fall eines Scheiterns zur Nachrüstung entschlossen war.

Wie einst die SPD die Politik der Westbindung übernommen hatte, versprach Kohl nun, an die Ostverträge anzuknüpfen, sie weiterzuentwickeln und im Gespräch mit der Sowjetunion und ihren Verbündeten zu bleiben. An alle Deutschen gewandt stellte der Kanzler fest: »Der Nationalstaat der Deutschen ist zerbrochen. Die deutsche Nation ist geblieben, und sie wird fortbestehen.« Das alles klang nicht nach großen Änderungen – wie auch? Die große Mehrheit der Bevölkerung wollte keine grundsätzlich andere Politik, und Kohl spürte das. Innenpolitisch einige Korrekturen, außenpolitisch ein verlässlicher Partner im westlichen Bündnis, der darauf hoffte, dass sich die Supermächte wieder etwas annähern würden. Im Grunde machte Kohl in vielem da und ähnlich weiter, wo sein Vorgänger Helmut Schmidt aufhören musste, weil er diese Politik in seiner Partei nicht mehr durchsetzen konnte.

Ökonomisch konnte die Koalition aus CDU/CSU und FDP nach einiger Zeit durchaus Erfolge vorweisen. Das Wirtschaftswachstum lag 1983 bei über 2,5 Prozent. Als Handelsnation, die mehr Güter aus- als einführte, wurde die Bundesrepublik erneut Weltmeister, während die Staatsverschuldung zurückging. Und die Geldentwertung, die 1982 noch 5 Prozent betragen hatte, sank bis 1986 sogar unter null Prozent – das hatte es zuletzt 1953 gegeben. Eines aber bekam auch die Regierung Kohl, in der Hans-Dietrich Genscher (FDP) wieder Außenminister war, nicht in den Griff – trotz ihrer ja recht markt- und unternehmerfreundlichen Anstöße: die Massenarbeitslosigkeit. Sie überschritt 1983 die Zwei-Millionen-Marke und verharrte dabei auch noch 1989.

Von wirklicher Erneuerung konnte man also nicht sprechen, größere Reformen ließen auf sich warten. Der Kanzler, so hieß es, sitze Probleme gerne aus. Das mochte in ruhigen Zeiten genügen. Aber waren die Zeiten so? Mit der anhaltenden Arbeitslosigkeit stiegen Fremdenfeindlichkeit, Rassismus und Rechtsradikalismus an die Oberfläche der Gesellschaft. Zugleich zogen sich die Menschen vermehrt auf sich selbst zurück, wurstelten sich gewissermaßen durch den Alltag und suchten im Privatvergnügen Ablenkung und Ausgleich. Politik, in den Siebzigerjahren ein noch viele bewegendes Thema, verlor an Attraktivität, der Verdruss über Politiker nahm zu. Dazu trugen sicherlich die zahlreichen Pannen und Affären der Regierung Kohl/Genscher bei, von denen der mit dem Unternehmen Flick verbundene Parteispendenskandal wohl die meisten Spuren hinterließ.

An der Enthüllung und Aufklärung der Parteispendenaffäre um den Flick-Konzern in den Achtzigerjahren war das Nachrichtenmagazin »Der Spiegel« maßgeblich beteiligt – damals noch so etwas wie das publizistische »Sturmgeschütz der Demokratie«.

Er zog sich über Jahre hin und schadete dem Ansehen von Politikern und Wirtschaftsvertretern erheblich. Im Kern handelte es sich um den Vorwurf, der Flick-Konzern habe durch verdeckte Geldzahlungen an Parteien Einfluss auf politische Entscheidungen genommen. »Pflege der Bonner Landschaft« nannte das Eberhard von Brauchitsch, führender Manager der Firma Flick, die schon in der Weimarer Republik zu diesem Mittel gegriffen hatte. Nach Bekanntwerden der Hintergründe begannen strafrechtliche Ermittlungen gegen die Verantwortlichen wegen Bestechung und Bestechlichkeit. Mehrere Angeklagte, darunter von Brauchitsch und Bundeswirtschaftsminister Otto Graf Lambsdorff, der von seinem Amt zurücktrat, wurden zu Geldstrafen verurteilt. Bei der ganzen Affäre spielte nicht nur die Frage eine Rolle, wie mächtig die Wirtschaft in der Bundesrepublik eigentlich war und sein durfte, sondern ebenso sehr, inwieweit die Unabhängigkeit der vom Volk gewählten Politiker noch gewährleistet war.

Und wie erging es dem anderen deutschen Staat, der DDR? Sehr viel schlechter! In der Bundesrepublik genoss die überwiegende Mehrheit – trotz anhaltender Arbeitslosigkeit – weiter die Vorzüge einer reichen Wohlstandsgesellschaft. Man atmete in Freiheit und erfreute sich am Konsumangebot der Gegenwart. Wer dachte schon an morgen? Kaum jemand glaubte an die Einheit Deutschlands als ein in absehbarer Zukunft erreichbares oder überhaupt nur wünschenswertes Ziel. Warum auch? War das Verhältnis zur DDR – ungeachtet der abgekühlten Beziehungen zwischen den Supermächten – nicht alles in allem recht gut geregelt, und hatten sich die Menschen in Ost wie West nicht längst daran gewöhnt, einfach nebeneinanderher zu leben – jeder auf seine Weise? Tatsächlich stand der sozialistische Arbeiter- und Bauern-Staat aber bereits auf der Kippe. Und keiner merkte es. Oder doch? Jedenfalls galt: Das Schlimmste sollte verhütet werden.

Nicht zum ersten Mal war es Franz Josef Strauß, als antikommunistischer Scharfmacher ähnlich umstritten wie einst der frühere Emigrant Willy Brandt und fast so etwas wie ein heimlicher Nebenkanzler, der Einsichten folgte, die man sonst eher von den Sozialdemokraten gewöhnt war. Auch für ihn und die regierende Koalition ging es bei der Politik gegenüber der DDR und dem Osten um die Bewahrung von Ruhe. Niemals habe der Westen eingegriffen, wenn es in den vergangenen Jahrzehnten zu Aufständen im Herrschaftsbereich der Sowjetunion gekommen sei, hielt der bayerische Ministerpräsident im Rückblick fest. »Wegen der damit verbundenen Gefahr lebensgefährlicher, kriegerischer Verwicklungen konnten und können Volkserhebungen in den Staaten des Warschauer Pakts nicht unterstützt werden. Es hat deshalb keinen Sinn, die Notsituation dort so zu verschärfen, dass die Belastungen für die Menschen unerträglich werden und es zur Explosion kommt.«

Gesagt, getan. Im Frühjahr 1983 fädelte Strauß für die DDR einen Kredit über eine Milliarde DM ein, der im Jahr darauf um fast den gleichen Betrag noch einmal aufgestockt wurde. Längst schon war der ostdeutsche Staat gegenüber dem Westen hoch verschuldet. Trotzdem zeigte er sich immer weniger in der Lage, den ohnedies niedrigen Lebensstandard der Bevölkerung aus eigener Kraft zu halten, geschweige denn zu steigern. Ein hoher SED-Funktionär sah bereits die »Zahlungsfähigkeit der DDR in Gefahr«, eine vornehme Umschreibung für den drohenden Staatsbankrott.

Anfang 1984 begannen die Amerikaner – im Einvernehmen mit der Bundesregierung und der parlamentarischen Koalitionsmehrheit – Mittelstreckenwaffen auf westdeutschem Boden aufzustellen. Die Abrüstungsgespräche zwischen Washington und Moskau waren ergebnislos verlaufen, nun wurde der Nachrüstungsbeschluss umgesetzt. Doch Kanzler Kohl, bestärkt von Außenminister Genscher, wie auch SED-Generalsekretär Honecker wollten die deutsch-deutschen Beziehungen nicht unter die Räder eines neuen Rüstungswettlaufs kommen lassen. Auf die finanzielle Hilfe aus Bonn reagierte die DDR nach und nach mit menschlichen Erleichterungen: die Selbstschussanlagen an der innerdeutschen Grenze wurden abgebaut, Kontrollen im Besuchsverkehr erleichtert und die Ausreisemöglichkeiten für DDR-Bürger erweitert.

Honecker sprach von einer »Koalition der Vernunft«, Kohl erinnerte an die »Verantwortungsgemeinschaft vor Europa«, die beide deutsche Staaten dazu verpflichte, »gerade in schwierigen Zeiten« einen »wichtigen Beitrag für Stabilität und Frieden in Europa« zu leisten. Vier Jahre später, im Herbst 1987, begegneten sich die beiden Deutschlands auf höchster Ebene. Mit Erich Honecker besuchte zum ersten Mal seit 1949 ein Staats- und Parteichef der ostdeutschen Diktatur die Bundesrepublik und wurde dort mit allen Ehren empfangen.

Die DDR schien am Ziel ihrer jahrzehntelangen Bemühungen angelangt, auch von Bonn als vollwertiger und gleichberechtigter Staat anerkannt zu sein – mit fast allem, was dazugehörte. Sprach die gesamte Entwicklung der deutsch-deutschen Beziehungen bis dahin nun eher für Annäherung oder Entfernung? Schwer zu beantworten, aus damaliger Sicht. Aber vielleicht war das auch gar nicht die entscheidende Frage. Womöglich war es ja so, dass sich die Frage nach der Einheit allmählich von selbst erledigen würde, je mehr Freiheit allen Deutschen miteinander – wenngleich im Osten auch nur häppchenweise – zuteil wurde. Oder?

Helmut Kohl jedenfalls hielt zwar in seiner Tischrede für Honecker die »Einheit der Nation« hoch, befand jedoch zugleich: »Die deutsche Frage bleibt offen, doch ihre Lösung steht zur Zeit nicht auf der Tagesordnung der Weltgeschichte.« Der studierte Historiker Kohl musste es ja wissen. Aber auch ihm durfte nicht entgangen sein, dass die »Weltgeschichte«, die ruhigere und aufregendere Zeiten kennt, mittlerweile – wir schreiben das Jahr 1987 – zu pulsieren begann. Aus dem fernen Moskau kamen in schneller Folge immer neue Nachrichten, die von bahnbrechenden Veränderungen im Urland des Kommunismus kündeten.

Im März 1985 hatte dort der 54-jährige Michail Gorbatschow als Generalsekretär der KPdSU das Erbe sehr alter Männer angetreten, die vor ihm ziemlich schnell alle nacheinander gestorben waren. Das war auch ein Zeichen für den sichtbaren Verfall einer militärischen Weltmacht, die im Wettlauf mit dem Westen weit abgeschlagen war und den Menschen vorenthielt, wonach die sich sehnten: bessere Lebensbedingungen und – vor allem – Freiheit. Gorbatschow wollte den Kommunismus nicht abschaffen, sondern zur Zufriedenheit der Bürger reformieren, um die Sowjetunion vor dem Untergang zu bewahren. Wohin das im Ergebnis führen würde, war auch dem energischen neuen Herrn im Kreml nicht so recht klar, und er konnte es auch nicht wissen.

Was tun?, hatte Lenin, Revolutionär und Staatsgründer der Sowjetunion, einst gefragt, bevor er die Macht für seine Partei, die Bolschewiki, eroberte. Der Reformer Gorbatschow gab seine Antwort: »Wir brauchen Demokratie wie die Luft zum Atmen.« Dem morschen Partei- und Staatsapparat und der ganzen Gesellschaft sollte durch mehr Offenheit (Glasnost) neues Leben eingehaucht werden. Das Erwachen und die Förderung einer kritischen Öffentlichkeit konnte aber nur ein erster Schritt auf dem Weg zu einem Umbau (Perestroika) der kommunistischen Diktatur sein.

Gorbatschows weitreichende innenpolitische und wirtschaftliche Liberalisierungsbemühungen veränderten auch die Außenpolitik Moskaus auf zuvor nie gekannte Weise. Der sowjetische Parteichef hatte erkannt, dass sein Land auf die Zusammenarbeit mit dem Westen angewiesen war, wenn es den Anschluss an die ökonomische, technische und wissenschaftliche Entwicklung nicht völlig verlieren wollte. Eine Fortsetzung des militärischen Wettlaufs mit den USA konnte sich Russland einfach nicht mehr leisten. Die Abrüstungsgespräche kamen wieder in Gang, und 1987 wurde bei den nuklearen Mittelstreckenwaffen ein erster entscheidender Durchbruch erzielt. Zugleich schlug Gorbatschow gegenüber den sozialistischen »Bruderstaaten« neue Töne an. Er gestand ihnen im März 1988 »ungehinderte Unabhängigkeit« und das Recht auf »verschiedene Wege zum Sozialismus« zu und entließ die Nationen Osteuropas damit praktisch aus der Vormundschaft Moskaus. Gorbatschow sprach vom »gemeinsamen europäischen Haus«, in dem zwischen den Staaten kein Platz mehr für den Einsatz militärischer Gewalt sein dürfe.

Das wirkte wie ein Befreiungssignal. Doch während vor allem in Polen und Ungarn Reformkräfte von unten und oben an Einfluss gewannen und eine Demokratisierung einleiteten, igelten sich die alten SED-Herrscher in der DDR weiter ein und taten so, als gingen sie Glasnost und Perestroika gar nichts an. Zu tief saß bei ihnen die begründete Furcht vor einem Machtverlust. Aber wie lange war der überhaupt noch aufzuhalten? Bei einem Besuch der Bundesrepublik Mitte 1987 hatte der amerikanische Präsident Ronald Reagan in einer Rede nahe dem Brandenburger Tor in West-Berlin an der Teilung Deutschlands gerüttelt: »Herr Gorbatschow, öffnen Sie dieses Tor!«, rief er. »Herr Gorbatschow, reißen Sie diese Mauer nieder!«

International war viel in Bewegung gekommen, seitdem Helmut Kohl 1982 die Kanzlergeschäfte von seinem Vorgänger Helmut Schmidt in Bonn übernommen hatte. Aber ging das, was da der mächtigste Mann der Welt im Herzen von Deutschlands einstiger Hauptstadt laut verlangte, nicht doch an der Wirklichkeit vorbei? Laut einer Umfrage unter den Bundesbürgern glaubten fast 80 Prozent der Befragten 1987 nicht mehr daran, dass eine Wiedervereinigung noch im 20. Jahrhundert kommen werde. Nur 8 Prozent wollten eine solche Möglichkeit zumindest nicht ausschließen. Auch zwei Jahre später, als sich die Ereignisse zu überschlagen begannen, spürten die meisten zunächst nicht gleich, dass sie einen jener seltenen Momente in der Geschichte erlebten, die man gemeinhin als Revolution bezeichnet: plötzliche Umwälzungen, die Hergebrachtes beiseite fegen, Grenzen aufheben und Unwahrscheinliches wahr werden lassen.

VIII. In Freiheit vereint – ein deutsches Wunder

Die Mauer fällt – wer hätte das gedacht?

Alles begann mit einem kleinen Schlupfloch. Am 2. Mai 1989 begannen ungarische Soldaten damit, Stacheldraht und elektrische Sicherheitsanlagen an der Grenze zu Österreich zu entfernen. Der »Eiserne Vorhang«, der die Flucht von Ost nach West jahrzehntelang zu einem lebensgefährlichen Wagnis gemacht hatte, wurde damit zum ersten Mal in der Geschichte des Kalten Krieges ein Stück gehoben. Wer wollte, konnte nun – zwar nicht mit dem Segen der Behörden, aber unversehrt – der DDR den Rücken kehren und über Ungarn in den Westen gelangen. Und immer mehr Menschen erkannten diese Möglichkeit und machten von ihr Gebrauch, erst recht, als die ungarisch-österreichische Grenze im September für Deutsche aus der DDR ganz geöffnet wurde. Bis Anfang Oktober 1989 kamen auf diesem Weg 24 500 Ostdeutsche in den Westen.

Die Geduld des Volkes mit denen, die vorgaben, in seinem Namen zu regieren, war erschöpft. Während in den osteuropäischen Ländern friedliche Revolutionen die kommunistische Alleinherrschaft nach und nach zum Einsturz brachten, klebte die SED-Garde um Erich Honecker mit allen Mitteln an der Macht. Die Kommunalwahlen im Mai 1989, bei denen wie üblich das gewünschte Ergebnis durch Fälschungen zustande kam, ließen das Fass überlaufen. Empörung löste außerdem aus, dass die Volkskammer, das DDR-Scheinparlament, volles Verständnis für die blutige Unterdrückung demokratischer Freiheitsbestrebungen in China äußerte.

Flüchten oder im Land bleiben und für Veränderungen kämpfen? Immer mehr Ostdeutsche sahen sich vor diese Wahl gestellt, wobei sie eines einte: So konnte und so sollte es nicht mehr weitergehen. Weil sie es nicht mehr wollten! Im Sommer 1989 schwoll die Zahl der Ausreiseanträge in die Bundesrepublik auf 120 000 an. Zugleich suchten Tausende von DDR-Bürgern Zuflucht in den Botschaften der Bundesrepublik in Prag, Warschau und Budapest sowie in der Ständigen Vertretung Bonns in Ost-Berlin, um ihre Übersiedlung zu erzwingen.

Mit seinem Erneuerungs- und Reformkurs stieß KPdSU-Generalsekretär Michail Gorbatschow das Tor zur Freiheit auf – für sein Land, für Osteuropa und für die Deutschen in der DDR.

Im Juni befand sich Michail Gorbatschow, jener Mann, der alles ins Rollen gebracht hatte, auf Staatsbesuch in der Bundesrepublik. Überall wurde der freundliche und aufgeschlossene Gast aus der Sowjetunion von der Bevölkerung mit »Gorbi, Gorbi«-Rufen begeistert empfangen. Gorbatschow und Kanzler Kohl bekräftigten den im Osten eingeschlagenen neuen Kurs: »Jeder hat das Recht, das eigene politische und soziale System frei zu wählen.« Mochten die beiden Politiker dabei auch in erster Linie an Staaten gedacht haben: Niemand konnte den Menschen im Osten Deutschlands verwehren, dass sie so einen Satz auch auf sich selbst und ihr eigenes Schicksal übertrugen.

»Jeder hat das Recht, das eigene politische und soziale System frei zu wählen.« In diesem Satz steckte die Freiheit, dort leben und wohnen zu können, wo man wollte. Aber war es nicht auch eine indirekte Ermutigung, die Verhältnisse im eigenen Land demokratisch zu verändern? Die Zahl derer in der DDR, die das so sahen, wuchs, und die Angst vor den Machthabern wich der Entschlossenheit, für die eigene Freiheit an Ort und Stelle zu kämpfen. Während im Spätsommer 1989 auf kleineren Kundgebungen zunächst die Parole »Wir wollen raus!« alles übertönte, versetzten immer mehr Demonstranten bald darauf die SED-Herrscher mit einer anderen Losung noch viel mehr in Furcht: »Wir bleiben hier!«

Diese »Drohung«, verbunden mit Forderungen nach Reise- und Versammlungsfreiheit, klang Honecker und Genossen seit einem Friedensgebet am 4. September in der Leipziger Nikolaikirche, dem schon bald Protestzüge folgten, Montag für Montag in den Ohren. Von Mal zu Mal wagten sich mehr Menschen bei den sogenannten Montagsdemonstrationen auf die Straße und überall in der DDR fanden die Unterdrückten ihre Stimme keine gewalt

Montagskundgebung in Leipzig im Oktober 1989. »Wir sind das Volk« – der Ruf der Demonstranten überall in der DDR musste in den Ohren der herrschenden Einheitssozialisten wie eine Drohung klingen. Doch das Volk trieb eine friedliche Revolution voran – mit Stirn- und Armbinden, auf denen »keine gewalt« stand.

zurück. »Wir sind das Volk« – landauf, landab erschallte dieser Ruf, und er war, dank der modernen Medien, in Deutschland und der ganzen Welt zu hören. Nun hatte die friedliche Revolution in Osteuropa auch jenen sozialistischen »Bruderstaat« erfasst, der sich wie kein anderer seit seiner Gründung als besonders ergebener Weggefährte der kommunistischen Sowjetunion aufgeführt hatte.

Während der Funke der Erhebung übersprang, von Stadt zu Stadt, von Region zu Region, stellte sich die Staatsspitze taub und ließ die 40-Jahr-Feier der DDR-Gründung mit großem Getöse vorbereiten. Doch der schöne Schein beeindruckte außer den SED-Würdenträgern niemanden mehr. Ganz im Gegenteil. Michail Gorbatschow, als Gast in Ost-Berlin, mahnte im Gespräch mit Honecker am 7. Oktober 1989 dringend Reformen und »mutige Beschlüsse« an. Er warnte: »Wenn wir

zurückbleiben, bestraft uns das Leben sofort.« In einer anschließenden Pressekonferenz wurde daraus durch die Übersetzung der seither berühmte Satz geboren: »Wer zu spät kommt, den bestraft das Leben.«

Während die Opposition in der DDR friedlich, aber unbeirrt ihren Druck auf das Regime erhöhte, ließ die Staatsmacht noch einmal die Muskeln spielen. Stasi-Häscher beim Einsatz gegen Demonstranten am 2. Oktober 1989 in Leipzig.

Aber Gorbatschows Versuch, die DDR-Führung zum Einlenken zu bewegen, war vergebens. Am Abend desselben Tages lösten Volkspolizisten und Stasi-Mitarbeiter Demonstrationen mehrerer Tausend Teilnehmer in Ost-Berlin und anderen Städten mit brutaler Gewalt auf. Angst griff um sich. Würde die Diktatur, wie einige Monate zuvor die chinesischen Genossen auf dem Platz des Himmlischen Friedens in Peking, der Demokratiebewegung blutig den Garaus machen? So viel war freilich auch den machterfahrenen Kommunisten klar: Es handelte sich längst nicht mehr nur um einige Kundgebungen, die man mal so eben hätte niederschlagen können. Die Berichte des Ministeriums für Staatssicherheit belegten vielmehr, dass im ganzen Land Oppositionsgruppen entstanden waren, die gemeinsam für demokratische Veränderungen eintraten, vor allem für freie und geheime Wahlen.

Bürgerrechtler hatten Organisationen wie die »Initiative Frieden und Menschenrechte«, »Demokratie Jetzt«, das »Neue Forum« und den »Demokratischen Aufbruch« gegründet – teils im Schutz der evangelischen Kirche und unterstützt von protestantischen Geistlichen. Wie Pilze schossen sie nacheinander aus dem Boden – zu viele und zu schnell für die Stasi, um ihrer noch Herr zu werden. Mit dem Rücken zur Wand suchte das Politbüro, das Machtzentrum der SED-Oberen, sein Heil in der Flucht nach vorn. Am 17. Oktober 1989 wurde Erich Honecker als Generalsekretär abgesetzt und Egon Krenz zu

Geradezu gespenstisch wirkte die Selbstbeweihräucherung der SED-Machthaber anlässlich der Feier zum 40. Jahrestag der DDR im Oktober 1989 – mit Truppenparade und allem Brimborium. »Wer zu spät kommt, den bestraft das Leben«, dachte wohl Michail Gorbatschow, der Gast aus Moskau, als er auf seine Uhr blickte.

seinem Nachfolger bestimmt. Mit dem immerhin auch schon 52-jährigen Krenz, der sich durch die lange Zeit an der Spitze der »Freien Deutschen Jugend« (FDJ) den Charme eines Berufsjugendlichen erworben hatte, glaubte die greise und verbrauchte SED-Riege das Ruder in letzter Sekunde noch herumreißen zu können.

Dieser Wechsel an der Parteispitze, gepaart mit einigen Zugeständnissen an die Opposition, sollte die Lage beruhigen. Was zu anderen Zeiten vielleicht gewirkt hätte, verpuffte jetzt völlig. Allein in Leipzig protestierten nach der Ernennung von Krenz auf der folgenden Montagsdemonstration mehr als 300 000 Teilnehmer mit Plakaten wie »Demokratie unbekrenzt« und »Sozialismus krenzenlos«. Am 4. November versammelten sich auf dem Alexanderplatz in Ost-Berlin über eine halbe Million Menschen und forderten den Rücktritt der Regierung, freie Wahlen, Rechtsstaatlichkeit sowie Presse- und Meinungsfreiheit. Zwei Tage später kamen in Leipzig genauso viele zusammen, in Halle waren es 60 000, in Schwerin 25 000 und in Cottbus 10 000.

Die Tage des Regimes waren

gezählt. Panisch suchten dessen höchste Nutznießer nach Auswegen und setzten dabei – ungewollt – eine Kettenreaktion in Gang. Der Honecker-Kritiker Hans Modrow übernahm das Amt des Ministerpräsidenten. Anders als Egon Krenz und die übrigen Honecker-Günstlinge besaß Modrow in den Augen mancher wenigstens noch einen Rest an sozialistischer Glaubwürdigkeit. Aber reichte das und gingen die Forderungen der Bevölkerung nach Reisefreiheit, Demokratie und Rechtsstaatlichkeit nicht weit über das hinaus, was eine wankende Diktatur zugestehen konnte, ohne gleich ganz abzudanken?

Fieberhaft arbeitete man eine neue Reiseregelung aus. Bereits seit dem 3. November konnten DDR-Bürger nur mit ihrem Personalausweis über die Tschechoslowakei in die Bundesrepublik einreisen – der einst »Eiserne Vorhang« wurde zusehends löchriger und immer mehr machten sich auf den Weg nach Westen. Sechs Tage später, am Nachmittag des 9. November 1989, beschloss die SED-Führung Erleichterungen für Auslandsreisen über die DDR-Grenzstellen. Genehmigungen dafür sollten zügig erteilt und nur in Ausnahmefällen verweigert werden. Als der Parteisprecher Günter Schabowski, zuvor nur knapp informiert, kurz darauf bei einer Pressekonferenz die Neuigkeit bekannt gab, herrschte augenblicklich helle Aufregung. Gefragt, ob nun jeder DDR-Bürger ab sofort frei in den Westen reisen könne, antwortete Schabowski: »Die ständige Ausreise kann über alle Grenzübergangsstellen der DDR zur BRD bzw. zu Berlin-West erfolgen.« Diese Verordnung trete, ergänzte der SED-Funktionär, »unverzüglich« in Kraft.

Damit hatte sich die ostdeutsche Regierung selbst überlistet. Falls die Verantwortlichen in diesem Moment noch darauf hofften, dass sich ihre erwachten Untertanen nun brav um Reiseanträge bemühen würden, sahen sie sich durch die Ereignisse der folgenden Stunden überrollt. Denn alle Welt ging davon aus, dass die DDR ihre Grenzen ohne Wenn und Aber geöffnet hatte. Die Nachricht verbreitete sich wie ein Lauffeuer. Der Deutsche Bundestag in Bonn unterbrach seine Sitzung, zahlreiche Abgeordnete erhoben sich und sangen die dritte Strophe des Deutschlandliedes, der Nationalhymne: »Einigkeit und Recht und Freiheit für das deutsche Vaterland.« Tausende Berli-

In der Nacht vom 9. auf den 10. November nahmen die Berliner die Mauer in Besitz – und überwanden sie. Ost und West lagen sich in den Armen und konnten es nicht fassen. War das nicht ein toller »Wahnsinn«?

ner pilgerten in den Abendstunden von Ost und West an die Mauer; nach anfänglichem Zögern ließen die Grenzposten sie durch. Immer größer wurde der Ansturm der Menschen, die durch und über den Trennungswall in den Westteil der Stadt drängten, wo sie mit Champagner und Blumen begeistert empfangen wurden.

Die Mauer war gefallen und Deutschland feierte die wohl schönste Party aller Zeiten. »Wahnsinn« war das am häufigsten zu hörende Wort in dieser Nacht, weil kaum einer fassen konnte, was geschehen war. Am Tag darauf bezeichnete der Sozialdemokrat Walter Momper, Regierender Bürgermeister in West-Berlin, die Deutschen als »das glücklichste Volk auf der Welt«. Das traf den Kern und erinnerte zugleich daran, dass der 9. November in der deutschen Geschichte keineswegs nur ein Freudendatum war. Geburtsstunde der Weimarer Republik 1918, Tag des gescheiterten Hitler-Putsches in München 1923, 1938 Höhepunkt des NS-Terrors gegen Juden vor dem Zweiten Weltkrieg, und nun, 1989, der Durchbruch zur Freiheit für alle Deutschen.

Öffnete sich damit auch zwangsläufig das Tor zur Einheit? Bundeskanzler Helmut Kohl riet zur Mäßigung und warnte am 10. November bei einem gemeinsamen Auftritt mit Willy Brandt vor »radikalen Parolen und Stimmen«. Es gehe »um die Freiheit vor allem für unsere Landsleute in der DDR«. Man bleibe eine Nation, aber der »Weg in die gemeinsame Zukunft« müsse »Schritt für Schritt« erfolgen. Ähnlich vorsichtig drückte sich Willy Brandt aus. Er sprach vom »Zusammenrücken der Deutschen«, das nun »in Freiheit« möglich werde. In Interviews aber äußerte er die Hoffnung, dass nun »wieder zusammenwächst, was zusammengehört«. Was dabei letzten Endes herauskommen und wie schnell es gehen sollte – er ahnte es wohl. Wissen konnte es am 10. November 1989 niemand.

»Deutschland einig Vaterland!« – unausweichlich oder Gunst der Stunde?

Die Wende in der DDR, die erste demokratische, friedliche und erfolgreiche Revolution auf deutschem Boden, überraschte alle – in West wie Ost. Ermöglicht hatte sie die Reformpolitik Michail Gorbatschows, herbeigeführt hatten sie die Menschen im Honecker-Staat, indem sie unerschrocken und unermüdlich protestierten, durch Verlassen ihrer Heimat und durch Demonstrationen im eigenen Land. Über Nacht war die Todesgrenze verschwunden, die mitten durch Deutschland und Berlin lief und zwei feindliche Systeme jahrzehntelang getrennt hatte. Wer hätte das voraussehen können?

Eine Möglichkeit war der Sieg von Demokratie und Freiheit über Diktatur und Unterdrückung immer gewesen. Insofern hatten Adenauer, und mit ihm viele andere, Recht behalten. Aber weder bestand darüber Gewissheit – man denke nur an die Vernichtungsdrohung durch einen atomaren Weltkrieg – noch war der Westen selbst in dieser Frage immer glaubwürdig gewesen. Hatten die USA in der Vergangenheit nicht autoritäre und diktatorische Regierungen – etwa in Lateinamerika oder Südostasien – geduldet, ja manchmal sogar gefördert, wenn es den eigenen Interessen dienlich war? Und überhaupt, wie würde es denn nun wohl weitergehen, da die Ost- und Westdeutschen in den Genuss ungehinderter Freizügigkeit gekommen waren? Nach wie vor gab es ja zwei deutsche Staaten, die unterschiedlichen Bündnissen angehörten, und viele Oppositionelle in der DDR träumten obendrein nicht von der Einheit, sondern davon, den Sozialismus daheim menschenwürdig und demokratisch umzugestalten.

Es trifft die Sache nicht schlecht, wenn man feststellt, dass auch die konservativliberale Regierung in Bonn durch die rasante Entwicklung im anderen Teil Deutschlands überrumpelt wurde. Zunächst bemühte sich Außenminister Genscher mit viel diplomatischem Gespür und Erfolg um Ausreisemöglichkeiten für die Botschaftsflüchtlinge. Ansonsten hielten sich die verantwortlichen Politiker im Westen betont zurück und warteten ab. Für einen indes sollte sich die Wende auch als persönlicher Glücksfall erweisen, eine günstige Gelegenheit, die er mit viel Geschick beim Schopfe packte und über die er zur historischen Gestalt wurde.

Kanzler Kohl hatte die Bundestagswahl 1987 zwar erneut für sich entscheiden können. Aber die Unionsparteien mussten deutliche Verluste hinnehmen; Kohls Stern, der schon zuvor nie besonders hell geleuchtet hatte, sank weiter. Viele in der CDU/CSU befürchteten, dass er es beim nächsten Mal nicht wieder schaffen würde. Innerparteiliche Gegner arbeiteten bereits auf seinen Sturz hin und wollten ihn im Spätsommer 1989 aus dem Amt des CDU-Parteivorsitzenden drängen. Da kamen die Ereignisse in der DDR wie gerufen.

Kohl begriff sehr schnell, welche Chancen dieser geschichtliche Umbruch eröffnete – für das Land und für ihn. Unübersehbar steuerte die wirtschaftlich ruinierte DDR auf den Abgrund zu, und auch politisch war da nicht mehr viel zu halten, nachdem die SED alles Ansehen in der Bevölkerung verloren hatte und die Bürger sich frei bewegen konnten. Kilometerlange Karawanen von »Trabbis«, Plaste-Pkw aus sozialistischer Produktion, knatterten Woche für Woche über die geöffnete deutsch-deutsche Grenze gen Westen. Und immer mehr Menschen, täglich über 2000, blieben gleich ganz, ohne wieder zurückzukehren.

Der Kanzler handelte. Auch nach dem Fall der Mauer rissen die Massendemonstrationen in der DDR keineswegs ab, son-

Kanzler Kohl, hier bei seiner Rede vor der Ruine der Dresdner Frauenkirche am 19. Dezember 1989, begriff schneller als andere, dass der Zug in Richtung deutsche Einheit ins Rollen gekommen war.

dern nahmen an Wucht und Entschiedenheit sogar noch zu. Immer häufiger erklang nun der Ruf nach »Deutschland einig Vaterland!«, die Opposition begann sich zu spalten in Anhänger einer reformierten DDR und Befürworter einer raschen Annäherung beider deutscher Staaten. Kohl tastete sich vor. Nachdem der sowjetische Generalsekretär Gorbatschow Mitte November 1989 am Rande einer Rede das Wort »Wiedervereinigung« hatte fallen lassen, legte Kohl zwei Wochen später im Bundestag einen »Zehn-Punkte-Plan« vor.

Er versprach der Regierung Modrow umfassende Hilfe und Zusammenarbeit, wenn die DDR bereit sei, Demokratie, freie Wahlen und Marktwirtschaft zuzulassen. In einem nächsten Schritt könnten dann gemeinsame politische und wirtschaftliche Einrichtungen geschaffen werden – sei es mit dem Ziel eines Staatenbundes oder gar eines Bundesstaates. Dies alles dürfe aber nicht im Alleingang erfolgen, sondern müsse im Einklang mit Fortschritten bei der Einheit Europas stehen. Damit wollte der Kanzler von vornherein jenen den Wind aus den Segeln nehmen, die schon der bloße Gedanke einer möglichen Wiedervereinigung Deutschlands um den Schlaf brachte.

Ein kluger Schachzug, denn Kohl hatte seine Ideen im Stillen ausgearbeitet und lediglich den amerikanischen Präsidenten George Bush davon unterrichtet. Washington legte dem Kanzler keine Steine in den Weg, stellte aber eine Bedingung: Auch ein wiedervereinigtes Deutschland müsse Mitglied im westlichen Bündnis der NATO bleiben. In Moskau, Paris und London schlugen dagegen die Wellen hoch. So wie Kohl und dessen Regierung von der friedlichen deutschen Revolution eben selbst noch aus dem gewohnten Tritt gebracht worden waren, zeigte sich nun das europäische Ausland bestürzt. Eine Wiedervereinigung Deutschlands, die – mehr als ein bloßes Gedankenspiel – auf der Tagesordnung der Weltpolitik stand: Das ging der britischen Premierministerin Margaret Thatcher, Frankreichs Staatspräsident François Mitterrand und auch Michail Gorbatschow denn doch zu weit. Drohte damit nicht die Auferstehung jener geballten Macht im Herzen Europas, die man mühsam in zwei Weltkriegen bezwungen hatte?

Ähnliche Befürchtungen hegten auch kritische Stimmen in West- und Ostdeutschland. An einem »Runden Tisch« versuchte die Regierung Modrow mit Vertretern der Oppositionsgruppen von der DDR zu retten, was nicht mehr zu retten war. Unter dem Eindruck wachsender Kundgebungen in Ostdeutschland, bei denen die Einheitsrufe immer lauter tönten, war Kohl sich seiner Sache nunmehr sicher: Früher als viele andere erkannte er, dass der Zug in Richtung Wiedervereinigung unterwegs war. Keiner konnte verhindern, dass die DDR ausblutete – finanziell, wirtschaftlich, menschlich. Immer mehr suchten ihr Glück im Westen, es war eine Abstimmung mit den Füßen. An die 200 000 Übersiedler wurden bis Mitte 1990 gezählt und ein Ende war nicht abzusehen. Nach dem Motto: »Kommt die D-Mark, bleiben wir. Kommt sie nicht, gehn wir zu ihr.«

Und Kohl erhöhte den Druck auf die kaum mehr handlungsfähige letzte DDR-Regierung unter einem SED-Ministerpräsidenten. Am 18. März 1990, so wurde vereinbart, sollten die ersten freien Wahlen zur Volkskammer stattfinden – unter Beteiligung der westdeutschen Parteien. Sie erbrachten mit über 48 Prozent einen klaren Wahlsieg für die »Allianz für Deutschland«, in der die CDU Helmut Kohls den Ton angab.

Weit abgeschlagen landeten die Sozialdemokraten bei etwas über 20 Prozent und die ostdeutschen Bürgerrechtler im »Bündnis 90«, die sich später mit den Grünen zusammenschlossen, bei nicht ganz drei Prozent. Immerhin noch über 16 Prozent erzielte die »Partei des Demokratischen Sozialismus« (PDS), die das Erbe der nun entmachteten SED angetreten hatte.

Der Ausgang der Wahl ließ keine Zweifel offen: Die überwältigende Mehrheit der Ostdeutschen hatte sich für die Einheit in Freiheit und gegen die alte wie auch eine erneuerte DDR ausgesprochen. Dazu trug wohl wesentlich bei, dass Kanzler Kohl im Wahlkampf eine Wirtschafts- und Währungsunion für ganz Deutschland versprochen hatte – für die Menschen in der DDR Hoffnung auf ein besseres Leben und ersehnten Wohlstand. Darüber wurde sogleich mit der neuen Regierung unter Ministerpräsident Lothar de Maizière verhandelt. Staunend schaute die Welt auf Deutschland und seine friedliche Revolution, die ohne Blutvergießen eine Diktatur hinweggefegt hatte, aber zugleich auch dabei war, die internationale Ordnung aus den Angeln zu heben. Hatte Kohl nicht zugesagt, dass nichts ohne die Zustimmung der vier Siegermächte des Zweiten Weltkriegs und alles im europäischen Gleichschritt geschehen solle?

Der Kanzler hielt sich daran, und er musste es auch, wobei ihm zugute kam, dass der hinhaltende Widerstand im Ausland gegen die Wiedervereinigung allmählich nachließ. Das war keineswegs selbstverständlich. Die Wucht der Ereignisse selbst, die klare Unterstützung der USA, aber auch die besonnene Politik Kohls ließen die Einsicht reifen, dass die Entwicklung unumkehrbar geworden war. Und schließlich: Wer konnte und wollte im Ernst den Deutschen das Recht auf nationale Selbstbestimmung, eine liberale Errungenschaft, absprechen? Nun musste es darum gehen, das entstehende neue und durch die Wiedervereinigung größer werdende Deutschland so in die Pflicht zu nehmen, dass davon künftig keine Gefahr für die Nachbarn drohte.

Diese Bedingungen wurden in Gesprächen zwischen den vier Siegermächten des Zweiten Weltkriegs (USA, Großbritannien, Frankreich, Sowjetunion), die ja immer noch für »Deutschland als Ganzes« zuständig waren, und den beiden deutschen

Regierungen festgelegt (»Zwei-plus-Vier«-Verhandlungen). Es folgten dramatische Monate, bis sich alle Seiten einig waren. Viel stand auf dem Spiel und die Interessen der Beteiligten stießen immer wieder hart aufeinander. Am Ende waren Kohl und sein Außenminister Genscher ihrem Ziel zum Greifen nahe. Einheit ja, aber nur, wenn Deutschland in Selbstbindungen einwilligte. Dazu gehörten vor allem die endgültige Anerkennung der polnischen Westgrenze sowie die Einbeziehung ganz Deutschlands in die NATO und damit in die westliche Gemeinschaft.

Letzteres entsprach zwar im Einklang mit den Westmächten auch dem Wunsch Kohls, forderte aber den nachvollziehbaren Widerstand Moskaus heraus, das dadurch seine Machtstellung in Mitteleuropa verlor. In den Augen Stalins und seiner Nachfolger war die DDR eine verdiente Kriegsbeute gewesen. Dass der sowjetische Staats- und Parteireformer Gorbatschow nach langem Ringen schließlich nachgab und Deutschlands NATO-Zugehörigkeit billigte, grenzte an ein kleines Wunder. Gorbatschow hatte viele Feinde im eigenen Land, mit seinem Sturz musste man immer rechnen, was dann auch ein Jahr später, im August 1991, nur knapp fehlschlagen sollte. Immerhin war der Westen aber auch auf die Sowjetunion zugegangen. Kohl bot eine umfassende Zusammenarbeit einschließlich eines Milliardenkredits an, die Bundeswehr sollte deutlich verkleinert werden und die NATO streckte die Hand für eine künftige Sicherheitspartnerschaft aus. Das endgültige Ende des Kalten Krieges nahm nach über 40 Jahren Gestalt an.

Kanzler der Einheit – mit Glück und glücklicher Hand. Weitsichtig hatte Kohl Frankreich die Angst vor einem wirtschaftlich übermächtigen Deutschland genommen, indem er zusagte, Seite an Seite mit Paris die europäische Einigung vorantreiben und sich vorrangig für die Schaffung einer gemeinsamen Währung in Europa – den heutigen »Euro« – einsetzen zu wollen. Der Rest war Formsache, wenngleich die weitreichenden Folgen tief ins Leben der Nation und jedes Einzelnen eingriffen und bis heute zu spüren sind.

Am 1. Juli 1990 trat der Vertrag über die Wirtschafts- und Währungsunion beider deutscher Staaten in Kraft. Auf einen Schlag wurden Löhne, Gehälter und Renten im Verhältnis 1:1

Bei ihrem Juli-Treffen 1990 im Kaukasus räumten Kohl und Gorbatschow die letzte Hürde für die Vereinigung Deutschlands beiseite. Der sowjetische Generalsekretär akzeptierte die Westbindung ganz Deutschlands einschließlich der NATO-Mitgliedschaft – keine Selbstverständlichkeit. Links: Außenminister Genscher (FDP).

umgestellt, überall konnte jetzt mit der D-Mark eingekauft werden. Ein sensationeller Einschnitt im Leben der DDR-Bürger, die jetzt erwerben konnten, was zuvor nicht vorhanden oder unerschwinglich gewesen war. Aus wirtschaftlicher Sicht barg das zwar große Gefahren, weil die DDR ökonomisch vor dem Zusammenbruch stand und ihre Währung im Grunde kaum mehr etwas wert war. Doch politisch gab es wohl keinen anderen Weg, wenn man den anhaltenden Übersiedlerstrom bremsen und eine Zuspitzung der Situation in Ostdeutschland verhindern wollte.

Nach dem internationalen Durchbruch in den Verhandlungen über das künftige Deutschland brachten die Regierungen in Bonn und Ost-Berlin im Sommer 1990 den abschließenden Einigungsvertrag unter Dach und Fach. Eile schien geboten, denn die Einheit war eine einmalige Chance, die auch verspielt werden konnte. Deshalb entschied man sich für einen Beitritt der DDR zur Bundesrepublik nach Artikel 23 des Grundgesetzes, den die Volkskammer am 23. August mit großer Mehrheit beschloss. Eine Minderheit in Ost und West hätte es allerdings vorgezogen, wenn die Wiedervereinigung durch eine vom ganzen deutschen Volk beschlossene neue Verfassung zustande gekommen wäre, wie es der Artikel 146 vorsah. Das wäre wohl der würdigere Rahmen für die nach rund 120 Jahren endlich gewonnene Einheit in Freiheit und Frieden gewesen;

aber die Zeit und die Menschen im Osten drängten, und demokratisch waren beide Verfahren.

Mit dem Abschluss der »Zwei-plus-Vier«-Verhandlungen erloschen alle Rechte der Siegermächte des Zweiten Weltkriegs, das neue Deutschland erlangte damit erstmals seit 1949 seine volle Souveränität – als Staat unter Staaten mit gleichen Rechten und Pflichten international anerkannt. Am 3. Oktober 1990, dem Tag, an dem das Grundgesetz in ganz Deutschland in Kraft trat und die Einheit verwirklicht war, feierten die Deutschen gemeinsam das Ende eines langen Weges und den Aufbruch in eine neue, ungewisse Zukunft. Hinter ihnen lag ein langer Zeitraum, während dessen es ihnen als Nation nie gelungen war, Einheit und Freiheit, wie bei anderen Völkern, ins Gleichgewicht zu bringen.

Weil Freiheit und Demokratie Nachzügler und 1933 ganz auf der Strecke blieben, war nach zwei Weltkriegen auch die

Mit der Einheit Deutschlands 1990 wurden alle Gebietsfragen einvernehmlich geregelt. Die »deutsche Frage«, eine Herausforderung für Europa seit dem 19. Jahrhundert, fand auf diese Weise eine abschließende Antwort unter friedlichen Vorzeichen.

Einheit zerronnen. Weil die Deutschen schon im Kaiserreich zur freien Nation sich nicht fanden, wie es ihre großen Dichter Goethe und Schiller hellsichtig vorhergesehen hatten, weil sie erst in übersteigertem Nationalismus, dann im barbarischen Nationalsozialismus Erfüllung und Erlösung suchten, opferten sie zunächst die Freiheit und verloren darüber alsbald auch

Am 3. Oktober 1990 wurde wahr, woran die Deutschen in ihrer Geschichte so oft gescheitert waren: die Einheit in Freiheit. An diesem Tag feierte die Nation vor dem Reichstag in Berlin über Parteigrenzen hinweg. Von links: der damalige SPD-Kanzlerkandidat Oskar Lafontaine, Willy Brandt, Außenminister Genscher, Kanzler Kohl und Bundespräsident Weizsäcker.

die Einheit. Nur einem Teil der Nation war es nach 1945 vergönnt, ein Haus der Freiheit zu errichten – auf Kosten der Einheit.

Welch ein Glück, dass sich dem Volk in der Mitte Europas nun, nach dem Scheitern des Bismarckreichs und der Weimarer Republik, eine dritte Chance bot, Freiheit und Einheit friedlich zu versöhnen! Im Widerschein eines festlichen Feuerwerks zur mitternächtlichen Stunde bejubelten Hunderttausende das Ereignis am 2./3. Oktober in Berlin. Und Bundespräsident Richard von Weizsäcker brachte auf den Punkt, warum die Deutschen sich so glücklich schätzen durften:

»Zum ersten Mal bilden wir Deutschen keinen Streitpunkt auf der europäischen Tagesordnung. Unsere Einheit wurde niemandem aufgezwungen, sondern friedlich vereinbart. Sie ist Teil eines gesamteuropäischen geschichtlichen Prozesses, der die Freiheit der Völker und eine neue Friedensordnung unseres Kontinents zum Ziel hat [...] Der Tag ist gekommen, an dem zum ersten Mal in der Geschichte das ganze Deutschland seinen dauerhaften Platz im Kreis der westlichen Demokratien findet.«

Wie lange würde dieses Glück wohl halten?

IX. Von der Bonner zur Berliner Republik – ein Land muss sich neu erfinden

Vereint und trotzdem gespalten

Wer nach 1980 in Deutschland geboren wurde, ist in sein wiedervereinigtes Vaterland allmählich hineingewachsen und kennt nichts anderes. Die heute unter Vierzigjährigen leben überdies in einer auch subjektiv so erfahrenen Zeit der ungeheuren Beschleunigung, weshalb ihnen die getrennt verlaufende Geschichte der beiden Teile Deutschlands beinahe zwangsläufig wie etwas sich in grauer Vorzeit Verlierendes erscheinen muss, als Menschen noch keine Computer und keine Handys besaßen. Ältere werden das vielleicht etwas anders sehen. Zwar dürften auch sie das vergangene Vierteljahrhundert als rasante Achterbahnfahrt wahrgenommen haben. Aber als damals Miterlebende wissen sie noch, dass die Welt während der überraschenden Veränderungen der Jahre 1989/90 regelrecht den Atem anhielt, als sich für jedermann offensichtlich Welthistorisches auf engstem Raum und in kürzester Zeit abspielte. Wohl selten zuvor war »große Geschichte« so unmittelbar ein Stück Alltagserfahrung. Und es war wohl auch dieser Stimmung geschuldet, dass selbst kluge Köpfe für kurze Zeit vergaßen, was sie die Geschichte von Jahrtausenden hätte lehren können, nämlich dass ein glückliches Ereignis nicht zwangsläufig ewiges Glück bedeutet.

Zu genau diesem Fehlschluss aber ließen sich viele verleiten. Der rasche Sieg der demokratischen Revolutionen in Osteuropa, die das Ende des Weltkommunismus und der alten Nachkriegsordnung besiegelten, war ihnen Grund genug zu der irrigen Annahme, es sei gar das »Ende der Geschichte« erreicht – so der Titel eines viel beachteten Buches des amerikanischen Politikwissenschaftlers Francis Fukuyama. Er und andere berauschten sich derart am Triumph des Westens und dessen Werbung für wirtschaftliche und politische Freiheit, Kapitalismus und Demokratie, dass sie darüber vergaßen, wie launenhaft und unberechenbar Geschichte immer war und wohl immer sein wird. Denn solange Menschen mit sehr unterschiedlichen Interessen Geschichte machen, also Einfluss zu erringen versuchen, um Macht in ihrem Sinne auszuüben, wird die Zukunft immer offen bleiben und ist ein Ende folglich nicht abzusehen. Naivität und Wunschdenken beflügelten Anfang der Neunzigerjahre im Westen die Vorstellung, dass mit der friedlichen Ausbreitung von Freiheit, Demokratie und Bürgerrechten über die ganze Welt die Menschheit geradlinig und unaufhaltsam einem neuen Zeitalter von wachsendem Wohlstand und ewigem Glück zustrebe.

Obwohl die raue Wirklichkeit mit solchen Illusionen schon bald aufräumte, bemächtigte sich vieler Politiker im Laufe der Zeit eine gewisse Blauäugigkeit – etwa im Verhältnis zu Russland oder hinsichtlich der Zukunft Europas – mit besorgniserregenden Auswirkungen bis in die unmittelbare Gegenwart. Zwar bannte der Zusammenbruch des sowjetischen Machtblocks die Gefahr eines nuklearen Welt-Infernos und schien die Zeit der großen Konflikte vorbei zu sein. Dennoch war nicht zu übersehen, dass schon bald nach der großen deutschen Einheitsfeier überall auf der Welt gefährliche Brandherde aufloderten, die Deutschland, den nunmehr größten Staat in der Mitte Europas, auf ganz neue Art herausforderten. Der Golfkrieg 1991 gegen den Irak unter dessen Diktator Saddam Hussein und die jahrelangen Bürgerkriege im zerfallenden Jugoslawien waren der Auftakt gewaltsamer Konflikte in vielen Regionen der Welt, denen oftmals religiöse und ethnische Spannungen zugrunde lagen und die immer wieder Chaos und das Scheitern ganzer Staaten heraufbeschworen – bis heute.

Ruhe und Beschaulichkeit war den frisch wiedervereinten Deutschen also nicht vergönnt. Zunächst mochte es den Anschein haben, dass es nach der gewonnenen Einheit nur bergauf gehen könne, und Helmut Kohl, der »Kanzler der Einheit«, nährte solche Blütenträume nach Kräften. »Blühende Landschaften«, die schon bald entstehen sollten, versprach er den Ostdeutschen im Bundestagswahlkampf Ende 1990 vollmundig und schloss dabei Steuererhöhungen für den »Aufschwung Ost« ausdrücklich aus.

Das war nicht nur ein leichtfertiges Versprechen des Kanzlers, sondern leider waren auch viele Menschen leichtgläubig genug, es für bare Münze zu nehmen. Wahltaktisch konnte Kohl durch den Verweis auf die alles vermögenden Kräfte der freien Marktwirtschaft die Mehrheit der Menschen so an sich und seine Koalition binden. Im Osten ohnehin, denn dort sahen die meisten in Kohl die Verkörperung einer besseren Zukunft, aber auch im Westen, wo kaum einer hören wollte, dass die Einheit nicht umsonst zu haben sein werde. Unangenehme Wahrheiten verschwieg der Kanzler lieber.

Bei der Schaffung der äußeren Einheit Deutschlands bewies Kohl Weitsicht und politische Klugheit, insbesondere auch im Hinblick auf die europäische Verankerung des Landes. Was hingegen das Zusammenwachsen zwischen Ost und West, den langwierigen Prozess der inneren Einheit betraf, so verkaufte er den Deutschen eine Illusion, man könnte auch sagen: eine Mogelpackung. Ein bitteres Erwachen folgte. Dass es Jahrzehnte dauern würde, bis alle Deutschen einen ähnlichen Lebensstandard haben würden, musste eigentlich jedem klar sein, der sich die riesige Kluft zwischen der Wirtschaftskraft West- und Ostdeutschlands vor Augen hielt. – Doch wer schaute schon so genau hin? Erst nach und nach enthüllte sich in vollem Ausmaß, wie ruiniert die alte DDR im Grunde war. Die rund 16 Millionen Bürger in den neuen Bundesländern Brandenburg, Mecklenburg-Vorpommern, Sachsen, Sachsen-Anhalt und Thüringen wollten – verständlicherweise – lieber heute als morgen so leben wie die wohlstandsverwöhnten Westdeutschen. Eine zu hohe Erwartung, die in Enttäuschung umschlagen musste.

Umgekehrt dämmerte den Westdeutschen erst allmählich, welche großen finanziellen Leistungen von ihrer Seite erforderlich waren, um den neuen Bundesländern auf die Beine zu helfen. Missmut kam auf, West- und Ostdeutsche wurden einander fremd, wenn sie es durch die jahrzehntelange Trennung zuvor nicht schon längst waren. Die einen lästerten über die Ostdeutschen als »Jammer-Ossis«, für die anderen waren die Westdeutschen gierige und besserwisserische »Wessis«, die sich in ihrer neuen »Besatzungszone« breitmachten und alles aufkauften, was ihnen Gewinn versprach.

Einer, der das früh erkannt hatte und den Finger auf die Wunde legte, war Kohls Herausforderer im Bundestagswahlkampf 1990: der SPD-Spitzenkandidat Oskar Lafontaine. Seine

Berechnungen über die zu erwartenden Kosten für die deutsche Einheit sollten sich im Nachhinein als ziemlich zutreffend erweisen. Nicht nur er befürchtete, dass die neuen Bundesländer ein Schicksal ereilen könnte wie Italiens seit jeher zurückgebliebener Süden, der »Mezzogiorno«. Doch so richtig Lafontaine mit seinen Warnungen lag, im Glückstaumel des Jahres 1990 wollte sie niemand hören.

Hinzu kam, dass die Sozialdemokraten, allen voran wieder ihr Kanzlerkandidat Lafontaine und mit der großen Ausnahme ihres Übervaters Willy Brandt, im Wahlkampf nicht den Eindruck vermitteln konnten, überzeugte Verfechter der deutschen Einheit zu sein. Damit tat man der Traditionspartei, die ihre großen historischen Verdienste um die Nation ohne jeden Zweifel hatte, sicherlich unrecht. Aber der Saarländer Lafontaine, der aus seiner Vorliebe für französische Lebensart kein Hehl machte, erschien wie ein Bedenkenträger, dem der Osten nicht wirklich am Herzen lag. Und so war der Ausgang der ersten gesamtdeutschen Bundestagswahl im Dezember 1990 keine Überraschung.

Die Unionsparteien blieben mit 43,8 Prozent etwas unter dem Ergebnis von 1987, erzielten jedoch gemeinsam mit der FDP (11 Prozent) eine komfortable Regierungsmehrheit. Verlierer waren die SPD mit nur 33,5 Prozent der Stimmen und die Grünen, die unter der Fünf-Prozent-Hürde landeten. Im Osten gut abgeschnitten hatte die Nachfolgepartei der SED, die »Partei des Demokratischen Sozialismus« (PDS), mit 11,1 Prozent. Zunächst nur auf dem Gebiet der alten DDR als Regionalpartei erfolgreich verankert, sollte sich die PDS neben den Grünen später zu einer weiteren Konkurrenz für die SPD auch im Westen mausern.

Der Einheitskanzler Helmut Kohl blieb also im Amt, und an seiner Seite war wieder der freidemokratische Außenminister Hans-Dietrich Genscher als Vizekanzler, dessen diplomatisches Geschick über die deutsche Vereinigung hinaus benötigt wurde. Die bürgerlich-liberale Koalition stand nun vor der großen Aufgabe, Deutschland zu erneuern. Denn um nichts Geringeres ging es. Vom »Jugendstreich« hatte der Soziologe Max Weber 1895 im Rückblick auf die erste deutsche Reichsgründung von 1871 gesprochen und Deutschlands weiter reichende imperiale Ansprüche geltend gemacht. Um einen

»Platz an der Sonne« mit Kolonien ging es diesmal nicht, wohl aber um Deutschlands künftige Rolle in der Welt im internationalen Konzert der großen, mittleren und kleineren Mächte. Und es ging im Innern um die schrittweise Herbeiführung der tatsächlichen Einheit, der politischen und wirtschaftlichen Annäherung beider Teile Deutschlands – ein Prozess, der aufgrund des großen sozialökonomischen Gefälles und der jahrzehntelangen Entfremdung zwischen Ost und West keine Selbstverständlichkeit sein konnte, sondern sehr große Anstrengungen und die Fähigkeit beider Seiten erfordern würde, über den jeweils eigenen Schatten zu springen.

Würden die Deutschen das schaffen? Ihr Kaiserreich, der erste nationale Zusammenschluss, war nicht zuletzt daran gescheitert, dass ihm kein innerer politischer Ausgleich gefolgt war, Bismarcks Werk ein Kraftakt von oben blieb. Gut ein Jahrhundert später standen alle Deutschen vor der Herausforderung, beim zweiten Anlauf die innere Einheit zu stemmen. Hatten sie dafür die richtige Regierung? Ende der Achtzigerjahre, die Grenzen zwischen Ost und West waren noch verriegelt, galt Kanzler Kohl in der politischen Öffentlichkeit als Auslaufmodell ohne Fortune, von führenden Medien des Landes schon abgeschrieben. Nun, nach der von ihm mit eingefädelten Einheit und der nochmals gewonnenen Wahl, stand er auf dem Höhepunkt seiner Macht. Was würde er damit anfangen?

Zunächst ließ sich scheinbar alles ganz gut an. Die westdeutsche Wirtschaft profitierte von einem neuen Markt. Denn die Ostdeutschen, die vieles hatten entbehren müssen, hatten als Konsumenten einen entsprechend großen Nachholbedarf, und nach der im Sommer 1990 vollzogenen Währungsangleichung in Ostdeutschland verfügten die früheren DDR-Bürger auch über die nötige harte D-Mark, um einen Nachfrageboom auszulösen. Verlockende Absatzchancen also für die westdeutsche Industrie. Außerdem musste im Osten ja praktisch alles erneuert werden: Straßen, Schienen, das Telefonnetz, private Häuser und öffentliche Gebäude. Eine Ausgangslage, wie geschaffen für enorme öffentliche und private Investitionen.

Doch bald zeigte sich, dass der Finanzbedarf für den »Aufschwung Ost« entschieden größer war als zunächst angenommen. Und eine weitere Fehleinschätzung kam hinzu: Man hatte

verkannt, in welch marodem Zustand die alten DDR-Betriebe tatsächlich waren. Vor allem durch deren Privatisierung hatte die Bundesregierung die Wirtschaft in den neuen Bundesländern rasch anzukurbeln gehofft, und Detlev Rohwedder, Chef der mit dieser Aufgabe betrauten »Treuhandanstalt«, rechnete zu Beginn seiner Arbeit damit, dass »der ganze Salat [...] 600 Milliarden wert« sei – also nach heutigen Maßstäben ungefähr 300 Milliarden Euro. Am Ende blieben die Erlöse der Treuhand weit unter diesen Erwartungen.

Wohnen unter den Schloten des Braunkohle-Kombinats in Bitterfeld. Die Kohle- und Chemieregion litt besonders unter der Umweltverschmutzung, gegen die in der DDR kaum etwas unternommen worden war. Dass hier so schnell keine »blühenden Landschaften« entstehen würden, war offensichtlich.

Die »Sanierung Ost« erwies sich als weit schwieriger als gedacht, und sie wurde noch schwieriger, als sich bald eine unerwünschte Nebenwirkung zeigte. Im Zuge der wirtschaftlichen Abwicklung eines ganzen Landes schnellte nämlich die Arbeitslosigkeit im Osten rapide nach oben. 1992 waren bereits fast 15 Prozent der Ostdeutschen ohne Arbeit, bis 1998 stieg diese Zahl auf fast 20 Prozent an. Und auf diesem hohen Sockel verharrte sie fast ein Jahrzehnt. Noch im Jahr 2011 betrug die Arbeitslosigkeit in den neuen Bundesländern 12,6 Prozent. Zwar entstanden auch neue Unternehmen, oft sogar moderner und produktiver als im Westen, aber gerade wegen ihrer hohen Produktivität waren sie bei Weitem nicht in der Lage, das wachsende Heer der Beschäftigungslosen aufzunehmen.

Verschärft wurde die Situation dadurch, dass auch im Westen nach und nach immer mehr Menschen ihre Arbeit verloren. 1991 waren es erst 6,3 Prozent, knapp anderthalb Jahrzehnte später lag die Quote bei 11 Prozent. 2005 erreichte die Arbeitslosigkeit in Gesamtdeutschland mit 13 Prozent dann ihren Höchststand. Wir kommen darauf weiter unten noch einmal zu sprechen.

Auf die anfängliche Einheits-Euphorie war schneller als erwartet Ernüchterung gefolgt, und schon im April 1991 bilanzierte der »Spiegel«: »Gewiss ist bislang nur, dass der wirtschaftliche Verfall mit immer höherem Tempo voranschreitet. Was gegenwärtig im östlichen Deutschland geschieht, hat sich in Friedenszeiten noch nie ereignet: Eine komplette Industrieregion wird niedergemacht. Ob Schiffswerften oder Textilfabriken, ob Stahlwerke oder Computer-Unternehmen – mit ihren Produkten und mit ihren Preisen sind sie alle der Welt-Konkurrenz hoffnungslos unterlegen. Kaum ein Unternehmen wird in seiner alten Form erhalten bleiben, die meisten sind überreif für den Konkurs. Das Alte kracht zusammen, der Neuaufbau lässt auf sich warten. Über viele Jahre hinweg werden jährlich dreistellige Milliardenbeträge von West nach Ost fließen, der Aufwand für die Rekonstruktion der Ost-Wirtschaft wird in Billionen kalkuliert.« Gab es denn gar keine Gewinner, möchte man da fragen, und die Antwort hellt das Bild leider nicht auf. Denn allzu oft waren es clevere Geschäftemacher aus dem Westen, die sich einzelne Filetstücke aus der Konkursmasse der Treuhand für einen Spottpreis unter den Nagel rissen, um möglichst schnellen Profit daraus zu schlagen.

Nun dämmerte auch der Regierung Kohl, dass es so nicht weitergehen konnte. Doch was tun? Keine Steuererhöhungen, so hatten es die Unionsparteien und die FDP im Wahlkampf versprochen. Statt die Gunst der Stunde zu nutzen und an die Opferbereitschaft der Deutschen im Einheitsglück zu appellieren, hatte Kohl den Wählerinnen und Wählern Sand in die Augen gestreut. Das rächte sich jetzt. Wie sich überhaupt rächte, dass die Einheit eine ausschließlich konservative Handschrift mit liberalen Farbtupfern trug. Die Vereinigung hätte ja auch die Chance geboten, die westdeutsche Verfassung auf den Prüfstand zu stellen und zeitgemäß zu modernisieren. Zwar hatte sich das Grundgesetz seit 1949 im Großen und Ganzen bewährt – aber was sprach eigentlich dagegen, Erfahrungen der DDR-Opposition in Form von mehr Bürgerbeteiligung in die gesamtdeutsche Verfassung einfließen zu lassen? Was dagegen, die Verpflichtungen, die aus Eigentum erwachsen, etwas präziser zu fassen? Über solche Veränderungen war von Experten an einem »Runden Tisch« diskutiert worden, doch konservative Juristen hatten sich gegen jede Veränderung gestemmt.

Stattdessen brach die christlich-liberale Koalition nun ihr Wahlversprechen und erhöhte Anfang 1991 die Steuern. Der »Solidaritätszuschlag« (Soli), eine Erhöhung der Einkommenssteuer um zunächst 7,5 Prozent, traf alle Bürger in West und Ost. Er war zu Beginn eigentlich eine Anleihe, zweckgebunden für den Aufbau Ost, und sollte deshalb auch zeitlich befristet sein und den Bürgern nach Möglichkeit sogar zurückerstattet werden. Heute, ein Vierteljahrhundert später, fragen viele Bundesbürger, wie lange diese Abgabe so noch gerechtfertigt ist. Zwar sind die wirtschaftlichen und sozialen Lebensverhältnisse in Deutschland immer noch recht unterschiedlich. Die Linien zwischen wohlhabenden und ärmeren Regionen verlaufen aber nicht mehr primär zwischen Ost und West, sondern finden sich in allen Himmelsrichtungen. Tendenziell steht der Süden besser da als der Norden, und in Teilen des Ruhrgebiets ist es um die öffentliche Infrastruktur weitaus schlechter bestellt als in manchen Regionen Ostdeutschlands.

1991 aber reichte der Soli noch bei Weitem nicht aus. Und da an weitere Steuererhöhungen mit Rücksicht auf die eher besitzbürgerliche Wählerschaft von CDU/CSU und FDP nicht zu denken war, wurde die finanzielle Last der Einheit noch deutlicher auf die breite Bevölkerung verteilt. Das Mittel dazu war eine drastische Erhöhung der Beitragssätze zur Arbeitslosenversicherung. Da sie auch die Unternehmer traf und Jahr um Jahr die Arbeitskosten verteuerte, wurde eine verhängnisvolle Entwicklung in Richtung höherer Arbeitslosenzahlen in Gang gesetzt – und die Einheit hätte doch eigentlich mehr Arbeit schaffen sollen! Je mehr Zeit verging, desto mehr offenbarte sich, wie teuer die Sanierung der neuen Länder für alle Bundesbürger werden würde.

Von 1991 bis 1999 flossen ungefähr 1,2 Billionen DM in den

Aufbau Ost, jährlich rund 140 Milliarden DM. Das entsprach nahezu einem Drittel des Bundeshaushalts. Bis Ende 2007 stieg dieser Bedarf auf über 1,4 Billionen DM. Gewaltige Summen, die zu einer regelrechten Explosion der Staatsverschuldung führten. Zwischen 1989 und 1996 verdoppelte die sich von 929 Milliarden auf 1996 Milliarden DM – ein übergroßer finanzieller Kraftakt, der das geeinte Deutschland in den Neunzigerjahren wirtschaftlich in die Defensive brachte. Eine weltweit einsetzende Konjunkturabkühlung mit rückläufigem Wirtschaftswachstum kam hinzu, sodass seit Mitte des Jahrzehnts eine Debatte darüber einsetzte, was getan werden müsse, um Deutschland ökonomisch wieder auf die Beine zu bringen.

Heute wissen wir Deutschen, dass wir die Lasten der Einheit erfolgreich geschultert haben. Gleichwohl sei die Frage erlaubt, ob, erstens, diese Lasten gerecht verteilt waren und ob, zweitens, nicht eine große Chance vertan wurde, einige insbesondere steuerpolitische Weichen im vereinten Deutschland neu zu stellen. Denn um nichts anderes geht es ja in der Steuerpolitik als um die gerechte Verteilung von Lasten in einem Gemeinwesen. Und nicht wenige meinen, man hätte Spitzenverdienern, Besitzern großer Vermögen und reichen Erben eine größere Steuerlast zumuten können. Es wäre ein Beitrag zur viel beschworenen nationalen Solidarität in einem Sozialstaat gewesen – und wäre es immer noch. Denn so gewiss Deutschland wirtschaftlich wieder zu Kräften gekommen und damit auch zu einer starken Einheit geworden ist, so gewiss steht der soziale Zusammenhalt in unserer Gesellschaft auf dem Prüfstand. Eine wachsende Kluft zwischen Reich und Arm ist ebenso offensichtlich wie die Ausgrenzung, aber auch selbst gewählte Abschottung ganzer sozialer Schichten, die in eigenen Welten ohne Berührungspunkte leben. Doch wir greifen den Dingen voraus.

In den Neunzigerjahren, in denen wir uns immer noch befinden, wurden die vom Jobverlust betroffenen Menschen in Ost und West durch das feinmaschige Netz der Arbeitslosenversicherung noch vergleichsweise gut aufgefangen, wie auch Rentenanpassungen dafür sorgten, dass die meisten Bundesbürger ein erträgliches Einkommen hatten. Gleichwohl tat sich schon im ersten Einheitsjahrzehnt langsam, aber stetig eine

Schere auf: zwischen West und Ost ohnehin, aber auch zwischen denen, die von der Einheit profitierten, und jenen, die »abgehängt« wurden. Einheitsgewinner und Einheitsverlierer machten das neue Deutschland erkennbar ungleicher, die Vereinigung erzeugte neue Spaltungen. Einflüsse von außen kamen hinzu.

Dass es in den neuen Bundesländern wirtschaftlich so schnell bergab und nur sehr langsam bergauf ging, lag nicht nur am beschriebenen maroden Zustand der untergegangenen DDR, sondern auch an einer atemberaubend schnellen Internationalisierung von Produktion und Handel nach dem Kollaps des Ostblocks. So etwas hatte es seit Beginn des Kapitalismus immer wieder gegeben. Völlig neu und nur der Erfindung des Buchdrucks im 15. Jahrhundert vergleichbar war jedoch die tief greifende Veränderung durch den Aufstieg von Computer und Internet, die erst sämtliche Kommunikationsweisen umwälzten und bis heute weltweit alle Wirtschaftsprozesse unablässig digitalisieren und damit revolutionieren. »Globalisierung« lautete das Schlagwort der Neunzigerjahre, das inzwischen in die Alltagssprache eingegangen ist.

Mit der Globalisierung einher ging und geht vor allem der Abbau traditioneller und der Aufbau neuer Arbeitsplätze. Alte Industrien verschwanden, andere entstanden, die Fabrikation mancher Waren wanderte ins Ausland ab, technologische Spezialisierung führte zu einer neuen Arbeitsteilung und erschloss Deutschland zusätzliche Märkte. Doch im Osten der Republik führte die Kombination aus der Abwicklung des Alten und den Anpassungszwängen der Globalisierung zu einer bis heute anhaltenden ungleichen Entwicklung: Hochmodernen und leistungsfähigen Metropolregionen wie etwa Dresden und Leipzig stehen verwaiste und entvölkerte ländliche Regionen in Teilen Brandenburgs und Mecklenburg-Vorpommerns gegenüber. Diese Entwicklung war damals im Einzelnen nicht vorherzusehen – es existierte nun mal keine Blaupause für die historische Gelegenheit, zwei miteinander verwandte, aber dennoch stark unterschiedliche Landesteile schrittweise anzugleichen.

Ob die von außen kommenden Probleme der Globalisierung die innere Einheit Deutschlands womöglich sogar befördert haben, ist eine Frage für künftige Historiker. Sie zu beantworten ist heute noch nicht möglich. Was wir aber schon fragen können und müssen, ist, wie wir uns denn selbst, in West und Ost, bei der Verwirklichung dieser Einheit nicht nur bei der Lösung wirtschaftlicher Probleme angestellt haben. Dass es dafür Geduld und einen langen Atem brauchte, war bald allen klar. Auch darüber, dass es dazu nicht nur Tatkraft brauchte, sondern auch die Bereitschaft von »Wessis« und »Ossis«, sich wechselseitig zu respektieren, herrschte weithin Konsens – zumindest theoretisch. Praktisch sah es lange anders aus. An der Fähigkeit, die Stärken und Schwächen der jeweils anderen Seite wohlwollend und mit dem nötigen Fingerspitzengefühl wahrzunehmen, mangelte es durchaus.

Zu den kritischen Themen der Wiedervereinigung zählte der Umgang mit der Vergangenheit. Zum zweiten Mal in ihrer Geschichte mussten sich die Deutschen mit den Unrechtstaten einer Diktatur und den dafür Verantwortlichen auseinandersetzen, was dadurch erschwert wurde, dass in diesem Fall nicht alle gleichermaßen betroffen waren, denn bis 1990 existierte das DDR-Regime ja als Staat mit eigener Verfassung und eigenen Gesetzen neben der Bundesrepublik. Wer also konnte und durfte da über wen zu Gericht sitzen?

Man kann lange darüber streiten, ob die juristische Aufarbeitung staatlicher Kriminalität und die Erneuerung des Führungspersonals in der früheren DDR ein voller Erfolg waren. Unbestreitbar gingen Politik und Justiz dabei aber systematischer und gründlicher vor als bei der Ahndung von NS-Verbrechen in den Jahrzehnten nach Gründung der Bundesrepublik Deutschland 1949. Das trifft ebenfalls auf die Neubesetzung verantwortlicher Posten in Staat, Wirtschaft und Wissenschaft zu. Spielte in diesem Zusammenhang die Absicht eine Rolle, damals Versäumtes wiedergutzumachen? Oder erwies sich einmal mehr der antikommunistische Reflex als Leitmotiv, während die Sehschwäche auf dem rechten Auge zunahm? – Der Reihe nach.

So viel ist sicher nach 25 Jahren deutscher Einheit: Die Entscheidungsträger im Partei-, Staats- und Sicherheitsapparat der verblichenen DDR wurden entmachtet, und die wegen der Todesschüsse an der Berliner Mauer und an der innerdeutschen Grenze geführten Prozesse sollten kleine wie große Täter zur Rechenschaft ziehen. Gegen verantwortliche DDR-Politiker wurden zwölf Verfahren eingeleitet und abgeschlossen. Der letzte Staats- und Parteichef der DDR, Erich Honecker, stand als Angeklagter wegen des Schießbefehls an der innerdeutschen Grenze vor Gericht. Ihm wurde Totschlag vorgeworfen. Schwer krank konnte sich Honecker einer Verurteilung entziehen und starb 1994 in Chile. Andere führende Funktionäre, darunter Stasi-Chef Erich Mielke sowie Ex-Ministerpräsident Willi Stoph, erhielten mehrjährige Haftstrafen. Rund 300 Grenzsoldaten wurden wegen Todesschüssen an der Berliner Mauer verurteilt, 150 Richter und Staatsanwälte der Rechtsbeugung für schuldig befunden.

Gleichwohl verlangten vor allem Opfer des DDR-Regimes eine strengere Strafverfolgung – während Kritiker, nicht selten aus den Reihen der damals noch ostdeutschen PDS, von »Siegerjustiz« sprachen. Die Diskussion ist bis heute nicht abgeschlossen und zeigt – neben Elementen von Unbelehrbarkeit, die sich auch im Rückgriff auf jenen schon von Altnazis gern benutzten Begriff ausdrückt – vor allem dies: dass Gerechtigkeit ein hohes Ideal ist, nach dem auch ein Rechtsstaat nur streben kann. Und immerhin wiederholte sich nicht das politische und juristische Versagen bei der Auseinandersetzung mit der Vergangenheit, wie es in den Aufbaujahren der jungen Bundesrepublik nach dem Zweiten Weltkrieg zu verzeichnen war. Dazu trug auch bei, dass die DDR-Bürgerrechtsbewegung bereits 1989 die Einrichtung einer Behörde für die Unterlagen des früheren Ministeriums für Staatssicherheit (MfS) durchgesetzt hatte. Die Rede ist von der immer noch häufig nach ihrem ersten Leiter, dem jetzigen Bundespräsidenten, benannten Gauck-Behörde. Sie ist bis heute ein oft besuchter Aufklärungsort für Forscher und Stasi-Verfolgte.

Sicher kann man fragen, ob die flächendeckende Überprüfung der sogenannten Informellen Mitarbeiter (IM) der Staatssicherheit, von Hunderttausenden früheren echten und vermeintlichen Spitzeln also, wirklich angemessen war, handelte es sich dabei doch nicht selten um Personen, die in Listen geführt wurden, ohne davon zu wissen. Doch wie immer man diese Frage beantwortet, letztlich geht es bei der kritischen Auseinandersetzung mit Vergangenheiten wie dem NS- oder dem DDR-Regime um ein Bewusstsein davon, was eine Diktatur und einen Unrechtsstaat ausmacht. Wer würde bestreiten, dass Hitlers »Drittes Reich« eine Diktatur und deshalb auch ein Unrechtsstaat, also das Gegenteil eines Rechtsstaats war? Umso seltsamer mutet an, dass laut einer neueren West-Ost-Studie zur Befindlichkeit der Deutschen 70 Prozent der Ostdeutschen die DDR zwar als Diktatur bezeichnen, aber nur 46 Prozent darin einen »Unrechtsstaat« erkennen wollen. Ist das Verharmlosung oder Unkenntnis? Um nicht falsch verstanden zu werden: Die für Krieg, Völkermord und den Holocaust verantwortliche NS-Schreckensherrschaft darf und soll der SED Diktatur nicht gleichgesetzt werden. Wer aber über Diktaturen sprechen will, darf vom Unrecht nicht schweigen. Wie tief die Nachfolgepartei der PDS, die heutige Linkspartei, noch immer dem Rechtfertigungsdenken ehemaliger SED-Mitglieder verhaftet ist und wie sehr sie Nachfragen über den Charakter der DDR scheut, das offenbarte sich im Herbst 2014, als der für seine intellektuelle Schlagfertigkeit von Freunden und Gegnern geschätzte Gregor Gysi Begriffsverwirrung betrieb. »Es gab Unrecht, auch grobes Unrecht«, so der gelernte Anwalt. »Ich sage, es war eine Diktatur, und es war kein Rechtsstaat. Aber ein Unrechtsstaat, das ist für mich der Hitlerstaat.« Die DDR also kein Unrechtsstaat?

Die Auseinandersetzung mit beiden deutschen Diktaturen, der NS-Herrschaft und dem SED-Regime, ihren Ähnlichkeiten und ihren Unterschieden, bleibt eine ständige demokratische Übung für alle Deutschen. Es ist die beste Immunisierung gegen freiheitsfeindliche Anfechtungen aus welcher Ecke auch immer. Gerade in Zeiten großer wirtschaftlicher und sozialer Veränderungen müssen sich Freiheit und Demokratie immer neu behaupten und weiterentwickeln. Scheinbar simple populistische Rezepte, wie sie autoritäre Verächter der oft komplizierten parlamentarischen Regierungspraxis gerne predigen, können im direkten Vergleich zwischen den Vorzügen eines demokratischen Rechts- und Sozialstaats und dem entwürdigenden Alltag in einer Diktatur am besten widerlegt werden.

Mindestens ebenso sehr wie die Ignoranz im Umgang mit der DDR-Vergangenheit muss allerdings beunruhigen, mit welcher Nachlässigkeit deutsche Staatsschutzbehörden nach der Wiedervereinigung die Gefahr von rechts unterschätzten. Wie sonst ist zu erklären, dass in Thüringen kaum behelligt die

Keimzelle des »Nationalsozialistischen Untergrunds« (NSU) heranwuchs, eine rechtsterroristische Vereinigung um die Freunde Uwe Böhnhardt, Uwe Mundlos und Beate Zschäpe, die zwischen 2000 und 2006 eine Serie von Mordanschlägen verübte, der zehn Menschen zum Opfer fielen? Neun von ihnen waren kleine Gewerbetreibende oder deren Mitarbeiter, davon sechs türkische Staatsangehörige, zwei türkischstämmige Deutsche und ein Grieche, allesamt Männer – und allen wurde von den Ermittlern, ohne dass es dafür den geringsten Anhaltspunkt gegeben hätte, ein krimineller Hintergrund unterstellt. Das zehnte Opfer war eine deutsche Polizistin.

Mittlerweile wird gegen Beate Zschäpe vor Gericht verhandelt, Mundlos und Böhnhardt entzogen sich 2011 durch Selbstmord der Verantwortung. Neuere Ermittlungen weisen darauf hin, dass der NSU bis zu 200 Unterstützer gehabt haben könnte. Auch bringt man zahlreiche andere Attentate mit der Gruppe in Verbindung. Jahrelang übersahen die Ermittler einen möglichen rechtsextremen Hintergrund der Mordtaten oder wollten ihn vielleicht einfach nicht wahrhaben. Schwer nachvollziehbare Schlampereien, die nachträgliche Vernichtung von Akten, Fahndungspannen und Zuständigkeitsgerangel zwischen einzelnen Behörden trugen dazu bei, dass die NSU-Anschläge und ihre viel zu späte Aufklärung zu den großen Skandalen in der jüngeren deutschen Geschichte zählen. Auch im Jahr 2015 liegt hier noch vieles im Dunkeln, und noch immer zeigt sich, dass der Aufklärungswille einer kritischen Öffentlichkeit deutlich größer ist als der vieler, die in dem Fall Verantwortung tragen.

Der fatale Umgang mit den NSU-Morden ist auch deshalb so bedenklich, weil sich mörderische Ausländerfeindlichkeit und Rechtsradikalismus in Deutschland schon seit Beginn der Neunzigerjahre gar nicht verbargen, sondern ganz offen ihr Gesicht zeigten. »Schon sind, vor allem im Osten, Überfälle auf Asylanten an der Tagesordnung«, meldete der »Spiegel« im Spätsommer 1991 und urteilte: »Viele Deutsche sehen solche Gewalttaten mit klammheimlicher Freude.« Konnte, durfte das sein? Wer die Bilder gesehen hat, die damals aus Deutschland um die Welt gingen, konnte zu diesem Schluss kommen. Denn die Bilder zeigten nicht nur Täter, sondern auch begeisterte Zuschauer. Ein Symbol dafür wurde das sächsische Hoyerswerda, wo im September 1991 ein jugendlicher Mob ein Wohnheim für Ausländer mit Steinen und Brandsätzen angriff. Ein Jahr darauf, im August 1992, belagerten über 1000 Jugendliche, fanatisch angefeuert von geschätzten 3000 Zuschauern, ein Wohnheim für ehemalige vietnamesische Vertragsarbeiter in Rostock-Lichtenhagen und setzten es in Brand. Dass es dabei keine Toten gab, grenzte an ein Wunder. Es gab sie aber, als wenig später die Welle solcher Anschläge nach Westdeutschland überschwappte. Bei Brandattacken auf von Türken bewohnte Häuser im schleswig-holsteinischen Mölln (November 1992) und im nordrhein-westfälischen Solingen (Mai 1993) kamen insgesamt zehn Menschen ums Leben, darunter fünf Kinder.

Soweit bekannt, wurden in dieser Zeit in 21 Orten Deutschlands Anschläge und Übergriffe auf Ausländer verübt. Die Dunkelziffer dürfte deutlich darüber liegen, denn nicht jede Tat wurde gemeldet. Zwischen 1990 und 2000 brachten Rechtsextremisten mehr als 100 Menschen um – fast immer waren es »Menschen mit Migrationshintergrund«, wie man nun sagte. Der gut gemeinte Begriff sollte die immer hitziger geführte Asyldebatte versachlichen, war aber insofern irreführend, als es sich bei den meisten Menschen, die nach Deutschland kamen, um Flüchtlinge oder Einwanderer handelte. Migranten, durchziehende Wanderer, waren sie gerade nicht, denn viele hatten gezwungenermaßen ihre ursprüngliche Heimat verlassen und sich auf den oft gefahrvollen Weg gemacht, um in Deutschland oder anderen europäischen Ländern neue Wurzeln zu schlagen.

Zur Asyldebatte kam es während des Zerfalls Jugoslawiens und des dort von allen Seiten erbittert ausgetragenen Bürgerkriegs am Anfang der Neunzigerjahre. Die Flucht vieler Menschen vor diesem Krieg und seinen Gräueln führte zu einem vorübergehenden starken Anstieg von Asylbewerbern in Deutschland und in dessen Folge zu beinahe hysterischen Auseinandersetzungen darüber, wie viele solcher Flüchtlinge Deutschland »verkraften« könne. Zwar kehrten die meisten Flüchtlinge später wieder nach Hause zurück, doch da hatte die Politik auf die Debatte schon reagiert: 1993 beschloss die Regierungskoalition aus CDU/CSU und FDP eine Verschärfung des Asyl-Grundrechts, das es politischen Flüchtlingen fortan erschwerte, nach Deutschland zu gelangen. Wer in einem vermeintlich sicheren Staat lebte oder in einem anderen zunächst Unterschlupf gefunden hatte, konnte fortan abgewiesen werden. Das Grundrecht auf politisches Asyl, das die Mütter und Väter des Grundgesetzes nach den Erfahrungen im Nationalsozialismus ganz bewusst stark in der bundesrepublikanischen Verfassung verankert hatten, war damit zwar nicht abgeschafft, aber doch entscheidend aufgeweicht worden. Die Frage, wie es Deutschland mit der Zuwanderung überhaupt hält, war damit aber längst nicht gelöst. Im Gegenteil: Sie stand jetzt erst richtig auf der Tagesordnung.

Denn wie selten zuvor hatte die fahrlässige, um nicht zu sagen unverantwortliche Rede von einer angeblichen »Asylantenflut« gezeigt, wie sehr Deutschland als Ganzes sich in einer Lebenslüge eingerichtet hatte, der nämlich, es sei »kein Einwanderungsland«. Die vielen Deutschen unbequeme Wahrheit war, dass schon seit Anfang der Sechzigerjahre immer mehr Menschen ihr Glück im wirtschaftlich vergleichsweise erfolgreichen und politisch stabilen Deutschland suchten. Längst handelte es sich nicht mehr um »Gastarbeiter« auf Zeit; aus den Menschen, die man in Zeiten des Arbeitskräftemangels ins Land geholt hatte, waren Einwanderer geworden. Und man kann noch weiter zurückgehen. Schon im 19. Jahrhundert war Deutschland Ein- und Auswandererland zugleich gewesen, und somit setzte sich in der zweiten Hälfte des 20. Jahrhunderts nur fort, was weit davor begonnen hatte. Ohne Zuwanderung hätte sich Deutschland nie zu einer so starken Wirtschaftsnation entwickeln können – ganz ähnlich wie die USA, nur mit dem Unterschied, dass sich die meisten Amerikaner darüber längst im Klaren sind.

Was aber war so fatal daran, dass sich die Mehrheit der Deutschen zu einer solchen Sicht nicht durchringen konnte? Das Fatale war, dass eine solche Haltung der Integration, vorsichtig gesagt, nicht förderlich ist. Denn es lebten ja schon Millionen Menschen mit anderen Herkunftswurzeln längst in Deutschland – nur eben im Schatten der deutschen Mehrheitsgesellschaft, mehr oder weniger geduldet, wenn sie als Arbeitskräfte gebraucht wurden, aber nicht wirklich willkommen und in die Bürgergesellschaft eingebunden. An vielen Orten, vorzugsweise in liberalen Milieus einzelner Großstädte, entfaltete sich zwar eine multikulturelle Vielfalt, die in Ansätzen zeigt, wie ein künftiges »bunteres« Deutschland aussehen könnte; es entstanden aber auch, vor allem in von Türken bewohnten Stadtvierteln, abgeschottete Parallelgesellschaften, in denen Familienclans den Ton angeben, die nach ihren eigenen, oft streng konservativen islamischen Vorschriften leben wollen. Freiheitsrechte, aber auch Verpflichtungen, wie sie das Grundgesetz enthält, lehnen sie ab, zumal wenn es um die Gleichberechtigung von Mann und Frau geht.

Die Antwort der Regierung Kohl auf diese und viele andere drängende Probleme der Neunzigerjahre war ein Verharren beim Alten. Selbst eher konservativ gesinnten Bürgern erschien diese Regierung in ihrer Scheu, über Veränderungen auch nur nachzudenken, wie ein Hemmnis für eine Öffnung und Modernisierung des Landes, die angesichts des Wandels, der von der weltweiten Globalisierung ausging, immer dringlicher wurden. Auch die Wirtschaft begann nun zu murren und brach eine Dauerdebatte um den »Standort Deutschland« vom Zaun. Man bemängelte einen »Reformstau« und forderte einen Umbau des Sozialstaats. Massenarbeitslosigkeit, die zunehmende Alterung der Gesellschaft und die Konkurrenz aufstrebender Staaten in Osteuropa und Asien zwängen Deutschland zu einschneidenden Maßnahmen.

Im April 1997 war es dann der seit drei Jahren amtierende Bundespräsident Roman Herzog, der in einer viel beachteten Rede forderte, durch Deutschland müsse ein Ruck gehen. Eine Depression lähme das Land, und es sei höchste Zeit, dass die Deutschen, statt nur auf ihre Sicherheit zu setzen, wieder mehr Geschmack an der Freiheit gewännen. Es war eine Rede nach dem Geschmack vieler Bürger eines Landes, in dem das Sich-einen-Ruck-geben-und-die-Ärmel-Aufkrempeln traditionell in einem guten Ruf steht. Was wenigen auffiel, war, dass hier Freiheit und Sicherheit gegeneinander ausgespielt wurden, die in einer freien Marktwirtschaft doch aufeinander bezogen werden sollten. Gekündigte, die ohne Arbeit auf der Straße stehen, erleben die Kosten der Freiheit nämlich durchaus anders als erfolgreiche Unternehmer, die durch den Abbau von Arbeitsplätzen ihren Gewinn erhöhen. Positiv formuliert: Freiheit als die Möglichkeit, Handlungs- und Beteiligungschancen wahrzunehmen, kann sich nur unter dem Dach von Sicherheit entfalten.

Bei der Bundestagswahl 1994 hatte sich die von Kanzler Kohl geführte Koalition aus CDU/CSU und FDP noch einmal behaupten können. Allerdings erzielten die Unionsparteien ihr schlechtestes Ergebnis seit 1949, während die Sozialdemokraten zulegen konnten. Ein Signal war auch das gute Abschneiden von Bündnis 90/Die Grünen, die vor den Liberalen lagen. Vier Jahre später schaffte Kohl es dann nicht mehr. 16 Jahre lang hatte er das Land regiert, nun – so die vorherrschende Stimmung – war man seiner überdrüssig.

Kohls Kanzlerschaft – bis 1989 blass geblieben – hätte vielleicht ohne die Chance, die ihm der Fall der Mauer in die Hände spielte, ein frühes und ruhmloses Ende gefunden. Aber er ergriff die Möglichkeit, die ihm die Geschichte bot, und wuchs in die Rolle eines bedeutenden Staatsmanns und Politikers hinein. Vor allem auch deshalb, weil er als Deutscher europäisch dachte und die Einheit Deutschlands fest mit der Einigung Europas verband. Leider verdunkelte der machtbewusste CDU-Fürst seinen Abtritt von der politischen Bühne gut ein Jahr nach der Bundestagswahl 1998, als er sich im Zusammenhang mit einer Parteispendenaffäre, in die er persönlich verwickelt war, weigerte, die Namen der ihm bekannten Spender öffentlich zu nennen. Was laut Verfassung in der Demokratie geboten gewesen wäre, die Offenlegung der Geldquellen, erschien dem Kanzler der Einheit nicht so wichtig wie sein »Ehrenwort«, darüber Stillschweigen zu wahren.

Das war schon eine Überraschung am Wahlabend des 27. September 1998. Dass sich die Unionsparteien zuvor im Ab- und die Sozialdemokraten im Aufwind befanden, war zwar dem Gros der politischen Beobachter schon seit Wochen nicht entgangen, und kaum einer wollte mehr auf Kohls Kanzlerschaft wetten. Aber die meisten rechneten doch eher mit einer Großen Koalition und nicht mit einer linken Mehrheit. Nun dämmerte plötzlich allen, dass zum ersten Mal in der deutschen Nachkriegsgeschichte eine amtierende Regierung abgewählt worden war. Und nicht nur das. Nachdem 1980 mit Gründung der Grünen eine linksökologische Rivalin für die SPD entstan-

1998: Eine rot-grüne Koalition unter Kanzler Gerhard Schröder (SPD) und Außenminister Joschka Fischer (Grüne) regiert das Land.

den war, unter deren Nadelstichen sie oft gelitten hatte, nahm nun die historische Premiere eines Regierungsbündnisses beider Parteien Gestalt an.

Zu verdanken war dieser Umschwung dem guten Abschneiden der SPD, die mit 40,9 Prozent der Stimmen die Unionsparteien (35,1 Prozent) nun zum zweiten Mal in der Geschichte der Bundesrepublik in der Wählergunst übertreffen konnte. Warum war den Sozialdemokraten diesmal gelungen, was so oft davor fehlgeschlagen war? Mehrere Umstände verstärkten sich dabei wechselseitig. Deutschland steckte, im Jahr acht der Einheit, in einer Erneuerungskrise. Während Ostdeutschland nicht aus dem Tief herausfand, geriet auch der Westen mehr und mehr in eine gefährliche Klemme. Und beides hing zusammen.

Denn trotz der enormen Summen, die bis dahin in den Aufbau Ost geflossen waren, konnte in den neuen Bundesländern von einem Aufschwung aus eigener Kraft noch immer nicht die Rede sein. Doch wenigstens gab man sich keinen Illusionen mehr hin. Den meisten Deutschen war inzwischen klar geworden, dass die Angleichung der Lebensverhältnisse in West und Ost so schnell nicht zu haben war. Auch dass Fehler begangen worden waren, wurde von niemandem mehr bestritten. Die falsche Einschätzung des Zustands der DDR Wirtschaft; die falschen Erwartungen und verschwiegenen Folgen, was die baldige Angleichung von Löhnen in Ost und West betraf; das westliche Raubrittertum beim Erwerb von Ostbetrieben; das Prinzip »Rückgabe vor Entschädigung« für in der DDR enteignete Betriebe, das zu unklaren Eigentumsverhältnissen führte und manchen seriösen Westunternehmer von einem Engagement im Osten abhielt – es gab vieles, was man hätte besser machen können, und manches, was von der alten Regierung Kohl nicht aus sachlichen Gründen, sondern ihrer Wählerschaft wegen politisch so gewollt gewesen war.

Doch seien wir ehrlich: War das alles ganz zu vermeiden gewesen angesichts der unerwarteten und überraschenden Herausforderungen, auf die nach der Einheit so schnell reagiert werden musste? Ökonomischer Sachverstand ist das eine, Politik, die in einer Demokratie das Machbare vor Augen haben und den Menschen überzeugende Perspektiven bieten muss, ist das andere. Am Bewusstsein für die historische Aufgabe, die sich mit der deutschen Einheit stellte, fehlte es zunächst den meisten – in der Politik ebenso wie in der Wirtschaft.

Erschwerend wirkte sich zudem aus, dass sich das Wirtschaftswachstum nach dem kurzen Einheitsaufschwung zu Beginn der Neunzigerjahre in ganz Deutschland verlangsamte, während die Staatsverschuldung weiter nach oben schnellte. Der Grund: Mit den Jahren wurde fast die Hälfte der Ostdeutschen abhängig von Geld aus Sozialkassen und im Westen erwirtschafteten Einkünften. Selbstverständlich waren die wohlhabenden Westdeutschen verpflichtet, die finanzielle Hauptlast beim Aufbau Ost zu tragen, und es sei auch daran erinnert, dass West- *und* Ostdeutsche den Aufbau-Soli steuerlich zu schultern hatten. Für einen Beobachter von außen musste es immer noch so aussehen, als übten sich die Deutschen in einem großen Akt der Solidarität. Doch in Deutschland selbst war im Wahljahr 1998 von einem solidarischen Bewusstsein aller wenig zu spüren. Im Gegenteil: Als auch immer mehr Westdeutsche in den Sog der Krise gerieten und ihren Arbeitsplatz verloren, schlug eine allgemeine Verdrossenheit in eine politische Wechselstimmung um.

Und auch hier kamen die Auswirkungen der wie ein alles umpflügender Sturm rund um die Welt brausenden Globalisierung ins Spiel. Denn deren Akteure gaben sich mit den schnell und scheinbar spielerisch erworbenen Reichtümern nicht zufrieden. Sie betrieben eine Radikalisierung des wirtschaftlichen Denkens, wonach ihr Handeln, ihre Art des Wirtschaftens oder besser: des Geschäftemachens zum Maßstab für die Wirtschaft überhaupt werden sollte.

Fast fühlte man sich ins 19. Jahrhundert des schrankenlosen Kapitalismus, das »Laissez-faire-Kapitalismus«, zurückversetzt, wenn nun erneut der Segen der entfesselten Märkte, das freie Spiel der Kräfte, die Konkurrenz aller gegen alle beschworen wurde. Und je vorherrschender diese »neoliberale« Marktgläubigkeit in der öffentlichen Diskussion wurde, desto lauter wurden auch die Rufe nach einer Beschneidung der Rolle des Staates. Im Grunde lief es darauf hinaus, den Sozialstaat, so wie er sich vor allem in Deutschland, aber auch in anderen Teilen der westlichen Welt im Laufe des 20. Jahrhunderts entwickelt hatte, in dem Maße zurückzustutzen, wie der Einzelne dazu gezwungen werden sollte, verstärkt für sich selbst zu sorgen.

Für große Lebensrisiken wie Arbeitslosigkeit, Krankheit und Alter, die seit Ende des 19. Jahrhunderts – etwa durch die bismarckschen Sozialgesetze – schrittweise und gegen viele Widerstände mit Rechtsansprüchen abgesichert worden waren, sollte jeder wieder selbst mehr Verantwortung übernehmen. Bei Lichte betrachtet, handelte es sich allerdings um nichts anderes als den Versuch einer zumindest teilweisen Aufkündigung eines Gesellschaftsvertrags, die Auflösung der bürgerlichen Solidargemeinschaft nämlich, die in der Überzeugung gründet, dass stärkere Schultern mehr tragen können und sollen als schwächere.

Und wie begründeten, wie legitimierten die Verfechter des Neoliberalismus ihre Forderungen? Indem sie einen Sündenbock erfanden: den Arbeitslosen. Der klassische Sozialstaat war aus der Einsicht erwachsen, dass die kapitalistische Marktwirtschaft trotz und bisweilen auch wegen ihrer Leistungen in gewissen Abständen unweigerlich Krisen erzeugt, deren Folgen, vor allem Arbeitslosigkeit, für die Menschen abgefedert werden müssen. Massenarbeitslosigkeit war und ist immer Resultat des zyklischen, also durch Erneuerungen und Absatz getriebenen Wirtschaftsgeschehens. In der neoliberalen Ideologie jedoch ist der Arbeitslose selber schuld an seinem Schicksal. Nicht die Marktkräfte haben ihn seine Arbeit gekostet, sondern er hat versagt. Aus dieser verdrehten Sichtweise erscheint es dann ganz natürlich, dass ein jeder die Verantwortung für die Wechselfälle des Lebens am besten selbst übernehmen soll.

Die Debatten über diese Entwicklungen begannen in den

Das umgebaute Reichstagsgebäude in Berlin, seit 1999 Sitz des deutschen Parlaments. Es steht für den mühsamen Weg Deutschlands zu Demokratie, Freiheit und Einheit, in einer Hauptstadt, die immer im Werden ist und beredte Zeugin einer bewegten Vergangenheit bleiben wird.

Neunzigerjahren und gehen auch in der Gegenwart weiter. Die abnehmende Gestaltungskraft einzelner Staaten, ja sogar von Staatengemeinschaften wie der EU, angesichts anhaltender globaler Innovationsschübe und weltwirtschaftlicher Gewichtsverschiebungen könnte dazu führen, dass immer mehr Menschen auf sich selbst gestellt sein werden – in der Arbeit, bei Krankheit und im Alter. 1998 klang das noch mehr als heute wie düstere Zukunftsmusik. Doch viele Menschen merkten genau, dass sie mitten in den Mühen der Einheit in eine Zeit dramatischer Ein- und Umbrüche geraten waren.

Wobei, so ist hinzuzufügen, solche Umbrüche nicht nur beängstigend sein müssen – gerade für junge Menschen enthielten sie auch durchaus positive Verheißungen. Eine mit dem Computer und mit Programmiertechniken bereits vertraute Generation war nachgewachsen, ehrgeizige und ungeduldige Firmengründer, die für ihre »Start-ups« Investoren, aber auch die Unterstützung der Politik suchten. Auf genau diese rasch wachsende Gruppe, Teil der sogenannten neuen Mitte, hatte die SPD in ihrem an angloamerikanischen Vorbildern ausgerichteten Wahlkampf ein besonderes Auge geworfen. Und mit ihrem Kanzlerkandidaten, dem niedersächsischen Ministerpräsidenten Gerhard Schröder, verfügte sie über einen Politiker, der Modernität und Machtanspruch telegen verband. Mit ihm, gegen den der Amtsinhaber Kohl verbraucht wirkte, erzeugten die Sozialdemokraten eine Aufbruchstimmung im verunsicherten Deutschland, von der sich viele anstecken ließen. Und die Rechnung ging auf, der Coup gelang – am Abend des 27. September stand fest, dass die erste rot-grüne Koalition auf Bundesebene nur noch eine Frage von Verhandlungen war.

Gerhard Schröder holte Bündnis 90/Die Grünen – so nannte sich die Partei nach dem Zusammenschluss der Grünen mit ostdeutschen Bürgerrechtsgruppen – ins gemeinsame Boot mit der SPD. An seiner Seite Joseph, genannt Joschka, Fischer als Außenminister – einst ein Rebell in Frankfurts linker Szene, mittlerweile Vaterfigur der Grünen. Auch das war – wie 1969 und 1982 – ein einschneidender Machtwechsel, da nun die Generation demokratische Verantwortung an der Spitze des Staates übernahm, die seit 1968 erst auf der Straße, dann in den Parlamenten für eine andere Republik gekämpft hatte. Die einstigen Verächter der Bundesrepublik hatten sich zu eifrigen Verfechtern westlicher Freiheit gemausert und sich, ermuntert durch den ostdeutschen Parteiflügel der Grünen, nach anfänglichem Zögern auch mit der deutschen Einheit angefreundet.

Aus der Bonner Republik wurde allmählich die Berliner Republik, nicht nur wegen der endgültigen Entscheidung für Berlin als Hauptstadt, in die 1999 auch Parlament und Regierung zogen, sondern auch, weil Berlin rasch zur neuen kulturellen Metropole aufblühte, Magnet für Künstler und junge Menschen, aber auch kreative Unternehmensgründer, die fasziniert waren vom Nebeneinander von Alt und Neu, von einer immer wieder verwundeten und auferstandenen Stadt, in der weit intensiver als irgendwo sonst krasse Brüche zu besichtigen und erleben waren. Wirtschaftlich ging es der Stadt zwar schlecht, doch das schreckte niemanden ab, auch die namhaften Medienkonzerne nicht, die ihre Standorte rasch nach Berlin verlegten. Bald schon wurde die Spreestadt weltberühmt für ihre unverwechselbare Szene mit trendigen Musikklubs, Avantgardekunst-Galerien, experimentierfreudigen Theaterbühnen und den neuen Medien. »Arm, aber sexy« – mit diesem Slogan machte Berlin, wie einst in den Zwanzigerjahren, New York oder London den Rang als coolste Stadt auf dem Globus streitig.

In diesem neuen Berlin also wollte das rot-grüne Bündnis

auch für eine neue Politik eintreten. Entsprechend groß waren die Erwartungen der Wähler. Doch wer von der neuen Regierung einen großen Wurf für eine bessere Gesellschaft und den Aufbruch zu einer ganz neuen – vielleicht sogar pazifistischen – Außenpolitik erwartet hatte, den holte schon bald die Wirklichkeit ein. Wie auch das Gespann Schröder/Fischer selbst, die, man könnte es wohl so sagen, an ihren Aufgaben wuchsen. Dabei fiel Beobachtern schon bald auf, dass es Sozialdemokraten und Grünen an gemeinsamen, über den Tag hinausreichenden politischen Zielvorgaben mangelte. Hinzu kommt, dass die Öffentlichkeit und zumal die Medien in Deutschland oft übertriebene Erwartungen daran knüpfen, was Politik in mittlerweile stark zerklüfteten und unüberschaubar gewordenen Gesellschaften zu leisten imstande ist. Dann folgt die Enttäuschung naturgemäß auf dem Fuße, und die anfängliche Begeisterung schlägt in kleinmütiges Wehklagen um.

Doch in diesem Fall lagen die Dinge noch etwas anders. Zum einen hatten die meisten – darunter sicherlich auch Gerhard Schröder – nicht mit diesem Wahlausgang gerechnet, sondern eher mit dem Zustandekommen einer Großen Koalition von SPD und Unionsparteien. Das heißt: So richtig vorbereitet auf gemeinsames Regieren waren Rote und Grüne nicht. Zum anderen darf man nicht vergessen, dass insbesondere den Grünen auf ihrem langen Weg an die Macht jenes utopische Fernweh nach und nach abhandengekommen war, das sie, Kinder der 68er-Bewegung, einst beflügelt hatte.

Zum anderen war Deutschland, allen konservativen Beschwörungen einer »geistig-moralischen« Rolle rückwärts zum Trotz, in der Ära Kohl ja keineswegs in biedermeierlicher Nostalgie versunken. Unter der Hand veränderte sich zumindest die westliche Bundesrepublik weiter, die Gesellschaft fächerte sich nach Lebensstilen auf, wurde vielfältiger und bunter. Die Barrikadenstürmer der APO waren zwar politisch gescheitert, der Alltagskultur prägten sie mit der Zeit aber sichtbar ihren Stempel auf. So gesehen befanden sich Linke und Alternative bereits am Ende eines langen Weges, als sie nun, 1998, Regierungsverantwortung übernehmen sollten.

Bedenkt man dies alles, ist es vielleicht verständlich, dass die neue Koalition sich schwertat, Tritt zu fassen. Von Chaos war die Rede. Zu diesem Anfangseindruck trugen vor allem zwei Ereignisse bei, die einen geordneten innenpolitischen Start nicht eben erleichterten, weil sie alle Aufmerksamkeit beanspruchten: der NATO-Angriff unter Beteiligung Deutschlands auf Serbien im März 1999 und der Rücktritt des Finanzministers und SPD-Vorsitzenden Oskar Lafontaine im selben Monat. Auf die Serbienproblematik wird noch einzugehen sein. Was Oskar Lafontaine betrifft, so war sein Rücktritt quasi über Nacht ein in Deutschland bis dahin beispielloser Vorgang und ein Schock für seine eben an die Macht gekommene Partei.

Von großem Verantwortungsgefühl zeugte diese einsame Entscheidung nicht gerade, und wie so oft in der Politik vermischten sich dabei persönliche und sachliche Gründe. Lange hatten der frühere saarländische Ministerpräsident Lafontaine und Schröder, beide machtbewusste Einzelkämpfer, um die Kanzlerkandidatur rivalisiert. Zuletzt hatte Lafontaine dem populäreren »Männerfreund« Schröder den Vortritt gelassen. Wirklich abfinden konnte sich der ehrgeizige SPD-Chef mit dieser Lösung aber offensichtlich nicht. Jetzt, als Finanzminister erst kurz zuvor angetreten, führte er das »schlechte Mannschaftsspiel« der Regierung als Grund für seinen Rücktritt an.

Das dürfte wohl nur die halbe Wahrheit gewesen sein. Tatsächlich misstraute der kapitalismuskritische Lafontaine den Reformabsichten Schröders, der mit wirtschaftsfreundlichen Angeboten eine »Politik der neuen Mitte« nach dem Vorbild seines britischen Kollegen Tony Blair versprach. Und gewiss traute der SPD-Linke sich die Kanzlerschaft eher zu als seinem Parteifreund. Für Schröder und die SPD riss der überstürzte Abgang Lafontaines gleich zwei Lücken auf. Die eine schloss Hans Eichel als neuer Finanzminister, fortan damit beschäftigt, Haushaltslöcher zu stopfen; die andere füllte Schröder selbst aus, indem er den SPD-Vorsitz übernahm.

Ein Liebling seiner Partei war der durchsetzungsstarke und zunächst von den Medien umschmeichelte Niedersachse nie. Schröder, Jahrgang 1944, in bescheidenen Verhältnissen und vaterlos aufgewachsen, hatte sich aus eigener Kraft – und mit Hilfe der SPD – hochgearbeitet. Die Sozialdemokratie bot ihm, der auf dem zweiten Bildungsweg Abitur gemacht hatte und Rechtsanwalt geworden war, gesellschaftliche Aufstiegschancen.

Wie vielen anderen seiner Generation, die nach der Öffnung der Universitäten auch für sozial Schwächere seit den Siebzigerjahren ihre Karriere begannen. Obwohl auf dem Weg nach oben auch Bundesvorsitzender der Jungsozialisten (Jusos), der parteikritischen und linkssozialistischen Nachwuchsorganisation der SPD, dachte Schröder nie ideologisch, sondern in erster Linie machttaktisch. Insgeheim mag er sich mit dem erfolgreichen »Macher« Helmut Schmidt verglichen haben. Der allerdings hatte klar umrissene Vorstellungen darüber, wie Politiker die Wirklichkeit gestalten sollten und konnten. Traf das auch auf Schröder zu?

Immerhin, einiges von dem, was sich die Koalition zu Beginn vorgenommen hatte, brachte die neue Regierung – zumeist erst nach langem Tauziehen mit der Opposition und wirtschaftlichen Interessengruppen – unter Dach und Fach. Und darunter war sogar so mancher Meilenstein auf dem Weg zur versprochenen Erneuerung des Landes.

So etwa der schrittweise Ausstieg aus der Atomenergie. Es handelte sich um einen Kompromiss zwischen dem Staat, der die Meinungsmehrheit der deutschen Gesellschaft vertrat, und den Großkonzernen der Energiewirtschaft. Laut dieser später gesetzlich verankerten Vereinbarung, die im April 2000 geschlossen wurde, erhielten die Kernkraftbetreiber Restlaufzeiten, sodass spätestens 2021 der letzte Atommeiler vom Netz gehen sollte. Das mochte zwar aus grüner Sicht ein eher lauer Kompromiss sein, der den Energieriesen noch sehr viel Zeit und noch mehr Gewinne einräumte; doch auf der anderen Seite war nicht zu leugnen, dass damit ein jahrzehntelanger gesellschaftlicher Konflikt um Nutzen und Risiken der atomaren Stromerzeugung beigelegt wurde, denn an einen Bau neuer Anlagen war jetzt nicht mehr zu denken.

Auch die Steuerreform zur Entlastung von Unternehmen und Familien ist zu nennen, wobei mit der Ökosteuer ein umweltpolitisches Signal gesetzt werden sollte, um den Energieverbrauch zu verteuern und die Kosten für die menschliche Arbeitskraft zu senken. Flankiert wurde dieses Paket durch die Förderung regenerativer Energien. Deutschland sollte ökonomisch und ökologisch modernisiert werden und international eine Vorreiterrolle einnehmen. Außer auf Kohle,

Gas, Öl und Kernkraft setzte Deutschland fortan vermehrt auf alternative Energien wie vor allem Wind und Sonne – eine evolutionäre Umstellung für die Volkswirtschaft und die Privathaushalte.

Andere Reformen kamen hinzu. So wurden im Renten- und Gesundheitssystem Gesetze verabschiedet, die Versicherte und Patienten stärker zur Kasse baten und zu privater Vorsorge anhalten sollten. Der Wohlfahrtsstaat, so die Begründung, stoße an seine Grenzen und müsse sich auf seine Kernaufgabe beschränken, den Schutz der Bedürftigen. All das stand unter dem Diktat einer offenbar unaufhaltsam weiter galoppierenden Staatsverschuldung, die bereits am Ende der Regierungszeit Helmut Kohls bedrohliche Ausmaße angenommen hatte.

Erwähnt werden muss auch, dass die Koalition nach über 50 Jahren endlich eine Entschädigungsregelung für die Millionen ehemaliger NS-Zwangsarbeiter aushandelte. Das war überfällig, denn trotz nicht unbeträchtlicher Wiedergutmachungsleistungen hatten es alle Bundesregierungen seit 1949 immer wieder verstanden, mit juristischen Winkelzügen durchaus berechtigte Ansprüche NS-Geschädigter abzuwehren. Zum Umdenken in solchen Fragen tragen nicht selten Kontroversen bei, die ein neues Licht auf die Zeit von 1933 bis 1945 werfen. In diesem Fall dürfte die große Wehrmachtsausstellung des Hamburger Instituts für Sozialforschung eine entscheidende Rolle gespielt haben. 1995 eröffnet, führte sie den erstaunten Deutschen vor Augen, dass sie lange Zeit einer Legende aufgesessen waren. Denn im Bewusstsein der meisten, zumal der älteren Kriegsteilnehmer-Generation, galt die Wehrmacht stets als unbescholtene, nur ihre Pflicht erfüllende Truppe. Dass deutsche Offiziere und Soldaten im Zweiten Weltkrieg an der Ostfront direkt an der Vernichtung der europäischen Juden sowie der massenhaften Ermordung sowjetischer Zivilisten und Kriegsgefangener beteiligt waren, begriffen die Deutschen erst jetzt, obwohl diese Tatsachen seit Langem bekannt waren. Einmal mehr wurde hier deutlich, dass es zwar keine Kollektivschuld gibt, aber so etwas wie eine durch die Zeit fortwirkende Mitverantwortung der Deutschen für die Gräuel der Nazi-Herrschaft, denn es waren eben nicht nur einige wenige, sondern sehr viele Täter, die sie verübt hatten.

Auf der Habenseite der rot-grünen Koalition ist auch die Reform des verstaubten, ursprünglich aus dem Jahr 1913 stammenden Staatsangehörigkeitsrechts zu verbuchen, die Anfang 2005 durch ein neues Zuwanderungsgesetz ergänzt wurde. Damit reagierte Deutschland nach jahrelangen Debatten auf die veränderten Anforderungen an eine zeitgemäße Ausländer- und Integrationspolitik. Waren im alten Recht noch die Blutsbande ausschlaggebend dafür, wer Deutscher und wer Ausländer war, so entscheidet im neuen Recht – wie in Frankreich oder den USA schon lange – der Ort der Geburt. Seit Januar 2000 erhalten in Deutschland geborene Kinder ausländischer Eltern die deutsche Staatsangehörigkeit, wenn die Mutter oder der Vater seit acht Jahren legal in Deutschland lebt. Der Geburtsort hat die familiäre Abstammung als Kennzeichen der Nationalität abgelöst, und man darf die Signalwirkung dieser Veränderung nicht unterschätzen. Sie war der Einstieg in eine zeitgemäße Öffnung des Landes. Denn zweifelsfrei hing Deutschlands wirtschaftlicher Wohlstand immer stärker auch davon ab, inwiefern es gelang, mit attraktiven Angeboten jungen ausländischen Nachwuchs hier zu halten und für ein Leben in einer ethnisch und kulturell vielfältigen Gesellschaft zu gewinnen. Mitte der Fünfzigerjahre betrug der Ausländeranteil in der Bundesrepublik gerade 1 Prozent, im Jahr 2000 lag er bei über 8 Prozent. 15 der 82 Millionen Einwohner im vereinten Deutschland hatten ausländische Wurzeln, das entsprach 20 Prozent der Gesamtbevölkerung.

Angesichts solcher Zahlen war und ist der Wille zur Integration auf allen Seiten gefragt. Wo von den einen verlangt werden kann, dass sie die Landessprache erlernen, dürfen die anderen in den Einwanderern nicht länger nur einen wirtschaftlichen Faktor sehen, sondern auch eine menschliche Bereicherung für eine, zugegeben, andere Gesellschaft als die, in der die Generationen vor ihnen lebten. Dass dieser Prozess schnell abzuschließen ist, wird niemand erwarten. Gefordert sind wir dabei alle.

Schließlich soll auch das Gesetz zur eheähnlichen Regelung von Lebenspartnerschaften für Homosexuelle und Lesben nicht vergessen werden, das am 10. November 2000 gegen anfangs erhebliche Widerstände aus konservativen Kreisen im Deutschen Bundestag verabschiedet wurde und eine Reihe von

Benachteiligungen überwand, unter denen gleichgeschlechtliche Paare bis dahin zu leiden hatten.

Es war also, nimmt man alles in allem, gar nicht so wenig, was die rot-grüne Regierung trotz ihres holprigen Beginns und mancher handwerklicher Patzer angepackt hatte. Ihr Wohl und Wehe hing aber letztlich daran, ob es ihr gelingen würde, der seit Jahren lahmenden Wirtschaft neue Impulse zu geben und die schon zu Kohls Zeiten hohe Arbeitslosigkeit spürbar zu senken. So hatte es Kanzler Schröder zu Amtsbeginn versprochen, doch danach sah es zunächst nicht aus. Im Sommer 2002 betrug die Zahl derer, die in Deutschland keine Arbeit hatten, über 4 Millionen, kaum weniger als in den letzten Monaten der Regierung Kohl. Auf den Börsenrausch, den die Internet-Generation mit einer Gründungswelle junger Unternehmen Ende der Neunzigerjahre entfacht hatte, folgte Ernüchterung, als viele unseriös finanzierte und von Blendern geführte Firmen scheiterten.

Enttäuschung machte sich breit. Die Opposition witterte Morgenluft und griff den Kanzler an, der mit seiner »Politik der ruhigen Hand« in der Krise hilflos wirkte. Kaum vier Jahre im Amt, schien das von manchen Kommentatoren als »historisches Projekt« gefeierte erste rot-grüne Kabinett abgewirtschaftet zu haben. Was nun, Kanzler?

Der Preis neuer Größe: mehr Verantwortung, mehr Spielraum

Die Überwindung des Ost-West-Konflikts und der Teilung Europas ließ weltweit einen alten Menschheitstraum wieder aufkeimen. Würde nun endlich Wirklichkeit, was der große Königsberger Aufklärungsphilosoph Immanuel Kant schon am Ausgang des 18. Jahrhunderts in Umrissen ausgemalt hatte: der ewige Friede? Einiges deutete tatsächlich darauf hin, dass die Menschheit den Sprung in eine bessere Zukunft schaffen könnte. Am 21. November 1990 besiegelten die europäischen Staaten, die Sowjetunion und die USA mit der »Charta von Paris« das Ende des Kalten Krieges und bekannten sich zu Demokratie, Rechtsstaat und den Menschenrechten sowie zum

Gewaltverzicht in den internationalen Beziehungen. Gut ein Jahr darauf löste sich die Sowjetunion auf – im Grunde ein Zerfallsprozess, aus dem das nach wie vor große und einflussreiche Russland sowie etliche Mittel- und Kleinstaaten in Europa und Asien hervorgingen. Ende gut, alles gut?

Schaut man von heute auf die beginnenden Neunzigerjahre zurück, sieht man erschrocken, wie klein die Zeitfenster für gute Fügungen in der Geschichte sein können: Im August 1991 versuchten die Gegner Michail Gorbatschows, das Rad der Geschichte noch einmal zurückzudrehen, und putschten gegen den Staatspräsidenten, ohne den die Deutschen ihre Einheit höchstwahrscheinlich nicht erlangt hätten. Der Putschversuch scheiterte, doch jedermann wurde klar, dass es die Kräfte, die sich hier gegen Moskaus Reformator wandten, auch in den Jahren zuvor gegeben hatte. Und das neue vereinte Deutschland war ja noch nicht einmal ein Jahr alt!

Von der Euphorie dieser Jahre war schon die Rede, auch davon, wie sie im wiedervereinigten Deutschland bald erste Dämpfer erhielt. In der Weltpolitik blieben sie ebenfalls nicht aus. Allzu schnell zeigte sich, dass mit dem Zusammenbruch des Kommunismus nicht nur die Freiheit einen Sieg verbuchen konnte, sondern dort, wo er mit Unterdrückung geherrscht hatte, bereits nach kurzer Zeit auch alte, unter der Oberfläche schlummernde ethnische und nationale Spannungen wieder ausbrachen. Heute, ein Vierteljahrhundert nach dieser welthistorischen Zäsur, sieht es so aus, als sei Europa damals ein Stück weit in die Staatenwelt vor dem Ersten Weltkrieg »verrückt« worden – so wie sich Teile der Erdkruste nach tektonischen Beben verschieben. Und ein wenig erinnern vor allem die hektischen ersten anderthalb Jahrzehnte des neuen Jahrhunderts an den Beginn des vorigen, als der Kontinent erst taumelte und dann im Krieg versank, wie es der Historiker Philipp Blom in einem lesenswerten Buch beschreibt.

Wir erinnern uns, dass in dieser Zeit des Imperialismus und Wettrüstens vor dem ersten großen Weltkrieg kaum die Rede vom Frieden war. Vielmehr bestimmten übersteigerter Nationalismus, aggressive Mächterivalität und Säbelrasseln die Tonlage. Auf die jüngste Vergangenheit übertragen heißt das: In den 40 Jahren des Kalten Krieges, den man auch einen bewaffneten Frieden mit der Androhung gegenseitiger atomarer Auslöschung hätte nennen können, verdrängten oder vergaßen viele, dass es dazu eine Vor-Geschichte gab, in der Staaten miteinander auch kriegerisch um Macht und Einfluss rangen und in der Krieg noch als »Fortsetzung der Politik mit anderen Mitteln« galt, wie es beim einst berühmten Militärstrategen Carl von Clausewitz geheißen hatte. Dieses geopolitische Denken war zwar im Westen offiziell verpönt, in Wirklichkeit brodelten jedoch auch unter der Glocke des Kalten Krieges fortwährend Konflikte, die an vielen Stellen der Welt in heiße Stellvertreterkriege der Supermächte umschlugen – wie etwa in den Sechzigerjahren in Vietnam.

Wir wissen nicht, ob der irakische Diktator Saddam Hussein die Schriften des preußischen Heeresreformers von Clausewitz gelesen hat. In der Rückschau scheint es jedenfalls, als habe er geglaubt, sein Raubzug in ein Nachbarland werde im Windschatten der großen Weltereignisse vielleicht nicht bemerkt. Am 2. August 1990 ließ der Despot von Bagdad rund 100 000 Soldaten ins benachbarte Kuwait einmarschieren und das kleine, aber ölreiche Land am Persischen Golf besetzen. Doch Saddam Hussein hatte sich verrechnet. Veränderungen im Nahen und Mittleren Osten, zumal gewaltsame, berührten stets Kerninteressen der öldurstigen USA, die in dieser Region nach dem Zweiten Weltkrieg in die Fußstapfen der ehemaligen Kolonialmächte Großbritannien und Frankreich getreten waren. Und nicht nur die USA, die ganze Weltöffentlichkeit einschließlich der meisten arabischen Staaten zeigten sich empört über diesen völkerrechtswidrigen Kriegsakt. Legitimiert durch ein UNO-Mandat, vertrieb eine Militärkoalition unter Führung Washingtons mit Luftangriffen und Bodentruppen die irakische Armee bis Ende Februar 1991 aus Kuwait. Dieser sogenannte zweite Golfkrieg war der erste Krieg, den Menschen weltweit quasi live im Fernsehen verfolgen konnten, und es waren aus ihm gleich mehrere Lehren zu ziehen:

Erstens war der erhoffte Weltfrieden nach dem Ende des Kalten Krieges offensichtlich ein Trugschluss. Zweitens hatten sich die Vereinigten Staaten durch ihr Handeln in dieser Krise als die einzige noch verbliebene Supermacht auf dem Globus durchgesetzt und übernahmen damit die Rolle einer Art Weltpolizei mit einem daraus abgeleiteten Führungsanspruch – allerdings, wie sich bald zeigen sollte, nur auf Zeit. Drittens sah sich das neue Deutschland, hauptsächlich mit sich selbst beschäftigt, plötzlich und unerwartet zu ersten außenpolitischen Entscheidungen gezwungen. Dabei war es gerade noch so guter Stimmung gewesen: Zwei Monate nach dem irakischen Überfall auf Kuwait, in der Nacht zum 3. Oktober 1990, feierten die Deutschen die erreichte Einheit mit einem grandiosen Feuerwerk am Himmel Berlins.

Doch ihnen war nur eine kurze Atempause vergönnt. Die westlichen Verbündeten erwarteten Solidarität – und die Deutschen taten sich schwer. Hunderttausende gingen auf die Straße und demonstrierten gegen die Militäraktion des Westens am Golf. »Kein Blut für Öl« lautete die griffige Parole, die unterstellte, die USA verfolgten mit ihrer militärischen Intervention ausschließlich egoistische, will sagen wirtschaftliche Interessen. Befürworter der amerikanischen Politik hielten dagegen, egoistische Motive spielten in jedem Krieg eine Rolle und hätten seinerzeit auch Amerikas Entscheidung besiegelt, Hitlers drohende Vorherrschaft in der Welt zu vereiteln. Die deutsche Öffentlichkeit war gespalten, und an der Hitzigkeit der Debatte war zu spüren, dass das Thema Krieg und Frieden näher an die Deutschen heranrückte als je zuvor seit Gründung der Bundeswehr.

Dabei blieb dem Land die Frage der Entsendung von Soldaten zu diesem Zeitpunkt noch erspart, denn »Out-of-area-Einsätze«, also ein militärisches Eingreifen der Bundeswehr außerhalb des NATO-Gebiets, schloss das Grundgesetz aus. Die Bundesregierung entschied deshalb, lediglich finanzielle und technische Hilfe zu leisten. Die Frage war nur, ob es das größer und ganz souverän gewordene Deutschland auf Dauer bei dieser von Außenminister Genscher diskret betriebenen »Scheckbuchdiplomatie« auf Dauer belassen konnte. Immerhin 18 Milliarden D-Mark steuerte das Land zur militärischen Mission gegen Saddam Hussein bei. Doch die Westmächte, allen voran die USA, erwarteten mehr, das wurde den Deutschen unmissverständlich klargemacht. Von einer »partnership in leadership«, also einer gemeinsamen Führung in der Weltpolitik, sprach der amerikanische Präsident George Bush mit

Blick auf Deutschland. Doch ging das nicht alles ein bisschen zu schnell?

1994 jedenfalls machte das Bundesverfassungsgericht den Weg frei für die Beteiligung der Bundeswehr an UNO-Missionen – unter der Voraussetzung, dass das Parlament zustimmte. Die europäische Mittelmacht im Zentrum Europas kam nicht umhin, die eigenen außenpolitischen Interessen und Verpflichtungen zu überdenken und ihre Rolle auf der internationalen Bühne neu zu bestimmen. Dass aus mehr Macht auch mehr Verantwortung erwachsen würde, lag auf der Hand.

Was Europa betraf, so waren die Weichen dafür längst gestellt. Vereinfacht ausgedrückt, waren die deutsche Einheit und die weitere europäische Integration Deutschlands zwei Seiten ein und derselben Medaille. Die USA, Großbritannien und Frankreich, die West-Alliierten des Zweiten Weltkriegs, hatten der deutschen Einheit unter der Bedingung zugestimmt, dass das neue und größere Deutschland noch enger in Europa eingebunden wurde, um gefährliche Alleingänge und Sonderwege auszuschließen. Helmut Kohl, einer der Baumeister der Einheit, wusste um diese Verknüpfung und trieb sie aus Überzeugung mit voran. Vor allem Frankreich, aber auch England sollten so alte Ängste vor einer deutschen Dominanz auf dem Kontinent genommen werden.

Der Vertrag von Maastricht 1992 war dann der erste Schritt in Richtung einer Europäischen Union (EU) – mit einer gemeinsamen Währung, dem heutigen »Euro«, der zum 1. Januar 2002 als Alltagswährung eingeführt wurde, der Verlagerung von vor allem wirtschaftspolitischen Entscheidungen auf die europäische Ebene sowie Beitrittsmöglichkeiten für ost- und südosteuropäische Länder. Dabei war die europäische Einheitswährung nicht nur ein lang gehegter Traum vieler Europa-Enthusiasten – es steckte dahinter auch ein handfestes machtpolitisches Kalkül. Der bevölkerungsreichste Staat in Europas Mitte sollte seinen Nachbarn nicht noch einmal wirtschaftlich so überlegen werden können, dass ihm daraus die Mittel und die Versuchung erwuchsen, seine Stärke aggressiv gegen sie zu wenden. Aus demselben Grund war es schon nach dem Zweiten Weltkrieg zur Bildung der Montanunion gekommen, dem überstaatlichen Verbund zur gemeinsamen europäischen Förderung der Kohle- und Stahlproduktion, aus dem dann die Europäische Gemeinschaft (EG) hervorging. Was lag also näher, als nun auch die starke deutsche Währung, die D-Mark, in die europäische Pflicht zu nehmen und in einer Gemeinschaftswährung aufgehen zu lassen, damit Deutschland allein nicht zu mächtig werden konnte?

Gewiss, in den folgenden EU-Verträgen wurde eine wirtschaftliche Haftungsgemeinschaft etwa für die Schulden eines Landes im Euro-Raum eigentlich ausgeschlossen. Im Kern aber ging es bei der Schaffung des Euro durchaus darum, Deutschland eine gesamteuropäische Verantwortung aufzuerlegen, es also mit einem wirtschaftlichen Instrument politisch im Zaum und berechenbar zu halten. Anders ausgedrückt: Die Stärke der Exportnation Deutschland sollte dem Rest Europas nicht zum Nachteil gereichen, und notfalls musste es auch bereit sein, Schwächeren unter die Arme zu greifen. Es war das, wenn man so will, die Fahrkarte für den Zug zur deutschen Einheit – andernfalls wären die internationalen Signalleuchten auf Rot umgesprungen.

Was zu Beginn der Neunzigerjahre niemand absehen konnte, waren die gewaltigen Umbrüche und Bewegungen, die mit der schrittweisen Abwicklung des sowjetischen Imperiums in den Ländern Mittel- und Osteuropas in Gang kamen. Wie konnten die nachkommunistischen Gesellschaften dort Demokratie, Rechtsstaat und Wohlstand gesichert und friedlich erreichen? Fast alle drängte es in Richtung EU und unter den Schutzschirm der NATO. Ausdrückliche Vereinbarungen dazu gab es weder mit der untergegangenen Sowjetunion noch mit dem neuen Russland.

Allerdings war bereits die Einbeziehung Ostdeutschlands in die NATO bei den deutschen Einheitsverhandlungen mit Michail Gorbatschow keineswegs unstrittig gewesen. Nur widerwillig und gegen viel Geld war sie am Ende zugestanden worden. Grünes Licht für die Wiedervereinigung hatte Gorbatschow zunächst nur unter der Bedingung gegeben, dass sich die NATO eben nicht nach Osten ausdehnte. Natürlich war auch der sowjetischen Seite ein fest eingebundenes Deutschland lieber als ein schwach verankertes mit einer unberechenbaren Schaukelpolitik, doch schon im Hickhack um die NATO-Ausdehnung nach Ostdeutschland wurde deutlich, dass die Verschiebung von Einflusszonen den Keim für mögliche künftige Konflikte barg. Aus Moskauer Sicht berührte eine Erweiterung des westlichen Militärbündnisses nach Osteuropa auch schon zu Gorbatschows Zeiten eigene Sicherheitsinteressen. Im Westen wollte und will man das bis heute nicht gerne wahrhaben, aber wer hätte sich 1989/90 auch vorstellen können, dass die Ukraine, ein historisch mit Russland trotz vieler Gegensätze über Jahrhunderte eng verflochtenes Land, dereinst nichts unversucht lassen würde, um in die EU und die NATO zu gelangen? Zur Erinnerung: Damals, 1989/90, stand die Rote Armee noch in der DDR.

Und um Missverständnisse auszuschließen: Es war verständlich und zur Stabilisierung Mittel- und Osteuropas sicher richtig, dass die NATO ihren Schutzschirm und die EU ihren Wirtschaftsraum auszuweiten versuchten, und sie brauchten sich dabei auch niemandem aufzudrängen, weil die Staaten im Osten ihrerseits ein großes Interesse an der Orientierung nach Westen bekundeten. Gleichwohl verriet das westliche Vorgehen eine Menge Blauäugigkeit und einen Mangel an Augenmaß und Fingerspitzengefühl, wenn dabei ausgeblendet wurde, dass man immer näher an Russlands Grenzen heranrückte. Es ist die Gefahr des zu großen Triumphs, dass Siege ohne Klugheit und Mäßigung auch dem Sieger nicht gut bekommen können. So gesehen war es schon entlarvend, als der amerikanische Präsident George Bush während der Ost-West-Verhandlungen um die deutsche Einheit alle Bedenken vom Tisch fegte und das Ende des Kalten Krieges auf die einfache Formel brachte: »Zur Hölle damit. Wir haben uns durchgesetzt, sie nicht. Wir können nicht zulassen, dass die Sowjets die Niederlage in letzter Minute abwenden.« Vorausschauende Politik hätte erkennen müssen, dass die Sowjetunion und das spätere Russland zwar sehr geschwächt waren, aber nicht am Boden lagen. Russland war und blieb eine große und atomar bewaffnete Kontinentalmacht, die sich von Osteuropa bis nach Asien erstreckt. Im Umkehrschluss heißt das: »Es gibt keine Sicherheit in Europa ohne Russland.« So der frühere Kohl-Berater Horst Teltschik.

Zwischen 1999 und 2007 traten die meisten Länder des östlichen Mitteleuropa der EU und der NATO bei, und weitere Randstaaten Russlands haben dahin gehende Ambitionen. Wie viel Konfliktstoff mit Russland darin liegt, wissen wir spätestens seit der Ukraine-Krise, auf die noch zurückzukommen sein wird. Hier ist schon einmal festzuhalten, dass, wie in der deutschen Innenpolitik, so auch in der Europapolitik der Neunzigerjahre zu lange Euphorie und nicht nüchternes Denken handlungsleitend war. Den Denkprozess wird ein ernüchtertes Europa nun nachholen müssen, indem es sich fragt, wie weit es sich geografisch und politisch – etwa im Blick auf eine sich offenbar weiter islamisierende Türkei – ausdehnen kann und soll.

Dies gilt ebenso für die NATO, deren Einsatzbereitschaft im ausgehenden Jahrzehnt des vergangenen Jahrhunderts im ehemaligen Jugoslawien auf die Probe gestellt wurde. Den autoritär-sozialistisch ausgerichteten, aber von Moskau unabhängig regierten Vielvölkerstaat mit serbisch-orthodoxen, katholischen und muslimischen Bevölkerungsgruppen hatte dessen Gründer, Marschall Josip Broz Tito, jahrzehntelang mit eiserner Faust zusammengehalten. Nach der Auflösung der alten Weltordnung 1989 freilich fiel auch dieses Balkangebilde auseinander.

Als Erste lösten sich im Dezember 1991 die Teilrepubliken Kroatien und Slowenien aus dem jugoslawischen Staatsverband, der von Serbien beherrscht wurde. Als Antwort setzte Serbien Einheiten der Bundesarmee gegen die nach Unabhängigkeit strebenden Brudervölker in Marsch – Auftakt zu einem blutigen und zehn Jahre dauernden Bürgerkrieg auf dem Balkan, dem mehr als 100 000 Menschen zum Opfer fielen. So etwas hatte es in Europa seit dem Zweiten Weltkrieg nicht mehr gegeben, und die Welt rieb sich die Augen. War nicht eben erst der »Eiserne Vorhang« gefallen, ohne Gewalt und mit der Hoffnung auf eine endlich befriedete Welt? Der Konflikt an der Südflanke Europas kam unerwartet, und er konnte die Staaten der Europäischen Gemeinschaft nicht kaltlassen. Nicht nur wegen der schon bald einsetzenden Flüchtlingsströme, sondern auch, weil man um andere politisch-ethnische Konflikte in anderen Teilen Osteuropas wusste, die ebenfalls in gewaltsame Auseinandersetzungen hätten umschlagen können. Schlagartig verwandelte sich die Urlaubsregion mit ihrer vor allem bei Deutschen so beliebten Adriaküste wieder zurück in jene Krisenregion, in der 1914 der Erste Weltkrieg ausgelöst worden war.

Allein die Erinnerung daran hätte die Europäer zu einem gemeinsamen und entschlossenen Vorgehen veranlassen müssen. Doch man verhielt sich zögerlich, und jeder ging seinen eigenen Weg. Deutschland preschte mit der völkerrechtlichen Anerkennung Kroatiens und Sloweniens im Dezember 1991 vor und stieß damit vor allem Großbritannien und Frankreich vor den Kopf, die nicht nur auf einen Ausgleich mit Serbien setzten, sondern auch weitere ethnisch-nationalistische Abspaltungen auf dem Gebiet des ehemaligen Jugoslawien befürchteten. Und genauso kam es, eine Teilrepublik nach der anderen sagte sich von Belgrad los und erklärte sich nach Volksabstimmungen für unabhängig. Vor allem in Bosnien-Herzegowina, wo Muslime, aber auch Serben und Kroaten lebten, waren Chaos und Gewalt unvorstellbaren Ausmaßes die Folge. Entsetzt verfolgte die Weltöffentlichkeit die Nachrichten von Massenerschießungen, Massenvergewaltigungen und Vertreibungen. Serben taten sich bei diesen Kriegsverbrechen besonders hervor, aber auch die kroatische Seite hielt sich nicht zurück, während die muslimische Minderheit den höchsten Blutzoll zahlte. Doch erst das Massaker von Srebrenica im Sommer 1995, bei dem Truppeneinheiten bosnischer Serben rund 8000 muslimische Bosnier in den umliegenden Wäldern exekutierten, brachte die Weltgemeinschaft endlich dazu, diesem Treiben ein Ende zu setzen. Blauhelmsoldaten der UNO hatten die Verbrechen nicht verhindern können, deshalb flog nun die NATO unter Führung der USA Angriffe auf die serbischen Stellungen und erzwang einen – allerdings brüchigen – Waffenstillstand.

Vier Jahre später, die rot-grüne Regierung unter Kanzler Gerhard Schröder und Außenminister Joschka Fischer war gerade vereidigt worden, spitzte sich die Lage auf dem Balkan erneut zu. Nun begehrten die Albaner in der von Belgrad bevormundeten Provinz Kosovo auf. Nach Angriffen auf serbische Polizeistationen durch kosovarische Aufständische schlug Serbien unter seinem nationalistischen Führer Slobodan

Milosevic brutal zurück. Fraglos kämpften in den Reihen der UCK, des militärischen Arms der Kosovaren, auch Kriminelle mit Kontakten zum organisierten Verbrechen, wie überhaupt im jugoslawischen Bürgerkrieg vielfach die Opfer von heute Täter von morgen sein konnten. Aber die nun einsetzende Massenvertreibung von Albanern aus dem Kosovo durch serbische Einheiten – bis zum Frühjahr 1998 stieg ihre Zahl auf mehr als 200 000 – provozierte erneut Reaktionen der Weltgemeinschaft.

Nachdem mehrere Verhandlungsrunden mit der serbischen Seite im Sande verlaufen waren, stand wie bereits 1995 die Frage im Raum: Sollte und durfte man militärisch eingreifen? Die Lage war verzwickt. Ein UN-Mandat gab es nicht, da sowohl Russland als auch China dafür nicht ihre Hand heben wollten. Wenn, dann musste die NATO also auf eigene Faust handeln, und das war völkerrechtlich fragwürdig, wiewohl man sich auf das Prinzip einer »humanitären Intervention« stützte. Was aber, wenn diese Form von militärischer Interventionspolitik Schule machen würde? Wer bestimmte darüber, und wo lagen ihre Grenzen angesichts ungezählter ethnischer, nationalistischer und religiöser Konflikte auf der ganzen Welt? Insbesondere die gerade gebildete rot-grüne Regierung in Berlin haderte mit diesen Fragen, war doch das Bekenntnis zum Pazifismus nachgerade ein Markenkern der Grünen. Aber auch die Sozialdemokraten taten sich schwer. Eigentlich war man doch angetreten, um die verkrustete deutsche Gesellschaft mit frischen Reformen in Schwung zu bringen, also Innenpolitik zu machen. Und nun das!

Vor allem die Amerikaner wollten die Deutschen bei diesen sehr heiklen Entscheidungen mit im Boot haben. Ein Aus- oder gar Zurückweichen war so gut wie unmöglich – der Ansehensverlust Deutschlands und der neuen Regierung wäre unermesslich gewesen. Nach einem kurzen Moment des Zögerns erkannte die Bundesregierung, dass sie gezwungen war zu handeln, und entschied sich für eine Teilnahme Deutschlands an militärischen Schlägen gegen das Milosevic-Regime. Alles andere, so Kanzler Schröder am 16. Oktober 1998 vor dem Bundestag, »wäre als deutsche Verweigerung angesehen worden und hätte schwere [...] Schäden innerhalb des Bündnisses und wohl auch in der Europäischen Union angerichtet.« Außenminister Fischer ging sogar noch einen großen Schritt weiter und zog im Zusammenhang mit den Vertreibungen im Kosovo die nationalsozialistischen Verbrechen heran, um den Einsatz von Gewalt gegen den souveränen Staat Serbien zu rechtfertigen. »Auschwitz ist unvergleichbar. Aber in mir – ich stehe auf zwei Grundsätzen: Nie wieder Krieg, nie wieder Auschwitz; nie wieder Völkermord, nie wieder Faschismus: beides gehört bei mir zusammen.«

Das war sicher zu hoch gegriffen, aber als Taktik sehr geschickt, um die vielen Skeptiker in den eigenen grünen Reihen zu überzeugen. Die Bereitschaft Deutschlands, sich an Militäraktionen der NATO ohne UNO-Mandat zu beteiligen, markierte zweifellos einen der tiefsten historischen Einschnitte seit Gründung der Bundesrepublik. Kein Geringerer als Altbundeskanzler Helmut Schmidt erkannte das sofort und äußerte hinter vorgehaltener Hand Bedenken. Ausgehend von den gleichrangigen Prinzipien der Unverletzlichkeit staatlicher Souveränität und Grenzen sowie des Schutzes unveräußerlicher Menschenrechte, warnte Schmidt vor einer inflationären »Legitimation von bewaffnetem Eingriff gegenüber allen vorkommenden Menschenrechtsverletzungen auf der Welt«. Die unerwünschten Nebenfolgen solchen Handelns, nämlich die damit stets einhergehenden Völkerrechtsverletzungen, könnten dem Westen künftig noch unangenehme Überraschungen bescheren: »Es ist nicht auszuschließen, dass Moskau eines Tages diese Karte aus der Tasche ziehen wird.«

Mit seinen Befürchtungen lag der Sozialdemokrat Schmidt richtig, wie wir spätestens seit Ausbruch der Ukraine-Krise im Winter 2013/14 wissen. Russlands rüdes und doppelbödiges Spiel in diesem jüngsten Konflikt kann, wenn man so will, durchaus im Zusammenhang damit gesehen werden, wie der Westen seinerzeit mit dem Kosovo-Drama umgegangen ist. Schmidt kritisierte nämlich auch die herablassende Behandlung und mangelnde Berücksichtigung Russlands durch den Westen beim Ringen um eine Befriedung dieser Region. Immerhin waren sich Moskau und Belgrad immer nah gewesen – auch da wäre ein Blick auf die Vorgeschichte des Ersten Weltkriegs lohnend gewesen. Unter Hinweis auf das »seit 1990 ziemlich stetige Vorrücken der NATO in östlicher und jetzt in südöstlicher Richtung«, so Schmidt in einem Brief an einen Parteifreund im April 1999, empfahl der Realpolitiker eine bessere Einbindung Russlands. Doch dafür war es nun zu spät, denn inzwischen hatten die militärischen Kommandostäbe das Sagen – die sich zum Auftakt der Intervention auch noch entschieden verkalkulierten. Das im März 1999 gestartete NATO-Bombardement Serbiens bewog Belgrad nicht, wie erwartet, schnell, sondern erst nach über drei Monaten zum Einlenken.

Bis heute fällt ein Urteil über die Aktion des Westens schwer. Es wurden politische und diplomatische Fehler begangen und gar Krieg geführt – aber es galt auch, weitere Vertreibungen und Menschenrechtsverletzungen im Kosovo zu unterbinden. Bedenkt man die vielen Opfer, die ja zu einem beträchtlichen Teil zivile Opfer waren, dann lässt sich nur traurig konstatieren, dass es politische Zwickmühlen gibt, in denen auch Gutmeinende nur die Wahl zwischen einem größeren und einem kleineren Übel haben. Dass man die womöglich schlimmen Folgen und Schäden seines Handelns nicht bezweckt hat, ist dann nur ein schwacher Trost. Man sollte deshalb auch nicht den Stab über die in solchen Situationen verantwortlichen Politiker brechen, die ja Entscheidungen treffen und handeln müssen. Genauso richtig ist es aber auch, Warnungen vor möglichen Konsequenzen auszusprechen wie seinerzeit Helmut Schmidt.

Die Frage der Beteiligung an der Intervention auf dem Balkan war die erste große außenpolitische Bewährungsprobe der rot-grünen Koalition. Eine zweite folgte schon zwei Jahre darauf: Am 11. September 2001 erschütterten die Flugzeuganschläge auf das World Trade Center in New York und das Verteidigungsministerium, das sogenannte Pentagon in Washington, die Welt und machten endgültig alle Hoffnungen auf ein friedvolleres Leben nach dem Epochenwechsel von 1989/90 zunichte. Mit den sorgfältig vorbereiteten Attacken von 19 islamistischen Selbstmordattentätern, die vier US-Passagiermaschinen in ihre Gewalt brachten und anschließend ins Verderben steuerten, trat die Welt im Zeichen des Terrors ins 21. Jahrhundert ein. Rund 3000 Menschen verloren dabei ihr Leben. Es war eine Kampfansage entschlossener Fanatiker, die eine Religion zur Rechtfertigung von Massenmord vorschoben und missbrauchten, um weltweit anerkannte kulturelle und zivilisatorische Maßstäbe für das menschliche Zusammenleben auszulöschen.

11. September 2001. Mit entführten und planmäßig in die Türme des weltberühmten New Yorker World Trade Center (WTC) gelenkten Passagierflugzeugen versuchten islamistische Selbstmordattentäter, die Welt aus den Angeln zu heben und dauerhaft in Angst und Schrecken zu versetzen. Das verständliche Streben nach Sicherheit, das die Politik seither beherrscht, darf nicht auf Kosten der Freiheit gehen, sonst hätten die Terroristen gewonnen.

Seit dem japanischen Angriff auf den amerikanischen Stützpunkt Pearl Harbor 1941 hatten die USA nichts Vergleichbares erlebt. Auf dem eigenen Festland gar war die Supermacht zuletzt im Krieg mit England 1814 angegriffen worden. Alle historisch einigermaßen Kundigen begriffen schnell, dass die Antwort auf diese Terroroffensive umfassend und nicht von kurzer Dauer sein würde. Vom »Krieg gegen den Terror« sprach denn auch sogleich US-Präsident George W. Bush, Sohn von George Bush und erst kurz zuvor äußerst knapp zum neuen mächtigsten Mann der Welt gewählt. Alle, die damals die Bilder der einstürzenden Wolkenkratzer in Endlosschleifen auf den TV-Schirmen sahen, spürten, dass hier nur etwas mehr als ein Jahrzehnt nach 1989/90 wieder ein neues Zeitalter begann. Und das stand unter keinem guten Stern.

Auch Gerhard Schröder und Joschka Fischer erkannten das sofort und reagierten entsprechend. Ohne dass es großer Debatten bedurfte, lieferte Schröder den Beweis für die außenpolitisch souveräner gewordene deutsche Politik, indem er als Regierungschef aller Deutschen nicht nur an die Seite der USA trat, sondern den Vereinigten Staaten auch im Namen Deutschlands »uneingeschränkte Solidarität« – so Schröder am 12. September 2001 im Deutschen Bundestag – zusagte, was militärische Hilfe mit einschließen musste. Die Auslösung des NATO-Bündnisfalls einige Wochen später machte aus diesem freiwilligen Versprechen eine Verpflichtung.

Noch immer wird darüber gestritten, ob die Ausrichtung des nun beginnenden »Kriegs gegen den Terror« als Feldzug gegen Staaten, die angeblich oder tatsächlich Terrornetzwerken wie etwa Al Qaida Unterschlupf boten, wirkungsvoll und angemessen war. Fest stand, dass es enge Verbindungen zwischen Al Qaida mit dem saudischen Millionär Osama Bin Laden an der Spitze sowie den in Afghanistan herrschenden Radikalislamisten gab, den Taliban. Deshalb überraschte es kaum jemanden, als die USA, unterstützt von einer »Koalition der Willigen«, am 7. Oktober 2001 ihre Operation »Enduring Freedom« mit Luftangriffen gegen Taliban-Stellungen in Afghanistan einleiteten.

Nach der Befreiung des Landes von der Erziehungsdiktatur der fundamentalistischen Islamisten beteiligte sich die Bundeswehr jahrelang am zivilen Wiederaufbau, aber auch an Militärmissionen in dem gepeinigten Land. Dabei verloren bis Dezember 2014 insgesamt 54 Soldaten ihr Leben. Führender Al-Qaida-Terroristen wurde man dort indes nicht habhaft. Deshalb weitete Washington seinen »Krieg gegen den Terror« aus und nahm seit Anfang 2002 den Irak Saddam Husseins ins Visier. Dabei schreckten der erzkonservative Präsident George W. Bush und sein Beraterstab auch nicht vor falschen Behauptungen zurück, um eine Militärintervention auch im Alleingang und gegen den Willen der Weltgemeinschaft zu rechtfertigen. Der Irak, so hieß es, stelle chemische und biologische Massenvernichtungswaffen her und beherberge Terroristen. Mit dieser Begründung, die sich später als unwahr erweisen sollte, brach Amerika, unterstützt von Großbritannien und einigen anderen Staaten, am 20. März 2003 seinen Krieg gegen das Land zwischen Euphrat und Tigris vom Zaun.

Diesmal aber blieb Deutschland abseits. Kanzler Schröder hatte nach den Anschlägen vom 11. September zwar von »uneingeschränkter Solidarität« mit den USA gesprochen, zugleich jedoch vor »Abenteuern« gewarnt, an denen Deutschland sich nicht beteiligen werde. Und er machte deutlich, dass man der Geißel des Terrorismus nicht allein mit Mitteln der Gewalt Herr werden könne: »Eine Fixierung auf ausschließlich militärische Maßnahmen wäre fatal. Wir müssen und wollen ein umfassendes Konzept zur Bekämpfung des Terrorismus, zur Prävention und zur Bewältigung von Krisen entwickeln. Dieses Konzept muss auf politische, wirtschaftliche und kulturelle Zusammenarbeit sowie auf Zusammenarbeit in Fragen der Sicherheit gegründet sein.« Mit dieser Haltung, die auch Ausdruck einer gewachsenen Souveränität gegenüber dem großen Partner USA war, stand der deutsche Bundeskanzler keineswegs isoliert da. Auch Frankreich, Deutschlands wichtigster Partner auf dem Kontinent, und Russland sahen die Dinge ähnlich und lehnten das Vorgehen der USA und ihrer Verbündeten im Irak ab. Die unmittelbare Folge dieser Entscheidung, eine empfindliche Abkühlung im Verhältnis zu Washington, nahm das Kabinett Schröder/Fischer in Kauf.

Schaut man von hier noch einmal auf die Anfänge des wiedervereinten Landes zurück, so ist festzuhalten, dass es schneller als erwartet zur Übernahme neuer außenpolitischer Verantwortung gezwungen wurde. Das brachte wachsende Verpflichtungen mit sich, eröffnete aber auch neue Spielräume. Deutschland war, in den Worten des Historikers Eckart Conze, eine »kontinentale Großmacht mit weltpolitischem Gewicht« geworden. Es stand fest an der Seite der westlichen Demokratien, musste aber nicht mehr alles mitmachen, was die Führungsmacht USA gerade für richtig hielt. Der SPD-Kanzler Schröder war nicht nur mutig genug, dies zu erkennen, sondern besaß auch die Standfestigkeit, danach zu handeln.

Vieles spricht dafür, dass Schröders Nein zum Irak-Krieg mindestens so sehr zum Wahlsieg der Regierungsparteien im September 2002 beitrug wie sein beherztes Eingreifen bei der Flutkatastrophe in Ostdeutschland im Monat zuvor. Wider Erwarten setzten sich SPD und Grüne knapp gegen das bürgerliche Lager aus Unionsparteien und FDP mit dessen Spitzenkandidaten Edmund Stoiber von der CSU durch. Rot-Grün, vor allem wirtschaftspolitisch bis dahin eher planlos, außenpolitisch indes mit dem Gespür für das Gebotene und Machbare, erhielt noch eine zweite Chance.

X. Unordnung und Ungewissheit – Deutschland in der Welt des 21. Jahrhunderts

»Kranker Mann am Rhein« – Schröders Flucht nach vorn

Wir hörten schon, wie seit Mitte der Neunzigerjahre ein neuer Wirtschaftsgeist in der Welt umging. Er zeigte sich im bereits beschriebenen Neoliberalismus, der dem wirtschaftlichen Handeln keinerlei Grenzen mehr setzen wollte, ging aber noch weit darüber hinaus, wenn er sämtliche Lebensbereiche zu ökonomisieren, also dem Imperativ der Wirtschaft zu unterstellen gedachte. Der Einzelne wie die Gesellschaft, in der er lebt, sollen dieser Denkungsart zufolge nicht mehr fragen, ob sie etwas wollen oder für gut und moralisch geboten erachten, sondern ob es »ökonomisch Sinn macht«. Denkt man so, ist es zum Beispiel fraglich, ob man alten Menschen noch teure (!) Medikamente geben soll. Ein besonders krasses Beispiel, gewiss, aber es zeigt, wohin ein Denken führt, das alle und damit auch ethische Fragen einem ökonomischen Kalkül unterwerfen will. Es waren die Achtzigerjahre, in denen dieses Denken aufkam, die Neunzigerjahre, in denen es sich verbreitete, und es zeigte sich in Deutschland zunächst vergleichsweise harmlos in einem hierzulande nie gekannten Drang, auch mit kleinem Geld im großen Spiel ums schnelle Reichwerden mitzumachen.

Es war im Jahr 1996, als der Volksschauspieler Manfred Krug via TV in den deutschen Wohnzimmern vorbeischaute und um Vertrauen für eine neue Volksaktie warb: »Das ist der helle Wahnsinn, was die Telekom alles draufhat«, trommelte Krug ganz nach dem Geschmack der privatisierten Telefongesellschaft, die aus der alten staatlichen Deutschen Bundespost herausgelöst worden war. Es war der Startschuss für einen Börsenboom, der, befeuert durch eine Gründungswelle junger, aus der Verbreitung des Internets sich speisender Technologie-Unternehmen, viele Deutsche in seinen Bann zog. In dem

Maße, wie der Computer alle Unternehmen und Haushalte eroberte und mit der Kommunikation auch die Arbeitsabläufe von Grund auf veränderte, verfestigte sich auch der Glaube an die Möglichkeit eines andauernden und krisenfreien Konjunkturaufschwungs.

Die »New Economy« und der »Neue Markt«, eine Börse für Firmen aus Zukunftsbranchen wie etwa Informations- und Biotechnologie oder Telekommunikation, verkauften Illusionen und trafen vielfach auf ein Publikum, das sie sich ohne kritische Nachfragen verkaufen ließ. Mit Phrasen und viel Scharlatanerie wurde Seriosität vorgegaukelt, nur scheinbar geniale Gründer hochtrabend klingender Start-ups lockten Investoren mit flotten Sprüchen, verbrannten deren Kapital oder brannten gleich damit durch. Der Autor dieses Buches erlebte diese aufgeblasene Zeit kurz als Augenzeuge in einer PR-Agentur, deren als Geheimnis gehüteter Leitspruch lautete: »Wahrnehmungsmanagement ist die Zukunftsdisziplin des 21. Jahrhunderts.« Es klang gewichtig, war aber doch nur eine unfreiwillig komische Umschreibung für Trickserei und Täuscherei. Dass daran ernsthaft geglaubt wurde, lässt sich im Nachhinein nur als Ergebnis einer wenigstens partiellen Gehirnwäsche begreifen. Ehrlicher und einfacher hätte man sagen können: »Die Welt will betrogen werden, und wir sind dabei.« Der Leitspruch, der so geheim nicht war, weil ihm eine ganze Generation windiger Geschäftemacher folgte, war ein schlagendes Beispiel dafür, welche bizarren Blüten der Hype um das Börsenfieber und die vom neoliberalen Virus infizierte New Economy trieb. Das im Aufwind dieses Trends Ende der Neunzigerjahre gegründete Wirtschaftsblatt »Financial Times Deutschland« warnte: »Das Börsensegment für junge Firmen wird zum Schauplatz einer beispiellosen Hausse, von der neben geschickten Investoren viele Blender und Betrüger profitieren – bis die Blase platzt.«

Und sie platzte tatsächlich. Seit Frühjahr 2000 kannte das Börsenbarometer nur noch eine Richtung: nach unten. Aus dem Bullen- wurde ein Bärenmarkt, wie es in der Sprache der Börsianer heißt. Zurück blieben »Kriegsgewinnler«, die sich auf Kosten anderer bereichern konnten, ungezählte Verlierer, deren Einsatz sich in Luft auflöste, und noch mehr Arbeitslose als zuvor. Im Jahr darauf folgte, ausgelöst durch die Terroranschläge vom 11. September, der nächste Crash, gingen die internationalen Börsen erneut in die Knie. Wo die Wirtschaft nicht taumelte, stagnierte sie, so in Deutschland, wo die anhaltend hohe Arbeitslosigkeit die ohnehin schon hohe Staatsverschuldung noch weiter nach oben trieb. Schon spottete man über den »kranken Mann am Rhein«.

Es war diese Situation, in der sich der eben wiedergewählte Kanzler Schröder zur Flucht nach vorn entschloss und damit Gegner wie Anhänger überraschte. In einer Regierungserklärung vom März 2003 kündigte er umfassende Wirtschafts- und Arbeitsmarktreformen an, die Deutschland »fit für die Zukunft« machen sollten. Die als »Agenda 2010« bezeichneten Maßnahmen zielten darauf, ökonomische Wachstumskräfte freizusetzen und den Sozialstaat zeitgemäß zu reformieren. Er sollte, wie es hieß, an die Bedingungen der Globalisierung angepasst und angesichts der Ebbe in den öffentlichen Kassen auf die wirklich Bedürftigen zugeschnitten werden.

Was auf den ersten Blick vernünftig klang, entpuppte sich bei näherem Hinsehen freilich als sehr einseitig. Denn das Herzstück der Agenda 2010, die sogenannte Hartz-IV-Reform, sah die Zusammenlegung der bisherigen Arbeitslosenhilfe und Sozialhilfe vor, was auf eine drastische Senkung der Leistungen hinauslief. Hinzu kam, dass die Bezugsdauer des sehr viel höheren Arbeitslosengeldes für die meisten Bezieher auf ein Jahr begrenzt wurde. Im Klartext: Die Zeche für die Krise und die darbende Wirtschaft sollten unverschuldet in die Arbeitslosigkeit gefallene Menschen zahlen, denen die Kürzung oder gar der Entzug staatlicher Unterstützung drohte, obwohl viele von ihnen jahrzehntelang in die Arbeitslosenversicherung eingezahlt hatten. Rasch konnte also in der Armutsfalle landen, wer keine Stelle mehr hatte und nicht das Quäntchen Glück, das bei der Suche eines neuen Arbeitsplatzes eben auch erforderlich ist.

Das als eine »Reform« zu bezeichnen stellte die Dinge schon ziemlich auf den Kopf, denn von Reformen erwartet man gemeinhin für möglichst viele Menschen gesellschaftliche Verbesserungen und keine Verschlechterungen. Das Motto dieses nach dem Kanzlerberater und VW-Manager Peter Hartz benannten gravierenden Einschnitts ins Sozialsystems lautete »Fordern und Fördern«. Tatsächlich aber konnten die Arbeitsämter, auch wenn sie nun verheißungsvoll in »Jobcenter« umgetauft wurden, die versprochene Förderung in vielen Fällen gar nicht leisten. Von erfolgreichen Stellenvermittlungen profitierten bei Weitem nicht so viele Arbeitssuchende, wie unter Schikanen und Gängelungen litten.

Befürworter der Hartz-IV-Gesetze verweisen auf das Sinken der Arbeitslosenzahlen, das schon bald danach einsetzte, und tatsächlich verzeichnete Deutschland 2005 über 5 Millionen Arbeitslose und zehn Jahre später, im Frühjahr 2015, nur noch 2,9 Millionen. Es ist dies der niedrigste Stand seit 24 Jahren – man darf aber auch die Kehrseite nicht verschweigen, die nämlich, dass der von der Agenda 2010 geschaffene »flexiblere Arbeitsmarkt« viele Menschen aus purer Not hat Jobs annehmen lassen, die für sie früher nicht in Frage gekommen wären. Und auch die statistisch bemäntelte verdeckte Arbeitslosigkeit wird gern übersehen oder in Abrede gestellt. Rechnet man nämlich all diejenigen hinzu, die oft völlig unsinnige Bewerbungskurse belegen, nur Mini- bzw. Teilzeit-Jobs – »McJobs« – haben, Ein-Euro-Tätigkeiten ausüben oder aus Altersgründen gar nicht mehr in der Statistik auftauchen, dann betrug die Arbeitslosenzahl im Februar 2015 noch immer fast 3,9 Millionen.

Und auch die sogenannten Ich-AGs, Menschen, die sich mehr gezwungen als freiwillig in die Selbstständigkeit wagen und scheitern, tauchen für die Dauer ihres Versuchs in der amtlichen Arbeitslosigkeitsstatistik nicht auf. Bezeichnend allerdings der Name: »AG« ist bekanntlich die Abkürzung für »Aktiengesellschaft«. Der Mensch als Aktie – die totale Ökonomisierung des Lebens schreitet anscheinend unaufhaltsam voran. Reguläre Festanstellungen zur vollen Zeit und mit entsprechender sozialer Absicherung, wie sie vor zwanzig Jahren noch der Normalfall waren, nehmen kontinuierlich ab. Mittlerweile arbeiten 70 Prozent – oder 8 Millionen – mehr Arbeitnehmer in Teilzeit, befristet oder geringfügig beschäftigt als noch Mitte der Neunzigerjahre. Die Vermittlung von Leiharbeitern auf Zeit ist dafür ein florierendes Geschäft geworden.

Die Trendumkehr bei der Arbeitslosigkeit hatte also einen

hohen Preis, und ob es dazu wirklich solcher harschen Eingriffe ins Sozialgefüge bedurfte, ist bis heute umstritten. Sicher ist, dass Deutschland die 2007 ausgebrochene und immer noch nicht überwundene internationale Finanz- und Bankenkrise besser bewältigt hat als die meisten seiner Nachbarn. Doch ausschlaggebend dafür dürfte in erster Linie das robuste mittelständische Fundament der bundesrepublikanischen Wirtschaft gewesen sein. Dazu beigetragen hat sicherlich auch der durch die Hartz-IV-Maßnahmen erzeugte »Niedriglohnsektor«, also ein anschwellender Sockel von Menschen, die notgedrungen eher bereit sind, für schlechte Bezahlung zu arbeiten, als ganz zu verarmen. Während dies einerseits die internationale Konkurrenzfähigkeit deutscher Produkte steigerte, schritt dadurch andererseits die Spaltung der Gesellschaft unübersehbar voran – ein Zusammenhang, den nur leugnen kann, wer sich sozial blind stellt. Während eine gar nicht so kleine Schar von ohnehin schon Wohlhabenden, darunter nicht wenige Erben, ihr Kapital für sich arbeiten lässt, leben heute viele Menschen mit mehreren Jobs in ungesicherten Verhältnissen. Dass für sie ein neuer Begriff gefunden werden musste, sagt eigentlich alles. Man spricht – nicht ganz wertfrei – vom »Prekariat«.

Wachsende Armut und Verarmung bis in Teile des früheren Mittelstandes hinein einerseits, Reichtumsanhäufung durch die Konzentration immer größerer Vermögen und Einkommen in den Händen einer neuen Geldaristokratie andererseits – es gibt Ökonomen, die von einer Rückkehr der Klassengesellschaft in Deutschland sprechen. Angesichts der enormen Vermögen, die mittlerweile von einer Generation auf die nächste übertragen werden – bis 2020 jährlich mindestens 250 Milliarden Euro, eine Summe, die fast an den Umfang des Bundeshaushalts heranreicht –, gehen manche noch einen Schritt weiter und sehen die Heraufkunft einer Ständegesellschaft wie einst im feudalistischen Mittelalter.

Hatte Aufstieg durch Bildung in den Sechziger- und Siebzigerjahren für eine größere Durchlässigkeit in der Gesellschaft gesorgt, bestimmt zunehmend wieder die Herkunft über den Bildungsweg und damit über den zu erreichenden sozialen Status. Diesen Missstand griffen die PISA-Studien zum internationalen Schulleistungsvergleich schon seit Beginn des neuen Jahrtausends auf, ohne dass sich daran etwas geändert hätte. Auch dies das Ergebnis einer Politik, die es über Jahrzehnte versäumte oder nicht für nötig erachtete, alle Schichten der Gesellschaft fair am Volkseinkommen zu beteiligen. Dass dies vor allem die Schwächsten trifft, nämlich Kinder und Jugendliche, stellt einem der reichsten Länder der Erde ein Armutszeugnis aus.

So leben beispielsweise in der Millionenmetropole Hamburg, einer gewiss reichen Stadt mit 42 000 Millionären und 8 Milliardären, rund 50 000 Kinder in armen Verhältnissen. Mit anderen Worten: jedes vierte. Nach Angaben des Statistischen Bundesamtes war im Jahr 2012 jeder Sechste in Deutschland armutsgefährdet, das entspricht 16,1 Prozent der Bevölkerung oder 13 Millionen Menschen. Risikogruppen sind vor allem Frauen, Alleinerziehende, alte Menschen und Singles. Geschätzt wird umgekehrt, dass das reichste Prozent der Deutschen rund ein Drittel des gesamten Privatvermögens besitzt.

Diese zunehmende Ungleichheit ist nicht nur in Deutschland, sondern in nahezu allen kapitalistischen Gesellschaften zu beobachten. Sie ist, wie die soziale Kälte, die in den Hartz-IV-Gesetzen zum Vorschein kommt, vom Aufstieg des neoliberalen Kapitalismus seit der Mitte der Neunzigerjahre nicht zu trennen. Hier lockten märchenhafte Gewinnaussichten, wie sie normale Investitionen in der Wirtschaft niemals bieten konnten. Wie ein Magnet sog die Börse deshalb Kapital aus der Realwirtschaft ab und vermehrte es mit unsichtbarer Hand durch Wetten auf die Zukunft, also Spekulation. Den Schaden bei den unweigerlich, weil zyklisch auftretenden Börsenstürzen haben dabei meist nur Kleinanleger – und alle, die in solchen Krisenzeiten ihre Arbeit verlieren. Großanleger wie Vermögensgesellschaften oder Pensionsfonds sichern sich durch Streuung ihrer Einsätze ab.

Gerhard Schröder, Kanzler und Sozialdemokrat, dürfte geahnt haben, welche Lawine er mit der Agenda 2010, vor allem aber mit den Hartz-IV-Gesetzen lostreten würde. Heute wird er von vielen aus der Wirtschaft dafür gelobt. Damals, 2003, und bis heute gibt es aber auch die Gegenstimmen. Schröder war überzeugt von dem, was er tat, und bewies bei der Durchsetzung Mut und Stehvermögen. Er verprellte aber auch viele SPD-Mitglieder und -Anhänger sowie die Gewerkschaften und beförderte einen seiner schärfsten Widersacher zurück ins Rampenlicht: Oskar Lafontaine, der zur Gallionsfigur des Zusammenschlusses westdeutscher Anti-Hartz-IV-Gruppen und der ostdeutschen PDS zur neuen gesamtdeutschen Linkspartei wurde. In vielen deutschen Städten kam es zu massiven Protestkundgebungen gegen die Hartz-IV-Gesetze. Kanzler Schröder und seine Regierung bezogen Prügel von allen Seiten. CDU/CSU und FDP gingen die Maßnahmen nicht weit genug, PDS, Gewerkschaften und der linke Flügel der SPD attackierten den ihrer Ansicht nach rüden sozialen Kahlschlag.

Die Proteste gegen die Hartz-IV-Gesetze zeigten vor allem indirekt Wirkung: Sie waren das Bindemittel beim Zusammengehen der ostdeutschen PDS mit enttäuschten SPD-Anhängern und Gewerkschaftern im Westen zur heutigen gesamtdeutschen Partei »Die Linke«. Die ist seither ein schmerzhafter Stachel im Fleisch einer geschrumpften SPD.

Gerhard Schröder, eingestandenermaßen kein Freund großer Theorien, musste im Laufe seiner Kanzlerschaft begreifen, wie schwer der Reformstau in Deutschland aufzulösen war. Es verlangte die Bereitschaft und die Fähigkeit, soziale Besitzstände so gut wie aller gesellschaftlichen Gruppen auf den Prüfstand zu stellen und möglicherweise auch zu beschneiden, und es warf zugleich die Frage nach einer sozial fairen Lastenverteilung auf – überaus schwierige Herausforderungen, bei deren Bewältigung die rot-grüne Koalition im Frühjahr 2005 an die Grenzen ihrer politischen Gestaltungsmöglichkeiten stieß.

Nach einer klaren Niederlage der letzten rot-grünen Landesregierung in Nordrhein-Westfalen bei der Wahl am 22. Mai dieses Jahres zog Kanzler Schröder daraus die Konsequenzen. Er kündigte für den Frühherbst 2005 vorgezogene Neuwahlen zum Deutschen Bundestag an, die er über die Vertrauensfrage im Parlament herbeiführen wollte. Obgleich dies, ähnlich wie 1982 unter Kanzler Kohl, verfassungsrechtlich durchaus bedenklich war – die Regierung verfügte im Bundestag ja noch immer über eine Mehrheit –, setzte Schröder alles auf eine Karte. Nachdem der Kanzler die Vertrauensfrage am 1. Juli durch Stimmenthaltung seiner Minister und rund der Hälfte der Koalitionsfraktionen wunschgemäß verloren hatte, gab

Bundespräsident Horst Köhler grünes Licht für Neuwahlen. Angesichts des offenbar schwindenden Rückhalts für Rot-Grün in der Bevölkerung und des von CDU/CSU beherrschten Bundesrats, gegen den nicht mehr regiert werden konnte, wollte der Regierungschef das Urteil über seine Politik in die Hände des Souveräns, der Wählerinnen und Wähler, legen. Es war ein respektabler Versuch, dem Land weitere Lähmung zu ersparen.

Mit Angela Merkel, der CDU-Parteivorsitzenden und Fraktionschefin der CDU/CSU im Bundestag, schickte die Opposition zum ersten Mal in der Geschichte der Bundesrepublik eine Frau ins Rennen um die Kanzlerschaft, die, ebenfalls bemerkenswert, ihre Wurzeln im Osten Deutschlands hat. Die Wahl selbst verlief dann spannender als erwartet. Schröders Rückzugsgefecht verleitete die Zunft der Meinungsforscher und Journalisten dazu, den Kanzler abzuschreiben. Man sah seine Herausforderin voreilig auf der Siegerstraße und tat das Seine in den Medien, damit sich dieser Eindruck in der Bevölkerung verfestigte.

Umso größer war die Überraschung, als am Wahlabend des 18. Oktober 2005 das Ergebnis feststand. CDU/CSU und SPD lagen mit 35,2 Prozent bzw. 34,2 Prozent nahezu gleichauf; die Union war zwar stärkste Fraktion geworden, aber weit unter den Voraussagen geblieben. Schröder war es in einer beachtlichen Aufholjagd während eines kurzen und offensiven Wahlkampfs gelungen, die Sozialdemokraten aus ihrem Umfragetief herauszureißen. Bedauerlicherweise fiel ein Schatten auf diesen Erfolg, als er bei einem verunglückten TV-Auftritt kurz nach Schließung der Wahllokale Angela Merkel in rüdem Ton den Anspruch auf die Kanzlerschaft streitig machen wollte, obwohl an dem – wenn auch hauchdünnen – Vorsprung der Christdemokraten nicht mehr zu rütteln war. Auch die rasche Übernahme eines hohen Wirtschaftspostens in einem deutsch-russischen Energieunternehmen gleich nach seinem Ausscheiden aus der Politik warf kein gutes Licht auf den Staatsmann Schröder, der hätte wissen sollen, dass angesichts der wachsenden Verflechtungen zwischen Politik und Wirtschaft besonderes Fingerspitzengefühl und Anstandspausen von denjenigen zu erwarten sind, die hohe öffentliche Ämter bekleidet haben.

Und die Bilanz der rot-grünen Jahre? Sie fällt gemischt aus – bis heute. Unbestritten ist, dass diese Jahre der Republik wichtige neue Impulse brachten. Sie leiteten die eigentliche Umbruchzeit nach der Wende 1989/90 ein, in der das noch junge vereinte Deutschland tastende Gehversuche in einer sich täglich verändernden Welt machte – nach außen wie nach innen. Internationales ziviles wie militärisches Engagement mit Augenmaß, mehr Ehrlichkeit bei Fragen der Zuwanderung und Integration von Ausländern und Anstöße für eine zukunftsorientierte ökologische Energie- und Umweltpolitik boten erste Antworten auf die Anforderungen der Globalisierung. Dass diese von einem Großteil der Bevölkerung mit großer Skepsis, ja mit Angst betrachtet wurde, lag daran, dass der sicherlich gebotene Umbau des Sozialstaats, den Rot-Grün auf den Weg gebracht hatte, einen sozial gerechten Lastenausgleich vermissen ließ. Wenn die Politik die Globalisierung nicht als Schreckgespenst, sondern als Aufforderung zur Gestaltung verstanden wissen wollte, durfte sie die Menschen nicht vor den Kopf stoßen, sondern musste sie mit auf die Reise in die Zukunft nehmen. Würde es Schröders Nachfolgerin besser machen?

Politik im Krisentakt – Kontinentalmacht in der Mitte Europas

Historiker blicken zurück auf das, was mehr oder weniger abgeschlossen, also Vergangenheit geworden ist. Und sie stehen als Zeitgenossen mitten in einer Gegenwart, in der alles in lebendiger Bewegung ist, bevor es allmählich Konturen gewinnt wie heiße Lava, die erstarrt. Deshalb ist Vorsicht angebracht, wenn wir die zurückliegenden zehn Jahre seit dem Regierungsantritt der CDU-Kanzlerin Angela Merkel im Jahr 2005 in Augenschein nehmen wollen. Noch sind viele Dinge im Fluss, einiges, was uns noch beschäftigt, begann davor, anderes danach. Nur vorläufige Urteile sind möglich, mehr als eine vorsichtige Vermessung der Merkel-Ära, die ja noch nicht abgeschlossen ist, können die folgenden Seiten nicht bieten.

Das entscheidende Ereignis dieser Ära war die globale

Finanzkrise seit 2007, die zeitweilig in den Untergang der Weltwirtschaft zu führen drohte. Aus dieser Krise leiten sich im Grunde die meisten und wichtigsten Reaktionen, aber auch Unterlassungen nicht nur der deutschen Politik bis heute ab. Der Begriff »Reaktion« ist dabei bewusst gewählt, weil in der Tat Politiker unter dem Druck der Finanzmärkte eher wie Getriebene und nicht mehr wie souverän Handelnde wirken. Und noch etwas ist seither deutlich geworden: dass die klassische Unterscheidung von Innen- und Außenpolitik nicht mehr greift. Die Globalisierung löst auch diese Grenze auf. Innen- und Außenpolitik gehen ineinander über, vermischen sich, wie man beispielhaft am vielschichtigen Thema der Zu- oder Einwanderung sehen kann. Flüchtlingsströme aus gescheiterten Staaten fordern die Außen- und Innenpolitik gleichermaßen heraus.

Der Ausgang der Bundestagswahl von 2005 ließ im Grunde nur die Bildung einer Großen Koalition aus CDU/CSU und SPD zu. Andere Mehrheiten waren zwar rechnerisch möglich, aber politisch nicht gewollt. Eine »Liebesheirat« war es nicht, was Unionsparteien und Sozialdemokraten zusammenführte. Die künftige Kanzlerin Angela Merkel und SPD-Chef Franz Müntefering, der Vizekanzler und Arbeitsminister wurde, rauften sich zusammen, weil die Wähler offenbar weder einen klaren Wechsel noch eine Fortsetzung der alten Politik wollten. Dieser Schwebezustand eröffnete aber auch Handlungsspielräume, die eine Regierung mit einer Zweidrittelmehrheit im Parlament würde nutzen können. Natürlich wusste man um die Gefahr, dass bei einer solch großen Mehrheit die Regierung zu stark und das Parlament zu schwach werden konnte, doch stand das in diesem Fall kaum zu befürchten, denn der Mehrheit schaute – anders als 1966 – eine bunte und muntere parlamentarische Opposition kritisch auf die Finger. Neben FDP und Grünen saßen nunmehr 54 Vertreter der durch Westkräfte aufgefrischten und verstärkten PDS auf den Abgeordnetenbänken, jener Partei, die sich 2007 in die gesamtdeutsche »Linkspartei« umbenannt hatte und die heute »Die Linke« heißt.

Nicht wirkliche Zuneigung, sondern nüchternes Machtkalkül führte also CDU/CSU und SPD zusammen, und bald sollte sich zur Verblüffung vieler zeigen, wie sicher Angela

Wenn zwei in etwa gleich starke Partner mit unterschiedlichen Interessen ein politisches Bündnis eingehen, müssen Kompromisse gefunden werden. Bundeskanzlerin Angela Merkel (CDU) und ihr Vize Franz Müntefering (SPD) führten in der Großen Koalition eine Vernunftehe.

Merkel in ihre Rolle als Moderatorin der Großen Koalition hineinfand. Man hatte die erste deutsche Kanzlerin unterschätzt. Dass sie bei fast gleich starken Partnern ihre Richtlinienkompetenz nicht kraftvoll ausspielen konnte, schien sie offenkundig nicht zu stören. Sie zog sogar Nutzen daraus und entwickelte ihren ganz eigenen Regierungsstil, indem sie anderen Kabinettsmitgliedern relativ viel Spielraum zur eigenen Profilierung ließ, nur ganz wichtige Themen an sich zog und schnelle Festlegungen bei strittigen Fragen vermied.

Kritiker stießen sich nach einer Weile an dieser Taktik des »Aussitzens« und fühlten sich an die Regierungspraxis Helmut Kohls erinnert. Das war nicht ganz falsch, denn offensichtlich hatte »Kohls Mädchen«, wie man gern sagte und schrieb, von ihrem Ziehvater eine Menge gelernt. Viele übersahen aber zunächst, dass Merkel im Unterschied zu Kohl nicht polarisierte, sondern – vielleicht auch nur vordergründig – auf Harmonie bedacht war, indem sie Konflikte in der Schwebe hielt oder sie durch sprachliche Ausweichmanöver entschärfte. Und ein Zweites kam hinzu: Die promovierte Naturwissenschaftlerin aus Ostdeutschland war, im Unterschied zu den meisten ihrer männlichen Politikerkollegen, gänzlich uneitel. Als gelernte Physikerin verknüpfte sie Macht und Politik mit rationaler Strenge zu kühler Machtpolitik.

Bei diesem ihr eigenen Regierungsstil ist die Kanzlerin bis heute geblieben und hat, auch da Helmut Kohl durchaus verwandt, manche Rivalen und Widersacher auch aus den eigenen Reihen das Fürchten gelehrt. Aber reicht das? So fragen ihre Kritiker und verweisen auf einen Mangel, der freilich überall in der Politik zu beobachten ist. Gemeint ist eine programmatische Leere, ein Fehlen von Ideen, wie die großen Probleme unserer Zeit gelöst werden könnten. Eine Politik des Durchwursteln und Lavierens von Fall zu Fall monieren die Merkel-Kritiker, und auch weniger kritische Bürger fragen sich mitunter, ob das noch Pragmatismus oder schon Resignation ist angesichts der kaum noch überschaubaren Krisenherde, mit denen es die Politik zu tun hat.

Dabei packte die Große Koalition im ersten Schwung und mit ihrer satten Mehrheit einige schwierige Dinge an, etwa eine Föderalismusreform, in der die Zuständigkeiten zwischen Bund und Ländern sowie die Ordnung der Staatsfinanzen mit einer Schuldengrenze auf ein neues Fundament gestellt wurden. Dazu eine Unternehmenssteuerreform, mit der die Wirtschaft Schwung gewinnen sollte, die heftig diskutierte Anhebung des Rentenalters von 65 auf 67 Jahre, die der veränderten Alterspyramide Rechnung trug, sowie erste Schritte hin zu Mindestlöhnen, die nach langen, ebenfalls heftigen Diskussionen seit 2015 gesetzlich verankert sind.

Die 2006 einsetzende konjunkturelle Erholung mit fast 3 Prozent Wirtschaftswachstum senkte überdies die Arbeitslosenzahl bis Mitte 2007 auf rund 3,7 Millionen. In Ostdeutschland betrug die Rate allerdings immer noch rund 15 Prozent. Dennoch: Auch dort spürte man, dass es allmählich aufwärtsging. In Boom-Regionen wie etwa Magdeburg, Rostock, Dresden und Jena entwickelte sich ein Aufschwung aus eigener Kraft, Glutkerne ökonomischer Erneuerung, sodass Länder wie Sachsen oder Thüringen, was die Lebensqualität betrifft, inzwischen den Vergleich mit vielen Bundesländern im Westen nicht mehr scheuen müssen.

Mittlerweile allerdings scheint das Ende der östlichen Aufholjagd vorerst erreicht zu sein. Seit einigen Jahren schon verharrt die Wirtschaftsleistung pro Kopf im Osten bei zwei Dritteln des im Westen erzielten Bruttosozialprodukts. Eine vorläufige Bilanz muss also zwiespältig ausfallen: Einerseits ist man von der im Grundgesetz angestrebten »Angleichung der

Lebensverhältnisse« noch deutlich entfernt; andererseits aber zeigt sich im bisher Erreichten durchaus ein ansehnlicher Erfolg. Die wirtschaftlichen Verhältnisse in ganz Deutschland sind nun einmal schwieriger geworden, als man am Beginn der Einheit dachte. Abzulesen ist das nicht zuletzt daran, dass es nicht nur in den neuen, sondern auch in den alten Bundesländern ökonomisch und sozial starke und schwache Regionen gibt.

Das Wort »zwiespältig« kommt einem auch in den Sinn, soll man die Zeit der deutschen EU-Ratspräsidentschaft im ersten Halbjahr 2007 kommentieren. Hier setzte sich die Kanzlerin mit großem diplomatischen Geschick für die Rettung des europäischen Vertragswerks ein, das als großes gemeinsames Verfassungsdokument geplant war, aber in dieser Form an Volksabstimmungen in Frankreich und den Niederlanden scheiterte. In einer dramatisch verlaufenden Konferenz im Juni rangen sich die Regierungschefs der EU-Länder unter maßgeblicher Vermittlung der geduldig verhandelnden Kanzlerin zu einem Kompromiss durch, dem Vertrag von Lissabon. Er goss im Grunde vieles von dem, was in der europäischen Verfassung enthalten gewesen war, in eine neue Form, die nun nicht mehr den europäischen Völkern vorgelegt, sondern von den mittlerweile 27 Regierungschefs der EU abgesegnet wurde.

Als zwiespältig empfindet man dieses Ergebnis deshalb, weil es zwar in der Sache richtig sein mochte, angesichts des Schritt um Schritt zusammenwachsenden Europa aber nicht unbedingt demokratisch zustande gekommen war. Es stärkte deshalb auch nicht das Vertrauen der Nationen in die europäische Idee. Den Glanz einer Europa-Verfassung konnte der Vertrag von Lissabon nicht verbreiten, stattdessen entstand der Anschein, Europa entferne sich von seinen Bürgern und sei in erster Linie ein Projekt der Brüsseler Eliten. Das traf zwar so nicht zu, aber die Kanzlerin unternahm wenig, um diesen Eindruck zu zerstreuen. Wo Leidenschaft hätte spürbar sein können, vielleicht sogar sollen, waltete die bekannte Merkelsche Kühle. Begeisterung für das Projekt Europa war nicht zu spüren, wie hätte sie sich da aufs Publikum übertragen sollen? Die Kanzlerin traf den Ton nicht. Umso erstaunlicher, dass ihr das bei anderer Gelegenheit über die Maßen gut zu gelingen schien: Beim G8-Gipfel im Juni 2007 in Heiligendamm, dem Treffen

Mal vermittelnd, mal zäh beharrlich: Bundeskanzlerin Angela Merkel – hier beim G8-Gipfel in Heiligendamm zwischen dem russischen Präsidenten Wladimir Putin (l.) und US-Präsident George W. Bush (r.) – durchschaut Männer-Machtspiele besser, als mancher meint.

des Klubs der tonangebenden Industrieländer, erwarb sie sich größten Respekt, als sie US-Präsident George W. Bush eine gemeinsame Erklärung zur Halbierung der Treibhausgase bis 2050 abringen konnte – ein beachtlicher Erfolg im Kampf gegen den Klimawandel und ein Kunststück, von dem man bis dahin annahm, es käme der berühmten Quadratur des Kreises gleich.

Alle diese Themen verschwanden indes erdrutschartig von der politischen Landkarte, als eine 2007 in den USA platzende Immobilienblase sich im Herbst des darauf folgenden Jahres mit dem Zusammenbruch der Investment-Bank Lehman Brothers erst zu einer Banken- und Finanzkrise und kurz darauf, wie in einer Kettenreaktion, zu einer gewaltigen weltweiten Staatsschuldenkrise auswuchs. Sie ist zu einer schweren Prüfung für Europa und zu einer Zerreißprobe für die Länder der Euro-Zone geworden, und der Ausgang ist noch immer ungewiss. Wahrscheinlich ist es nur den Lehren aus den Erfahrungen der Großen Depression in den Dreißigerjahren des vorigen Jahrhunderts zu verdanken, dass aus dem Debakel der internationalen Finanzmärkte nicht der Untergang der Weltwirtschaft folgte. Jedenfalls bewegt sich die Politik seither weltweit im Krisentakt zwischen einerseits ökonomischen und andererseits macht- und geopolitischen Problemen, die bisweilen auch ruhige Gemüter in Angst und Schrecken versetzen.

2. Oktober 2008 an der New Yorker Börse. Der Zusammenbruch des US-Immobilienmarkts hat zu einer weltweiten Banken- und Finanzkrise geführt. Von den Folgen dieses schwersten Störfalls seit 1929 hat sich die Weltwirtschaft bis heute – im Jahr 2015 – nicht vollständig erholt. Wiederholung ausgeschlossen?

Es war, um mit der Ökonomie zu beginnen, ein fast schon mit krimineller Energie gemixter Giftcocktail, der die Bankenwelt kollabieren ließ. Vereinfacht ausgedrückt war es eine Kombination aus von Regelungen befreiten Finanzmärkten und billigem Geld, das zur Überhitzung des Börsengeschehens und zu ungezählten faulen Krediten führte, die nicht mehr bedient werden konnten, als die Zinsen stiegen. Der »Spiegel«, in den späten Neunzigerjahren selbst noch ein Sprachrohr des ungezügelten angelsächsischen Turbokapitalismus, räumte die Fehlentwicklung jetzt reumütig ein. »Die unregulierten globalen Geldströme und die durch die Kreditspirale des vergangenen Jahrzehnts betriebene Geldvermehrung«, schrieb das Nachrichtenmagazin im Herbst 2008, »haben einen finanzmarktgetriebenen, nicht mehr auf Gütern und Waren und Handel gegründeten Kapitalismus etabliert, der ständig neue spekulative Blasen erzeugt, erzeugen muss. Der Finanzmarkt ist der eigentliche Markt geworden, die klassische Wirtschaft ist es nicht mehr.« Noch schärfer fiel das Urteil des deutschen Wirtschaftswissenschaftlers Max Otte aus: »Die Finanzkrise ist durch ein System der organisierten Verantwortungslosigkeit ausgelöst worden, bei dem zumindest im Ursprungsland USA die Grundsätze soliden Finanz- und Rechtsgebarens flächendeckend ausgehebelt waren.« Wer seinen Brecht kannte, fühlte sich an dessen berühmte Frage erinnert: »Was ist ein Einbruch in eine Bank gegen die Gründung einer Bank?«

Der neoliberale Traum eines wirtschaftlichen Perpetuum mobile, einer sich vermeintlich selbst tragenden und vermehrenden Geld- und Gewinnmaschine aus undurchschaubaren Finanzprodukten zur vermeintlichen Risikostreuung von Immobiliendarlehen, hatte Anleger lange Zeit berauscht. Er zerstob in dem Moment, als der Ur- und Treibstoff des Kapitalismus, Vertrauen nämlich, sich plötzlich in nichts auflöste. Misstrauen führte dazu, dass Banken sich gegenseitig kein Geld mehr liehen und immer mehr und immer rascher Konkurse drohten. Von den USA breitete sich die Welle aus und erreichte schnell auch Europa und Deutschland.

Die Kanzlerin und ihr Finanzminister Peer Steinbrück von der SPD traten am 5. Oktober 2008 vor die TV-Kameras und gaben den beunruhigten Deutschen die Zusage, dass ihre Bankeinlagen sicher seien – ein noch nie da gewesener Vorgang. Staaten sprangen mit Steuergeldern ein, um ihre Banken zu retten, denn die große Befürchtung stand im Raum, dass ein Zusammenbruch des globalen Finanzsystems unweigerlich eine schwere Weltwirtschaftskrise mit unabsehbaren Folgen nach sich ziehen würde. Das konnte zwar abgewendet werden, aber die meisten Industrieländer rutschten seit Herbst 2008 in eine mehr oder weniger hartnäckige Rezession mit einem Rückgang der Wirtschaftsleistung, steigender Arbeitslosigkeit und explodierenden Staatschulden.

Deutschland kam, wir sahen es bereits, glimpflicher davon als die meisten anderen Länder und konnte sich nach dem ersten Schock sogar als Wachstumslokomotive an die Spitze des europäischen Zuges setzen, eine Entwicklung, die bis heute anhält und die Berliner Republik zur führenden ökonomischen Macht auf dem Kontinent werden ließ. Zwangsläufig änderte sich dadurch auch Deutschlands politische Rolle in Europa. Aus dem oben zitierten »kranken Mann am Rhein« ist binnen anderthalb Jahrzehnten die zentrale Macht in der Mitte Europas geworden, die deshalb deutlich mehr Verantwortung übernehmen muss als in den Aufbaujahren nach der Wende.

Wo liegen die Gründe für diesen Aufstieg? Nicht alles, was dazu beigetragen hat, kann hier erörtert werden, dafür ist der zeitliche Abstand noch zu gering. Konzentrieren wir uns deshalb auf die unmittelbar einleuchtenden Kernursachen. Da ist zum einen der Umstand, dass in Deutschland, der großen Belastung durch die Wiedervereinigung zum Trotz, immer noch die alte Wirtschaftskraft erhalten geblieben war. Es gab einen starken wirtschaftlichen Mittelstand, eine hohe Produktqualität sowie fleißige und gut ausgebildete Arbeitnehmer. Der angeblich so »kranke Mann am Rhein« war für einige Zeit unterschätzt worden – und hatte sich phasenweise wohl auch selbst unterschätzt.

Zudem gelang es Merkel und Steinbrück mit Hilfe eines Konjunkturprogramms, ein Übergreifen der Finanz- und Bankenkrise auf die Welt der Produktion und der Dienstleistungen wenn nicht ganz zu verhindern, so doch abzumildern. Das Programm reichte von einer »Abwrackprämie«, die den Bürger zum Kauf eines neuen Pkw animieren sollte, bis hin zu Staatsbürgschaften und Finanzspritzen für die Banken in Höhe von 480 Milliarden Euro und schloss eine Verlängerung des Kurzarbeitergeldes ein. Die auch durch gesunkene Löhne herausragende Wettbewerbsfähigkeit der deutschen Exportwirtschaft tat ein Übriges, damit Deutschland aus der Krise heraus auf die Überholspur gehen konnte. Dass nicht alle im Land gleichermaßen davon profitierten, hörten wir bereits. Hier sei nur noch einmal daran erinnert, dass für die wirtschaftliche Erholung ein doppelter Preis zu zahlen war: Sinkende Arbeitslosenzahlen bedeuteten zum einen auch mehr unsicher und zu niedrigen Löhnen Beschäftigte, und zum anderen stieg die Staatsverschuldung bereits bis 2010 auf über 80 Prozent des Bruttoinlandsprodukts an, obwohl nach den verbindlichen Vorgaben der EU, den sogenannten Maastricht-Kriterien, nur 60 Prozent erlaubt sind.

An dieser Situation änderte auch der Regierungswechsel im Herbst 2009 zunächst nichts, als Merkel nach der Bundestagswahl den Koalitionspartner wechselte und mit der auf sensationelle 14,6 Prozent angestiegenen FDP unter Guido Westerwelle zusammenging. War mit dieser Neuauflage eines bürgerlichen Bündnisses wieder der Normalfall in Deutschland eingetreten? Nach Sicht der alten und neuen Kanzlerin vermutlich nicht. Zwar blieb ihr angesichts des Wahlergebnis-

Das schwerste Erdbeben in der Geschichte Japans löste im März 2011 eine Kettenreaktion aus. Es folgte ein Tsunami mit enormer zerstörerischer Wucht und ein Super-Gau im Atomkraftwerk von Fukushima. Deutschland entschied sich daraufhin zum zweiten Mal für einen Atomausstieg. Die Energiewende und ihre bislang noch nicht bewältigten Folgen sind seither ein Dauerbrenner für Politik und Wirtschaft.

ses und der Erwartungen in ihrer eigenen Partei gar nichts anderes übrig als eine Koalition mit den Liberalen; doch die ziemlich geräuschlose Art, in der auch die neuerliche Große Koalition seit Ende 2013 wieder arbeitet, legt den Schluss nahe, dass aus Sicht Merkels 2009 nicht ihre Wunschregierung zustande kam. Von der Aussetzung der allgemeinen Wehrpflicht abgesehen, wird von der christlich-liberalen Koalition dieser Legislaturperiode denn auch kaum mehr als ewiger Zank und Streit in Erinnerung bleiben. Dabei überschlugen sich in diesem Zeitraum die Ereignisse, und es verstärkte sich noch der bereits beschriebene Eindruck, dass Politiker dem Geschehen immer mehr hinterherhecheln, wo es doch darauf ankäme, vorausschauend zu handeln. So war es ein Herzensanliegen der schwarz-gelben Koalition, den unter Rot-Grün im Jahr 2000 mühsam ausgehandelten Kompromiss zum schrittweisen Atomausstieg wieder zu kassieren. Kaum aber war die entsprechende Kurskorrektur vollzogen, ereignete sich im März 2011 die Nuklearkatastrophe im japanischen Fukushima – und die studierte Physikerin Angela Merkel drehte sich um 180 Grad und sprach sich nun für eine Stilllegung von Atomkraftwerken und eine grundlegende Neuausrichtung der Energieversorgung aus. Kritiker des Atomausstiegs kreiden ihr das bis heute als Opportunismus an. Man konnte es aber auch als Lernprozess interpretieren, aus dem die Naturwissenschaftlerin und Politikerin angesichts neuer Erkenntnisse Konsequenzen zog. Wie unmittelbar sich im Zeitalter der Globalisierung Ereignisse wo auch immer auf der Welt bis in die Verästelungen innenpolitischer Entscheidungen andernorts auswirken können, zeigt der Vorgang so oder so.

Die schwierigste Herausforderung blieb aber auch nach Fukushima die schwelende Finanz- und Bankenkrise. Alle Staaten, die ihre Banken stützen mussten, gerieten in eine dramatische Verschuldungsspirale, und die Euro-Länder spürten den wachsenden Druck auf ihre Gemeinschaftswährung, den Euro. Schon wurden hohe Wetten an den Börsen darauf abgeschlossen, wann der Verbund auseinanderbrechen beziehungsweise die ersten Länder ausscheren würden. Europäische Rettungsschirme wurden aufgespannt, unter die sich etwa Portugal und Irland begaben. Sie erhielten finanzielle Beistandsgarantien und sollten im Gegenzug einen strammen Sparkurs fahren, mit anderen Worten: Sozial- und Wirtschaftsreformen in Angriff nehmen, die an die Agenda 2010 der rot-grünen Regierung Schröder/Fischer erinnerten.

Und tatsächlich war Deutschland die treibende Kraft hinter dieser Doppelstrategie. So auch im Fall von Griechenland, dessen Staatsdefizit sich bis Ende 2009 auf rund 130 Prozent seines Bruttoinlandsprodukts erhöht hatte – mehr als doppelt so viel, wie die EU-Vorgaben erlaubten. Dabei spielten viele Ursachen eine Rolle, und die meisten davon hatte das Land selbst zu verantworten. Unbestreitbar aber steigerte erst die Bankenkrise diese historisch weit in die Geschichte Griechenlands zurückweisenden Probleme zu einer existenziellen Krise mit der Gefahr eines Staatsbankrotts. Von dieser Seite drohte auch erheblicher Schaden für Deutschland und Frankreich, deren Banken durch eine allzu lockere Kreditvergabe zu einer wirtschaftlichen Scheinblüte in dem Mittelmeerland mit beigetragen hatten.

Um eine gefährliche Kettenreaktion, gar einen erneuten Kollaps der Bankenwelt oder ein Auseinanderfallen der Euro-Zone zu verhindern, beschloss die EU, unterstützt von der Europäischen Zentralbank und dem Internationalen Währungsfonds, seit 2010 eine Reihe von finanziellen Hilfspaketen und verordnete Athen zugleich Reformauflagen. Ziel war es, Griechenland in der Gemeinschaftswährung zu halten und einen »Grexit«, ein Ausscheren der Griechen aus dem Euro-Raum, nach Möglichkeit zu vermeiden. Erreichen wollte man dieses Ziel wiederum durch strenge Sparauflagen, die für das Land nur durch harte Schnitte bei den Staatsausgaben, durch Lohnsenkungen und einen beträchtlichen Sozialabbau einzuhalten waren. Wenig überraschend, bestimmte Deutschland als größter Gläubiger Athens bei diesen Entscheidungen zumindest hinter den Kulissen maßgeblich die Richtung.

Es darf deshalb genauso wenig überraschen, dass Berlin in die Schusslinie der Kritik nicht nur in Griechenland geriet, als sich auch vier Jahre danach die erhoffte wirtschaftliche Erholung des Landes nicht einstellen wollte. Und selbst wenn sie in absehbarer Zeit eintreten sollte, wie die Befürworter dieser Rosskur ohne Wachstumsimpulse nimmermüde versichern, so sind doch, wie etwa in Irland, Spanien und Portugal, die sozialen Kosten extrem hoch: Arbeitslosenraten von bis zu über 20 Prozent, bei Jugendlichen sogar um die 50 Prozent, die Verarmung ganzer Bevölkerungsschichten, die Verwahrlosung von Städten, der Niedergang des Gesundheits- und Bildungswesens, der Anstieg der Kriminalität und eine Massenauswanderung junger Menschen, die keine Zukunftsperspektive in ihrer Heimat mehr sehen. Schon ist in den betroffenen Ländern von einer verlorenen Generation die Rede.

Ein Grund für die in Griechenland zu beobachtende Abwärtsspirale ist auch, dass trotz eines 2012 vereinbarten teilweisen Schuldenerlasses ein großer Teil der Überbrückungskredite für Athen praktisch sofort wieder umgeleitet wird, um die Forderungen alter Gläubiger zu bedienen, was nichts anderes bedeutet, als dass die Kredite den Menschen im Land gar nicht erst zugutekommen. Bedenklich erscheint Kritikern zudem, wie durch dieses vornehmlich von Brüssel als EU-Zentrum koordinierte, aber eben von Berlin stark mitbestimmte Sanierungsprogramm die Souveränität des griechischen Staates ein Stück weit ausgehebelt wird – die Souveränität einer Demokratie immerhin. Insofern ist durchaus nachvollziehbar, dass die Anfang 2015 neu gewählte griechische Linksregierung auf Korrekturen dringt, wenngleich unstrittig ist, dass Athen end-

lich dringend notwendige Reformen etwa seines Steuersystems in Angriff nehmen muss. Man wundert sich schon, wenn in einem Staatswesen, dem es an allen Ecken und Enden an Einnahmen fehlt, Reeder ganz und die Kirche so gut wie von jeglicher Steuer befreit sind. Die deutsche Kanzlerin hat den Sparkurs gegen die Schuldenkrise in den südeuropäischen Ländern wiederholt als alternativlos bezeichnet und von einer »marktkonformen Demokratie« gesprochen. Und auch hier treten Kritiker auf den Plan, die daran erinnern, dass die Politik in der Demokratie immer und grundsätzlich vom Wettbewerb um die besten Ideen, sprich: von Alternativen lebt. Gefährlich ist die immer etwas überheblich wirkende Haltung der Merkel-Regierung überdies, ist sie doch Wasser auf die Mühlen all jener Euro-Kritiker im Land, die populistisch fragen, warum man denn überhaupt mit Ländern in einem Staaten- und Währungsbund bleiben soll, die nicht hören und auf eine andere Art als die deutsche selig werden wollen. Wie sehr Deutschland als Exportland von diesem Bund profitiert, wird hier hartnäckig außer Acht gelassen. Und wie verwandt dieses Denken längst überwunden geglaubten Geisteshaltungen ist, zeigt die Nähe der neuen, sich eurokritisch nennenden Partei »Alternative für Deutschland« (AfD) zur offen ausländerfeindlichen Pegida-Bewegung. Von beiden wird noch zu reden sein.

Seit 2010 wehren sich die Menschen in Griechenland mit Straßendemonstrationen gegen eine Sparpolitik, die einseitig zu ihren Lasten geht. Wenn das Land, in dem die Demokratie erfunden wurde, in der Euro-Zone bleiben soll, werden alle Zugeständnisse machen müssen – Europa, Griechenland und auch Deutschland.

Deutschland, das seit der Bundestagswahl 2013 wieder von einer Großen Koalition unter Angela Merkel regiert wird, ist im Windschatten der internationalen Finanzkrise zur wirtschaftlich stärksten und damit auch mächtigsten Nation des europäischen Kontinents geworden. In dieser Rolle muss es mehr denn je darauf achten, eine Politik des Ausgleichs zu betreiben, und das heißt auch, dass es Rücksicht auf die Interessen aller beteiligten Partner zu nehmen gilt – im Zweifelsfall auch auf solche, die andere Auffassungen vertreten. Einseitigkeit kann sich das starke Deutschland auch im eigenen Interesse nicht leisten. Denn tut man zu wenig für lebenswerte Verhältnisse dort, wo die Menschen zu Hause sind, dann machen sie sich notgedrungen auf den Weg dorthin, wo sie sich ein besseres Leben erhoffen. Wer nicht will, dass immer mehr Menschen aus den Mittelmeerländern in die Mitte und den Norden Europas drängen, wird ihnen dort helfen müssen, wo sie herkommen.

In hoffnungslos überfüllten, oft nicht einmal seetauglichen Booten versuchen Flüchtlinge, übers Mittelmeer nach Europa zu kommen. Will man dem ein Ende machen, wird die Bekämpfung krimineller Schlepperbanden nicht ausreichen. Europa wird legale Zuwanderungswege und Aufnahmequoten schaffen müssen. Noch wichtiger aber ist es, in den Herkunftsländern der Flüchtlinge politische und wirtschaftliche Aufbauhilfe zu leisten.

Gleiches gilt, wenn auch unter anderen Vorzeichen, für die Menschen in den gescheiterten Staatsgebilden des Nahen und Mittleren Ostens und Afrikas. Die Flüchtlingsdramen auf dem Mittelmeer, bei denen in den vergangenen 15 Jahren über 20 000 Menschen ertranken, müssen Europa und Deutschland aufrütteln und verpflichten zu nachhaltiger Hilfe. Viele der oft

gut ausgebildeten Flüchtlinge sollten uns auch deshalb willkommen sein, weil wir bei einer alternden Bevölkerung und einer wachsenden Wirtschaft auf Einwanderung sogar angewiesen sind. Dabei ist es eine Binsenweisheit, dass auch die reichen unter Europas Ländern nicht alle werden aufnehmen können, die vor wirtschaftlicher Not, Krieg oder politischer Verfolgung in ihren Heimatländern fliehen. Die Lösung des Problems wird aber nicht in der Abschottung bestehen, sondern in einem weitsichtigen und weiträumigen politischen Denken und Handeln, das darauf abzielt, den Menschen dort, wo sie leben, bessere Lebensbedingungen und eine Hoffnung auf die Zukunft zu verschaffen.

Im Zeichen der noch längst nicht bewältigten Euro-Krise und des zunehmenden Einwanderungsdrucks aus dem Mittelmeerraum hat es den Anschein, als seien trotz des Machtzuwachses in der jüngeren Vergangenheit die Spielräume deutscher Politik nicht größer geworden. Im Gegenteil: Während die europäischen Nachbarn zwischen Bewunderung, Ermunterung und teils scharfer Kritik an Deutschlands neuer Führungsrolle schwanken, dabei aber immer wirtschaftliche und politische Stärke unterstellen, sind im Land selbst eine gewisse Europamüdigkeit und eine zunehmende Fremdenfeindlichkeit zu beobachten. Dass sich in dieser Fremdenfeindlichkeit nicht nur eine fast schon hysterische Angst vor dem Islam, sondern auch Elemente des Antisemitismus zeigen, erschrickt und setzt die Politik unter Druck.

Mit dem Aufkommen der AfD und Massendemonstrationen aufgebrachter »Wutbürger« in einigen Städten Ostdeutschlands im Winter 2015 stellten sich Teile der Bevölkerung rechts von den Unionsparteien gegen eine weitere europäische Öffnung des Landes. Als Partei der Euro- oder besser Euro-Rettungs-Kritiker war die AfD angetreten; mittlerweile ist sie zum Sammelbecken von Unzufriedenen geworden, die auf die stärkere Abschottung einer angeblich von Überfremdung bedrohten Nation drängen. Die Grenzen zur sogenannten Pegida-Bewegung sind fließend. Die Paranoia dieser Bewegung kommt schon in ihrem Namen zum Ausdruck: Pegida ist die Abkürzung für »Patriotische Europäer gegen die Islamisierung des Abendlandes«. Große Gegendemonstrationen gegen diesen gefährlichen Unsinn sind ein ermutigendes Zeichen. Dennoch zeigt sich im fremdenfeindlichen Reflex so vieler, dass die große Frage der Integration dringender denn je auf der Tagesordnung des Landes steht.

»Der Islam gehört zu Deutschland«, so stellte der damalige Bundespräsident Christian Wulff in seiner Rede zur deutschen Einheit am 3. Oktober 2010 fest. Nun kann man trefflich darüber streiten, ob der Islam als vorherrschende Kernreligion eines bestimmten Kulturkreises, den wir von alters her Morgenland nennen, tatsächlich fester Bestandteil jener spezifisch europäischen Kultur ist, die mit Abendland umschrieben wird. Unabhängig davon steht aber fest, dass zugewanderte oder in Deutschland geborene Muslime zu Deutschland gehören, wenn sie das wollen. Und selbstverständlich haben sie das Recht auf die freie Ausübung ihrer Religion.

Integration heißt nicht Assimilation, also Verschmelzung. Kulturelle Vielfalt muss uns nicht ängstigen; eher sollten wir sie als Chance verstehen, unseren eigenen Horizont zu erweitern. Das Neben- und Miteinander unterschiedlicher Traditionen und Gewohnheiten bereichert Gesellschaften, deren Grenzen durchlässiger werden – und auf die Durchlässigkeit von Grenzen haben wir uns in Europa ja in einem großen Konsens verständigt. Wo aber Grenzen zwischen Ländern fallen, dürfen wir sie im Innern eines Landes erst recht nicht dulden oder gar neu errichten. Integration bezieht sich im Übrigen auf alle in einer Gesellschaft Lebenden und bedeutet im Grunde nichts anderes, als dass keiner ausgeschlossen sein soll, egal ob reich oder arm, dunkel oder hell, weiblich oder männlich, Katholik, Protestant, Jude, Muslim oder Atheist. Es braucht dazu gemeinsame, von allen getragene Regeln und Werte, so wie sie im Grundgesetz, unserer freiheitlichen Verfassung, garantiert sind.

Nur wer sich außerhalb dieser Regeln stellt und etwa im islamistischen Dschihadismus, in fundamentalistisch gespeister Gewalt und im Terror gegen Freiheit, Demokratie und Menschenrechte sein Heil sucht, hat in einer Gesellschaft wie der unseren nichts verloren. Dass dieser Terror weltweit auftritt und sich über Ländergrenzen hinweg vernetzt, zeigt indes ein weiteres Mal, wie sehr die Grenzen zwischen Innen- und Außenpolitik inzwischen verfließen: Die Anschläge fanatischer

Sie beherrschen Teile des Iraks und Syriens: die Terroristen des »Islamischen Staats« (IS). Alte Kräfte aus Zeiten des Diktators Saddam Hussein und junge fanatisierte Islamisten haben sich unter diesem Namen gegen Freiheit, Demokratie und Menschenrechte verschworen. Die Religion dient dabei nur als Vorwand, um eine Schreckensherrschaft zu rechtfertigen, in der Folter und Mord an der Tagesordnung sind.

Islamisten auf die Mitarbeiter des Satiremagazins »Charlie Hebdo« im Januar 2015 in Paris und ein ähnlicher Anschlag kurz darauf in Kopenhagen, das barbarische Wüten der radikalislamistischen Miliz »Islamischer Staat« (IS) in zerfallenden Staaten des Nahen Ostens wie dem Irak und Syrien und mittlerweile auch Libyen, die Teilnahme Hunderter junger Deutscher an dem Verwüstungsfeldzug des IS und die dadurch ausgelösten Flüchtlingsströme verlangen nach wohldurchdachten Antworten auf vielen staatlichen und zwischenstaatlichen Ebenen. Weder Europa noch Deutschland sind Festungen, die sich mit hohen Zäunen und Mauern behelfen können – noch viel weniger können sie es mit allein auf die Tagespolitik und die nächsten Wahlen ausgerichtetem Taktieren.

Für jeden sichtbar flammt in den Randzonen Europas immer neu und in vielerlei Gestalt zerstörerische Gewalt auf. Auch der »Arabische Frühling«, die Anfang 2011 einsetzenden Aufstandsbewegungen in etlichen Ländern des Nahen Ostens und Nordafrikas, hat, so begrüßenswert dieser Freiheitsausbruch war, jedenfalls bis dato nur zu weiterer Instabilität, Aufruhr und Unterdrückung in dieser Region geführt. Und als wäre das nicht Kriegsgefahr genug, verwickeln sich Europa und die NATO in einen Streit mit dem sich als Großmacht zu wenig ernst genommen fühlenden Russland. Die im Hinblick auf russische Interessen ohne das nötige Fingerspitzengefühl betriebene Ost-Erweiterung der EU fand ihr vorläufiges Ende mit dem militärischen Eingreifen Russlands in der Ukraine, als dessen Bürger 2014 die russlandfreundliche Regierung stürzten und den Anschluss an die EU erzwingen wollten. Zum zweiten Mal nach der weltpolitischen Wende von 1989/90 sehen wir einen Bürgerkrieg innerhalb der europäischen Grenzen.

Die Ukraine ist zum Zankapfel zwischen der EU, den USA und Russland geworden. Die Protestbewegung auf dem Majdan, dem Unabhängigkeitsplatz in Kiew, wandte sich im Winter 2013/14 von Moskau ab und Europa zu. Russlands Eingreifen und die völkerrechtswidrige Annexion der Krim sind auch eine Reaktion auf geopolitsche Machtverschiebungen zugunsten des Westens seit dem Zusammenbruch des Sowjetimperiums.

Um kein Missverständnis aufkommen zu lassen: Russland ist unter Wladimir Putin, ganz gleich, ob dieser zeitweilig als Minister- oder als Staatspräsident in Erscheinung tritt, in Verhältnisse zurückgefallen, die in vielem an die Zeit des Zarismus vor der bolschewistischen Revolution von 1917 erinnern. Und die Annexion, die Einverleibung der Krim durch Russland im März 2014 war ebenso eine massive Verletzung des Völkerrechts, wie unbestreitbar ist, dass Moskau die auf einen Anschluss an Russland drängenden Aufständischen im Osten der Ukraine weiter unterstützt. Doch Europa und vor allem Deutschland sollten wissen, dass die Ukraine, immerhin Europas flächenmäßig größter Staat, russische Einflusszone war und, unabhängig von politischem Wunschdenken, auch auf absehbare Zeit bleiben wird. Geopolitisch und geostrategisch, als Land, das in Europa und in Asien verankert ist, kann Russland sich an seiner Südwestflanke nicht völlig abdrängen lassen. Das läge auch gar nicht im westlichen Interesse, denn Europa braucht – neben den USA selbstverständlich – immer auch Russland für seine Sicherheitsarchitektur und für die Lösung von Konflikten, wo immer sie auf dem Globus auch auftreten

mögen. Die derzeitige Sanktionspolitik des Westens gegenüber Russland mag erforderlich sein; auf lange Sicht geht es aber darum, Russland an Europa anzubinden, damit es nicht zu einem asiatischen Koloss mit despotischem Antlitz verkommt.

Bundeskanzlerin Angela Merkel und ihr Außenminister Frank-Walter Steinmeier von der SPD scheinen das erkannt zu haben. Sie wissen, dass im Konflikt um die Ukraine letztlich keine Seite für sich allein gewinnen kann. Es müssen deshalb alle Konfliktparteien im Spiel gehalten werden: durch Druck und durch Diplomatie. Der Gesprächsfaden mit Moskau darf nicht abreißen, die Sanktionen gehören im Licht neuer Entwicklungen stets auf den Prüfstand. Darüber hinaus verläuft die viel beschworene rote Linie zwischen den Parteien entlang der NATO-Grenze. Ein Angriff auf eines der östlichen Mitgliedsländer würde den Bündnisfall und damit einen Krieg auslösen. Ein Remis, ein Unentschieden im Ringen um die Ukraine, könnte zu Pufferzonen, zu Brückenstaaten zwischen der EU und dem eurasischen Russland führen, vielleicht sogar zu aufblühenden Zonen, von denen alle etwas hätten, zuvorderst die dort lebenden Menschen.

In einer chaotischer und gefährlicher gewordenen Welt steht Deutschland im Frühjahr 2015 gut da, viel besser als 2005, als diese »Deutsche Geschichte« zum ersten Mal erschien, und auch deutlich besser als fast alle anderen EU-Staaten. Die Wirtschaft brummt, die Bundesregierung erwartet für das laufende Jahr ein Wachstum von 1,8 Prozent, immer mehr Menschen haben oder finden Arbeit, wenngleich zu viele Jobs prekär sind, also unsicher und/oder schlecht bezahlt. Der Anfang 2015 gesetzlich beschlossene Mindestlohn sorgt inzwischen für einen gewissen Ausgleich. Die Mehrheit der Bürger, und zwar in Ost und West, genießt einen im europäischen Vergleich hohen Lebensstandard, die innere Einheit kann als erreicht gelten. Die Staatsfinanzen sind wieder einigermaßen im Lot, und die in die Verfassung eingebaute Schuldenbremse soll dafür sorgen, dass es so bleibt.

Dennoch bleibt der Eindruck von Unsicherheit bei den Bürgern des Landes wie bei der Politik. Von der fehlenden Weitsicht des politischen Personals, von der fehlenden Perspektive einer ökonomisch erfolgreichen und sozial gerechten

Gesellschaft war mehrfach die Rede. Und die Probleme werden ja nicht weniger. Noch immer wissen wir nicht, wer mit welchen Mitteln der internationalen Finanzspekulation wenn schon nicht Einhalt gebieten, so wenigstens wirksame Grenzen setzen soll. Dabei machen die Spekulanten selbst vor Lebensmitteln nicht halt und nehmen dabei den Hunger von Millionen Menschen in unterentwickelten Ländern in Kauf. Oder denken wir an die unendlichen Mühen, zu einer international koordinierten Klimapolitik zu finden. Von deren Zustandekommen hängt nicht mehr und nicht weniger als das Wohl der gesamten Menschheit ab. Wie ein Lichtblick erscheint es hier schon, dass der – wegen der Ukraine-Krise um Russland geschrumpfte – G7-Gipfel der führenden Industriemächte im Juni 2015 Entschlossenheit zu einer Kursänderung bekundete. Kommt es wirklich dazu, ist das Ende des fossilen Zeitalters absehbar. Ziel ist eine Begrenzung der Erderwärmung auf höchstens zwei Grad Celsius, was nur erreicht werden kann, wenn die Energieversorgung unter Verzicht auf Kohle, Öl und Gas konsequent umgebaut wird. In der Schwebe bleibt dagegen das umstrittene Freihandelsabkommen TTIP zwischen der

Proteste gegen den Klimawandel wie hier von Greenpeace-Aktivisten auf einem schmelzenden Gletscher stehen in den vergangenen Jahren weniger im Mittelpunkt des Medieninteresses. Andere Themen – so die weiter schwelende Finanzkrise, der Konflikt um die Ukraine oder die Terrorgefahr fast überall auf der Welt – haben die ökologischen Fragen eher an den Rand der öffentlichen Wahrnehmung gedrängt. Überlebenswichtig bleiben sie dennoch.

EU und den USA, das Chancen und Risiken der Globalisierung wie unter einem Brennglas bündelt – können wir uns hier wirklich auf die Politik verlassen, oder lässt sie sich vor den Karren internationaler Großkonzerne spannen? Wer, so fragt der Bürger, schützt ihn vor der wachsenden Markt- und Informationsmacht globaler Internet-Konzerne wie Google, Amazon oder Facebook? Wer sorgt dafür, dass auch im Internet der Schutz der Privatsphäre gewahrt bleibt und überhaupt dieselben Werte und Regeln gelten wie sonst im öffentlichen Raum? Wer schützt uns darüber hinaus vor der Wissbegier der Geheimdienste, vor allem der amerikanischen NSA (»National Security Agency« = Nationale Sicherheitsbehörde), die im Kampf gegen den Terror keine Grenzen akzeptiert und selbst vor dem Lauschangriff auf das Handy der deutschen Kanzlerin nicht haltmacht? Dass der Bundesnachrichtendienst (BND), unser eigener Auslandsgeheimdienst also, sich beim entgrenzten digitalen Ausspähen unbekümmert und so gut wie unbeobachtet als Handlanger unserer amerikanischen Freunde betätigt, haben wir inzwischen auch erfahren müssen. – Eine lange Liste, und sie ließe sich leicht verlängern. Umso bedenklicher ist es deshalb, wenn immer mehr Bürger ihr Wahlrecht nicht wahrnehmen und auf die elementarste Form der Teilnahme am politischen Leben des Landes verzichten. So zuletzt im Mai 2015 bei der Landtagswahl im Stadtstaat Bremen, wo rund 50 Prozent der Bevölkerung die Wahl praktisch boykottierten. Eine Demokratie ohne ihr Stimmrecht ausübende Demokraten aber läuft auf Dauer Gefahr, zur Herrschaft einer privilegierten Minderheit zu werden.

Die Politik steht also vor gewaltigen Aufgaben, die mit zu meistern das größer und gewichtiger gewordene Deutschland sich anschicken muss. Als Macht in der Mitte Europas hat es seine ihm zugewachsene Verantwortung nach innen wie nach außen wahrzunehmen – nicht als Angst und Abwehr erzeugender Schulmeister oder gar, indem es Führungsansprüche erhebt, sondern als umsichtiger Vermittler, der weiß, was er will, ohne die Interessen anderer zu missachten, ebenso tatkräftig wie rücksichtsvoll, also: klug. Ob das gelingt? Wir wollen es hoffen.

Einheit und Freiheit – eine Bilanz

Wie Deutschland wurde, was es heute ist, haben wir gesehen – es war eine lange Reise zu Einheit und Freiheit, mit schwerem Gepäck, mit vielen Gabelungen, Irr- und Umwegen. Nach 25 Jahren Wiedervereinigung sind die Deutschen dort angekommen, wohin sie im 19. Jahrhundert aufgebrochen waren. 1989 wurde durch den Fall der Mauer über Nacht das Tor zur äußeren Einheit aufgestoßen. Ein Vierteljahrhundert später ist die innere Einheit, die Verschmelzung von Ost und West zu einer Gesellschaft mit allen ihren sozialen und regionalen Unterschieden so gut wie abgeschlossen. Und wie geht es weiter? Historiker wissen, dass wenig von Dauer ist, dass nur Bewahrung *und* Gestaltung vor Ungewolltem schützen.

Je tiefer man in den Brunnen der Vergangenheit eintaucht, desto mehr offenbart sich die Unvollkommenheit und Vorläufigkeit dessen, was ist. Das ist vor allem immer dann der Fall, wenn die geschichtliche Zeit ihren Rhythmus beschleunigt, wie wir es seit 1989/90 ununterbrochen erleben. Da bleibt dann praktisch kein Stein mehr auf dem anderen. Doch gerade in solchen Phasen rasanten Wandels sollte man genau darauf achten, nur das über Bord zu werfen, worauf verzichtet werden kann, ohne die innere Einheit und Freiheit sowie den sozialen Frieden einer Gesellschaft zu gefährden.

Anders ausgedrückt: In solchen Zeiten muss die Politik nach innen wie nach außen dem Ausgleich dienen. So wie Reformen im Innern sensibel dem Richtwert sozialer Balance folgen müssen, ist auch nach außen auf Balance bedachte Sensibilität geboten. 200 Jahre nach der Geburt des ersten Reichsgründers Otto von Bismarck ist Deutschland in gewisser Weise in die gleiche Ausgangslage zurückgekehrt wie bei der Reichsgründung 1871. Es füllt wieder die Mitte Europas aus und nimmt – ob es nun will oder nicht – abermals die Stellung einer politisch-wirtschaftlichen Gestaltungsmacht ein. Dies könnte – darauf hat der Politikwissenschaftler Herfried Münkler hingewiesen – auch Folge dessen sein, dass die europäische Integration ins

Stocken geraten und keine vergleichbar handlungsfähige europäische Kraft in Sicht ist. Und was nun? Wird sich, wie Deutschland-Skeptiker gelegentlich warnen, die Geschichte wiederholen? Mit einem zu übermütigen Deutschland, erneut in der verhängnisvollen Rolle des halben Hegemonen (einer Führungs- oder Vormacht also), zu einflussreich für das übrige Europa, aber letztlich doch zu schwach, um es zu lenken? Könnte aus dieser Zwiespältigkeit noch einmal eine Bedrohung für den Kontinent erwachsen?

Das kann zwar nie ganz ausgeschlossen werden, denn die Zukunft ist letztlich offen; es dürfte aber höchst unwahrscheinlich sein. Schon der bismarcksche deutsche Nationalstaat steuerte ja nicht unweigerlich und unvermeidbar erst in die Katastrophe des Ersten Weltkriegs und schon bald darauf in die Arme Hitlers. Vielmehr versagte die Politik nach Bismarck vor der Aufgabe, angesichts seiner noch gewöhnungsbedürftigen Größe und bei gleichzeitiger Unbeholfenheit auf dem internationalen Parkett einen angemessenen Platz im Konzert der Mächte zu finden. Vielleicht hätte das mit einigem Geschick ja wirklich die Rolle des »ehrlichen Maklers« sein können, die Bismarck vorschwebte.

Heute stehen die Chancen dafür jedenfalls deutlich besser, was im Übrigen nicht heißt, dass Deutschland nicht auch eigene Interessen verfolgen dürfte. Aber sein übergeordnetes Interesse muss immer der Ausgleich sein, das ist sozusagen sein Daseinszweck, seine Staatsräson. Deutschland ist nach 25 Jahren Einheit eine gefestigte Demokratie im Kreise seiner westlichen Partner. Deutschlands Größe, seine geografische Lage und seine Geschichte verlangen von der Politik Berechenbarkeit und Fingerspitzengefühl – gegenüber den angelsächsischen Verbündeten USA und Großbritannien, gegenüber dem im Westen angrenzenden Frankreich und selbstverständlich auch im Verhältnis zu den kleineren, zumal den östlichen Nachbarn. Nicht zuletzt aber gilt das für die Beziehungen zum nach wie vor mächtigen Russland, dessen Einfluss sich auf zwei Kontinente erstreckt und das seine Rolle zwischen Europa und Asien noch immer sucht. Sollte wegen des Ukraine-Konflikts wirklich auf Dauer eine neue Eiszeit zwischen West und Ost ausbrechen, führt der Weg nach Moskau über Berlin, will sagen, Deutschland muss als Brückenbauer einspringen – nicht auf eigene Faust, sondern in Abstimmung mit den Verbündeten und kleineren EU-Partnern in Osteuropa.

Darüber hinaus bleibt es die große Herausforderung jeder deutschen Regierung, die europäische Idee in den Köpfen und Herzen der Menschen wach zu halten. Nur in und mit Europa, und das schließt die Gemeinschaftswährung, den Euro, mit ein, gedeiht Deutschland, ist seine zunehmende Stärke für die Länder in seinem Einflussbereich zu verkraften und akzeptabel. Dass der Exportstar ökonomisch derzeit besonders gut mit dem Euro fährt, während vor allem südeuropäische Staaten darunter eher leiden, spricht nicht wirklich dagegen. Solche Schwankungen und Gefälle müssen eben, wenn es hart auf hart kommt, von den Stärkeren, also auch Deutschland, ausgeglichen werden.

In diesem Zusammenhang sind letztlich auch Ansprüche an Deutschland zu bewerten, wie sie zuletzt die griechische Regierung erhoben hat, als sie das alte, aber aus ihrer Sicht nicht abgeschlossene Thema der Reparationsansprüche Griechenlands aus der Zeit des Zweiten Weltkriegs auf den Tisch brachte. Sie mit den aktuellen Problemen Griechenlands zu vermischen mag, verhandlungstaktisch gesehen, unglücklich sein. Politisch aber haben die alte Schuld des einen und die neuen Schulden des anderen sehr wohl miteinander zu tun. Wenn die in diesem Buch erzählte Geschichte eines lehrt, dann dieses, dass Deutschland sich der Verantwortung, die ihm seine Vergangenheit auferlegt, nicht entziehen darf. »Verantwortlicher Umgang mit der Geschichte zielt darauf ab, verantwortliches Handeln in der Gegenwart möglich zu machen.« – So formulierte es der Historiker Heinrich August Winkler in seiner Rede zum 70. Jahrestag des Kriegsendes vor dem Deutschen Bundestag. In den Gesprächen mit den griechischen Partnern und Freunden sollte man sich daran erinnern – wie auch daran, dass der jungen Bundesrepublik von den Westmächten 1953 die Hälfte aller Vor- und Nachkriegsschulden erlassen wurde, die für die damalige Zeit ungeheure Summe von 15 Milliarden D-Mark. Kurz vor Drucklegung dieses Buches einigten sich die Euro-Länder und Griechenland während eines dramatischen Gipfels am 13. Juli 2015 auf einen vorläufigen Kompromiss, der hier im Einzelnen noch nicht bewertet werden kann. Der »Grexit«, Athens Ausscheren aus der Euro-Zone, scheint fürs Erste abgewendet. Doch die Rolle des Brückenbauers, des umsichtigen Vermittlers, übernahm sehr zum Bedauern des Autors dieses Buches nicht Deutschland, sondern Frankreich.

Die lange Vereinigungskrise, die gelegentlich Erinnerungen an die schlimme Zeit der späten Zwanziger- und frühen Dreißigerjahre im vorigen Jahrhundert weckte, liegt hinter uns. Ihre Hinterlassenschaft sind freilich neue Spaltungen in der Gesellschaft im Westen wie im Osten. Vielen Reichen stehen weit mehr Arme und Verarmende gegenüber, zwischen ihnen eine von Abstiegsängsten heimgesuchte Mittelschicht. Gar nicht so wenige können ihr Kapital für sich arbeiten lassen und müssen sich keine Sorgen um ihr Alter machen, während eine wachsende Schar von Menschen keinerlei Rücklagen bilden kann, weil sie in mehreren Jobs ums tägliche Überleben kämpfen muss. Hier lauert ebenso sozialer Sprengstoff wie in den ungelösten demografischen Problemen mit ihren Folgen für die Rentenversicherung und Gesundheitsversorgung.

Bei allen Rufen nach notwendigen Einschränkungen, und um nichts anderes handelte es sich bei den meisten Reformen und sozialpolitischen Neuerungen der vergangenen 15 Jahre, darf nie vergessen werden, dass eine Demokratie nur so stabil ist wie die Menschen, die sie tragen sollen. Freiheit und Gleichheit sind zwei Seiten ein und derselben Medaille und dürfen nicht gegeneinander ausgespielt werden. Freiheitschancen und Chancenausgleich sind Zwillinge, die sich nur im Miteinander entfalten können. Wenn der gesellschaftliche Zusammenhalt zu zerfallen droht, weil die Kluft zwischen Reich und Arm, zwischen bildungsnahen und bildungsfernen Schichten immer größer wird, ist Gefahr im Verzug. Dann schießen wie in finstersten Zeiten dumpfe Ressentiments und Fremdenfeindlichkeit ins Kraut.

Mag die Pegida-Bewegung auch bald in der Bedeutungslosigkeit verschwinden, ein Zeichen ist sie doch. Dafür nämlich, wie weit sich ganze Bevölkerungsgruppen mittlerweile aus der Gesellschaft und offiziellen Politik »ausgeklinkt« haben und mit dem Internet vor Augen in bizarren Parallelwelten leben. Dazu zählt auch – bei aller berechtigten Kritik an manchen Fehlentwicklungen und einer mitunter zu großen Nähe zwischen Journalisten und Politikern – die beunruhigende Verächtlichmachung seriöser Fernsehsender und Zeitungen als »Systemmedien«. Das Wort stammt aus dem Sprachsumpf des Joseph Goebbels. Rechtsradikalismus, Antisemitismus und Fremdenfeindlichkeit aber müssen in einer freien Gesellschaft politisch bekämpft werden – mit oder ohne NPD-Verbot.

Der Kapitalismus, dem Karl Marx einst den Untergang prophezeite, verdankt seinen Triumphzug seit dem 19. Jahrhundert bis heute nicht zuletzt dem Umstand, dass der demokratische und soziale Rechtsstaat Regeln und Grenzen durchgesetzt hat. Sie sollten und sollen im freien Spiel der oft ungleichen Kräfte für Fairness sorgen und die Schwächeren schützen. »Eigentum verpflichtet. Sein Gebrauch soll zugleich dem Wohle der Allgemeinheit dienen.« So steht es in Artikel 14, Absatz 2 des Grundgesetzes, der demokratischsten und freiheitlichsten Verfassung, die Deutschland je hatte. »Die Beziehungen zwischen Kapitalismus und Demokratie kühlen ab«, beobachtet der deutsche Philosoph Peter Sloterdijk. Weltweit gebe es Anzeichen für eine Rückkehr autoritärer Staatsformen – ein Befund, der auch uns Deutsche beunruhigen muss. Freiheit und Demokratie sind nichts Naturgegebenes. Wohin es führen kann, wenn ihnen gleichgültig oder gar ablehnend begegnet wird, dafür sollte dieses Buch den Sinn schärfen.

Mit der nationalsozialistischen Herrschaft, die in Krieg und Massenvernichtung zu ihren eigentlichen Zielen fand, aber auch mit der kommunistischen Diktatur in Ostdeutschland hält die deutsche Geschichte genug Anschauungsmaterial für den Wert von Freiheit und Demokratie bereit. Die Deutschen haben sich diesen Vergangenheiten – gegen alle Versuche zur Verdrängung – nach und nach selbstkritisch gestellt, und es ist zu hoffen, dass dies so bleibt.

Für das in den Jahren zwischen 1933 und 1945 von Deutschen *anderen* zugefügte Leid – ausgegrenzten Minderheiten im eigenen Land und ganzen Völkern jenseits der eigenen Grenzen – kann es keinen Schlussstrich geben. Das rief bereits der ehemalige Bundespräsident Richard von Weizsäcker in einer eindrucksvollen Rede am 8. Mai 1985 ins Gedächtnis, als er mit Blick auf jenes Datum im Jahr 1945 von einem »Tag der Befreiung« sprach. An der fortdauernden Verantwortung der Deutschen für die jede Vorstellungskraft übersteigenden NS-Verbrechen besteht kein Zweifel, und zwar in dem Sinne, wie es der Philosoph Karl Jaspers schon 1946 in seiner Schrift »Die Schuldfrage« ausführte: Alle Angehörigen eines Staates unterliegen einer politischen Mithaftung für dessen Handlungen – gegenwärtige, vergangene und zukünftige.

Daran erinnert auch das den ermordeten Juden Europas gewidmete Holocaust-Mahnmal in Berlin, das im Mai 2005 eingeweiht wurde. Eine Aufforderung zu demokratischer Wachsamkeit – über Gedenktage hinaus. Völkermord, ganz gleich, wo und von wem verübt, muss beim Namen genannt werden. So wie Bundespräsident Joachim Gauck und der Deutsche Bundestag im April 2015 den vor 100 Jahren den Armeniern zugefügten Genozid wörtlich ansprachen und dabei auch an die Mitverantwortung Deutschlands als Bündnispartner des Osmanischen Reiches, der heutigen Türkei, im Ersten Weltkrieg erinnerten. Es mag der türkischen Regierung missfallen, aber die offen ausgesprochene Wahrheit war ein Beitrag der Politik zur Integration der hier lebenden Türken: Ein Dialog und selbst ein Streit stehen einer Demokratie allemal besser an als die bisherige Praxis des Totschweigens von etwas, was kein ernsthafter und unabhängiger Historiker mehr in Zweifel zieht. So wie sich Berlin im Fall der Armenier zu mehr Ehrlichkeit durchgerungen hat, soll nun offenbar auch der Vernichtungskrieg, den Deutschland von 1904 bis 1908 gegen die Hereros und Namas in der Kolonie Deutsch-Südwestafrika führte, als das bezeichnet werden, was er war, nämlich der erste Genozid im 20. Jahrhundert.

Gerade wirtschaftlich und politisch unruhige Zeiten sind Bewährungsproben für die Demokratie. Erst dann zeigt sich, ob Freiheit den Menschen auch unabhängig von Wohlstand und Vollbeschäftigung etwas wert ist oder ob soziale Abstiegsängste, Vorurteile und Intoleranz zur Abschottung führen. Deutschland benötigt schon wegen der alternden Gesellschaft und der niedrigen Geburtenrate qualifizierte Zuwanderung und muss darüber hinaus Menschen in Not aufnehmen – wie andere Länder auch.

Wenn Flüchtlingsheime in Brand gesetzt werden, während Zigtausende, die Armut, Verfolgung, Terror und Bürgerkrieg entkommen wollen, im Mittelmeer ertrinken, dann muss ein Aufschrei durch Deutschland gehen. Wenn in einigen Bundesländern ein Drittel der Bevölkerung ausländerfeindlichen und antisemitischen Aussagen beipflichtet, dann muss das jeden Demokraten erschüttern und beschämen. Deutschland ist dennoch nach den USA das weltweit beliebteste Einwanderungsland. Wir sollten alles Erforderliche dafür tun, dass es auch so bleibt.

Wohin Deutschland in der Zukunft gehen wird, hängt am Ende davon ab, ob die Politik Antworten auf die vielen großen Fragen vom Klimawandel bis zur Disziplinierung weltumspannender Konzerne findet, die mit den bekannten ökonomischen Rezepten allein vielleicht gar nicht mehr zu lösen sind, sondern ein neues Nachdenken über eine andere Gesellschaft verlangen – eine große Herausforderung für alle, Jung und Alt, denen Freiheit und Demokratie mehr als nur materielles Wohlergehen bedeuten. Vielleicht wird ja in nicht allzu ferner Zukunft eintreffen, was der Soziologe Ulrich Beck voraussagte, nämlich dass wir uns in den bislang wohlhabenden Ländern auf eine Gesellschaft des *Weniger* werden einstellen müssen. Für den dazu nötigen Einstellungswandel hätte dann jeder selbst zu sorgen. Möglich? Gar wahrscheinlich? Darüber wird noch viel gestritten werden. Nur eines ist sicher: Diejenigen, die immer erst nach Sündenböcken suchen und scheinbar einfache Lösungen anbieten, wissen die richtige Antwort nicht.

Und ein Letztes: Niemand sollte Antworten und Lösungen immer nur von der offiziellen Politik und vom Staat erwarten, sondern bei sich beginnen, auf die eigenen Kräfte und auf Gleichgesinnte vertrauen. An der Bereitschaft zur Beteiligung, am Willen zu Freiheit *und* zur Solidarität entscheidet sich das Schicksal einer Demokratie, die allen Generationen ein Leben in Würde ermöglichen soll. In Deutschland und überall.

Weiterführende Literatur

Volker Ullrich: Die nervöse Großmacht 1871–1918. Aufstieg und Untergang des deutschen Kaiserreichs. Mit einem aktuellen Nachwort: Neuere Forschungen zum Kaiserreich, Frankfurt/M. 2007; Fischer Taschenbuch Verlag. Mit Abstand das lesefreundlichste Buch über das deutsche Kaiserreich bis zum Zusammenbruch nach dem Ersten Weltkrieg. Der Autor verfügt über die unter deutschen Historikern seltene Gabe, lebendige Schilderung mit präziser Analyse und treffsicherem Urteil zu verbinden.

Philipp Blom: Der taumelnde Kontinent. Europa 1900–1914, München 2009; Carl Hanser Verlag. Keine Vorgeschichte des Ersten Weltkriegs, sondern das faszinierende Panorama einer Epoche der Beschleunigung, die der Autor als Durchbruch zur Moderne anschaulich schildert – mit verblüffenden Parallelen zu unserer Gegenwart.

Gerd Krumeich: Juli 1914. Eine Bilanz, Paderborn 2014; Ferdinand Schöningh Verlag. Eine übersichtliche Darstellung und Zusammenfassung des aktuellen Forschungsstandes zu den Ursachen und zum Ausbruch des Ersten Weltkriegs für ein breiteres Publikum.

Christopher Clark: Die Schlafwandler: Wie Europa in den Ersten Weltkrieg zog, München 2013; Deutsche Verlags-Anstalt. Auch einem breiteren Publikum bekannt gewordenes Buch, in dem der Autor, wie einige andere Historiker mit ihm, die Kriegsschuldfrage noch einmal neu aufwirft. Gegen Fritz Fischers vermeintliche These von der Alleinschuld Deutschlands gerichtet, wird hier behauptet, alle beteiligten Mächte seien wie »Schlafwandler« in den Krieg hineingestolpert. Von einer solchen Alleinschuld im Wortsinn war bei dem auch im vorliegenden Buch zitierten Fischer (vgl. dazu S. 81 ff.) allerdings nie die Rede. Wie überhaupt besser von Verantwortung gesprochen werden sollte als von Schuld. Dann aber ist schon daran festzuhalten, dass die irrlichternde, unberechenbare, aggressive und auf unbedingte »Weltgeltung« ausgelegte Politik der deutschen Reichsleitung seit den Neunzigerjahren des 19. Jahrhunderts sich eben nicht an Bismarcks Aussage hielt, wonach Deutschland »saturiert« sei und keine Machterweiterung erstrebe – und dass es diese Politik war, die ganz maßgeblich dazu beigetragen hat, dass es zum Krieg kommen konnte.
Dass hier »Schlafwandler« am Werk waren, darf wohl bezweifelt werden.

Hagen Schulze: Weimar. Deutschland 1917–1933, Berlin 1994; Wolf Jobst Siedler Verlag. Der reich illustrierte Band aus der Siedler-Reihe »Deutsche Geschichte« nähert sich dem Drama der ersten deutschen Republik in zwei großen Abschnitten. Politik, Wirtschaft, Gesellschaft und Kultur werden zunächst im Querschnitt betrachtet, anschließend folgt eine farbig erzählte Ereignisgeschichte von der Novemberrevolution bis zu Hitlers Ernennung zum Reichskanzler.

Hans Mommsen: Aufstieg und Untergang der Republik von Weimar 1918–1933, Berlin 2004; Ullstein Taschenbuch Verlag, Propyläen Taschenbuch. Gegebenheiten und Überlieferungen bestimmen den Handlungsrahmen von Politik. Mommsen erklärt Weichenstellungen und Entwicklungen jener Jahre aus dem Wechselspiel politischer, wirtschaftlicher, sozialer und ideologischer Machteinflüsse, die den Entscheidungen der Verantwortlichen ihren Stempel aufdrückten. Eine herausragende Analyse, die den Leser mit vertiefter Erkenntnis belohnt.

Sebastian Haffner: Geschichte eines Deutschen. Die Erinnerungen 1914–1933, München 2002; Deutscher Taschenbuch Verlag. Gerade jüngeren Lesern vermittelt dieses eindringliche Erlebnisbuch erhellende Beobachtungen eines Zeitgenossen über Deutschlands Weg in den Nationalsozialismus. Zugleich eine beklemmende Nahaufnahme der ersten Monate von Hitlers Machtergreifung im Jahr 1933. Hinter den Fassaden harmloser Alltagsnormalität breiten sich Angst und Schrecken aus.

Volker Ullrich: Adolf Hitler. Band 1: Die Jahre des Aufstiegs, Frankfurt am Main 2013; S. Fischer Verlag. Der erste Teil der neuesten Hitler-Biografie aus der Feder des Hamburger Historikers, der dem Diktator mit scharfer und genauer Beobachtungsgabe so nah kommt wie kaum jemand zuvor. Indem Ullrich den Massenmörder entdämonisiert, tritt das Menschliche an Hitler umso beunruhigender hervor: die Normalität des Bösen.

Thomas Sandkühler: Adolf H. Lebensweg eines Diktators, München 2015; Carl Hanser Verlag. Vor allem auf ein jugendliches Publikum zielender, aber auch für Erwachsene erhellender Versuch, das »Phänomen Hitler« zu erklären.

Norbert Frei: Der Führerstaat, München 2002; Deutscher Taschenbuch Verlag. Sachlich gründlich und stilistisch gekonnt zeichnet der Autor die Entwicklung des nationalsozialistischen Herrschaftssystems nach. Ebenso plastisch wie differenziert treten die Rolle Hitlers und die Gleichzeitigkeit von Barbarei und Modernität in dieser Diktatur hervor.

Edgar Wolfrum: Die geglückte Demokratie. Geschichte der Bundesrepublik Deutschland von ihren Anfängen bis zur Gegenwart, Stuttgart 2006; Klett-Cotta Verlag. Gesamtdarstellung, flüssig geschrieben und auf dem Stand der Forschung. Ein Standardwerk, das sich nicht nur an die Fachwelt richtet, sondern auch an ein breiteres Publikum mit einigen Vorkenntnissen.

Manfred Görtemaker: Kleine Geschichte der Bundesrepublik Deutschland, München 2007; Verlag C. H. Beck. Als Einführung ebenfalls bestens geeignet.

Hermann Weber: Die DDR 1945–1990, München 2005; Oldenbourg Verlag. Der Autor, ehedem einer der führenden DDR-Forscher, hat sich jahrzehntelang mit diesem Thema beschäftigt. Die immer wieder aktualisierten Ergebnisse seiner Arbeit haben ihren Niederschlag in zahlreichen Veröffentlichungen gefunden. Ein Klassiker, inhaltlich fundiert und klar in der Sprache.

Klaus Schroeder: Der SED-Staat. Partei, Staat und Gesellschaft 1949–1990, München 1998; Carl Hanser Verlag. Ebenfalls ein Klassiker zur DDR-Geschichte. Erschließt sich auch kapitelweise und bietet Lesehilfen durch Zusammenfassungen und Zeittafeln.

Dirk Hoffmann: Von Ulbricht zu Honecker. Die DDR 1449–1989, Berlin 2013; be.bra verlag. Kompakter Überblick, der zeigt, dass der ostdeutsche Teilstaat, obwohl er scheiterte, eine erzählenswerte Eigengeschichte überliefert.

Peter Bender: Deutschlands Wiederkehr. Eine ungeteilte Nachkriegsgeschichte 1945–1990, Stuttgart 2007; Klett-Cotta Verlag. Eine mit journalistischem Schwung verfasste Abhandlung über das Gegen-, Neben- und Miteinander der beiden deutschen Staaten in der Zeit des Kalten Krieges. Kenntnisreich und anschaulich zeichnet der Autor insbesondere die Entwicklung der Entspannungs- und Ostpolitik nach.

Heinrich August Winkler: Der lange Weg nach Westen, Band 1: Deutsche Geschichte vom Ende des Alten Reiches bis zum Untergang der Weimarer Republik, Band 2: Deutsche Geschichte vom »Dritten Reich« bis zur Wiedervereinigung, München 2005; Verlag C.H. Beck. Wer den verschlungenen Verlauf und die fortwirkenden Zusammenhänge von Deutschlands Geschichte im 19. und 20. Jahrhundert verstehen will, kommt an Winklers großem Wurf nicht vorbei. Nach dem Wendejahr 1989 geschrieben und noch immer die beste epochenübergreifende Erzählung über Höhen und Tiefen des Volkes in der Mitte Europas.

Ulrich Herbert: Geschichte Deutschlands im 20. Jahrhundert, München 2014; Verlag C. H. Beck. Die neueste Gesamtdarstellung zum Thema – souverän in der Schilderung und der Analyse. Kann auch in einzelnen Kapiteln gelesen werden.

Eckart Conze: Die Suche nach Sicherheit: Eine Geschichte der Bundesrepublik Deutschland von 1949 bis in die Gegenwart, München 2009; Siedler Verlag. Die bislang überzeugendste Geschichte der westdeutschen Nachkriegsdemokratie und des vereinten Deutschland unter der Klammer des Leitmotivs Sicherheit.

Edgar Wolfrum: Rot-Grün an der Macht. Deutschland 1998–2005, München 2013; Verlag C. H. Beck. Eine faire und differenzierte Bilanz eines die Republik verändernden Regierungsbündnisses, das sich in der innen- und außenpolitischen Umbruchszeit nach der Wende bewähren musste.

Herfried Münkler: Macht in der Mitte. Die neuen Aufgaben Deutschlands in Europa, Hamburg 2015; edition Körber-Stiftung. Treffsicher und nüchtern analysiert der Autor dieses gut lesbaren Buches die außenpolitisch gewandelte Lage Deutschlands und dessen künftige Herausforderungen im 25. Jahr der Einheit.

Zeittafel

1806 Ende des Heiligen Römischen Reiches Deutscher Nation

1813–15 Befreiungskriege in den deutschen Staaten gegen die Vorherrschaft Napoleons

1815 Wiener Kongress: Nach dem Sieg über Napoleon Bonaparte wird das Machtgefüge in Europa neu geordnet.
Russland, Österreich und Preußen schließen die »Heilige Allianz«, ein Bündnis gegen alle nationalen und freiheitlichen Bestrebungen.
Gründung des Deutschen Bundes

1817 Wartburgfest: Versammlung nationaler und liberaler Burschenschaftler

1830 Julirevolution in Frankreich

1832 Hambacher Fest: Versammlung breiter Bevölkerungsschichten, die ein einiges und freies Deutschland fordern

1834 Gründung des Deutschen Zollvereins

1848 Das »Kommunistische Manifest« von Karl Marx und Friedrich Engels erscheint in London.
Beginn der Revolution in den deutschen Ländern:
18./19. März: Demonstrationen und Barrikadenkämpfe in Berlin, König Friedrich Wilhelm IV. verspricht eine Verfassung für Preußen und einen deutschen Bundesstaat.
18. Mai: In Frankfurt am Main tritt die deutsche Nationalversammlung in der Paulskirche zusammen. Die Arbeit an einer gesamtdeutschen Verfassung beginnt.
Ende 1848: Festlegung der »Grundrechte des deutschen Volkes«

1849 König Friedrich Wilhelm IV. von Preußen lehnt die ihm angetragene Kaiserkrone ab.
Niederschlagung der Revolution durch die deutschen Fürsten und Könige

1862 Otto von Bismarck wird Ministerpräsident in Preußen.
Heeresreform in Preußen ohne Zustimmung des Parlaments

1863 Ferdinand Lassalle gründet den »Allgemeinen Deutschen Arbeiterverein«.

1864 Deutsch-dänischer Krieg

1866 Differenzen über die Verwaltung Schleswigs und Holsteins führen zum Krieg zwischen Preußen und Österreich.
Nach dem Sieg Preußens Auflösung des Deutschen Bundes und Gründung des Norddeutschen Bundes.

1869 August Bebel und Wilhelm Liebknecht gründen die »Sozialdemokratische Arbeiterpartei«.

1870/71 Der Streit um die spanische Thronfolge und die von Bismarck verschärfte »Emser Depesche« lösen den Deutsch-Französischen Krieg aus.

1871 18. Januar: Kaiserproklamation im Spiegelsaal von Versailles: Gründung des Deutschen Kaiserreichs. König Wilhelm I. von Preußen wird deutscher Kaiser, Otto von Bismarck wird Reichskanzler.
Die erste gesamtdeutsche Verfassung wird verabschiedet.

1873 Börsensturz

1875 Verbindung des »Allgemeinen Deutschen Arbeitervereins« und der »Sozialdemokratischen Arbeiterpartei« zur »Sozialistischen Arbeiterpartei Deutschlands«. Gothaer Programm

1878 Gesetz »wider die gemeingefährlichen Bestrebungen der Sozialdemokratie« (Sozialistengesetz)
Berliner Kongress: Bismarck vermittelt zwischen den europäischen Mächten über deren Einfluss auf dem Balkan.

1879 Zweibund zwischen dem Deutschen Reich und Österreich-Ungarn

1881 Dreikaiservertrag unter Einbeziehung Russlands

1887 Rückversicherungsvertrag des Deutschen Reiches mit Russland

1888 »Dreikaiserjahr«: Kaiser Wilhelm I. stirbt. Nach dem frühen Tod seines Nachfolgers Friedrich III. tritt dessen Sohn Wilhelm II. das kaiserliche Erbe an.

1890 Reichskanzler Bismarck tritt zurück.
Aufhebung des Sozialistengesetzes
Die »Sozialistische Arbeiterpartei Deutschlands« benennt sich um in »Sozialdemokratische Partei Deutschlands« (SPD).

1904 »Entente cordiale« zwischen Großbritannien und Frankreich

1905 Erste Marokkokrise

1907 »Triple-Entente« unter Einbeziehung Russlands

1908 Österreich-Ungarn annektiert Bosnien-Herzegowina

1911 Zweite Marokkokrise (»Panthersprung nach Agadir«)

1912/13 Balkankrise

1914 28. Juni: Ermordung des österreichischen Erzherzogs Franz Ferdinand und seiner Frau in Sarajevo
Österreich-Ungarn stellt Serbien ein Ultimatum.
28. Juli: Österreich-Ungarn erklärt Serbien den Krieg. Russland mobilisiert seine Truppen.
1. August: Das Deutsche Reich erklärt Russland und zwei Tage später Frankreich den Krieg.
4. August: Nach Überschreitung der belgischen Grenze durch deutsche Truppen tritt Großbritannien in den Krieg ein.
Das Deutsche Reich steht in einem Zweifrontenkrieg.
Ende 1914: Beginn des Stellungskriegs im Westen

1916 Schlacht bei Verdun und an der Somme

1917 Friedensresolution des Reichstags
Die OHL setzt den uneingeschränkten U-Bootkrieg durch:
Eintritt der USA in den Krieg
Oktoberrevolution in Russland

1918 Diktatfrieden von Brest-Litowsk
Massenstreiks und Demonstrationen in deutschen Großstädten gegen Krieg und Not
Oktober: Matrosen meutern in Wilhelmshaven.
28. Oktober: Verfassungsänderung: Das Deutsche Reich wird eine parlamentarische Monarchie.
9. November: Die Revolution erreicht Berlin: Reichskanzler Prinz Max von Baden drängt Wilhelm II. zur Abdankung.
Ausrufung der Republik durch Philipp Scheidemann (SPD)
Max von Baden überträgt Friedrich Ebert (SPD) die Regierungsgeschäfte: Bildung des »Rats der Volksbeauftragten« aus SPD und USPD
11. November: Unterzeichnung des Waffenstillstands in Compiègne
Dezember: »Allgemeiner Kongress der Arbeiter- und Soldatenräte«: Mehrheit für eine Nationalversammlung
Gründung der KPD

1919 Januar: Blutige Unruhen in Berlin
Ermordung Karl Liebknechts und Rosa Luxemburgs durch Freikorps
19. Januar: Wahl zur verfassunggebenden Nationalversammlung: Eine Koalition aus SPD, Zentrum und DDP bildet die Regierung. Friedrich Ebert wird Reichspräsident.
Verfassungsberatungen

Februar: Ermordung des bayer. Ministerpräsidenten Kurt Eisner (USPD)
April: Räterepublik in München
Mai: Niederschlagung der Münchener Räterepublik
Juni: Friedensvertrag von Versailles
Juli: Annahme der Weimarer Verfassung

1920 März: Kapp-Putsch wird niedergeschlagen.

1921 August: Ermordung von Reichsfinanzminister Matthias Erzberger durch rechtsradikale Attentäter.

1922 April: Vertrag von Rapallo zwischen dem Deutschen Reich und der Sowjetunion
Juni: Ermordung von Reichsaußenminister Walther Rathenau

1923 Galoppierende Inflation. Beendigung durch Einführung der Rentenmark unter Reichskanzler Stresemann
Besetzung des Ruhrgebiets durch französische Truppen. Die Reichsregierung unterstützt den »passiven Widerstand« der Bevölkerung.
September: Ende des »Ruhrkampfs«
8./9. November: Hitler-Putsch in München wird niedergeschlagen.

1924 Dawes-Plan: Verringerung der jährlichen Reparationsverpflichtungen für das Deutsche Reich

1925 Verträge von Locarno zwischen dem Deutschen Reich, Belgien und Frankreich: Gewaltverzicht, Anerkennung der bestehenden Grenzen
Tod von Reichspräsident Friedrich Ebert. Sein Nachfolger wird Generalfeldmarschall Paul von Hindenburg.

1926 Das Deutsche Reich tritt dem Völkerbund bei.

1929 24. Oktober: Kurssturz an der Wall Street löst weltweite Wirtschaftskrise aus.
Young-Plan: Neuregelung der Reparationslasten, endgültige Räumung des Rheinlands durch Frankreich vorgesehen.

1930 Die Große Koalition unter Hermann Müller (SPD) zerfällt: Heinrich Brüning (Zentrum) wird zum Reichskanzler ernannt und regiert gestützt auf Notverordnungen.
14. September: Reichstagswahl: Starker Stimmengewinn der NSDAP

1932 Paul von Hindenburg wird erneut Reichspräsident.
Mai: Hindenburg entlässt Brüning zugunsten Franz von Papens.
Juli: Papen setzt die preußische Regierung unter Otto Braun (SPD) ab.
Reichstagswahl: NSDAP wird stärkste Fraktion im Reichstag.
November: Reichstagswahl: Deutliche Verluste der NSDAP
Dezember: General Kurt von Schleicher wird Reichskanzler.

1933 30. Januar: von Hindenburg ernennt Adolf Hitler zum Reichskanzler.
4. Februar: »Verordnung zum Schutze des deutschen Volkes«: Verbot sozialdemokratischer und kommunistischer Versammlungen und Zeitungen
27. Februar: Reichstagsbrand
28. Februar: »Verordnung zum Schutz von Volk und Staat« (Reichstagsbrandverordnung): Abschaffung sämtlicher Grundrechte der Weimarer Verfassung
5. März: Reichstagswahl: trotz Terror und Einschüchterung: keine absolute Mehrheit für die NSDAP
21. März: »Tag von Potsdam«
22. März: Erstes Konzentrationslager in Dachau
23. März: »Ermächtigungsgesetz zur Behebung der Not von Volk und Reich«: Entmachtung des Parlaments und der Parteien
1. April: Boykott gegen jüdische Geschäfte, Arztpraxen und Kanzleien
10. Mai: Bücherverbrennungen in den Universitätsstädten

1934 Juni: »Röhm-Putsch«
August: Reichspräsident Hindenburg stirbt. Hitler wird »Führer und Reichskanzler«. Die Reichswehr wird nicht mehr auf die Verfassung, sondern auf Hitler vereidigt.

1935 Januar: Volksentscheid im Saarland: Entscheidung für die Eingliederung ins Deutsche Reich
März: Wiedereinführung der allgemeinen Wehrpflicht
September: »Nürnberger Gesetze«: Jüdische Deutsche sind keine gleichberechtigten Staatsbürger mehr. Unter anderem Heiratsverbot mit sogenannten arischen Deutschen.

1936 März: Einmarsch deutscher Truppen ins entmilitarisierte Rheinland
Sommer: Olympische Spiele in Berlin

1938 März: Einmarsch deutscher Truppen in Österreich
September: Konferenz in München: Abtrennung des Sudetenlandes von der Tschechoslowakei und Besetzung durch deutsche Truppen
9./10. November: Reichspogromnacht: Höhepunkt der Gewalt gegen Juden in Deutschland vor dem Zweiten Weltkrieg

1939 März: Besetzung der »Rest-Tschechei« durch deutsche Truppen
23. August: Deutsch-sowjetischer Nichtangriffspakt
1. September: Deutsche Truppen überfallen Polen. Beginn des Zweiten Weltkriegs
8. November: Attentat auf Hitler durch Georg Elser

1940 April: Besetzung Dänemarks und Norwegens
Mai: Winston Churchill wird britischer Premierminister.
Juni: Besetzung Frankreichs bis auf Südfrankreich (Vichy)
ab August: Luftschlacht um England

1941 22. Juni: Deutsche Truppen greifen die Sowjetunion an.
7. Dezember: Japanischer Angriff auf Pearl Harbor: Hitler erklärt den USA den Krieg.

1942 20. Januar: Wannseekonferenz: Organisatorische Abstimmung über die systematische Ausrottung der europäischen Juden (»Endlösung«)

1943 Januar: Deutsche Niederlage in der Schlacht um Stalingrad
Februar: Mitglieder der Widerstandsgruppe »Weiße Rose« werden in München zum Tode verurteilt.
April: Aufstand im Warschauer Ghetto
Zunehmende Bombardierung deutscher Städte

1944 Juni: Invasion der West-Alliierten in der Normandie
20. Juli: Attentat auf Hitler durch die militärische Widerstandsgruppe um Claus Graf Schenk von Stauffenberg

1945 Februar: Konferenz von Jalta: USA, Großbritannien und die Sowjetunion beschließen, Deutschland in Besatzungszonen einzuteilen.
30. April: Hitler begeht Selbstmord.
8./9. Mai: Das Deutsche Reich kapituliert bedingungslos.
5. Juni: die Alliierten übernehmen die oberste Regierungsgewalt in Deutschland. Der Alliierte Kontrollrat nimmt seine Arbeit auf.
Juli/August: Konferenz von Potsdam: Die Alliierten einigen sich u. a. über die »Vier Ds« und die Oder-Neiße-Grenze. Strittig bleibt die Reparationsfrage. Endgültige Bestimmungen sollten in einem Friedensvertrag erfolgen.
August: Atombomben über Hiroshima und Nagasaki
20. November: Beginn der »Nürnberger Prozesse« gegen die Hauptkriegsverbrecher

1946 April: Zwangsvereinigung von SPD und KPD zur SED in der Sowjetischen Besatzungszone

1947 Januar: Amerikaner und Briten vereinigen ihre Zonen zur »Bizone«.
Die Westzonen beteiligen sich am Marshallplan zum wirtschaftlichen Wiederaufbau.

1948 Londoner Empfehlungen zur Bildung eines Weststaats
20. Juni: Währungsreform in den Westzonen: Die Sowjetunion sperrt die Zufahrtswege nach West-Berlin (Berlin-Blockade), die West-Alliierten errichten eine Luftbrücke.
1. September: Der Parlamentarische Rat nimmt seine Arbeit auf.

1949 23. Mai: Das Grundgesetz der Bundesrepublik Deutschland tritt in Kraft.
14. August: Wahl zum ersten Deutschen Bundestag. Die CDU/ CSU wird stärkste Fraktion, Konrad Adenauer wird erster Bundeskanzler. Theodor Heuss wird erster Bundespräsident.
7. Oktober: Gründung der Deutschen Demokratischen Republik
Gründung der North Atlantic Treaty Organization (NATO)

1950 Juni: Beginn des Koreakriegs – die Frage nach einem Wehrbeitrag der BRD wird dringlicher: Diskussionen über die »Wiederbewaffnung«

1951 April: »Europäische Gemeinschaft für Kohle und Stahl« (Montanunion)

1953 17. Juni: Aufstand in der DDR gegen das SED-Regime

1955 Mai: Pariser Verträge/Deutschlandvertrag: Ende des Besatzungsstatuts: Die BRD wird souverän. Die Alliierten behalten ihre Vorrechte zu Entscheidungen, die »Deutschland als Ganzes betreffen«. Die BRD wird in die NATO aufgenommen, nachdem das Projekt einer Europäischen Verteidigungsgemeinschaft (EVG) gescheitert war.
Die DDR tritt dem Warschauer Pakt bei.

1957 Gründung der Europäischen Wirtschaftsgemeinschaft (EWG) mit der BRD als Gründungsmitglied.

1958 Chruschtschow setzt die Westalliierten mit einem Ultimatum für Berlin unter Druck.

1959 Godesberger Parteiprogramm: Die SPD öffnet sich breiteren Schichten.

1961 13. August: Bau der Berliner Mauer beginnt.

1962 Herbst: Kuba-Krise
Oktober: Spiegel-Affäre als Bewährungsprobe der Demokratie

1963 22. Januar: Vertrag über die deutsch-französische Zusammenarbeit
Oktober: Wirtschaftsminister Ludwig Erhard wird Adenauers Nachfolger.
Beginn des Auschwitz-Prozesses

1965 Israel und die BRD tauschen offiziell Botschafter aus.

1966 Bildung einer Großen Koalition aus CDU/CSU und SPD unter Bundeskanzler Kurt Georg Kiesinger (CDU)

1967/69 Überwindung der wirtschaftlichen Rezession. Zur Verhinderung geplanter »Notstandsgesetze« entsteht eine Außerparlamentarische Opposition (APO), die zugleich gegen die amerikanische Kriegsführung in Vietnam demonstriert.
2. Juni: Massenproteste, nachdem der Student Benno Ohnesorg auf einer Kundgebung von einem Polizisten erschossen worden war.

1968 11. April: Attentat auf den Studentenführer Rudi Dutschke, die Gewalt zwischen APO-Demonstranten und der Polizei erreicht ihren Höhepunkt.
Verabschiedung der »Notstandsgesetze«
August: Besetzung der Tschechoslowakei durch Truppen des Warschauer Pakts

1969 März: Gustav Heinemann (SPD) wird Bundespräsident.
Herbst: Bundestagswahl: Bildung einer sozialliberalen Koalition aus SPD und FDP unter Bundeskanzler Willy Brandt (SPD)
Ziel: Umfassende Reformen in Staat und Gesellschaft: »Mehr Demokratie wagen«

1970 Besuch Willy Brandts in der DDR und in Polen

1970–73 Neue Ostpolitik: Verträge mit der Sowjetunion, Polen, der DDR (Grundlagenvertrag) und der Tschechoslowakei

1971 Viermächte-Abkommen über den ungehinderten Verkehr zwischen West-Berlin und der BRD sowie Besuchserleichterungen für West-Berliner in der DDR

1972 April: Ein konstruktives Misstrauensvotum gegen Bundeskanzler Willy Brandt schlägt fehl.
Olympische Spiele in München: Arabische Terroristen nehmen Mitglieder der israelischen Mannschaft als Geiseln.
November: Bundestagswahl: Die SPD wird stärkste Partei.

1973 September: BRD und DDR werden in die UN aufgenommen.
Herbst: Ölkrise

1974 6. Mai: Rücktritt Willy Brandts nach Enttarnung des DDR-Spions Guillaume
Neuer Bundeskanzler wird Helmut Schmidt (SPD).

1975 Konferenz für Sicherheit und Zusammenarbeit in Europa

1976 Oktober: Knappe Wiederwahl der sozialliberalen Koalition
Großdemonstration von Kernkraftgegnern in Brokdorf. Die friedliche Nutzung der Atomenergie spaltet das Land.

1977 April: Ermordung von Generalbundesanwalt Buback durch die RAF
Juli: Ermordung des Vorstandsvorsitzenden der Dresdner Bank, Ponto
September: Entführung des Arbeitgeberpräsidenten Schleyer
Entführung einer Lufthansa-Maschine durch arabische Terroristen
Oktober: Nach der Befreiung der Geiseln nehmen sich u. a. die RAF-Terroristen Baader und Ensslin das Leben.
Hanns Martin Schleyer wird erschossen aufgefunden.

1979 Sowjetische Truppen marschieren in Afghanistan ein.

1980 Gründung der Partei »Die Grünen« als Sammelbecken von Bürgerinitiativen und Anhängern der Umwelt- und Friedensbewegung

1981 Oktober: Massendemonstration gegen den NATO-Doppelbeschluss in Bonn

1982 Oktober: Konstruktives Misstrauensvotum gegen Bundeskanzler Schmidt
Helmut Kohl (CDU) wird neuer Bundeskanzler.

1983 März: Neuwahlen: Bestätigung der Koalition aus CDU/CSU und FDP

1984 Parteispendenaffäre um den Flick-Konzern

1985 Michail Gorbatschow wird neuer Generalsekretär der KPdSU

1987 Herbst: Offizieller Staatsbesuch des SED-Generalsekretärs Erich Honecker in Bonn

1989 Mai: Öffnung der Grenzen zwischen Österreich und Ungarn: Fluchtwelle von DDR-Bürgern in den Westen
Proteste gegen Fälschung der Kommunalwahlergebnisse in der DDR
Herbst: Montagsdemonstrationen gegen das SED-Regime, Bildung von Oppositionsgruppen
7. Oktober: Feiern zum 40. Jahrestag der DDR
17. Oktober: Absetzung Erich Honeckers als Generalsekretär der SED, sein Nachfolger wird Egon Krenz.
9. November: In Berlin fällt die Mauer.
28. November: Kanzler Kohl legt einen »Zehn-Punkte-Plan« zur schrittweisen deutsch-deutschen Annäherung vor.

1990 Zwei-plus-Vier-Verhandlungen mit den Siegermächten des Zweiten Weltkriegs
Juli: Vertrag über die Wirtschafts- und Währungsunion beider deutscher Staaten

Treffen Michail Gorbatschows mit Helmut Kohl im Kaukasus: Gorbatschow akzeptiert die Westbindung und NATO-Mitgliedschaft ganz Deutschlands.
Sommer: Einigungsvertrag zwischen den Regierungen der BRD und der DDR, darin Entscheidung für Berlin als Hauptstadt
3. Oktober: Vereinigung der beiden deutschen Staaten nach Artikel 23 des Grundgesetzes
November: Die »Charta von Paris« markiert das Ende des Kalten Krieges.
Dezember: Die CDU/CSU erringt die Mehrheit in den ersten gesamtdeutschen Wahlen.

1991 Zweiter Golfkrieg nach Überfall Iraks auf Kuwait

1993 Entsendung von Bundeswehrsoldaten nach Somalia im Rahmen eines UN-Einsatzes
Mai: Grundgesetzänderung, die das Grundrecht auf Asyl einschränkt
November: Der Maastrichter Vertrag – Bildung der Europäischen Union (EU)

1995 März: Schengener Abkommen: u. a. Wegfall der Grenzkontrollen zwischen der BRD, Frankreich und den Benelux-Staaten
Juni: Der Bundestag beschließt den Bosnien-Einsatz der Bundeswehr.

1998 September: Nach 16 Jahren Ablösung der CDU/CSU/FDP-Koalition durch eine rot-grüne Koalition. Gerhard Schröder (SPD) wird Bundeskanzler.

1999 Frühjahr: Kosovokrieg: NATO-Einsatz gegen Serbien unter Beteiligung der Bundeswehr

2000 Beginn der Mordanschläge des sogenannten Nationalsozialistischen Untergrunds (NSU)

2001 11. September: Anschläge der Al Qaida auf das World Trade Center in New York und das Pentagon in Washington, D. C.
Dezember: Der Bundestag erteilt das Mandat für die deutsche Beteiligung am ISAF-Einsatz in Afghanistan.

2002 1. Januar: Einführung des Euro
Die Regierung Schröder lehnt einen Militärschlag gegen den Irak ab.
August: Schwere Überschwemmungen in Teilen Ostdeutschlands
September: Mit knapper Mehrheit wird die rot-grüne Koalition wiedergewählt.

2003 März: Bundeskanzler Schröder kündigt umfassende Wirtschafts- und Arbeitsmarktreformen an (»Agenda 2010«).
März/April: Krieg der USA gegen den Irak (dritter Golfkrieg): Sturz Saddam Husseins

2005 Anfang des Jahres steht die Arbeitslosenzahl bei über fünf Millionen – höchster Stand seit Bestehen der Bundesrepublik.
Massive Proteste gegen die Hartz-IV-Gesetze
Herbst: In einer vorgezogenen Neuwahl zum Deutschen Bundestag erringt die CDU/CSU eine knappe Mehrheit und bildet unter Bundeskanzlerin Angela Merkel eine Große Koalition mit der SPD.

2006 Fußballweltmeisterschaft in Deutschland
Erste Anzeichen eines Wirtschaftsaufschwungs

2007 Die Zahl der Arbeitslosen in Deutschland sinkt unter vier Millionen.
Erste Hälfte des Jahres: Deutsche EU-Ratspräsidentschaft
Juni: Vertrag von Lissabon
G8-Gipfel in Heiligendamm/Ostsee: Absichtserklärungen der Industrienationen zu Klimaschutz und Entwicklungshilfe
Beginn der weltweiten Finanz- und Bankenkrise

2008 5. Oktober: Zur Beruhigung der deutschen Sparer geben Kanzlerin Merkel und Finanzminister Steinbrück eine Garantie für deutsche Spareinlagen.

2009 Herbst: Regierungswechsel: Angela Merkel wird Kanzlerin einer Koalition aus CDU/CSU und FDP.

2011 Beginn der »Arabischer Frühling« genannten Aufstände in Ländern Nordafrikas und des Nahen Ostens
März: Reaktorkatastrophe von Fukushima. Deutschland beschließt daraufhin den schnellstmöglichen Atomausstieg.

2013 Herbst: Bundestagswahl und Neuauflage der Großen Koalition unter Angela Merkel

2013 März: Annexion der Krim durch Russland, Beginn des Ukraine-Konflikts
Juni: Nach Eroberungen im Nordwesten des Iraks und im Osten Syriens ruft die Terrorgruppe »Islamischer Staat« (IS) einen als Kalifat bezeichneten Staat aus.

2015 1. Januar: Einführung eines gesetzlichen Mindestlohns
7. Januar: Islamistischer Anschlag auf das Satiremagazin »Charlie Hebdo« in Paris
Erstes Halbjahr: Verhandlungen zwischen Griechenland und der EU über weitere Finanzhilfen für das Land und die im Gegenzug verlangten Reformen
Juni: G7-Gipfel auf Schloss Elmau in Bayern bekundet Entschlossenheit zur Kursänderung in der Klimapolitik

Sachregister

Personenregister

Inhalt

Peter Zolling, 1955 in Berlin geboren, studierte Geschichte, Soziologie, Staatsrecht und Allgemeine Staatslehre in Hamburg und an der »London School of Economics & Political Science« (LSE) in Großbritannien. Der promovierte Historiker war Hörfunk- und Fernsehjournalist beim Süddeutschen Rundfunk, dann verantwortlicher Redakteur für Zeitgeschichte beim SPIEGEL. 2009 erschien bei Hanser seine historisch-analytische Einführung in das Grundgesetz: »Das Grundgesetz. Unsere Verfassung – wie sie entstand und was sie ist«. Peter Zolling lebt als Sachbuchautor, Biograf und Kommunikationsberater in Hamburg.

Bildnachweis

akg-images: 95, 184, 223, 226, 236, 271 (oben), 295, 334 (oben), 336; ap/dpa/picture alliance/Süddeutsche Zeitung Photo: 307 (oben), 315, 317, 343; Bettmann/CORBIS: 200; Bibliothek für Zeitgeschichte in der Württembergischen Landesbibliothek: 227; bpk: 55, 68, 99 (beide), 152, 185, 194, 212, 216, 270, 254; bpk/Heinrich Hoffmann: 195; bpk/Herbert Hoffmann: 142; bpk/Abraham Pisarek: 160; bpk/Franz Tellgmann: 83; Bundesarchiv Koblenz: 117 (Bild 146/69/46/A/14), 149 (Bild 102-17047), 154 (Bild 102/2920), 250 (Bild Plak 5/2/8); CORBIS: 201; Deutsches Historisches Museum, Berlin: 12, 17, 23, 29, 34, 39, 70, 71, 72, 74, 86, 94, 125, 204, 220, 243, 252, 258, 262, 272, 283, 297, 300; Gedenkstätte Deutscher Widerstand: 222 (oben); Gerhard Gäbler, Leipzig: 332; Getty Images/AFP/Sergei Supinsky: 414; Getty Images/Sean Gallup: 364; Alfred Haase/Süddeutsche Zeitung Photo: 309; Hulton-Deutsch Collection/CORBIS: 159, 233; Jüdisches Museum Frankfurt/Main: 188; KEYSTONE: 228, 235, 276, 285, 319; Keystone CH: 76; picture alliance/akg-images: 256; picture alliance/AP Images/Jerry Torrens: 386; picture alliance/AP Photo: 413; picture alliance/AP Photo/Eckehard Schulz: 395; picture alliance/Associated Press/Richard Drew: 403; picture alliance/dpa: 102, 247, 251, 292, 305; picture alliance/dpa/Aflo/Mainichi Newspaper: 406; picture alliance/dpa/Egon Steiner: 287; picture alliance/dpa/epa Keystone Gillieron: 416; picture alliance/dpa/Pantelis Saitas: 409; picture alliance/dpa/prasa: 255; picture alliance/dpa/UPI: 289; picture alliance/ROPI: 410; picture alliance/zb/Paul Glaser: 351; Presse- und Informationsamt der Bundesregierung: 339; Schafgans Archiv/Theo Schafgans: 248; Scherl/Süddeutsche Zeitung Photo: 118, 121, 197, 214; Süddeutsche Zeitung Photo: 241; SZ Photo/Süddeutsche Zeitung Photo: 167; ullstein bild: 111, 135, 171, 175, 209, 213, 268; ullstein bild – Archiv Gerstenberg: 40, 41; ullstein bild – Boness/IPON: 399; ullstein bild – BPA: 311, 402; ullstein bild – Poly-Press: 334 (unten); ullstein bild – Walter Frentz: 221; Georg J. Wittenstein, Santa Barbara, USA: 222 (unten)
Trotz aller Bemühungen ist es dem Verlag nicht gelungen, sämtliche Rechteinhaber ausfindig zu machen. Wir bitten darum, sich mit dem Verlag in Verbindung zu setzen, damit wir eventuelle Korrekturen bzw. übliche Vergütungen vornehmen können.